QUELLEN UND DARSTELLUNGEN ZUR HANSISCHEN GESCHICHTE

HERAUSGEGEBEN

VOM

HANSISCHEN GESCHICHTSVEREIN

NEUE FOLGE / BAND XXII/1

1976

BÖHLAU VERLAG KÖLN WIEN

KÄMMEREIBUCH
DER STADT REVAL
1432–1463

bearbeitet von
REINHARD VOGELSANG

Erster Halbband

Nr. 1–769

1976

BÖHLAU VERLAG KÖLN WIEN

CIP-Kurztitelaufnahme der Deutschen Bibliothek

Reval / Stadtkämmerei
Kämmereibuch der Stadt Reval : 1432–1463 /
bearb. von Reinhard Vogelsang. – Köln, Wien : Böhlau.
ISBN 3–412–00976–8 brosch.

NE: Vogelsang, Reinhard [Bearb.]

Halbbd. 1. Nr. 1–769. – 1976.
(Quellen und Darstellungen zur hansischen
Geschichte : N. F.; Bd. 22)

Gedruckt mit Unterstützung der Deutschen Forschungsgemeinschaft

Printed in Germany
Gesamtherstellung: Hans Richarz, Publikations-Service, Sankt Augustin

ISBN 3 412 00976 8

INHALT

VORWORT

Das Stadtarchiv Reval, in seinen wesentlichen Teilen heute im Staatlichen Archivlager in Göttingen, gehört wegen der Geschlossenheit seiner mittelalterlichen Überlieferung zu den wichtigsten Archiven der Hansestädte. In Livland hat es eine einzigartige Stellung, da das Stadtarchiv Riga, was die mittelalterlichen Bestände betrifft, in großem Umfang, das Archiv der Stadt Dorpat nahezu ganz verloren ist. Die Urkunden und Briefe sind mit Ausnahme der Jahre 1473 bis 1493 größtenteils im „Liv-, Est- und Kurländischen Urkundenbuch" gedruckt. Mit den „Publikationen aus dem Revaler Stadtarchiv" wurde für die Bücher der städtischen Verwaltung eine eigene Editionsreihe geschaffen, wobei man sich allerdings meist auf Quellen geringeren Umfanges beschränkt hat. Die Kämmereibücher des 15. Jahrhunderts und die gleichfalls wichtigen Amtsbücher der Bier-, Mühlen- und Pfundherren blieben ausgespart. In der Hoffnung, daß auch diese Quellen eines Tages ihren Herausgeber finden werden, soll mit der vorliegenden Edition ein neuer Anfang gemacht werden.

Die Anregung dazu gab mein ehemaliger Göttinger Kollege, Herr Dr. Friedrich Benninghoven, heute Direktor des Geheimen Staatsarchivs in Berlin. Ihm, der sich mit besonderem Nachdruck für Veröffentlichungen und Editionen aus den reichen Revaler Beständen eingesetzt hat, darf ich an dieser Stelle herzlich danken. Ebenso schulde ich Herrn Dr. Hugo Weczerka in Marburg vielmals Dank, sowohl als Vermittler zum Hansischen Geschichtsverein, in dessen Reihe die Edition erscheint, wie als aufmerksamem Betreuer der Drucklegung. Danken möchte ich auch der Baltischen Historischen Kommission, dem Hansischen Geschichtsverein und der Deutschen Forschungsgemeinschaft, ohne deren Hilfe das Erscheinen des Kämmereibuches nicht möglich gewesen wäre.

Dem Editionsplan entsprechend soll eines Tages ein zweiter Band mit den Kämmereirechnungen der Jahre 1463 bis 1507 folgen. Mit der Bearbeitung habe ich begonnen, doch wird die Veröffentlichung noch eine Weile auf sich warten lassen. Für Anregungen oder Bedenken, die diesem zweiten Band zugute kommen könnten, bin ich immer dankbar.

Bielefeld 1976   R. V.

EINLEITUNG

Die Handschrift

Das vorliegende Kämmereibuch (Signatur A d 15 des Bestandes Revaler Stadtarchiv im Staatlichen Archivlager in Göttingen) ist eine Papierhandschrift von 274 Blättern. Sie setzt sich aus 11 Lagen im Format 22 × 29 cm zu 26,26,24,26,24,26,24,26,24,24,24 Blättern zusammen. Lage 11 hat als Wasserzeichen einen Ochsenkopf (in Form und Datierung entspricht er ziemlich genau dem bei G. Piccard: Die Ochsenkopfwasserzeichen, Stuttgart 1966, Abt. IX Nr. 198, abgebildeten Zeichen). In den Lagen 1 bis 10 findet sich das folgende Wasserzeichen:

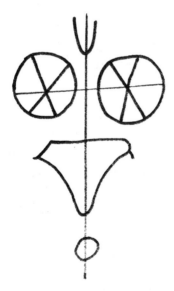

Bl. 45a, 227a, 270 und 273 bis 274a sind unbeschrieben. Das Kämmereibuch hat drei Einbände. Der innere ist, wie aus der im folgenden zitierten Eintragung hervorgeht, zeitgenössisch. Er besteht aus dünnem, auf der Innenseite geglättetem Pergament. Auf der Rückseite steht der folgende Text:

> Dessen[a] nagescreven plecht men Lubessch graw to gevende vor ere notrufft:
>> den 4 stadesboden,
>> deme coppelmann,
>>> tegelmeystere,
>>> luder,
>>> markedvogede,
>>> jungesten tymmermann,
>>> jungesten koke,
>>> kalkbernere.

Dussen[b] nageschreven gifft men gervede notrofft:
> der stad murmeister,
> deme tymmermanne,
> deme tegelmeister,
> deme kocke deme meister,
> deme smyde,
> den pipers, dussen elckeme 1/2 mr. vor neyelon,
> den spelluden to der kledinge;
> des rades deneren gifft men des enen jars to nottrofft
>> 16 ellen unde des anderen 8 ellen Tomasch, to den 8 ellen 6 f. vor voderinge und tho den 16 ellen 3 mr. vor de voderinge, item up Paschen elkeme spilmanne als lutensleger 1 mr. unde elkem piper 2 mr. vor roggen unde speck.

Der mittlere Einband ist aus mittelstarkem Pergament angefertigt, das doppelt gelegt und mit roten Lederriemchen in der Form von Kreuzstichornamenten zusammengenäht wurde. Der äußere Einband, in der Art eines Umschlages, besteht aus braunem Leder, das mit weißem Leder unterlegt ist. Beide Lagen werden durch Fadenstickerei zusammengehalten. Darum liegt ein ebenfalls in Kreuzstichornamenten mit roten Lederriemchen aufgenähter breiter Riemen mit einer Eisenschnalle. Der mittlere und äußere Einband sind vermutlich gleichzeitig angefertigt worden. Sie gehören wahrscheinlich in das 16. oder 17. Jahrhundert.

---

a) Grundsätze für die Wiedergabe wie im Text.
b) links am Rand eine gezeichnete Hand.

Im Text lassen sich deutlich sechs Schreiber unterscheiden. Die von ihnen geschriebenen Einträge gliedern sich folgendermaßen auf:

Bl. 1 – 4a	Schreiber I	Bl. 38a Einschübe	Schreiber II
Bl. 4a– 6	Schreiber II	Bl. 38a–44a	Schreiber I
Bl. 6 – 9a	Schreiber I	Bl. 44a Einschübe	Schreiber IV
Bl. 10 –10a	Schreiber II	Bl. 44a–45	Schreiber I
Bl. 10a–12a	Schreiber I	Bl. 45a	leer
Bl. 12a	Schreiber II	Bl. 46 –48	Schreiber I
Bl. 12a–16a	Schreiber I	Bl. 48	Schreiber IV
Bl. 16a	Schr. II u. III	Bl. 48a–172a	Schreiber I
Bl. 17 –18	Schreiber I	Bl.172a–173	Schreiber V
Bl. 18 –18a	Schreiber II	Bl.173 –210	Schreiber I
Bl. 18a–21	Schreiber I	Bl.210 –216a	Schreiber VI
Bl. 21	Schreiber II	Bl.217 –219	Schreiber I
Bl. 21a–23	Schreiber I	Bl.219 –227	Schreiber VI
Bl. 23	Schreiber II	Bl.227a	leer
Bl. 23 –24	Schreiber I	Bl.228 –230a	Schreiber VI
Bl. 24	Schreiber II	Bl.230a–231	Schreiber I
Bl. 24a–26	Schreiber I	Bl.231 –245	Schreiber VI
Bl. 26a	Schreiber II	Bl.245	Schreiber I
Bl. 26a–27a	Schreiber I	Bl.245–269a	Schreiber VI
Bl. 27a	Schreiber II	Bl.270	leer
Bl. 28 –29a	Schreiber I	Bl.270a–272a	Schreiber VI
Bl. 29a	Schreiber II	Bl.273 –274a	leer
Bl. 29a–33	Schreiber I		
Bl. 33	Schreiber II		
Bl. 33a–38a	Schreiber I		

Der Wechsel der Schreiberhände wird jeweils in den textkritischen Anmerkungen angegeben.

Das Kämmereibuch ist, wie die Übersicht zeigt, in seinen wesentlichen Partien von den Schreibern I und VI geschrieben. Bei I handelt es sich um Joachim Muter[1], einen Geistlichen der Lübecker Diözese, der als Revaler Stadtschreiber von 1427 an nachweisbar ist. Auch nach seiner Ablösung durch Schreiber VI, Reinhold Storning[2], im Jahre 1456 blieb er weiterhin für die Stadt tätig und hat auch zeitweise das

---

1) L. Arbusow: Livlands Geistlichkeit vom Ende des 12. bis ins 16. Jh.
   In: Jb. f. Genealogie, Heraldik u. Sphragistik, H. 9, Mitau 1901, S. 73.
2) ebd. S. 118.

Kämmereibuch geführt. Storning war Geistlicher der Utrechter Diöze-
se. 1453 begegnet er als Sekretär des livländischen Ordensmeisters in
Kopenhagen[3]. In den Diensten Revals stand er von 1456 bis 1463[3a].
Weitere, am Kämmereibuch beteiligte Schreiber sind namentlich nicht
bekannt. Da wir über Hilfspersonal des Stadtschreibers nichts wissen,
können wir vermuten, daß die Kämmerer selbst – als dem Rat angehö-
rende Kaufleute des Schreibens kundig – bei Bedarf Eintragungen
vornahmen. Ob möglicherweise über die sechs bezeichneten Schreiber
hinaus weitere Handschriften nachweisbar sind, läßt sich nicht mit
Sicherheit entscheiden; denn auch die geschulten Hände Muters und
Stornings weisen je nach Eintragungsgruppen größere Unterschiede in
der Sorgfalt der Schrift, im Duktus und auch in der Buchstabenform
auf, so daß die gleiche Handschrift auf den ersten Blick oft gänzlich
fremd wirkt.

Die Revaler Finanzverwaltung[4].

Die komplizierte Finanzverwaltung moderner Städte ist das Ergeb-
nis eines über Jahrhunderte dauernden Prozesses der Entfaltung neuer
Aufgabenbereiche und ihnen angepaßter Verwaltungsformen. In der
mittelalterlichen Stadt bildete sie zunächst keinen von anderen Berei-
chen unterschiedenen Zweig der allgemeinen Verwaltung. In den
städtischen Amtsbüchern finden sich anfänglich Eintragungen über
finanzielle Vorgänge in bunter Folge wechselnd mit Aufzeichnungen
über alle möglichen Dinge, die der Erinnerung für wert gehalten
wurden. So auch in Reval: Am Anfang der Amtsbuchüberlieferung
steht das sogenannte Wittschopbuch[5], ein Buch, das „Kenntnis" gibt,
genauer: „Zeugnis" ablegt über Rechtsvorgänge wie Grundstücksge-
schäfte, Erbvergleiche, Stiftungen, Rentengeschäfte und Nutzungs-
rechte. An seine Seite tritt 1333 – das Wittschopbuch beginnt 1312 –
ein zweites Buch, das von seinem Herausgeber in Anlehnung an einen
offenbar zeitgenössischen Titel, wegen der Aufnahme von Auszügen
aus anderen Büchern allerdings mit einem Plural als „Libri de diversis

---

3) LivUB 11 Nr. 461.
3a) Er starb vor April 23, vgl. Ad 26 f. 2 (Kämmereibuch Bd. 2).
4) Die folgende Übersicht ist eine Zusammenfassung meines Aufsatzes: Zur Finanz-
    verfassung im mittelalterlichen Reval. In: Zeitschr. f. Ostforschung, 20. Jg. 1971, S.
    685–708.
5) Das älteste Wittschopbuch der Stadt Reval (1312–1360). Hrsg. von L. Arbusow
    (Archiv f. d. Gesch. Liv-, Est- u. Curlands 3. Folge 1). Reval 1888.

articulis"[6] bezeichnet wird. Hier begegnen zum ersten Mal neben Einträgen über die Wedde, den Schoß, über Bürgeraufnahmen und Ratslisten Aufzeichnungen aus dem Bereich der Finanzverwaltung, und zwar Übersichten über die Abgaben der Marktbuden, also über Einnahmen des städtischen Haushaltes. Ausgaben sind nur sporadisch eingetragen, so etwa die Kosten für die Bewirtung des schwedischen Königs Magnus Eriksson im Dezember 1350[7]. Mit einer gesonderten Kämmereibuchführung beginnt man erst 1363[8], dann nach einem neuen Anlauf 1369. Noch im 14. Jahrhundert bildete sich, wie aus einem Fragment der Jahre 1376 bis 1379[9] hervorgeht, das auch im vorliegenden Kämmereibuch angewandte System der Buchführung nach wöchentlichen Eintragungsterminen aus. Im einzelnen wird darauf noch näher einzugehen sein.

Neben den Kämmerern, die seit 1340 nachweisbar sind[10], befaßten sich auch andere Amtsträger, wie diese aus der Mitte des Rates gewählt, mit Zweigen der Finanzverwaltung, in erster Linie mit den verschiedenen Einnahmen. Zu nennen sind die Schoß-, die Bier-, die Mühlen-, die Münz- und die Pfundherren, mit Einschränkung auch die Weddeherren. Der Schoß[11], eine Grund- und Vermögenssteuer, gehörte zu den wichtigsten Einnahmen der Stadt. Wegen des mit seiner Erhebung verbundenen Verwaltungsaufwandes, aber auch wegen der notwendigen Geheimhaltung, da die Pflichtigen ihr Vermögen angeben mußten, wurden Ratsherren mit der Einziehung betraut. Schoßtermin war der Thomasabend, also der 20. Dezember des Jahres, ohne daß man sagen könnte, daß an diesem Tag tatsächlich aller Schoß abgeliefert worden sei. Die Übergabe an die Kämmerer jedenfalls, so zeigt es das Kämmereibuch, konnte sich über mehrere Monate erstrecken. Daß die Schoßerhebung im Verlauf des 15. Jahrhunderts eingestellt worden sei, wie behauptet worden ist, stellt sich anhand der Kämmereibücher als Irrtum heraus. Von den Einnahmen des Jahres 1455 beispielsweise macht der Schoß dem Kämmereibuch nach 21,3 % aus[12].

6) Hrsg. von P. Johansen (Publikationen aus dem Revaler Stadtarchiv 8). Tallinn [Reval] 1935.
7) ebd. Nr. 401.
8) Die ältesten Kämmereibücher der Stadt Reval 1363–1374. Hrsg. von O. Greiffenhagen (Publikationen aus d. Revaler Stadtarchiv 3). Reval 1927.
9) Sign. A d 7.
10) Wittschopbuch Nr. 300.
11) Vogelsang, Finanzverwaltung S. 692 ff.
12) Zu den Prozentzahlen vgl. hierfür wie für die folgenden Angaben die Übersicht ebd. Grafik nach S. 688.

Die Einrichtung der Akzise[13] scheint jünger zu sein. Sie ist in Reval eine Getränkesteuer, zuerst nur für Wein zu belegen. Als bedeutender Einnahmeposten der Stadt ist jedoch nur die Bierakzise anzusehen, über deren Aufkommen wir dank einer 1454 einsetzenden genauen Buchführung unterrichtet sind. In diesem Jahr wurde der Bau einer Mauer am Langen Domberg beschlossen. Für die zu erwartenden hohen Baukosten wurde ein Biergeld von 3 Schillingen auf die verkaufte Tonne Bier erhoben, und zwar auf unbestimmte Zeit. Einmal wöchentlich nahmen die Bierherren, deren Amt allerdings schon drei Jahrzehnte früher nachweisbar ist, die Bierakzise entgegen. Sie führten darüber, ähnlich den Kämmerern, laufend Buch. Die Abgaben an die Kämmerer sind in einem Anhang nachgetragen. Dabei ergibt der Vergleich mit dem Kämmereibuch und mit anderen Quellen, daß nicht das gesamte Aufkommen aus der Akzise durch die Hände der Kämmerer ging, sondern teilweise von den Bierherren selbst ausgegeben wurde. Von 1446 Mark, die sich für 1455 aus dem Akzisebuch errechnen lassen, sind nur 1192 Mark dem Kämmereibuch nach abgeliefert worden. Diese 1192 Mark entsprechen, bezogen auf den Haushalt der Kämmerer, einem Anteil von 26,1 %.

Seit der Mitte des 14. Jahrhunderts bemühte sich die Stadt um den Erwerb der Mühlen[14]. Die drei schließlich in städtischem Besitz befindlichen Mühlen erbrachten zunächst nur sehr bescheidene Einnahmen, so beispielsweise 1373 zusammen nur 21 Mark Rigisch. Eine Änderung des Bewirtschaftungssystems – der Übergang von der Verpachtung zum Eigenbetrieb bei zwei Mühlen – ließ die Einnahmen im 15. Jahrhundert auf zeitweise über 1140 Mark ansteigen. 1455 erhielten die Kämmerer von den Mühlenherren 860 Mark, entsprechend 18,9 % des gesamten Kämmereihaushaltes. Ein erheblicher Teil der Einnahmen, die in diesem Jahr zusammen 1362 Mark betrugen, wurde von den Mühlenherren selbst unter Umgehung der Kämmerei für Baumaßnahmen an den Mühlen und den dazugehörigen Wassergräben, aber auch für andere städtische Zwecke verwandt.

Auch die Münze[15] stand unter eigener Verwaltung. Da der Landesherr an ihren Einkünften zur Hälfte beteiligt blieb, waren die Münzherren ihm über ihre Tätigkeit Rechenschaft schuldig. Die Einnahmen aus der Münze dienten zunächst zur Bestreitung der Betriebs-

---

13) ebd. S. 694 ff.
14) ebd. S. 702 ff.
15) ebd. S. 700 ff.

und Personalkosten, also für Brenn- und Baumaterial und für die
Entlohnung des Münzmeisters und seiner Gehilfen. Wie die Bier- und
die Mühlenherren wurden auch die Münzherren gelegentlich angewie-
sen, für die Stadt geleistete Dienste zu bezahlen, ohne daß die Kämme-
rer sich einschalteten. 1455 machte der Anteil der Münze unter den
Einnahmen der Kämmerer 1 250 Mark, das sind 27,4 %, aus, wobei
allerdings angemerkt werden muß, daß der Gewinn aus der Münze
jahrweise offenbar erheblichen Schwankungen unterworfen war.

Unregelmäßig flossen schließlich die Einnahmen aus dem Pfund-
zoll[16], für dessen Einziehung das Amt der Pfundherren eingerichtet
wurde. Der Pfundzoll war seiner Herkunft nach keine für die Stadt,
sondern eine für hansische Zwecke bestimmte Einnahme. Er ist zuerst
1361 zur Bestreitung der Kosten des Krieges gegen den dänischen
König Waldemar IV. aufgelegt worden. Es scheint, als habe die Stadt
später auch ohne Hansebeschlüsse Pfundzoll erhoben und für den
eigenen Bedarf verwandt. So wird der Pfundzoll schließlich regelmäßig
eingezogen und nur dann an die Hanse abgeliefert worden sein, wenn
besondere Beschlüsse darüber vorlagen. Im einzelnen ist dieses Pro-
blem noch weitgehend ungeklärt. 1455 betrugen die Einnahmen 572
Mark. Da über die Verwendung des Pfundzolls in diesem Jahr nichts
bekannt ist, wäre es wenig sinnvoll, ihn prozentual am Stadthaushalt
zu messen.

Die Wedde[17] als Gerichtsbehörde kann nur insofern der städti-
schen Finanzverwaltung zugerechnet werden, als die Einnahmen aus
den Strafgeldern an die Kämmerer abgeführt wurden. Groß sind diese
Summen nie gewesen. 1455 lieferten die Weddeherren 15 Mark an die
Kämmerei ab; das entspricht einem Satz von nur 0,3 % aller Ein-
nahmen.

Nur die Münzherren scheinen verpflichtet gewesen zu sein, dem
Rat über ihre Tätigkeit Rechenschaft abzulegen, vermutlich deshalb,
weil der an ihren Einnahmen beteiligte Landesherr, der livländische
Ordensmeister, seinerseits davon über den Revaler Komtur Rechen-
schaft forderte. Die anderen an der Finanzverwaltung mitwirkenden
Ämter haben, soweit aus der Überlieferung erkennbar wird, erst
Anfang des 16. Jahrhunderts mit dem Rat abgerechnet. Damit stellt
sich die Frage nach dem Sinn der Buchführung ganz allgemein und des

---

16) ebd. S. 696 ff.
17) ebd. S. 705 f.

vorliegenden Kämmereibuches im besonderen. Die Amtsbücher dienten nicht der rechnerischen Erfassung finanzieller Verwaltungtätigkeit im modernen Sinne, so, daß etwa regelmäßig der aus den Büchern ermittelte Wert mit der Kasse abgestimmt worden wäre. Über Soll und Haben unterrichtete allein der Blick in die Kasse selbst. Dem entspricht, daß Bilanzen, sei es tage-, wochen-, jahr- oder seitenweise, in den Amtsbüchern völlig fehlen. Ihr Zweck war lediglich, für die Erinnerung festzuhalten, aus welchen Quellen Geld eingenommen und für welche Aufgaben es verwendet wurde. Den Ansprüchen der Zeit hat dieses System offenbar genügt, so daß ein mögliches abwertendes Urteil über die Primitivität der Buchführung ganz sicher falsch wäre, auch wenn es Städte gegeben hat, deren Buchführung „fortschrittlicher" war. Man muß bedenken, daß die gesamte Finanzverwaltung auf wenige Ratsherren und noch weniger Hilfspersonal – gewöhnlich auf nur einen Schreiber, den Stadtschreiber – beschränkt war, daß ferner die Beamten selbst Ratsherren waren und in der Regel keinem nur irgendwie gearteten Mißtrauen ihrer Kollegen im Rat ausgesetzt wurden, schließlich, daß bei der Beschränkung auf wenige Beteiligte die Übersicht über den Stadthaushalt nicht leicht verloren gehen konnte.

Die Kämmerei

Die Übersicht über die mit der Finanzverwaltung betrauten Ratsämter hat ergeben, daß nicht alle Einnahmen der Stadt auch an die Kämmerei abgeliefert wurden. Ohne den Pfundzoll einzurechnen, erscheinen von insgesamt nachweisbaren 5 319 Mark im Jahre 1455 nur 4 563 Mark im Kämmereibuch als Einnahmen[18]. Für rechnerische und statistische Untersuchungen über den Haushalt der Stadt ist es deshalb unerläßlich, außer dem Kämmereibuch auch die übrigen erhaltenen Quellen heranzuziehen. Auf der Ausgabenseite ist die Differenz weniger schwerwiegend. 1455 wurden von 5 367 Mark, die als Ausgaben nachweisbar sind, 5 025 Mark im Kämmereibuch verzeichnet. Vergleicht man Einnahmen und Ausgaben miteinander, so fällt auf, daß der Stadthaushalt nur mit den jeweils größeren Zahlen annähernd ausgeglichen erscheint. Der Schluß könnte naheliegen, daß ein Teil der Einnahmen wohl an die Kämmerei abgeliefert, dort aber ver-

---

18) ebd. S. 707.

bucht worden ist. Die Kämmerer werden in diesem Jahr nicht über einen Überschuß aus dem Vorjahre verfügt haben, mit dem sie den Haushalt hätten ausgleichen können; denn gerade 1455 haben sie größere noch offenstehende Gesandtschaftsrechnungen beglichen, was bei einem Überschuß im Vorjahre längst hätte geschehen müssen.

Noch weitere Probleme stellen sich bei der Auswertung des Kämmereibuches. Es handelt sich nämlich dabei um eine Reinschrift. Korrekturen und Nachträge sind verhältnismäßig selten. Dementsprechend erscheinen nicht alle Ausgaben im einzelnen. Oft ist schon summiert worden, etwa bei dem regelmäßig wiederkehrenden Posten „in de weke gegeven"[19], worunter sich vermutlich kleinere Ausgaben für Entlohnungen verbergen. Vorlagen hat man offenbar nicht aufbewahrt. Erst für das 16. Jahrhundert sind solche erhalten. Zwar finden sich zahllose Einträge über einzelne von Handwerkern geleistete Arbeiten, andererseits war aber zum Beispiel der städtische Grobschmied gehalten, selbst Rechnung zu führen. Von Zeit zu Zeit erhielt er Abschlagszahlungen, einmal im Jahr wurde dann aufgrund seiner Buchführung abgerechnet[20]. Seine Leistungen und Lieferungen werden deshalb im Kämmereibuch nicht mehr einzeln aufgeführt. Im ganzen aber gehen die Einträge doch sehr in die Einzelheiten. Vergleicht man den Umfang der Revaler Kämmereirechnungen mit denen aus Riga, so zeigt sich der erhebliche Unterschied darin, daß das vorliegende Buch weit ausführlicher als die in Riga angelegten Kämmereibücher ist[21].

Der inneren Ordnung des Kämmereibuches liegt das chronologische Prinzip zugrunde. Eintragstag war jeweils der Sonnabend, und zwar in der Regel allwöchentlich. In einigen Jahren vergrößern sich allerdings die Abstände ohne erkennbaren Grund auf zuweilen vier Wochen[22]. Die Folge eines solchen Buchführungssystems ist, daß jede Sachgliederung fehlt. Die Kämmerer konnten zu keinem Zeitpunkt sagen, wieviel beispielsweise für ein bestimmtes Bauprojekt, etwa die Renovierung des Marstalls, wieviel für Löhne oder Gesandtschaften ausgegeben war, ohne zuvor den ganzen Text wenigstens des

---

19) z.B. unten Nr. 1, 2, 3 u.ö.
20) Abschlagszahlungen z.B. unten Nr. 1, 4, 5, 10; Abrechnung Nr. 69. Von einem Rechnungsbuch des Schmiedes ist ein Fragment erhalten, Sign. A d 11.
21) Kämmereiregister der Stadt Riga 1348–1361 und 1405–1474. Bearb. von August v. Bulmerincq. 2 Bde. Leipzig 1909 u. 1913.
22) z.B. Nr. 411 (1440 Jan. 16), 412 (Feb. 20), 413 (März 25).

laufenden Rechnungsjahres durchzulesen. Dieses mühselige Geschäft haben sie sich teilweise durch Randzeichen erleichtert. So erscheint zum Beispiel ein Hufeisen jeweils an der Stelle, an der der Grobschmied Abschlagszahlungen erhielt[23], allerdings auch dies nicht mit Regelmäßigkeit. Andere Zeichen sind Kreuze oder einfach ein Wort, das die Sache, für die Geld aufgewendet wurde, bezeichnet.

Die Einnahmen[24] der Stadt, soweit für ihre Verwaltung besondere Ämter bestanden, haben wir bereits genannt. Sie machen, wie gezeigt wurde, den Hauptteil der Einkünfte aus. Die übrigen, nur im Kämmereibuch erscheinenden Einnahmen sollen jedoch noch kurz angeführt werden. Dazu gehört vor allem der Gewinn aus der Waage. Die Stadt übte gemeinsam mit dem Landesherrn einen Waagezwang aus. So mußten beispielsweise alle für den Nowgorodhandel bestimmten geschütteten Güter die Waage passieren. Der Tarif dafür richtete sich nach der Herkunft des Eigners. Sehr aufwendig, aber wenig gewinnbringend, war der Betrieb der Kalköfen. Der meiste Kalk wurde nicht verkauft, sondern für die stets zahlreichen Bauvorhaben der Stadt verwendet. Auch die Verkaufsbuden erbrachten keine großen Summen mehr, obwohl sie im 14. Jahrhundert mit zu den wichtigsten Einnahmezweigen gehört hatten. Regelmäßig verzeichnet sind nur noch die Abgaben der Selbuden, in denen Seehundspeck zu Tran gesotten wurde. Kleinere Einnahmen warf der Nachlaßzehnt, eine Art Erbschaftssteuer, ab. Aus dem Rentengeschäft hat sich die Stadt weitgehend herausgehalten. Nur wenige Renten sind unter den Einkünften, während aus bestimmten Gründen – wir kommen darauf zurück – eine ganze Anzahl von Renten unter den Ausgaben erscheint. Größere Beträge erbrachten die Verpachtung der Obersten Mühle, für die die Stadt ihrerseits dem Komtur eine Rente bezahlen mußte, und der Weinkeller. Im letzteren Fall richtete sich der Gewinn freilich nach dem Umsatz.

Nahezu die Hälfte aller Ausgaben[25] gelten Baumaßnahmen. Aufwendungen für Material und Lohn lassen sich dabei nach den Kämmereirechnungen nicht voneinander trennen. 1455, in dem als Beispiel ausgewählten Jahr, betrugen diese Ausgaben zusammen 2411 Mark, zieht man die übrigen erhaltenen Amtsbücher heran, sogar

---

23) Nr. 1, 4, 5, 10, 16 u.ö.
24) Vogelsang, Finanzverwaltung S. 690 f., 707.
25) zum folgenden ebd. S. 708.

2729 Mark. In anderen Jahren mag dieser Anteil vielleicht etwas nie-
driger gewesen sein, da seit 1454 die Mauer am Langen Domberg neu
errichtet wurde. Beträchtliche Kosten verursachte auch die Ent-
lohnung der städtischen Diener, die nicht nur Bargeld, sondern auch
andere Leistungen wie Tuch und Lebensmittel, erhielten. Außer dem
Stadtschreiber und vier bis fünf Stadtdienern waren das mehrere
Boten, der Uhrensteller, die Vorsprecher, die Rechtfinder[26], der
Marktvogt, ein Zimmermann, ein Ziegelmeister, ein Maurermeister,
ein Schmied, ein Koch, der Läuter, ein Koppelmann und eine Reihe
von Spielleuten. Der Stadtschreiber wurde nicht nur von den Käm-
merern entlohnt, sondern auch von den Bier- und Pfundherren, deren
Bücher er führte; außerdem erhielt er als Geistlicher in einigen Jahren
eine Rente als Bezahlung der von ihm aufgrund einer Stiftung gelese-
nen Messen. Das Kämmereibuch verzeichnet 1455 zusammen 391
Mark an Lohnkosten. Etwas niedriger, bei 317 Mark, allerdings ohne
Hinzurechnung der Aufwendungen für die Stadtbefestigung und für
Hafer, Stroh und Gras, lagen die Ausgaben für das Kriegswesen,
also für Schiffe, Pferde, Wagen, Schlitten, Büchsen, Armbrüste, Büch-
sensteine und Pfeile. Stets sehr hoch, wenn auch in diesem Jahr höher
als in anderen, da Schulden bezahlt werden mußten, waren die Ge-
sandtschaftskosten, zusammen 891 Mark. Die Schäffer erhielten
für ihre Auslagen zum Hinkepeven (Allerseelentag), zu Weihnachten
und in der Fastnacht 440 Mark. Der zu anderen Anlässen an den Rat
gelieferte Wein wird nicht besonders ausgewiesen, da er bei der Ab-
rechnung mit den Weinhändlern verrechnet wurde. Als größerer Aus-
gabeposten ist die Besendung von Gästen der Stadt zu erwähnen,
denen man Wein, Bier, Lebensmittel und Futter für ihre Pferde über-
bringen ließ. Am Rentengeschäft war der Rat dadurch beteiligt,
daß er bei frommen Stiftungen die Aufgabe der Stiftungsbank über-
nahm und für die regelmäßige Zahlung der in den Stiftungsbestim-
mungen festgesetzten Renten sorgte, für die er vom Stifter ein Haupt-
geld empfangen hatte. Meist handelt es sich bei diesen Stiftungen um
Meßpfründen in den Kirchen und Kapellen der Stadt. Zusammen mit
einigen Pachtzahlungen betrugen die Aufwendungen für Renten im
Jahre 1455 378 Mark.

---

26) zu diesen am Gerichtsverfahren beteiligten Amtspersonen vgl. die entsprechenden
Verhältnisse in Riga bei Bunge, Riga S. 340 ff.

Damit ist der Kreis der Einnahmen und Ausgaben des städtischen Haushaltes in großen Zügen umschritten. Wir sehen daran, mit welchen Aufgaben die Verwaltung des mittelalterlichen Reval befaßt war. Anhand des Kämmereibuches läßt sich dieser Nachweis in vielen interessanten Einzelzügen führen und mit der Verwaltung einer modernen Stadt durchaus vergleichen. Das Kämmereibuch gibt ferner Einblicke in die wirtschaftlichen und sozialen Bedingungen der mittelalterlichen Stadt. Gerade hier erhalten wir genauen Aufschluß über Preise und Löhne. Wir können uns also gute Vorstellungen davon machen, was beispielsweise ein Stadtdiener an Lohn empfing und was er sich davon kaufen konnte. Der Vergleich mit anderen Quellen, etwa den Pfundzollisten, Kaufmannsbüchern und Testamenten, aus denen sich die Vermögensverhältnisse einzelner Kaufleute errechnen lassen müßten, könnte Aufschluß über das soziale Gefälle innerhalb der Stadt geben. Auch bevölkerungsgeschichtlich sind die Kämmereirechnungen mit ihrem reichen Namensmaterial, das sich wiederum bestimmten Berufsgruppen zuordnen läßt, aufschlußreich. So fällt beispielsweise der hohe Anteil an Esten in der Berufsgruppe der Fuhrleute auf. Die Rechnungen sind ferner oft der einzige Beleg für diplomatische Missionen und für Städte- und Landtage. Schließlich gewinnen wir aus den Kämmereibüchern Einblicke in das alltägliche Leben einer mittelalterlichen Stadt, wie sie andere Quellen gewöhnlich nicht bieten.

Währungen

Die zu Reval gängigste Währung war die Mark Rigisch. Sie wurde folgendermaßen gerechnet:

1 Mark Rigisch	=	4 Ferding (Vierding)
1 Mark Rigisch	=	36 Schilling
1 Mark Rigisch	=	48 Ore
1 Mark Rigisch	=	144 Artige

Die übrigen in Reval gebrauchten und im Kämmereibuch vorkommenden Währungen veränderten gegenüber der Mark laufend ihren Wert. Da eine Revaler Münz- und Geldgeschichte bisher fehlt, sei hier eine kurze Übersicht gegeben, wobei als Quelle das Kämmereibuch (KB) und das Liv-, Est- und Kurländische Urkundenbuch (LivUB) herangezogen wurden. Nicht für alle Münzen ließen sich Relationen ermitteln.

1 Rhein. Gulden	= 1 1/2 Mark Rigisch	1434	LivUB 8 Nr. 894
1 Rhein. Gulden	= 1 3/5 Mark Rigisch	1447	LivUB 10 Nr. 332
1 Rhein. Gulden	= 1 2/3 Mark Rigisch	1457	LivUB 11 Nr. 648 Anm. 1
1 Rhein. Gulden	= 1 2/3 Mark Rigisch	1461	KB 1140
100 Rhein. Gulden	= 158 Mark Rig. 12 Schill.	1448	KB 739

1 Arnoldusgulden =   1 Mark Rigisch   1430 LivUB 8 Nr. 253
(Goldgulden des Hz. Arnold von Geldern)

1 Arnoldusgulden =   3/4 Mark Rigisch   1440 KB 414
1 Arnoldusgulden =   5/8 Mark Rigisch   1441 KB 450 u. 452

1 Postulatusgulden = –   1443 KB 519
(Goldgulden des Bischofs v. Utrecht)

6 Gulden, leichte =   5 Mark Rig. 7 Schill.   1443   KB 548
1 Gulden, leicht· =   1 Mark Rig.   1458/59 KB 1075 u. 1094

1 Mark Lübisch =   1 1/6 Mark Rig.   1456 LivUB 11 Nr. 580
1 Mark Lübisch =   1 1/4 Mark. Rig.   1457 LivUB 11 Nr. 659 Anm.

10 Schillinge =   1 Mark Rig.   1436 LivUB 9 Nr. 29 Anm.
   Lübisch

1 Nobel =   –   1434 KB 94
(Goldmünze der engl. Könige)

Zur Textwiedergabe

Bei dem folgenden Text handelt es sich, von den unten angeführten Ausnahmen abgesehen, um eine buchstabengetreue Abschrift der Vorlage. Abkürzungen wurden aufgelöst und in der Schreibweise den nicht abgekürzten Vorkommen des gleichen Wortes angeglichen. Lediglich die Maßangaben sind, sofern sie in der Vorlage nicht ausgeschrieben waren, nach einem gleichbleibenden Schema abgekürzt wiedergegeben. Doppelt-f wurde vereinfacht, soweit es am Wortanfang vorkommt. i und j, u und v sind je nach dem Lautwert unterschieden worden; bei Eigennamen allerdings blieb die Schreibweise der Vorlage erhalten. Alle Namen, auch die davon abgeleiteten Eigenschaftswörter, sind groß geschrieben, im übrigen wurden auch in der Vorlage gelegentlich groß geschriebene Wörter mit kleinen Anfangsbuchstaben abgedruckt. Berufsbezeichnungen, die wie Hausnamen einem Vornamen beigefügt sind, wurden als Hausnamen behandelt, da eine Grenze zwischen diesen und zu Hausnamen gewordenen Berufsbezeichnungen nicht zu ziehen ist. Die lateinischen Zahlzeichen sind durch arabische ersetzt. Zur besseren Übersicht und um das Auffinden von Textstellen nach den Indices zu erleichtern, sind die Eintragsgruppen durchnumeriert worden.

Zum Stadtplan von Reval

Grundlage für diesen Stadtplan ist die dem Aufsatz von H. von zur Mühlen: Drei Revaler Einwohnerlisten aus dem 15. und 16. Jh. (Zschr. f. Ostforschung 19, 1970) beigegebene Karte (zw. S. 700 u. 701). Sie wurde ergänzt durch die Stadtpläne P. Johansens, Nordische Mission, S. 34, und Libri, S. XXVII. Ferner lagen mir die Pläne vor: Neuer Plan der Gouvernementsstadt Reval, Reval 1901, und Illustrierter Führer durch Reval und seine Umgebungen, Reval 1911. Genannt sei schließlich der Faksimiledruck: Tallinn im Jahre 1825, bearb. von Helmi Üprus, Tallinn 1965. Die Lage einzelner Gebäude wird bei E. von Nottbeck: Der alte Immobilienbesitz Revals, Reval 1884, beschrieben. Leider konnte ich keinen Parzellenplan beschaffen, so daß die Größe der Grundstücke und der Gebäude immer nur in ungefähren Grenzen angedeutet werden konnte. Die Straßennamen habe ich in hochdeutscher Form, allerdings mit ihrem mittelalterlichen Namen wiedergegeben.

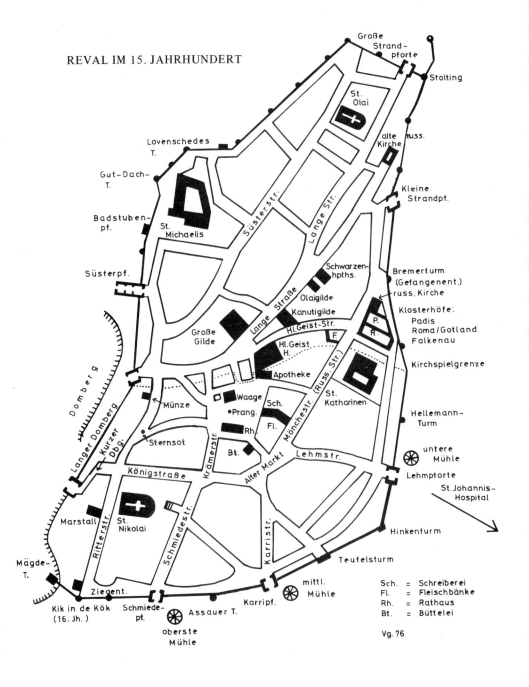

REVAL IM 15. JAHRHUNDERT

TEXT

1   1432 Okt. 18

Int[a] jar unses heren Christi verteinhundert tweundortigh des dages
beati Luce ewangeliste, do wart dit kemererboek begunt unde do
worden kemerere her Hinrik van Rypen[1] unde her Hinrik Eppinchu-
sen[2]. Got geve, dat it myt leve geendiget mote werden vormidst
Joachim deme scrivere[3].
Item[b] Godscalke deme smede 10 mr. upp rekenscop gedaen.
Item gegeven Clawes unde Jonse den denren vor 1/2 jar loen ilkeme
    4 mr.
Item 6 f. vor 500 tegelstens.
Item 5 f. vor 1 t. bers mit deme holte, de deme Brabandeschen rittere[4]
    sant wart.
Item 3 mr. vor 4 t. bers den murmesters.
Item in de weke[5] gegevenn 19 1/2 mr.
Item vor treppesten, howesten unde den ovensten tor scriverie 10 f.
Item den olden spelluden gegeven 6 f.

a) *Schreiber I.* b) *links am Rand ein Hufeisen.*

1) *Rhr. 1430–1432; 1433 verstorben; vgl. Bunge, Ratslinie S. 124 u. LivUB 7 Nr. 536,
618, 734.* 2) *nach Bunge, Ratslinie S. 93 Rhr. 1435–1439; da hier als Kämmerer aufge-
führt, erg.: 1432.* 3) *vgl. Einleitung S. 3f.* 4) *nicht identifiziert.* 5) *Gleichmäßig wieder-
kehrender Eintrag; gemeint ist offenbar die Entlohnung von Arbeiten geringeren Um-
fanges.*

2   1432 Okt. 25

Sabbato ante Simonis et Jude
Item gegeven her Gerwine van sunte Simon unde Juden altare[1] unde
    van sunte Margreten altare tome Hilgen Geste 7 mr.
Item den seken imme Hilgen Geste 7 1/2 mr. rente.
Item her Alve 5 mr. van des Sacramentes altare tome Hilgen Geste.
Item Lintorpe 5 1/2 mr. sine rente.
Item deme kerheren tome Hilgen Geste van des hilgen Cruces wegene
    to Luk[2] 4 mr.
Item her Hinrik Lubken van sunte Blazius altare to sinte Niclause
    6 mr.

Item her Lubberde van des nien Cruces altars wegene to sunte Nico-
lause 6 mr.

Item Hinrike deme armborstere 2 mr. sine rente.

Item vor 1/2 lispunt lichte up dat hus 1/2 mr.

Item in de weke gegeven 23 mr.

Item[a] do[b] brachte her Hinrik van Ripen up dat rathus 23 mr. van
vracht.

a) *links am Rand ein Doppel-Schrägstrich.* b) *vor* do *gestr.* b.

1) *ebenfalls im Heilig-Geist-Hospital, vgl. PRB Nr. 438 (1420).* 2) *in St. Nikolai.*

3   1432 Okt. 31

In vigilia Omnium sanctorum

Item 1/2 mr. vor lichte up dat rathues.

Item 1 mr. vor 1 t. ters up den marstal unde 8 s. vor linen.

Item Loden viccarie to Mariema[1] 8 mr. gegeven.

Item in de weke gegeven 15 1/2 mr.

Item vor rade gegeven 7 f.

Item her Detmer Kegeler 16 mr. sine rente[2].

Item[a] upgebracht her Hinrik van Rippen van vracht 8 mr. unde 22 mr.

Item her Engelbrechte 7 mr. van Schermbeken viccarie[3].

Item deme vromissenprestere to sunte Nicolause 4 mr.

a) *links am Rand ein Doppel-Schrägstrich.*

1) *Marjemma, Kirchort in der Wiek. Die Vikarie, eine Stiftung der Familie Lode, bestand
schon 1381, LivUB 3 Nr. 1172.* 2) *Leibrente, von seinem Vater Curd 1396 ausgesetzt,
PRB Nr. 55.* 3) *im Michaeliskloster, PRB Nr. 1412.*

f. 1a

4   1432 Nov. 8

Sabbato ante Martini

Item[a] so brachte ik[1] up dat hus noch van vracht 30 mr.

Item[b] Hanebole vor den win imme Hinkepeven[2] gedrunken 24 mr.
myn 1 f. van vracht.

Item den oven in Bolemans stoven to makende 1 mr.

Item in de weke gegeven 11 1/2 mr.

Item vor bekere up dat rathus 11 f. 6 s.

Item[c] Godscalke deme smede 10 mr. up rekenscop[3].

Item gegeven vor howerk tor scriverie 13 mr.

Item vor 2 hope stens to vorende tor scriverie 4 1/2 mr.

a) *links am Rand ein Doppel-Schrägstrich; hinter* Item *gestr.* VI. b) *wie Anm. a).* c) *links am Rand ein Hufeisen.*

1) = *Hinrik van Ripen, vgl. Nr. 3.* 2) *Allerseelentag, der 2. November, von estn.: hingepäer, Seelentag; wird regelmäßig vom Rat mit einem Festmahl gefeiert. Dieses Fest wurzelt offenbar in einem estn.-heidnischen Kult. Vgl. Johansen, Nordische Mission S. 105 f.* 3) *eine Abschlagszahlung.*

5   1432 Nov. 15

Sabbato ante Elizabeth

Item 1 mr. vor 1 lispunt lichte uppe dat rathues.

Item[a] Godscalke deme smede 10 mr. upp rekenscop gedan.

Item in de weke gegeven 4 mr. 4 s.

Item[b] brachte her Hinrik van Ripen up van vracht 48 mr. unde 3 mr.

Item gegeven Hanebolen vor 2 laken tor denerkledinge 42 mr.

Item vor 1 hop stens to vorende tor scriverie 9 f. unde housten to vorende 8 s.

a) *links am Rand ein Hufeisen.* b) *links am Rand ein Doppel-Schrägstrich.*

6   1432 Nov. 22

Sabbato post Elizabeth

Item in de weke gegeven 8 mr. myn 1 ferdingh.

Item vor howesten unde vor 1 ovenvlisien tor scriverie 6 f.

7   1432 Nov. 29

Sabbato ante Andree

Item in de weke gegeven 7 mr. 6 s.

Item deme vromissenprestere to sunte Oleve 4 mr.

Item 4 1/2 mr. Tideken tor Osten vor balken tor brugge.

Item[a] brachte her Hinrik[1] up dat hus van vracht 40 mr.

Item gerekent mit Weuelputten, so dat wy em geven vor 30 stope[2] unde 100 deme rade ummegesant unde upme huse gedrunken 24 mr. myn 4 s.

Item 10 mr. gegeven tor ewigen kersen vorme sacramente tome Hilgen Geste.

a) *links am Rand ein Doppel-Schrägstrich.*

1) *der Kämmerer Hinrik van Ripen, vgl. Nr. 3 u. 5.* 2) *erg.: Wein.*

8   1432 Dez. 1

Des mandages na Andree

Item untfangen van den schotheren 200 mr. Rig.

Hiir van gegeven her Bernde van Halteren[1] 39 mr. myn 2 or., der he van der molen wegen tachter was.

Item so costede de Prusche reise to der beseglinge mid Swidrigaele[2], do her Bernd van Halteren dar was, 136 mr., behalven dat he tovoren untfangen hadde.

Item vor 1 t. heringes unde 1 wal deme rade gesant 8 1/2 mr. 6 or.

---

1) *Rhr. 1430–1447, Bunge, Ratslinie S. 100.* 2) *Es handelt sich um das Bündnis des DO mit GF Switrigail von Litauen von 1431 Juni 19 (Druck: Die Staatsverträge des DO in Preußen im 15. Jh., 1. Bd. (1398–1437). Hrsg. von Erich Weise. 2. Aufl. Marburg 1970, Nr. 171), das 1432 Mai 15 bekräftigt wurde (Druck: ebd. Nr. 172). Nach einem Bericht des Rhrn. Bernd van Haltern an den Revaler Rat von 1432 Juli 29 (LivUB 8 Nr. 608) sollte die Besiegelung am 15. Aug. in Marienburg stattfinden.*

9   1432 Dez. 5

In profesto Nicolai

Item in de weke gegeven 4 mr.

Item vor 5 1/2 lispunt lichte 5 1/2 mr.

f. 2

10   1432 Dez. 13

Sabbato, qui fuit dies Lucie

Item[a] untfangen van der wage 100 unde 5 mr.

Item hiir van 90 mr. utgegeven, de in Sweden vortert worden tor dachvart imme jare 31 to Wiborch[1].

Item[b] Godscalke deme smede 10 mr. gedan up rekenscop.

Item vor 44 hope stens, den stenbrekeren to upgelde, 11 mr.

Item gegeven 5 mr. vor 1 pert den spelluden.

Item gegeven deme winmanne Petere, do wy mit em rekenden van des rades wegen, 67 1/2 mr.

Item vor 8 elen van eme Kameschen tor denerkledinge 5 mr. myn 1 f.

Item 1 mr. vor 2 lisp. talges up den marstall.

Item in de weke gegeven 3 mr. 10 s.

Item vor 30 sleden gegeven 2 mr. 4 or.

Item untfangen van den selboden 31 1/2 mr.

Item[c] untfangen van den berheren 60 mr.

a) *links am Rand eine Waage.* b) *links am Rand ein Hufeisen.* c) *links am Rand eine Tonne.*

1) *vor 1431 Okt. 1, nach Sept. 2; vgl. LivUB 8 Nr. 496 u. 514. Der Bm. Gost van Borstel war selbst gereist; es ging um die Beilegung von Streitigkeiten mit Cristiern Niklesson, dem Hpt. zu Wiborg, der Revaler Kaufleute geschädigt hatte. Vgl. dazu ein Revaler Memorial, LivUB 8 Nr. 458 und ebd. die Nrr. 453, 473, 477, 478. 485, 491.*

11   1432 Dez. 15

Feria secunda post festum Lucie

Item untfangen van den schotheren 500 mr.

Hiir van gegeven her Johan Oldendorpe[1] 100 unde 10 mr., der he van der oversten molen tachter was, do he dar inne vorbuwet hadde.

Item noch hiir van[a] her Gerlich Witten[2] unde her Johan vamme Dyke[3] 200 mr. unde 4 mr. myn 3 s. gegeven, de upme rathuse vortert weren up Winachten, upp[b] Vastellavent, up Hinkepeven unde do unse here de mester[4] hiir was.

Item den spelluden vor roggen unde spec 6 mr. gegeven den piperen.

Item Spanierde 8 mr. vor 1 pert gegeven.

Item her Hermen Lippen[5] gegeven 41 mr. myn 1 f.

a) *dahinter gestr. noch.* b) *links am Rand ein Doppelstrich.*

1) *Rhr. 1421–1458, Bunge, Ratslinie S. 119.* 2) *Rhr. 1432–1444, ebd. S. 142.* 3) *Rhr. 1422–1435, ebd. S. 92: Düke. Die beiden letzten Ratsherren werden in ihrer Eigenschaft als Schäffer genannt.* 4) *Cisse von Rutenberg, OM 1424–1433, reiste im Frühjahr 1432 nach Reval zu einer auf den 27. Apr. festgesetzten Besprechung mit der Ritterschaft, LivUB 8 Nr. 565, 583.* 5) *Rhr. 1414–1434, Bunge, Ratslinie S. 112.*

12   1432 Dez. 17

So untfenge wy des midwekens na Lucie

Item untfangen van den schotheren 10 mr. van schote unde 57 mr. van broke.

13   1432 Dez. 20

In vigilia Thome

Item her Hermen Lippen gegeven 48 mr. tor monnike[1] behoff.

Item noch em gegeven 10 mr. tor zeken behoff to sunte Johanse[2].

Item her Jo[han] Oldendorpe 5 mr. den seken to sunte Johanse in de hande to delende.

Item 10 mr. up dat slot gesant sloierpenninghe[3].

Item[a] her Otto Brakels[4] denre, de her Kerstan den bref brachte[5], 1 mr.

Item vor want den piperen 39 mr. unde 5 or.

Item deme rechtvindere[6] vor sinen rok, spec unde 1 lisp. roggen 4 mr. 6 s. natloen.

Item deme tegelslegere 1 mr. vor 1 lisp. roggen.

Item den denren, Gert Groten, den boden er schrotloen, lowentgelt, offergelt 7 mr. myn 6 s.

Item deme scrivere Joachim[7] 4 mr. sin quatertempergelt.

Item in de weke gegeven 3 1/2 mr.

a) *links am Rand ein Doppelstrich.*
1) *des Dominikanerklosters St. Katharinen in Reval.* 2) *Leprosenhospital St. Johannis.* 3) *Die Herkunft dieser jährlich wiederkehrenden Zahlung („Schleier"-Pfenninge) ist nicht eindeutig aufzuklären. Sie könnte mit der Ausstattung der Schwester Kg. Waldemars IV. Atterdag von Dänemark zusammenhängen, die Estland als Heiratsgut erhielt; vgl. Arbusow, Grundriß S. 64 f.* 4) *Otto von Brakel, Ordensvasall in Wierland, LivUB 8 S. 657 (Register).* 5) *Das Schreiben an Cristiern Niklesson, Hpt. zu Wiborg, ist nicht überliefert, vgl. LivUB 8 Nr. 615.* 6) *Er hatte die Aufgabe, in der öffentlichen Gerichtsverhandlung die Anwesenden nach dem Urteil zu fragen, so in Riga; vgl. F. G. v. Bunge: Die Stadt Riga im 13. u. 14. Jh., Geschichte, Verfassung, Rechtszustand. Leipzig 1878 (Neudruck Amsterdam 1968) S. 341.* 7) *Joachim Muter, Stadtschreiber 1427–1456, vgl. Einl. S. 3 f. und unten Nr. 1015. Sein Nachfolger war Reinhold Storning, vgl. unten Nr. 1021.*

f.2a

14　　　　　　　　　　　　　　　　　1432 Dez. 24

In vigilia Nativitatis Christi

Item vor 7 rocke den piperen to nejende unde to voderende mit pelsen, do se to Lettowen wart solden mit unserem heren deme meistere[1], 21 mr. und 1 f.

Item[a] 6 mr. vor howerk tor scriverie up rekenscopp.

Item 20 mr. vor 2 leste haveren up den marstal.

Item vor howesteen gegeven 10 f. 2 s.

Item[b] den luden 1 mr. gedan up rekenscop, de den steen vlien, noch en[c] gegeven 1 f.

Item deme marketvogede[2] vor 1 par scho unde dunneber 15 1/2 s.

Item 4 murluden, de[d] de pilre beslogen up der kulen, 1 mr.

Item vor haveren gegeven 8 or. 1 mr. unde 1 art.

Item Gerde vor den oven[3] intobotende 3 f.

Item 10 f. unde 1 s.[e], de Cort vortert hadde, do he deme cumpthur van Vellin[4] den bref brachte.

a) *links am Rand* rekenscop. b) *links am Rand gestr.* rekenscop. c) *darüber ein gestrichener Kürzungsstrich.* d) de *übergeschr.* e) *folgt gestr.* den.

1) *1432 Dez. 13 berichtet der OM Cisse von Rutenberg Reval, er wolle am 11. Jan. 1433 sein Aufgebot an der Düna sammeln, um mit GF Switrigail in Litauen einzufallen, LivUB 8 Nr. 646. Der OM zog aber Anfang 1433 allein nach Litauen, LivUB 8 Nr. 661 (Bericht des K von Mewe an den HM von 1433 Feb. 11). Vgl. dazu den Bericht über den Kriegszug LivUB 8 Nr. 663. 2) Als städtischem Diener oblag ihm die Aufsicht über den Markt, Sielmann S. 48 (ohne das Amt ausdrücklich zu nennen). 3) der städtische Kalkofen. 4) Goswin von Velmede, K zu Fellin 1432–1434, Arbusow, Geschlechter S. 57 u. 119. Der Brief ist nicht überliefert.*

15   1433 Jan. 3

Sabbato ante Epiphanie domini

Item gegeven Werdinchusen 33 mr., de he an deme torne vorbuwet hadde.

Item Jacob Scherere gegeven 10 f. vor der denere unde spellude want to scherende.

Item vor der piper ridehosen, vor dat want unde vor dat besettent 2 mr.

Item den spelluden vor 1 pert 1 f. unde 4 mr.

Item vor 2 wekene den arbeidesluden unde up den marstal 4 1/2 mr.

16   1433 Jan. 10

Sabbato post Epiphanie domini

Item in de weke gegeven 2 1/2 mr.

Item 6 mr. den piperen unde trumpitteren to tergelde 6 mr.

Item 6 f. vor de vodere to den piperen[a], dit geve wy Lorse.

Item vor 1 grawe laken to Asmondes unde des marktvogedes behoff 6 mr. 1 f.

Item 20 s. vor der Susterporten reine to makende.

Item den trumpitteren vor sedele, thome, sleden, rogeseme 11 f.

Item[b] Godscalke gelent 8 mr.

a) *Vorlage* pipen. b) *links am Rand ein Hufeisen.*

17   1433 Jan. 17

Ipso die beati Anthonii

Item[a] brachte her Hinrik van Ripen up dat hus van vracht 40 mr.

Item deme scradere gegeven vor der piper hosen to nejende unde vor want 22 s.

Item her Kannengetere 3 mr. rente.

Item her Peter Groninge 3 mr. rente.

Item vor 1 hop stens tovorende 2 mr.

Item vor kersen to Vastellavende 6 mr. 12 s.

Item in de weke gegeven 3 mr. 5 s.

Item[b] Meineke, Pawese, Tomas unde Mertin 3 mr. gedan up dat howerk tome kelre unde[c] tor scriverie.

Item vor 1 becken in de bodelie 5 s. 4 or.

a) *links am Rand ein Doppel-Schrägstrich.* b) *links am Rand* rekenscop. c) *ab* unde *rechts unter der Zeile nachgetragen, mit Einfz.*
1) *unter den Fleischbänken, vgl. Nr. 24; es handelt sich um den städtischen Weinkeller im Rathaus, vgl. PRB Nr. 1450 u. 1451 und v. Nottbeck, Immobilienbesitz S. 60.*

18   1433 Jan. 24

    Sabbato post Vincencii

Item 13 f. costede dat schot to scrivende in beiden kersplen[1].

Item 6 f. vor towe up den marstall.

Item[a] den luden, de den sten vlien bime kalkovene, 1 mr. gegeven.

Item in de weke gegeven 2 mr. unde 28 or.

Item 5 f. vor 1 t. bers mit deme holte[2] deme kumpthur van Sweden[3] gesant.

a) *links am Rand gestr.* rekenscop.
1) *St. Olai und St. Nikolai, nach den beiden Pfarrkirchen.* 2) *d. h. mit dem Faß.*
3) *Thomas Hungersdorp gen. Grevesmolen, vgl. Birgitta Eimer: Gotland unter dem DO u. die Komturei Schweden zu Årsta. Innsbruck 1966, S. 102. Die schwed. Komturei Årsta gehörte zum livländischen Ordenszweig, ebd. S. 82. Der Eintragung nach muß der Komtur in Reval geweilt haben – vielleicht im Zusammenhang mit dem Zug des OM nach Litauen.*

f. 3

19   1433 Jan. 31

    Sabbato ante Purificacionis Marie

Item 1 mr. vor nejeloen Assemonde unde deme marketvogede.

Item vor 1 t. bers[a] den timmerluden 3 f. 1 s.

Item in de weke gegeven 3 1/2 mr. unde 4 schillinge.

Item Jacob Mansaxen vor 3 hope stens vorende tome kalkoven 5 mr. 1 f.

a) *folgt gestr.* deme cumpthuren van Sweden gesant.

20

Sabbato post Dorothee virginis

Item untfangen van den schotheren 50 mr.

Item gegeven her God[scalk] Stolteuoete[1] 45 1/2 mr. myn 1 s. vamme torne, den he hadde laten dekken.

Item untfangen van der tzoldie[2] tor bolwerke behoeff to makende int erste 45 mr. Rig.

Noch untfangen dar zulves van 25 mr. tome bolwerke.

Item den timmerluden bi den bolwerke 1 t. bers vor 3 f. unde 20 Lub.

Item[a] Pawes, Tomas unde Martin 3 mr. up rekenscop van howerke tor scriverie.

Item noch vor 1 pert den spelluden in de reise 5 mr.

Item in de weke gegeven[b] 12 mr. unde 1 f.

a) *links am Rand* rekenscop. b) *Tinte verlaufen.*
1) *Rhr. 1428–1457, Bunge, Ratslinie S. 132.* 2) *vom Pfundzoll, vgl. Einl. S. 7.*

21

In die beati Valentini

Item[a] brachte her Hinrik[1] up van vracht 24 mr. myn 6 s.

Item Henninge deme klensmede vor 18 iserne haken tor scriverie, vor 1 rink, vor 1 blomen, vor 5 slotele tome gange mit 1 slote, vor 1 slot tor Lutken Strantporten unde vor ander ding to makende 5 1/2 mr. Rig.

Item in de weke gegeven 16 mr. do bolwerkedenre.

Item noch vor 1 slot vor de Smedeporten unde vor slotele unde andere slotele to beterende 11 f. 3 s.

Item vor 17 hope stens tome kaloven to vorende 30 mr. myn 1 f.

Item den zulven sten to vliende gegeven 13 f. 4 or. to deme, dat se entfangen hebben.

Item den vorluden 3 f. vor 1 t. bers.

a) *links am Rand ein Doppel-Schrägstrich.*
1) *van Ripen.*

22

Sabbato ante Mathie apostoli

Item in de weke gegeven do bolwerkedenre 18 mr. myn 1 f.

Item so costede dat huseken in der bodelie uttovorende 8 mr. myn 1 f.

23   1433 Feb. 28

Sabbato ante Invocavit
Item in de weke gegeven, do me bolwerkede, 12 mr.

24   1433 Mrz. 7

Sabbato ante Reminiscere
Item[a] brachte her Hinrik[1] up van vracht 14 mr.
Item gerekent mit den murmesteren van deme howerke tor scriverie
     unde tome kelre under deme vlescharnen, den geve wy noch to
     deme, dat se untfangen hadden, 10 mr.
Item in de weke gegeven 24 mr. unde 1 f. do bolwerkedenre.
Item deme scrivere Joachim 4 mr. gegeven sin quatertempergelt.
Item[b] den greveren under den scharnen 4 mr. gedan up rekenscop unde
     2 t. bers 6 f., noch 3 mr. unde 1 t. bers.
Item vor 1 t. bers den timmerluden 3 f.

a) *links am Rand ein Doppel-Schrägstrich.* b) *links am Rand* rekenscop.
1) *van Ripen.*

f.3a

25   1433 Mrz. 14

Sabbato ante Oculi
Item untfangen van den schotheren 40 mr.
Item hiir van her Euert Holloger[1] gegeven 47 mr. 11 or. 1 art. \ amme
     vlote van Narreden[2] to halende in vortiden.
Item des wegers knechte 2 mr. to bergelde.
Item in de weke gegeven 18 mr. tome bolwerke.

1) *identisch mit dem bei Bunge, Ratslinie S. 104 aufgeführten Rhrn. Everd Hollogher
1392–1402, Bm. 1407, 1408, 1416 und 1423, gestorben 1440? 2) Nargen (Naissaar), Insel
vor der Revalschen Bucht.*

26   1433 Mrz. 21

Sabbato ante Letare Jerusalem
Item untfangen bolwerkegelt van deme vogede[1] 26 mr.
Item 5 mr. unde 1 f. vor 1 roclaken deme koke Petere.
Item in de weke gegeven 20 mr.

Item^a noch den greveren gedan 3 mr. unde 3 f. vor 1 t. bers.
Item 16 or. her Jo[han] Gotlanden² begenknisse.

a) *links am Rand ein Doppel-Schrägstrich.*

1) *Ein Teil der Gerichtsgefälle wurde für die Stadtbefestigung bestimmt, vgl. auch
Nr. 28. So auch in Riga, vgl. F. G. v. Bunge: Die Stadt Riga (s. Nr. 13 Anm. 6), S. 301.*
2) *Ein Johann de Gotlandia ist 1321 nachweisbar, Wittschopbuch Nr. 160 u. 166; eine
Stiftungsurkunde für das Anniversar, das im Heilig-Geist-Hospital gelesen wurde (vgl.
Nr. 787), liegt nicht vor.*

27   1433 Mrz. 28

   Sabbato ante Judica
Item untfangen van den schotheren 50 mr.
Item gegeven den seken to sunte Johanse 5 mr. ere rente.
Item vor 3 lisp. lichte unde 2 1/2 markpunt upt rathus 3 mr. 4 s.
Item in de weke gegeven 11 1/2 mr. do me bolwerkede.
Item den piperschen gegeven tor teringe 3 mr.
Item vorluden, de buten der korden tome bolwerke vort hadden, 7 f.

28   1433 Apr. 4

   Sabbato ante Palmarum
Item untfangen van deme vogede bolwerkegelt 21 1/2 mr 8 or.
Item gegeven den piperen 3 mr. tergelt.
Item 1 mr. vor struke to eme tune up dem graven.
Item in de weke gegeven 16 mr. unde 1 f.
Item^a noch den greveren vor 1 t. bers 3 f. unde 5 mannen, ilkem 16 or.
   gedån.
Item 20 mr. gegeven vor 2 leste haveren.
Item vor balken, sparren unde delen 4 mr. unde 8 or.

a) *links am Rand r (für* rekenscop*) u. Doppel-Schrägstrich.*

29   1433 Apr. 9

   In Bona quinta feria
Item^a untfangen van der waghe 69 mr.
Item vor 3 nie pundere gegeven 10 1/2 mr.

a) *links am Rand eine Waage.*

30   1433 Apr. 11

In vigilia Passche
Item vor stenboren unde vor kalkboren 2ᵃ mr. 10 s.
Item vor lopere, wangen, assen unde bogen to den punderen 4 mr. 5 s.
Item vor tunstaken gegeven 84 or.
Itemᵇ den greveren under deme vlescharnen 3 f. vor 1 t. bers unde 1 mr.
    gegeven noch 24 s.
Item gegeven 10 f. vor kalk to losschende.
Item vor 5000 tunroden 5 mr.
Item Corde unde Clawese den denren, ilkeme 4 mr. er loen.
Item in de weke gegeven 8 mr.
Item Eppinchusen gegeven vor 6 hope stens tome kalkovene 7 1/2 mr.

f.4

Item zeligen Corde unde Jonse den denren ere beider loen, er se
    storven, vordent Corde 2 mr. unde Jonse 4 mr.
Item Culpsu vor sten tome bolwerke to vorende 3 ferding.
Item vor delen unde vor balken tome bolwerke 5 mr. unde 8 or.

a) *korr. aus* 3. b) *links am Rand ein Doppel-Schrägstrich.*

31   1433 Apr. 18

Sabbato ante Quasimodogeniti
Item in de weke gegeven 7 mr.
Item her Hinrik Menkinge[1] 1 t. bers gesant 5 f. mit deme holte.

1) *Rhr. zu Dorpat, Lemm S. 99.*

32   1433 Apr. 25

Sabbato ante Misericordias domini
Item vor 4 tunnen bers den murluden 3 mr. 4 or.
Item in de weke gegeven 21 mr. unde 1 f.

33   1433 Apr. 30

Inᵃ profesto Philippi et Jacobi apostolorum
Item in de weke gegeven 15 mr. undeᵇ enen ferdingh.

a) *davor gestr.* Sabbato. b) *Vorl.* under.

34   1433 Mai 9

Sabbato post Invencionis sancte crucis

Item her Kribbegle 6 mr. van sunte Mateus altare to sunte Nicolause.

Item her Gerwine vor 2 officiacien tome Hilgen Geste unde to sunte
Oleve 7 mr.

Item Mertin Bussenschutten 4 mr. sine rente.

Item Ludeke Witten vor 1 lechlen wins van 64 stopen, gedruncken, do
unse here ᵃ de kumpthur[1] upme huse was, 22 1/2 mr. myn 2 s.

Item den seken 7 1/2 mr. ere rente imme Hilgen Geste.

Item dem kerkheren tome Hilgen Geste 4 mr. van der officiacien to
sunte Nicolaus.

Item her Alue 5 mr. van der officiacien tome Hilgen Geste vorme
sacramente.

Item Lintorpe gegeven 5 1/2 mr. zine rente.

Itemᵇ Godscalke deme smede 12 mr. gedan up rekenscop.

Item den susteren[2] 2 mr. Rig. rente.

Item deme vromissenprestere to sunte Oleve 3 mr.

Item deme armborstere 2 mr. zine rente.

Item vor 1 t. bers vor den kalkoven unde 4 under vlescharnen[3] 15 f.

Item 4 mr. vor 1 pert, dat in der reise gink mit den piperen[4].

Item vor tunstaken 3 f. unde 4 or.

Item deme vromissenprestere to sunte Nicolause 5 mr.

Item koste de tuen boven deme nien dike 4 mr. to tunende.

Item vor 700 bekere gegeven 7 1/2 mr. 3 s.

Item in de weke gegeven 29 mr.

Item vor botteren den murmeisteren 10 s.

a) unse here *über der Zeile nachgetr., mit Einfz.* b) *links am Rand ein Hufeisen.*

1) *Heinrich von Bockenvorde gen. Schungel, K zu Reval 1432–1434, Arbusow, Ge-
schlechter S. 90 u. 124.* 2) *von St. Michaelis zu Reval.* 3) *erg.: 4 Tonnen für die Gräber,
vgl. Nr. 24; eine Tonne Bier kostete zu dieser Zeit 3 f., vgl. Nr. 35.* 4) *vgl. Nr. 14, 15, 16.*

35   1433 Mai 16

Sabbato ante Ascencionis domini

Item in de weke gegeven 21 mr.

Item vor 3 t. bers 9 f. den murluden unde den timmerluden.

Item Corde 3 mr. gegeven, dat he over somer bi arbeide was.

Item vor schuvekaren 21 s.

Item worden de 100 mr. rente vamme dorpe Vete gegeven unserme
heren deme cumpthure van der oversten molen wegene[1].

f.4a

Item untfangen van der molen 20 mr.

1) *Fäht (Väo) war städt. Besitz; die Oberste Mühle wurde 1432 Feb. 25 der Stadt gegen
20 mr. jährlichen Zins durch den OM verliehen, LivUB 8 Nr. 560; vgl. Nottbeck,
Immobilienbesitz S. 13.*

36   1433 Mai 23

Sabbato post Asscencionis domini
Item untfenge wy van den schotheren 100 mr. Rig.
Item vor 4[a] t. bers den timmerluden unde[b] den murluden 4 mr.
Item vor 44 vadem kalkholtes 11 1/2 mr.
Item in de weke gegeven 33 mr. Rig.
Item vor 200 unde 72 delen 7 mr. myn 1 f.
Item 1 mr. vor 4 boke pappirs to der stad behoff.
Item 10 f. vor 1 towe, de sode mede reine to makende.
Item Gert Groten vor sin spec, zinen roggen, sine stavelen unde to
    vorvotende unde den oven intobotende 5 mr. unde 1 f.

a) 4 *über der Z. nachgetr., mit Einfz.; dahinter gestr.* 5. b) unde *übergeschr.*

37   1433 Mai 30

In[a] vigilia Pentecostes
Item utgegeven vor 36 1/2 vadem kalkovenholtes[b] 9 mr. Rig. myn 5 s.
Item entfenge wy van kalcke 4 mr.
Item utgegeven 8 mr. myn 3 s. vor brede unde for balken.
Item utgegeven vor teer 6 mr. myn 6 s.
Item ene mr. Rig. vor 1 t. bers to deme kalkovene.
Item utgegeven 1 mr. vor 1 t. bers den timmerluden.
Item in de weke gegeven 27 mr.

a) *Schreiber II. Vor* In *gestr.* Sabbato. b) -holtes *korr. aus* hostes.

38   1433 Juni 6

Sabbato post Penthecosten
Item entfenge wi van kalke 1[a] mr. 3 s.

Item utgegeven 11 mr. myn 1 f. vor 50 vadem kalkholtes.

Item utgegeven 1 mr. vor ene t. bers in de vlescharnen den murluden.

Item in de weke gegeven 11 1/2 mr.

a) *dahinter ein senkrechter Strich.*

39   1433 Juni 13

Sabbato post festum Corporis Christi

Item untfanghen von den schotheren hundert mr.

Item utgegeven her Schelewende[1] 12 mr. vor gersten.

Item utgegeven vor 5 laken 1 mr. myn 4 s.

Item entfenge wi van kalke 1 mr. 3 s.

Item utgegeven 1 mr. vor 1 t. bers in de vlescharnen den murluden.

Item utgegeven vor 20 vadem kalkholt 4 1/2 mr. 2 s.

Item utgegeven vor 13 voren 1 mr. unde 12 s.[a]

Item betalet 11 man lon van Nargeden[2], elkem 10 s., summa 3 mr. 2 s.

Item utgegeven vor 4 voder[b] davers 24 s.

Item vor 10 sparren, elk stucke 5 s.[c]

Item utgegeven 11 mr. 18 or. vor twe vlote van Wuluesoe[3].

Item vor 3 hope stens vor 15 f. to deme vlescharnen.

Item gegeven deme schrivere sin quatertemperghelt 4 mr.

Item in de weke gegeven 20 mr.

a) *ab* Item *mit dem vorigen Satz in einer Z.* b) *folgt gestr.* sparren. c) Item ... s. *mit der vorigen in einer Z.*

1) *Hinrik Schelwent, Rhr. 1421, Bm. 1430, 1438, 1442?, Bunge, Ratslinie S. 128.*

2) = *Nargen (Naissaar).* 3) = *Wulf (Aegnasaar), Insel nördl. Reval.*

f. 5

40   1433 Juni 20

Sabbato ante festum Johannis baptiste

Item utgegeven vor 3 ronnen 4 mr. 5 s.

Item vor 60 deelen myn 3 10 mr., dat stucke vor 6 s.

Item noch 2 t. bers 3 mr. mit den tunnen.

Item noch 2 t. bers vor 3 mr. gesant her Poggewische[a][1].

Item vor 10 stopp wins 2 mr. 4 s.

Item noch 1/2 mr. vor brot, ok her Pocgewische gesant unde 1 t.
    noteber 2 mr.

Item 1/2 mr. den luden, de dat boet rededen[b].
Item utgegeven 1 mr. 6 s. vor rummenighe.
Item utgegeven 3 f. to beterende de slote vorme rechte.
Item kostede dat vlot van Nargeden[2] 50 mr.
Item noch 2 mr. vor brot[c].
Item utgegeven 5 f. vor houwerk[d].
Item utgegeven 2 t. bers 2 mr. to dem vlescharnen.
Item gegeven in de weke 4 mr.

a) her Poggewische *mit Hinweisstrichen hinter der vorigen, dieser u. der folgenden Z. gemeinsam nachgetr.* b) *Die beiden letzten Z. rechts neben dem Text nachgetr.* c) *ab* Item *mit vorigem Satz in einer Z.* d) *folgt gestr.* Item utgegeven to der Oversten Molen 9 f. vor beer.

1) Otto Pogwisch, Hpt. zu Raseborg, Finnland, vgl. LivUB 8 S. 669 (Register) u. unten Nr. 108. 1433 Juni 20 dankt er der Stadt für die ihm anläßlich seines Besuches von St. Brigitten, einem bei Reval liegenden Kloster, gemachten Geschenke, LivUB 8 Nr. 695. 2) = Nargen, vgl. Nr. 25 Anm. 2.

41 1433 Juni 28

Item in vigilia Petri et Pauli appostolorum
Item so brachte her Gosschalk[1] vamme kalkoven upp 20 mr. unde
hundert, de he entfing van kalke.
Item so kostede de oven intosettende 26 mr., de erste oven.
Item to dem oven to bernde[a] to der kost 14 1/2 mr. 8 s.
Item betalt 1 mr. vor 1 t. bers den luden, de den kalk utschuven.
Item gegeven in de weke 8 mr. Rig.
Item gedaen Rotger Borsteel 6 mr. van rente wegene Rikens tho
Darpte[2].

a) *Vorl.* bernde.
1) Gottschalk Stoltevoet, vgl. Nr. 42. Rhr. 1428–1457, Bunge, Ratslinie S. 132.
2) = Dorpat.

42 1433 Juli 4

Item sabbato die post festum Visitationis Marie
Item entfangen 80 mr. van her Gosschalk Stolteuote vor kalk.
Item betalt vor 3 1/2 last haveren 34 mr. mit allem ungelde.
Item her Peter Groninck 3 mr. vor rente.
Item[a] gedaen Gosschalk deme smede 10 mr. uppe rekenscop.
Item betalt vor 45 treppesten 1 mr. to dem vlescharnen.

Item betalt 1/2 mr. vor 40 hofflizen to dem vlescharnen.
Item betalt 18 mr. her Johan van Lechtes vor rente.
Item betalt den luden, de den kalk utschuven, 3 mr.
Item gegeven in[b] de weken 7 mr.
Item 1 f. vor den sten up to vorende ut dem bote.

a) *links am Rand ein Hufeisen.* b) *Vorl.* ik.

43   1433 Juli 11

Item sabbato ante festum Margarite
Item gegeven deme priore[1] 18 mr. van Reuels wegene vor rente.
Item gaff ut her Stolteuoet 80 mr. vor kalk.
Item betalt 3 mr. vor beer vor den kalkoven unde 1 t. bers den
     timmerluden, ok vor 1 mr.
Item entfangen 5 mr. vor win to tzise.
Item betalt 2 mr. 2 s. vor[a] lattennegele to den scharnen.
Item vor 11 vadem kalkholtes utgeven 10 f. 2 s.
Item utgegeven vor 41 delen 6 mr. myn 7 s.
Item 11 mr. gegeven in de weken.

a) *folgt ungestr.* vor.
1) *von St. Katharinen, vgl. Nr. 13 Anm. 1 u. unten Nr. 199.*

f.5a
44   1433 Juli 18

Item sabbato ante festum Marie Magdalene
Item gegeven vor leidesele, vor selen unde repe 7 f. myn 3 s.
Item utgegeven 5 mr. 6 s. vor 93 vadem kalkholtes upptovorende.
Item[a] gegeven deme smede 7 f. 1 s. vor des stades perde to beslande.
Item utgegeven vor 6 winmate 9 f. unde 1 s.
Item gegeven in de weke 13 mr. Rig.

a) *links am Rand ein unvollständiges Hufeisen.*

45   1433 Juli 25

Item in die Jacobi appostoli
Item entfangen van her Stolteuote 47 mr. vor kalk.
Item gedaen 2 mr. her Scheluent vor den breff, den des kumpthur
     schriver schreff, Wekebrode.

Item 10 mr. Rig. gegeven in de weken.

Item 22 mr. vor dat how to slande in al.

46   1433 Aug. 1

Item in die Petri ad vincula

Item utgegeven 3 mr. vor 3 t. bers vor den kalkovene.

Item utgegeven 2 mr. vor arbeidesluden, de dat grůs van dem marstalle
brachten.

Item 5 f. Clawese deme denere[a] uppe dem hoislage utgegeven.

Item noch gedaen 1 mr. vor sin ungemak[b].

Item gedaen in de weken 25 1/2 mr.

Item gedan Korde unde Gerde den deneren 2 mr. vor ere ungemak
uppe dem hoislage.

a) *Vorl.* deneꝰ. b) *ab* Item *mit dem vorigen Satz in einer Z.*

47   1433 Aug. 9

In vigilia Laurencii[a]

Item gegeven int erste 4 1/2 mr. Rig. vor bernholt.

Item 2 mr. des stades slote to beternde.

Item 7 mr. vor enen ketel to beternde.

Item gegeven 7 1/2 mr. 6 s. vor win Merten Hildebranden.

Item vor enen ronen 2 mr. to der schriverige.

Item 1 mr. Rig. vor enen stoer.

Item 30 mr. Rig. in de weke[b] gegeven.

Item vor 7 delen unde enen eken delen 4 1/2 mr.

Item[c] entfangen van den schotheren viftich mr.

Item[d] untfangen hundert mr. Rig. van der waghe in sunte Laurencius[e]
daghe[1] unde noch 1 mr.

Item summa ut deme ersten kalkoven 300 mr. 19 mr. Rig. blivenden
geldes.

a) *Vorl.* Laurecii. b) *korr. aus* wege. c) *links am Rand* 1. d) *ebd. eine Waage.* e) *Vorl.*
Laurecius.
1) *Aug. 10.*

48   1433 Aug. 14

Item in vigilia Assumptionis Marie

Item gegheven in de weken 13 mr. Rig.

f.6

49 1433 Aug. 22

Item sabbato ante Bartholomei

Item gegeven deme smede vor enen summen negelen 5 mr. Rig. to richtende.

Item entfangen 24 mr. rente van her Welmer van der Beke[1] unde her Hildebrande van dem Bôclem[2] uppe sunte Johannis dach[3].

Item den klockengheters[a] uppe deme marstalle 1 mr. vor ene t. bers.

Item den timmerluden ene t. bers.

Item ene t. bers den[b] murluden uppe der schriverighe.

Item 10 f. Asmunde den kalkoven to bernde.

Item uptovorende dat klakholte 2 mr. 34 vadem.

Item gegeven 3 par rade 6 f.

Item gegeven in de weken[c] 23 mr.

a) g *korr. aus* h. b) *Vorl.* de. c) *korr. aus* wege, *folgt gestr.* 31.
1) *identisch mit Wennemar van der Beke, Rhr. 1427–1442? Vgl. Bunge, Ratslinie S. 82.*
2) *Rhr. 1415–1434, Bm. 1439, gest. 1443, ebd. S. 82.* 3) *Juni 24.*

50 1433 Aug. 29

Item sabbato post Bartholomei

Item gegeven in de weken 14 mr. Rig.

Item den stenwerters 1 t. bers.

Item den timmerluden 1 t. bers.

51 1433 Sept. 5

Item sabbato ante festum Nativitatis Marie

Item gegeven 10 mr. myn 1 f. vor 3 hope stens to der waghe unde schriverie.

Item entfinge wi 24 mr. van den schotheren.

Item utgegeven vor deckebrede 25 mr. Rig. unde 1 f.

Item 3 mr. Rig. den timmerluden unde murluden.

Item 23 mr. in de weke.

Item[a] Goschalk deme smede 8 mr. uppe rekenscop.

a) *links am Rand ein Hufeisen.*

52 1433 Sept. 12

Sabbato[a] ante festum Sancte Crucis

Item vor deckebrede unde kalkholt uptovorende 11 f. myn 4 s.

Item vor 3 t. bers den murluden unde den tymmerluden 3 mr.

Item vor 1 hop stens to vorende 3 mr. unde 1 f.

Item vor 4000 unde 300 dagtegeles to vorende 6 1/2 mr.

Item vor[b] 300 deckebrede 16 f. 3 or.

Item vor 19 vadem bernholt vor ilken vadem 8 s.

Item 6 f. vor 3 par rade.

Item in de weke gegeven 20 mr.

a) *Schreiber I.* b) *folgt gestr.* 10.

53 1433 Sept. 19

Sabbato ante Mathei

Item[a] brachte her God [scalk][1] up van kalkgelde 72 mr.

Item vor 2 t. bers, 1 up den marstal unde 1 den timmerluden, 2 mr.

Item vor 1 hop stens to vorende to scriverie 3 1/2 mr.

Item 13 f. vor hennepen towe up den marstall.

Item in de weke gegeven 19 mr.

Item kostede de andere kalkoven to bernende 36 mr.

Item 2 mr. vor balken ton vlescharnen[b].

a) *links am Rand ein Doppel-Schrägstrich.* b) vle *übergeschr., mit Einfz.*
1) *Stoltevoet.*

f. 6a

54 1433 Sept. 26

Sabbato ante Michaelis

Item vor 85 1/2 vadem kalkholtes unde 10 vadem bernholtes 26 mr. gegeven.

Item vor 9000 lattennegle unde 300 unde vor 8000 unde 100 deckenegle 41 mr. unde 1 f.

Item[a] brachte her Godscalk Stolteuoet up van kalkgelde 200 myn 8 mr. mit den 72 mr. vorscriven[b1].

Item[c] vor 1700 deckebrede 9 1/2 mr.

Item 3 1/2 mr. vor 1 hop stens tor scriverie to vorende.

Item Adame gegeven 16 mr. to vorbeteringe.

Item vor balken tor scriverie unde vor latten.

Item untfangen 100 unde 10 gulden van schipper Johan Herseuelden, Arnoldesgulden van der barsen wegene.

Item in de weke gegeven 18 mr.

a) *links am Rand ein Doppel-Schrägstrich.* b) *ab* mr. *rechts unter der Z. nachgetr.* c) *wie* Anm. a).
1) *vgl. Nr. 53.*

55   1433 Okt. 3

Sabbato post Michaelis

Item[a] brachte her Godscalk[b][1] up van kalkgelde[c] 48 mr.

Item vor de glasevinstere up dat rathus to makende 5 1/2 mr.

Item vor 1 howene dor 7 f. tor scriverie.

Item vor howesten tor scriverie 7 f.[d]

Item vor 650 pile to stickende 3 mr. myn 4 s.

Item 5 mr. gegeven vor 5 t. bers den timmerluden unde den mürluden.[e]

Item den mundercken gegeven, do her Gise[2] up der oe[3] was, 1 mr.

Item noch 2 mr. den zulven munderken vor 2 t. bers.

Item vor 1400 deckebrede van Narreden[4] to vorende 3 mr.

Item vor 300 deckebrede 6 f.

Item 15 1/2 mr. gegeven vor balken, sparen unde latten tor scriverie unde to den vlesscharnen.

Item 5 f. vor kalkholt.

Item vor 21 vadem bernholt 5 mr. myn 12 [s.].

Item vor 5 delen 15 s.

Item vor 650 brede 3 1/2 mr. 5 s.

Item in de weke gegeven 26 mr.

Item vor 500 deckebrede 7 1/2 mr. gegeven.

Item[e] Hanse unde Clawese den denren er loen 8 mr.

Item deme scrivere Joachim sin quatertempergelt[f] 4 mr.

Item her Hinrik Eppinchusen vor 3 hope stens tor scriverie 15 f.

Item vor 27 sparren her Hinrik wive van Ripen 3 mr. 15 s.

Item vor 41 vadem kalkholtes 11 mr. 14 s.

Item vor bernholt 6 f. 4 s.

Item 1/2 mr. vor 1 ronnen.

Item vor treppesten 28 or.

Item her Tideman Nasscharde[5] gedan uppe dagtegel 39 mr.

a) *links am Rand ein Doppel-Schrägstrich.* b) Godscalk *übergeschr., darunter gestr.*
Hinrik. c) *Vorl.* kakgelde. d) *folgt gestr.* Item vor 6 hope stens. e) *folgt gestr.* Co. f) *folgt*
gestr. 5.

1) *Stoltevoet.* 2) *Richerdes.* 3) *die Insel Wulf? Vgl. Nr. 39.* 4) *Nargen (Naissaar).*
5) *hiernach Rhr.; identisch mit Dietrich I. Naschert bei Bunge, Ratslinie S. 118?*

f.7

56   1433 Okt. 10

Sabbato ante Galli
Item[a] brachte her Godscalk[1] up van kalkgelde 54 mr. unde 1 f.
Item vor 23 vadem kalkholtes 6 mr.
Item 5 mr. unde 1 f. vor 1 pert.
Item vor 1650 deckebrede 7 mr. 2 s.
Item vor 9 balken 7 f.
Item vor 73 lange delen 7 mr. unde 1 f.
Item vor 1750 deckebrede 7 mr. myn 1 f.
Item vor 4 ringe tor scriverie 1 mr.
Item vor brede van Narreden to bringende 1 mr.
Item vor 100 deckebrede 6 f.
Item vor 2 eken delen 6 f.
Item vor de dor unde slot to beterende to Stoltinge[2] 1 mr.
Item vor 2 vadem kalkholt 1/2 mr.
Item in de weke gegeven 20 1/2 mr.
Item 2 mr. vor 2 lisp. lichte up dat hus.

a) *links am Rand ein Doppel-Schrägstrich.*
1) *Stoltevoet.* 2) *ein Stadtturm östlich der Großen Strandpforte; vgl. v. Nottbeck,*
Immobilienbesitz S. 34; Libri de div. art. S. XXIX u. Nr. 539.

57   1433 Okt. 17

Sabbato qui fuit vigilia Luce
Item[a] untfangen van her Hermen Lippen hundert mr. vamme do[r]pe̊
Vete to rente.
Item vor 35 vadem kalkholtes vor ilken vadem 1 f.
Item vor dit sulve holt uptovorende 2 mr. Rig.
Item vor 1 t. bers den murluden 1 mr.
Item vor 1 hop stens tor scriverie to vorende 3 1/2 mr.
Item vor brede uptovorende 2 mr. gegeven.
Item Lintorpe gegeven zine rente 5 1/2 mr.

Item her Hinrik Lubken van sunte Blasius altare to sunte Nicolaus
6 mr.

Item vor 100 sparren 5 1/2 mr. 2 s.

Item in de weke 22 mr.

a) *links am Rand ein Doppel-Schrägstrich.*

58   1433 Okt. 24

Sabbato[a] ante Simonis et Jude apostolorum

Item untfangen van der oversten molen 75 mr. Rig.

Hiir van gegeven der Saffenbergesschen 40 mr. Rig. van unsers heren[b]
des cumpthurs wegen[1].

Item vor 32 vadem kalkholtes, ilken vadem to 11 s.

Item gegeven 10 f. vor 20 delen.

Item vor 1 hop stens tor scriverie to vorende 3 1/2 mr.

Item deme vromissenprestere to sunte Oleve 4 mr.

Item deme kerkheren tome Hilgen Geste van des Cruces wegen to
Luk[2] 4 mr.

Item her Gerwine van sunte Margreten altare to sunte Oleve unde
sunte Simon[c] Juden altare to sunte Oleve[3] 7 mr.

Item des Hilgen Gestes rente 7 1/2 mr.

Item vor vlisien ton scarnen 1 mr.

Item 2 mr. vor den tegel up de wage to windende.

Item 40 or. vor remen up den marstall.

f. 7a

Item Corde deme denre 4 mr. sin loen.

Item vor balken 37 s.

Item her Engelbrechte 7 mr. van Schermbeken vicarie[4].

Item 9 mr. gegeven vor 6000 tegels ut der copplen to vorende.

Item vor brede, sparren unde brede to howende 11 f.

Item vor 4 t. bers, 2 den timmerluden unde 2 den murluden, 4 mr.

Item kostede de andere kalkoven uttodregende 14 mr.

Item vor 12 leste kalk to lesschende, ilke last 5 s.

Item tor beluchtinge vorme sacramente tome Hilgen Geste 10 mr.

Item vor 700 unde 90 brede 4 mr. myn 1 f.

Item in de weke gegeven 26 mr.

a) *davor ein verschmiertes S.* b) *unsers heren* übergeschr., *mit Einfz.* c) *Vorl.* Sinon.

1) *OM Cisse von Rutenberg verlieh 1432 Feb. 25 die Oberste Mühle der Stadt gegen einen jährl. Zins von 20 mr., zahlbar an den Komtur von Reval, LivUB 8 Nr. 560. Es wurden aber regelmäßig 40 mr. bezahlt, vgl. Nr. 118, 171, 223.* 2) *in St. Nikolai.* 3) *zu korrigieren: im Hl.-Geist-Hospital.* 4) *in St. Michaelis.*

59   1433 Okt. 31

In vigilia Omnium sanctorum bleven kemerer her Godscalk Stolteuot unde her Hinrik Eppinchusen.

Item vor 171 grote delen 12 mr. myn 7 s.

Item 2 mr. vor 1 stoer gegeven.

Item vor 900 brede 7 mr. myn 1 f.

Item her Lubberde van des nien cruces wegene to sinte Nicolause 6 mr.

Item vor brede to behowende 7 f.

Item vor 1 t. bers Gods [calk][7] Haken gesant 5 f.

Item vor 1000 murtegels to vorende 6 f. tor scriverie.

Item vor 2 t. bers den mûrluden unde den timmerluden 2 mr.

Item vor 30 vadem kalkholtes uptovorende 7 f. min 1 s.

Item vor grote delen uptovorende 10 f.

Item in de weke gegeven 21 1/2 mr.

Item vor 300 bekere 3 mr. 12 s.

Item vor 19 unde 15 delen 2 1/2 mr. 12 s.

Item vor brede to behowende 5 1/2 f.[a]

Item so kostede des meisters begenknisse 11 mr. 3 s.[1]

Item 6 f. gegeven vor 500 murtegels.

a) *davor gestr.* mr.

1) *OM Cisse von Rutenberg starb zw. Ende Sept./Anfg. Okt. 1433, vgl. LivUB 8 Nr. 737; AuR 1 Nr. 400; danach u. nach dem Eintrag im KB wohl auch Arbusow, Geschlechter S. 87.*

60   1433 Nov. 7

Sabbato ante Martini

Item vor balken 3 1/2 mr. Rig. gegeven.

Item[a] des Hilgen Gestes vormunderen van der molen rente 15 mr., des slagen wy en aff 10 mr. vor dagtegel[b] to deme huseken imme Hilgen Geste unde to deckende[c].

Item Andreas Rezenborge 3 mr. vor dat he her We[nnemers][1] hus overgaff.

Item vor Vlamisch glas to des rathuses vinsteren 3 mr. 12 s.

Item vor 1000 tegels 6 f. to vorende.

Item vor 2 1/2 vadem kalkholtes, vor den vadem 11 s.

Item in de weke gegeven 18 mr.

Item untfangen van den berheren 50 mr.

Item vor 1 t. bers den timmerluden 1 mr.

a) *folgt gestr.* des. b) *folgt gestr.* to. c) *ab* en *in 3 Z. rechts über der Z. nachgetr., mit Einfz.*

1) *van der Beke, Rhr. 1427–1442, Bunge, Ratslinie S. 82.*

f.8

61   1433 Nov. 14

Sabbato post Martini

Item 2 mr. deme armborstere Hinrik zine rente.

Item Gruwele 8 mr. vor sparren gegeven.

Item vor vlisien 1 mr.

Item untfangen van den berheren 40 mr.

Item vor 1 t. bers up de wage 1 mr.

Item Hinrik Tolnere van Loden viccarie wegene to Mariema 8 mr. gegeven.

Item vor 700 brede to howende 1 mr. 6 s.

Item 1/2 mr. vor henge unde sluthaken tor scriverie.

Item vor 1 t. bers den timmerluden 1 mr.

Item 1 mr. vor 100 vlisien ton vlesscharnen.

Item in de weke gegeven 19 mr.

Item 13 f. vor 1 hop stens to vorende tor scriverie.

Item vor 100 vlisien to vorende 5 f.

Item vor 8 vadem kalkholtes gegeven Hagebeken, de van zime rume genomen weren tome kalkoven.

62   1433 Nov. 21

Sabbato post Elizabeth

Item untfangen van den berheren 10 mr.

Item vor haveren 1 mr. unde 6 or.

Item vor 16 par isern to dem sodestocken, vor 1 slot tome torne 11 f.

Item vor 1 t. bers den timmerluden 1 mr.

Item in de weke gegeven 14 mr.

Item vor 300 brede to howende 1/2 mr.

Item 1 mr. unde 1 s. vor 1 bastert tor snicken.

Item vor 5 par rade 3 mr. 6 or.

Item vor 11 balken 3 mr. myn 1 f.

Item vor 8 balken 1/2 mr.

Item vor 40 sparren 1 mr. 15 s.

Item 3 f. 4 s. vor 100 wellebolen.

Summa upgebracht ut deme anderen kalkoven vor kalk mit deme, dat hiir vor scriven steit[a], 300 mr. 8 mr. und 12 s.

Item vor 100 vlisien ton[b] vlesscharn 1 mr.

Item 2 mr. vor kalk to losschende 2 mr.

Item vor 250 latten her Gisen[1] gegeven 10 f. 1 s.

a) *folgt Doppel-Querstrich.* b) *folgt gestr.* vlesscen.
1) *Richerdes.*

63 1433 Nov. 27

Sexta feria post Caterine

Item untfangen van her Stolteuote 21 mr. myn 7 s., de he van der copplen hadde vorovert.

64 1433 Nov. 28

Sabbato ante Andree apostoli

Item in de weke gegeven 12 mr.

Item vor 4 par rade 2 mr.

Item vor 12[a] balken 10 f. myn 3 s.

Item[b] 1 manne gedan 1 mr. up rekenscop up 100 boren to maken, Lippen Clawes lovede hir vor.

Item her Detmer Kegeler 16 mr. sine rente.

Item 1 mr. vor calkh up den marstall.

f.8a

Item vor 200 murtegels gegeven 6 mr.

a) *durch Überschreiben korr. aus* X. b) *links am Rand ein* r *(für* rekenscop*).*

65 1433 Dez. 5

Sabbato ante Nicolai

Item in de weke gegeven 8 mr. Rig.

Item her Hermen Kannengeter 3 mr. sine rente.

66   1433 Dez. 12

Sabbato ante Lucie
Item vor 1 stor gegeven 10 f.
Item den wegerknechten 2 mr.
Item 1 mr. vor 1 t. bers den timmerluden.
Item vor ekene brede[a] 6 mr. gegeven.
Item 10 mr. gegeven in de weken.

a) *folgt gestr.* 6 f.

67   1433 Dez. 18

Feria sexta[a] ante Tome apostoli
Item untfangen van den schotheren 300 mr. Rig.
Item her Hinrik Eppinchusen 100 unde 60 mr. myn 1 mr.[b], de he den
     kemeren gelent hadde.

a) *folgt gestr.* Sabbato. b) myn 1 mr. *übergeschr., mit Einfz.*

68   1433 Dez. 19

Sabbato ante festum beati Thome
Item untfangen van den schotheren 100 mr. Rig.
Item 10 mr. up dat slot gesant sloierpenninge.
Item untfangen 10 mr. van seelgelde[1].
Item her Oldendorpe gegeven 5 mr. tor seken behoff to sunte Johanse.
Item deme rechtvindere 1 1/2 mr. vor roggen unde vlessch.
Item den schafferen vor Winachten, Hinkepeven unde Vastellavent
     unde ok, dat it kostede, do unse here de kumpthur[2] upme rathuse[a]
     to gaste was, 64 1/2 mr. 9 1/2 s.
Item den piperen gegeven vor 3 punt roggen unde 3 siden specke 6 mr.
Item vor 2 stulpen to Ludeke oven in des rades hus 2 mr. myn 2 s.
Item gegeven her Gerlich Witten[3] van der Wendesschen reise[4] 22 mr.
     unde 32 s.
Item her Gerlige gegeven van der oversten molen wegene 5 mr.
Item her Schelwende vor 1 glasevinster, vor stenwerk gehowen unde
     iserwerk to enem vinstere tor scriverie 6 mr.
Item den Sternesoed to vorbeterende 6 mr. myn 7 s.
Item 1 mr. myn 3 s. vor 3 vadem kalkholt, de genomen worden tome
     kalkoven.

Item vor 1 t. bers den timmerluden 1 mr.

Item vor 1/2 riis pappirs gegeven 7 ferd.

Item deme scrivere zin quatertemper 4 mr.

Item vor 6 lisp. lichte up dat rathus 6 mr.

Item der denre unde der pipere want to scherende 6 f.

Item vor haveren 10 1/2 f. up den marstall.

Item Gerd Groten gegeven 8 mr. 12 s. van deme kalke.

Item 13 mr. in de weke gegeven.

Item vor 1 Lubesch graw 6 1/2 mr. gegeven.

Item vor 2 Tomassche laken tor denerkledinge 44 mr.

---

a) rat *übergeschr.*

1) *sel = Seehund, Seehundstran; gemeint sind Einkünfte aus den Tranbuden; vgl. Libri S. L.* 2) *Heinrich von Bockenvorde gen. Schungel, vgl. Nr. 34.* 3) *Rbr. 1432–1444, Bunge, Ratslinie S. 142.* 4) *In Wenden wurde am 8. Nov. 1433 der Nachfolger des verst. OM Cisse von Rutenberg gewählt. Die Partei der Rheinländer wählte den LM Franke Kerskorf, die der Westfalen den K von Reval, Heinrich Bockenvorde, vgl. LivUB 8 Nr. 737, AuR 1 Nr. 400 S. 360f. (mit Hinweis auf die Verwechslung der Parteien im Regest des LivUB. Kerskorf wurde Ende 1433/Anfg. 1434 vom HM bestätigt, AuR 1 Nr. 404 S. 364.*

f. 9

69   1433 Dez. 24

In vigilia Nativitatis Christi anno 33

Item[a] rekende wy mit Godscalke deme smede, dat wy em schuldich zin van der stad wegene 80 mr. myn 1/2 mr.

Hiir van em betalt 20 mr. myn 1/2.

Item deme tegelslegere 2 mr. vor 1 lisp. roggen unde vor 1 vlicke vlessches.

Item mit den stenwerteren gerekent, dat wy en betalden vor 37 1/2 hop, vor ilken hop 3 f.

Item 12 s. deme marketvogede vor schoe unde dunneber.

Item vor 7 lope haveren 3 1/2 f.

Item 11 mr. in de weke gegeven.

Item den denren natgelt, lowentgelt unde offergelt 6 mr.

Item 8 mr. Bramsteden vor 1 t. heringe[b].

---

a) *links am Rand ein Hufeisen.* b) *folgt* d.

70   1433 Dez. 28

In die Innocentium
Item untfangen van den schotheren 250 mr.
Item gegeven her Albert Rumore noch 100 mr. van der schafferie.
Item her Gerlich Witten to des Hilgen Gestes torne gedaen 70 mr.

71   1434 Jan. 2

In sabbato ante Epiphanie domini
Item[a] untfangen van der wage in Nijars[b] avende[1] 87 mr.
Item gerekent mit Rolande deme winmanne van des wins wegene to
    des rades behoeff, dat em de rad schuldich is 118 mr. unde 1 f.,
    kellerhure affgerekent, des geve wy her Johan vamme Dike van
    siner wegene 100 mr. Rig.
Item Hinrik Tolnere gegeven vor der pipere want 21 mr.
Item vor 1 lisp. unde 3 kulmet haveren 3 1/2 f.
Item vor 1 1/2 lisp. haveren 4 1/2 ferding gegeven.
Item in de weke gegeven 4 1/2 mr. unde 1 f.
Item Stipele vor balken tor brugge 9 f. 4 s.

a) *links am Rand eine Waage.* b) *Vorl.* Niars.
1) *1433 Dez. 31.*

72   1434 Jan. 9

Sabbato post Epiphanie domini
Item Godscalke gegeven deme smede 60 mr., dar mede aller dink
    vorscriven quiit.
Item vor 4 1/2 vadem kalkholtes 6 f.
Item her Peter Groninge 3 mr. sine rente.
Item vor 5 laken 6 f. 3 s.
Item her Gisen Richerdes 18 mr. unde 1 f. van Rolandes wegene[a].
    Rolande is nu quit.
Item 30 s. vor ekene balken.
Item deme vromissenprestere to sunte Nicolause 4 mr.
Item vor balken 3 1/2 f.
Item in de weke gegeven 8 1/2 mr.

a) *folgt* de rekenscop mit unde. *Der folgende Satz rechts über der Z. nachgetr., mit Einfz.*

73 1434 Jan. 16

Sabbato ante Antoni[i]

Item 5 f. vor 4 vadem kalkholtes.

Item 1 mr. vor ekene balken.

Item der spellude, Asmondes, Andreas unde des marketvogedes rocke
to nejende 10 f. 8 or.

Item vor 18 balken tor megede torne unde tome klenen stoven 4 mr.
unde 1 s.

f.9a

Item vor 6 balken tome stoven 5 f. 3 s.

Item vor haveren 2 mr. myn 2 or.

Item 10 mr. in^a de weke gegeven.

Item vor remen, bintsele, leidesele unde 1 towe tor Scotporten 10 f. 2 s.

Item her Hermen Lippen 10 mr. der seken rente to sunte Johanse.

a) *Vorl.* i.

74 1434 Jan. 23

Sabbato post Anthonii

Item vor 46 balken tome stoven unde tor megede torne unde vor 5
voder holtes 10 mr. unde 5 s.

Item 2 mr. unde 1 f. vor 21 sleden unde vor linen.

Item vor 100 boren, vor 1 ekenen balken unde vor schottelen 4 1/2 mr.

Item in de weke gegeven 6 1/2 mr.

Item 1 mr. vor sten to vliende vorme kalkoven^a 8 hope.

a) *folgt gestr.* 1 mr.

75 1434 Jan. 26

Tertia feria post Conversionis Pauli

Item untfangen van den schotheren 100 unde 20 mr.

Item her Gerlich Witten gedan 100 unde 2 mr. to des Hilgen Gestes
tornes behoff.

76 1434 Jan. 30

Sabbato ante Purificacionis

Item untfangen van den scotheren 30 mr.

Item gegeven Joachim[a] 10 mr. vor 1 panser, dat Andreas de bode hevet.
Item 1/2 mr. Rig. vor de glazevinstere to beterende upme huse.
Item[b] Godscalke deme smede 20 mr. up rekenscop gedan.
Item den luden up den market reine to makende 1 mr. up rekenscop.
Item 5 1/2 mr. vor 1/2 last haveren, noch vor 1 lisp. 1 mr. myn 4 or.
Item 8 mr. in de weke gegeven.
Item costede dat schot to scrivende in beiden kersplen 48 s.
Item vor balken gegeven 10 mr. unde 1 f.
Item 3 f. vor 1/2 hůd up den marstall.
Item vor 4 lisp. lichte 4 mr.
Item[c] noch 10 f. vor lichte.
Item vor 2 par rade 3 1/2 f.

a) Joachim *übergeschr.* b) *links am Rand ein Hufeisen.* c) *Dieser Satz mit dem vorigen in einer Z.*

77 1434 Feb. 6

Sabbato ante Carnisprivium
Item 3 f. vor 1 troch tome stovene.
Item 1/2 mr. vor 1 balken.
Item[a] den[b] rumeren up dem market 2 mr. up rekenscop.
Item 19 s. vor 1 balken.
Item vor kalkboren, stenboren 5 f.
Item vor 1 towe tor Schotporten 3 f. 4 s.
Item[c] den stenbrekeren 1/2 mr. up rekenscop gedan.
Item 9 mr. unde 1 f. in de weke gegeven.

a) *links am Rand ein Kreuz.* b) *folgt gestr.* g. c) *wie Anm. a.*

f. 10

78 1434 Feb. 13

Sabbato[a] ante Invocavit[b]
Item[c] gegeven den rumeren uppe deme markede 1 mr.
Item gegeven in de weken 6 mr.
Item 12 s. vor enen vadem kalkholtes.

a) *Schreiber II.* b) *Vorl.* Invoca. c) *links am Rand ein Kreuz.*

79 1434 Feb. 20

Item Sabbato ante Reminiscere
Item gegeven den spelluden 5 mr. myn 1 f.
Item^a gegeven den rumeren uppe dem markede 2 mr.
Item gegeven in de weken 6 1/2 mr.
Item vor 2 balken 21 s.

a) links am Rand ein Kreuz.

80 1434 Feb. 27

Item Sabbato ante Oculi
Item entfangen van den schotheren 30 mr. an gelde unde 10 gulden
    Arnoldes.
Item betalt to sparren to der schriverige 7 1/2 mr. unde ok vor balken.
Item in de weke 4 mr.
Item^a gegeven den rumeren uppem markede 2 mr.; so sin se alle betalt.
Item Joachim dat quatertempergelt 4 mr.
Item gegeven vor balken, vor brede, vor sleden unde vor ekene balken
    20 mr. unde 1 f. vor tunnenbende.

a) links am Rand ein Kreuz.

81 1434 Mrz. 6

Item sabbato ante Letare Jherusalem
Item gegeven in de weke 8 mr. Rig.
Item gegeven vor twe balken unde 17 delen 2 mr.
Item^a noch gegeven vor balken 7 1/2 f.
Item gegeven vor enen balken tor Karieporten 3 f.
Item gegeven deme bekerwerter 6 1/2 mr. Rig.
Item gedan Clawes Dorsten 4 mr. uppe rekenscop to dem lutken
    stoven to houwen vinsteren.

a) Dieser Satz mit dem vorigen in einer Z.

82 1434 Mrz. 13

Item^a sabbato ante Judica
Item gegeven in de weke 10 mr. Rig.
Item^b gegeven vor deckenegel 6 f. 4 or.

Item utgegeven 1 mr. unde 6 s. vor pande Hanse.
Item^c entfangen van her Nascharde hundert mr. und 32 1/2 mr.^d
Item hir van utgegeven her Gisen¹ 50 mr. to der koppelen behoff.
Item gegeven her Gert van Billen² 5 mr. to den tunnen tor Narwe.

a) *Datierung in einem Kasten.* b) *Dieser Satz rechts neben dem Text nachgetr.* c) *links am Rand ein Kreuz.* d) *rechts neben dem Text* Coppel.
1) *Richerdes.* 2) *Rhr. zu Narva?*

f.10a

83 1434 Mrz. 16

Item tertia feria ante Palmarum
Item zo hebbe wy entfangen des dinxtedages vor Palmarum¹ viftich
mr. van den^a schotheren.

a) *folgt gestr.* kem. b) *März 16.*

84 1434 Mrz. 20

Item^a sabbato ante Palmarum
Item 7 f. gegeven vor delen unde deckebrede.
Item 8 mr. unde 1 f. vor delen^b, vor sparren unde vor brede.
Item 12 s. her Godlanden dechtnisses, untfangen her Gerwin.
Item vor wingen, vor assen, vor lopere unde ander ding ton punderen
  unde vor 1 blocslot 3 1/2 mr. 6 s.
Item vor blocslot tor Susterporten, vor ringe, vor tomlette 9 f.
Item den piperen 3 mr. gegeven.
Item^c gegeven in de weke 9 mr. myn 1 f.
Item gedan Hans Drosten dem stenwerter 2 mr.

a) *Schreiber I.* b) vor *übergeschr., mit Einfz.* c) *Schreiber II.*

85 1434 Mrz. 27

In vigilia Passche
Item^a untfangen 43 mr. van der wage.
Item Cla[wes] Drosten 2 mr. up rekenscop gedan.
Item 2 mr. vor negle Cla[wes] Stoppezacken.
Item Godscalk Smede 10 mr. up rekenscop.
Item vor 62 vadem kalkholtes 19 mr. 12 s.

Item vor 10 par rade 5 mr.
Item vor 1500 deckenegle 13 f. 3 s.
Item vor 3 lange dele, vor 1 hut, vor talch 5 f.
Item in de weke gegeven 12 mr. unde 1 f.

a) *Schreiber I, links am Rand eine Waage.*

86   1434 Apr. 3

Sabbato ante Quasimodogeniti
Item den stenbrekeren 1/2 mr. gegeven to hulpe de stenkulen to
rumende.
Item[a] den stenbrekeren gedan upp rekenscop 3 mr. Rig.
Item in de weke gegeven 10 mr. unde 1 f.

a) *links am Rand ein Kreuz.*

87   1434 Apr. 10

Sabbato ante Misericordias domini
Item Mertin Gropengetere gegeven 4 mr. sine rente.
Item her Johan Oldendorpe geven 5 mr. der seken rente[1].
Item her Johan Beierinchove[2] 6 mr. gedan van Riken wegene van
Darbt.
Item deme kerkheren tome Hilgen Geste 4 mr. van dem brunen cruce
to sunte N[icolaus].
Item untfangen 12 mr. van Weuelputten kellerhure.
Item vor 100 vlisien 1 mr. to scriverie.
Item ekene brede unde andere brede 3 1/2 mr. myn 3 s.
Item in de weke gegeven 14 mr. myn 1 f.

f.11

Item 6 f. gegeven den Kaldunenmarket reine to makende.
Item 3 mr. gegeven vor dat sant to dregende utme nien winkelre.
Item den denren gegeven 4 er lon, ilkeme 4 mr., summa 16 mr.
Item Gerd Groten vor spec, stavelen, roggen, den oven intobotende 6
mr.

1) *von St. Johannis.* 2) *Bm. zu Dorpat, Bunge, Ratslinie S. 210 u. LivUB 8 S. 657
(Register).*

88 1434 Apr. 17

Sabbato ante Jubilate

Item deme vromissenprestere to sunte Nicolause 5 mr.

Item der priorschen[1] ton susteren 2 mr.

Item her Hinrik Lubken van sunte Maties[a] altare[b] 6 mr.[c] in Sancto Spiritu.

Item her Kribbegle van sunte Mateus cappellen to sunte Nicolause 6 mr.

Item her Gerwin van 2 altaren 7 mr., ut sunte Margreten to sunte Oleve unde to[d]me Hiligen Geste sunte Simon et Juden altare.

Item in de weke gegeven 17 mr. unde 1/2 mr.

Item 2 mr. vor delen, vor negle unde andere brede unde 12 s. noch[e] vor negle.

Item 10 f. vor de erde up de scriverie to windende unde to bedregende[f].

a) *darüber gestr.* Blasius. b) *folgt gestr.* imme Hilgen Geste. c) *folgt to u. gestr.* sunte Nicolause. d) *folgt gestr.* sunte Oleue. e) noch *übergeschr.* f) *darüber ein Kreuz.*
1) *noch* Elseben Lippe?, *vgl. LivUB 8 Nr. 709. Arbusow, Geistlichkeit 3 S. 124 ist eine Verwechslung mit der Priorin des Maria-Magdalenenklosters in Riga, Elseben Lyve, unterlaufen.*

89 1434 Apr. 24

Sabbato post Georgii martyris

Item 4 mr. gegeven vor rade up den marstall.

Item vor 7000 negele 13 1/2 mr. 11 s. gegeven.

Item[a] Godscalk deme smede 10 mr. up rekenscop.

Item Lintorpe 5 1/2 mr. sine rente.

Item 3 mr. gegeven vor 3 lisp. haveren.

Item in de weke gegeven 14 mr.

Item 1/2 mr. gegeven vor 1 panser reine to makende.

a) *links am Rand ein Hufeisen.*

90 1434 Apr. 30

In profesto Philippi et Jacobi

Item untfangen van her Coste[1] van Herseuelde wegene van der barsen 80 mr.

Item gegeven 10 mr. her Alve vor 1 jar van der officiacien imme Hilgen Geste.

Item 22 mr. vor 11000 unde 300 negle.

Item vor 100 6-elen delen 1 mr. unde 4 or.

Item[a] de den kalkoven insetten 3 mr. up rekenscop.

Item[b] den stenbrekeren up rekenscop gedan 2 mr. unde 1 lisp. roggen.

Item Hinrik de armborstere 2 mr. sine rente.

Item in de weke gegeven 17 1/2 mr.

a) *links am Rand* k. b) *ebd. ein Kreuz.*
1) *van Borstel.*

91   1434 Mai 8

Sabbato post Assencionis domini

Item untfangen van den berheren 50 mr.

Item 7 1/2 mr. rente den seken imme Hilgen Geste.

Item Vlosdorpe gegeven 18 mr. vor 1/2 last moltes to der Lubischen
dachvart behoff, do her[a] Lippe dar was[1].

Item vor hundert vadem kalkholtes unde 31 36 1/2 mr. unde 5 s.

Item vor 24 1/2 vadem kalkholtes 7 mr. myn 6 s.

Item vor 57 sparren 7 f. myn 1 s.

Item vor 4 par rade 7 f. myn 3 s.

Item vor 2 perde 6 mr.

f. 11a

Item vor 10 tunnen 7 f. myn 2 s.

Item vor 2 1/2 lisp. hoppen 1 mr.

Item vor howesten tor scriverie 1 mr. Rig.

Item vor 1 t. bers den mûrluden 1 mr. Rig.

Item vor 150 unde 5 vadem kalkholtes uptovorende 9 mr. myn 5 s.

Item 10 f. gegeven vor 14[b] grote delen.

Item 7 f. vor 1 stoer to des rades behoff.

Item in de weke gegeven 15 1/2 mr.

Item[c] den kalkoven intosettende den luden gedan 4 mr., dar van 1 t.
bers betalt.

a) *folgt gestr.* 12. b) *links am Rand* k.
1) *vgl. Nr. 94, 106, 108, 151. Auf dem Hansetag zu Lübeck wurde mit Rezeß vom
5. Juni 1434 u. a. eine Gesandtschaft nach Nowgorod beschlossen, für deren Finanzierung
Dorpat u. Reval einen Zoll (schot) von einem Ferding auf 100 mr. Rig. erheben sollten
(Absatz 32), vgl. HR II 1 Nr. 321, danach LivUB 8 Nr. 813. Hermann II. Lippe ist als
Rhr. 1414–1434 nachweisbar, Bunge, Ratslinie S. 112.*

92   1434 Mai 15

In vigilia Pentecoste
Item untfangen 50 mr. van den berheren.
Item gegeven 10 f. vor 6 elen delen.
Item 6 f. gegeven vor 2 vinstere tor scriverie.
Item vor 66 grote delen 4 1/2 mr. 6 s.
Item vor 15 vadem kalkholtes 4 mr. unde 1 f.
Item vor 24 vadem kalkholtes 7 mr. myn 1 f.
Item vor 40 grote delen 2 mr. 8 s.
Item vor 40 16 elen delen 10 s.
Item vor levendige vissche in der stad dyk 6 mr.
Item vor 36 vadem kalkholtes[a], 10 s. vor ilken vadem.
Item vor 2 ekene tafelen 1 mr.
Item vor 89 vadem kalkholtes 25 mr. 8 s.
Item 15 s. vor dat want unde werk uppe dat rathus to slande.
Item vor 33 delen unde de uptovorende 9 f. 4 or.
Item der Hunninchusesschen 12 mr. rente tor monnik[1] behoff.
Item vor gevelvalisien gegeven 3 f.
Item in de weke gegeven 22 mr.
Item[b] den kalkoven intosettende gedan 4 mr.

a) *folgt gestr.* 10 f. 3 s. b) *links am Rand* k.
1) *von St. Katharinen.*

93   1434 Mai 22

In vigilia Trinitatis
Item her Hinrik Lubbiken zeliger dechtnisse 3 mr. van sunte Blasius
    altare vor[a] 1/2 jar.
Item vor murlatten unde vor brede uptovorende 6 f.
Item gegeven den kalkoven intosettende 2 mr. Rig., hir mede sin se
    betalt.
Item 6 mr. gegeven vor kalkholt uptovorende up rekenscop.
Item deme scrivere gegeven 6 mr. sin quatertempergelt.
Item in de weke gegeven 12 1/2 mr. Rig.

a) vor *übergeschr.*

94   1434 Mai 29

Sabbato post Corporis Christi

Item 2 mr. vor 2 lisp. haveren.

Item vor 29 vadem kalkholtes 8 mr. 6 s.

Item vor 20 balken gegeven 9 f.

Item vor 15 sparren 3 f. 3 s.

Item vor 12 balken 3 f. 2 s.[a]

f.12

Item vor 12 balken 7 f. myn 1 s. gegeven.

Item vor 38 sparren 3 f. 2 s.

Item[b] den, de de delen howen, 7 f. dan up rekenscop.

Item vor de stangen, vor copper unde makelon der scriverien vlogel 5 mr.

Item noch 2 1/2 nobelen to vorgulden, de weren licht.

Item in de weke gegeven 16 mr. Rig.

Item[c] Godscalke Smede 20 mr. gedan up rekenscop.

Item der Rumorschen 5 f. gegeven vor 1 hop stens tome kalkoven.

Item vor 80 vadem kalkholtes uptovorende, vor ilken vadem 2 s.

Item ut deme ersten kalkoven brachte her Godscalk[1] up 200 mr. Rig.

Item her Gerlich Witten 10 f. gegeven vor 2 hope stens tome kalkoven.

Item gegeven vor 1 last[d] molt unde 5 lisp. hoppen 38 mr. tor Lubischen reise[2].

Item vor 22 tunnen 3 1/2 mr. unde 6 s.

Item vor 4000 unde 400 deckebrede 21 1/2 mr. gegeven.

Item vor 200 soes-elen delen 3 mr. gegeven.

Item vor 80 delen 4 1/2 mr. myn 2 s.

Item vor hundert unde 76 sos-elen delen 9 f. unde 3 s.

Item den mŭrluden tor scriverie 1 t. bers 1 mr.

Item noch upgebracht van kalkgelde 73 mr. myn 3 s. unde 200 mr.

Item[e] den stenbrekeren 2 mr. up rekenscop gedan.

a) *folgt in der nächsten Z. gestr.* Item upgebrach. b) *links am Rand* rk del (*für* rekenscop delen). c) *ebd. ein Hufeisen.* d) *Vorl.* lest. e) *links am Rand ein Kreuz.*
1) *Stoltevoet.* 2) *vgl. Nr.* 91, 106, 108, 151.

95   1434 Mai 31

Feria secunda post Corporis Christi

Item costede de erste kalkoven to bernende 28 mr. 12 s.

Item noch Corde unde Asmonde vamme kalkoven 3 mr.

Item 2 mr. vor 1 t. bers deme vogede van Ouerpael[1] gesant.

1) *Lambrecht von Merkenich, 1430–1435 V zu Oberpalen, Arbusow, Geschlechter S. 77 u. 123. Er fiel im Kampf des DO an der Swienta, wohl am 1. Sept. 1435, vgl. LivUB 8 Nr. 895.*

96   1434 Juni 5

Sabbato post octavas Corporis Christi

Item 3 1/2 mr. gegeven vor 200 delen to howende.

Item 3 f. vor brot, to backende in dem kalkoven den luden.

Item 1/2 mr. vor 18 sparren.

Item in de weke gegeven 21 mr. unde 1 f.

Item 2 mr. vor 2 t. bers den mǔrluden.

Item[a] 4 mr. gedan up rekenscop, den kalkoven uttoschuvende.

Item 60 mr. untfangen van den berheren.

Item van der Goten hove wegen to Nougarden 50 Rinsche gulden den domres up Gotlande[1].

a) *links am Rand* rekenscop.

1) *Reval zahlte namens der Hanse an die Pröpste und Landrichter von Gotland eine jährliche Pacht von 5 rhein. Gulden für den Gotenhof zu Nowgorod, belegt seit 1402, vermutlich schon früher; vgl. P. Johansen: Novgorod u. die Hanse. In: Städtewesen u. Bürgertum als geschichtl. Kräfte. Gedächtnisschr. f. Fritz Rörig. Lübeck 1953, S. 135. Vgl. auch LivUB 8 Nr. 894 Abs. 11: Item anno 1434 des sunavendes von Barnabe apostoli gaff unse rad den domers up Gotlande viftich Rinsche gulden van 10 jaren, vor ilk gulden 6 fert. betalt.*

97   1434 Juni 12

Sabbato ante Viti martyris

Item[a] 4 mr. gedan up rekenscop den kalkoven uttoschuvende.

Item in de weke gegeven 20 mr.

Item costede de seiger to getende 122 1/2 mr. 4 1/2 s.

Item rekende my mit Wilm Koste van sines wines wegene, de kellerhure affgeslagen, geve wy em 5 mr. Rig. van wine.

a) *links am Rand* rekenscop.

f. 12a

98   1434 Juni 19

Sabbato ante Johannis festum

Item gegeven 3 f. Kikehusen to vracht vor de bertunne, der upme huse vorsteit.

Item vor 16 hope stens to vorende tome ersten kalkoven 65 mr. Rig.
Item vor 21 vadem kalkholtes 6 mr. myn 3 s.
Item vor 30 vadem kalkholtes 9 1/2 mr. myn 2 s.
Item vor 45 delen to deme Bastoventorne 2 1/2 mr. unde 1 s.
Item 2 mr. vor 7 vadem kalkholtes.
Item vor 29 vadem kalkholtes 8 mr. myn 4 s.
Item vor 3 vadem kalkholtes 30 s.
Item vor 19 1/2 vadem kalkholtes 5 1/2 mr. myn 1 s.
Item vor 31 vadem kalkholtes 9 mr. 7 s.
Item untfangen van den berheren 30 mr.
Item 9 f. unde 1 s. vor balken.
Item 1/2 mr. vor daver.
Item noch upgebracht van kalkgelde 46 mr. 3 s.
Summa van kalkghelde upgebracht in all 300 mr. unde 6 1/2[a] mr.
Item in de weke gegeven 16 mr.
Item her Eppinchusen 15 f. gegeven vor 3 hope stens.
Item[b] den stenbrekeren up rekenscop gedan 1 mr.
Noch en gegeven vor 400 vlisien 4 mr.

a) *übergeschr., mit Einfz.; darunter gestr.* 12. b) *links am Rand ein Kreuz.*

99 1434 Juni 26

Item[a] sabbato post Johannis
Item[b] untfangen tweundnegentich[c] mr. van der wage.
Item untfangen 42 1/2 mr., de gekomen sin vor 14 vate osemundes.
Item gegeven her Peter Groninge 3 mr. rente.
Item[d] gegeven 4 mr.[e] den kalkoven uttoschovende, nü sin se betalt.
Item betalt vor 5 balken 7[f] myn 3 s.
Item betalt 2 mr. 3 s. vor 1 t. bers, gesant deme vogede van
   Wesenberge[1].
Item betalt 7 f. myn 3 s. vor 1 t. bers, gesant her Lappen.
Item gegeven in de weke 19 1/2 mr. Rig.

a) *Schreiber II.* b) *links am Rand eine Waage.* c) d *übergeschr.* d) *links am Rand* betalt
rekenscop. e) mr. *übergeschr., mit Einfz.* f) *korr. aus* 8, *erg.:* f.
1) *Johann Vossunger, 1420–1442 V zu Wesenberg, Arbusow, Geschlechter S. 97 u. 128.*

100 1434 Juli 3

Sabbato[a] post Visitacionis
Item 18 mr. rente van Wekebrode, de gaff ut Peter tor Koken.

Item 18 mr. gegeven her Johan van Lechtis sine rente.

Item 3 mr. gegeven her Albert Rumor van der vicarie vorme slote tor Narwe[1].

Item 3 mr. gegeven vor 3 t. bers den luden, den anderen kalkoven intosettende.

Item her Gerlich Witten 5 f. vor 1 hop stens.

Item 10 mr. in de weke gegeven.

Item Hans tor Natelen vor 3 hope stens 15 f.

Item vor 1 riis pappiirs 3 mr.

a) *Schreiber I.*
1) *Narva. Es handelt sich um die Stiftung einer Meßpfründe am Auferstehungsaltar, für die der Revaler Rat das Hauptgeld übernommen hatte. Stifter war der Revaler K Arnd van Altena, PRB Nr. 1456 (1392). Vgl. auch LivUB 8 Nr. 1011 u. 9 Nr. 128.*

f.13

101   1434 Juli 10

Sabbato post octavas Visitacionis Marie.

Item untfangen rente van her We[nnema]r van der Beke 12 mr.

Item untfangen rente van her Hildebrant van dem Bokel 12 mr.

Item gegeven 1 herolde 2 gulden.

Item vor 8 12 elen delen 30 s.

Item 3 mr. upp rekenscop gedan den anderen kalkoven intosettende.

Item vor 6 balken 5 f. unde 1 s.

Item vor 5 1/2 vadem kalkholtes[a] 1 1/2 mr. 1 s.

Item vor 24 vadem kalkholtes 6 1/2 mr. 8 s.

Item vor 24 vadem bernholtes 5 mr. 3 s.

Item vor 30 vadem bernholtes 6 mr. 10 s.

Item in de weke gegeven 13 mr.

a) *folgt gestr.* 5.

102   1434 Juli 17

Sabbato ante Marie Magdalene

Item Tideken Bodikers wive 5 f. vor 1 hop stens.

Item noch 3 mr. gedan den luden, den kalkoven intosettende up rekenscop.

Item in de weke gegeven 15 mr.

Item 1/2 mr. vor 2 balken.

Item vor 18 vadem kalkholtes 5 mr. 2 s.

Item untfangen van Hinrik deme winmanne kellerhure 5 1/2 mr.

103   **1434 Juli 31**

Sabbato post Jacobi

Item untfangen van den berheren 60 mr. Rig.

Item untfangen van enem winmanne 4 mr. kellerhure.

Item gegeven 4 mr. vor vickeden.

Item 2 gulden 2 herolden.

Item in 2 weke gegeven 11 mr. unde 5 mr. noch.

Item vor 1 t. ters 7 f.

Item 3 mr. gegeven den luden, de den anderen kalkoven insetten.

Item[a] den stenbrekeren 1 mr. up rekenscop.

Item 1 f. unde 5 mr. vor 21 stope Claretes 5 mr. unde 1 f.

Item so kostede de hoislach to slande up der stad marke 50 mr.

a) *links am Rand ein Kreuz.*

104   **1434 Aug. 7**

Sabbato ante Laurencii

Item vor 3 hope stens gegeven 15 f., noch Gerken Pappen 5 f. vor 1 hop.

Item noch 3 mr. gegeven, den kalkoven intosettende, des sin se nu all betalt. Summa 12 mr. unde 3 t. bers.

Item vor 3 t. bers, de Cort[1] mede tor se wart nam, 4 1/2 mr. myn 6 s.

Item in de weke gegeven 16 mr. Rig.

1) *vgl. Nr. 105, 113, 114, LivUB 8 Nr. 830.*

                            f.13a

105   **1434 Aug. 14**

In vigilia[a] Assumpcionis Marie

Item untfangen van den berheren 50 mr.

Item Zuzunge gegeven 15 f. vor 3 hope stens.

Item so kostede Bolemans stoven to beterende, 1 nie oven to leggende 15 f.

Item vor 15 lisp. towes myn 5 markp., vor segelgarne, merlinge unde lisselinen to den schuttenboten gegeven 9 mr.[b]

Item costede de reise to vitalie, do Cort ute was na den roveren[c], de de
  Russen hadden overworpen[1], dat de lude vorterden, 14 mr. myn 1
  ferdingh.
Item her Gerlich Witten gegeven 10 f. vor 2 hope stens.
Item Hans tor Natelen 5 f. vor 1 hop stens.
Item den luden, de mit Corde ute weren[1], gegeven 17 mr.
Item in de weke gegeven 18 mr.
Item 1 mr. vor 1 t. bers den timmerluden ton soden.
Item 1 mr. den stenbrekeren gedan up rekenscop.
Item 2 mr. her Oleue van sunte Blasius officiacien[2] wegene vor 1
  verndel jars.

a) *folgt gestr.* Purificationis. b) *folgt gestr.* myn 1 ferd. c) roveren *übergeschr.*
1) *vgl. Nr. 104, 113, 114.* 2) *in St. Nikolai zu Reval.*

106

Sabbato post Bartolomei[1]
Item 3 mr. gegeven Clawese deme denre vor kost unde ber up den[a]
  hoislach to Vete.
Item vor 34 vadem kalkholtes 10 mr. myn 13 s.
Item[b] brachte her Godscalk[2] up ut deme anderen kalkoven vifftich mr.
Item hevet her Cost[3] betalt deme rade vor Patkullen erve 125 mr. Rig.,
  so vele borde deme rade dar van. Hir van[c] untfenk Hans vamme
  Rade[d] 34 mr. vor roggen, de deme rade ut der Nu[4] quam. Noch dar
  van Hans Koningisberge geven 91 mr. vor 2 schippunt unde 4 lisp.
  wasses to Lubike wart gesant, dagtegel vor to halende tor monnike-
  kerken behoeff.
Item untfangen 200 mr. vor de helffte van der barsen van Herseuelde.
  Hir van gegeven her Gerlich Witten 100 mr. to des Hilgen Gestes
  tornes behoeff. Noch Hanse vamme Rade 100 mr. gegeven vor
  roggen, de deme rade ut der Nu[4] quam, de imme stenhuse nu licht.
Item in de weke gegeven 14 mr.
Item 2 mr. gegeven vor 35 vadem kalkholtes uptovorende.
Item 3 mr. 12 s. gegeven vor bekere, de her Hermen[5] mede to Lubke
  wart nam[6] unde do de kumpthur upme huse was[7].

a) *folgt* up den. b) *links am Rand* secundus kalkoven. c) *folgt gestr.* h. d) *folgt gestr.* 24.
1) *gemeint ist offenbar der Sonnabend ante Bartholomäi, danach das Datum korr.*

2) *Stoltevoet.* 3) *van Borstel.* 4) *die Newa.* 5) *Lippe.* 6) *vgl. Nr. 91, 94, 108, 151.*
7) *Heinrich von dem Vorste, K zu Reval 1434–1436, Arbusow, Geschlechter S. 59 u. 124.*

107   1434 Aug. 28

Sabbato, qui fuit dies Augustini
Item Culpsu gegeven 15 f. vor 3 hope stens.
Item Henneken gegeven 15 f. vor 3 hope stens van der stenwerter kulen.
Item[a] Godscalke Smede 10 mr. gedan up rekenscop.
Item in de weke gegeven 5 mr.
Item[b] brachte her Godscalk[1] up van deme anderen kalkoven 100 mr.
Item 2 mr. vor 7 vadem kalkholtes.

f.14

Item 4 mr. unde 1 f. vor 15 vadem kalkholtes.
Item 7 mr. vor 25 vadem kalkholtes.
Item Pepersaken betalt vor 4 leste haveren 42 mr.
Item 6 f. myn 1 s. gegeven vor win, den Pep[ersake] hir hadde.

a) *links am Rand ein Hufeisen.* b) ebd. secundus kalkoven.
1) *Stoltevoet.*

108   1434 Sept. 4

Sabbato ante Nativitatis Marie
Item[a] untfangen van der wage des donrdages vor Nativitatis Marie[1] 126 mr.
Item untfangen van der Coste[2] van schipper Herseuelden wegene 30 Arnoldesgulden unde 10 mr. Rig.
Item gegeven deme vicario magistro Johanni de Libra[3] 10 Arnolden gulden.
Item vor 8 vadem kalkholtes 2 mr. 6 [s.] gegeven.
Item vor 20 vadem kalkholtes 5 1/2 mr. 5 s.
Item von 3 last haveren unde 2 lisp. 38 mr.
Item her Hinrik Eppinchusen vor 3 hope stens 4 mr. myn 1 f.
Item[b] brachte her Goss[calk][4] up ut deme anderen kalkoven 100 mr. unde 10 mr.
Item 18 mr. her Oldendorpe gesant van der monnike[5] wegene van Woldemer Revall wegene.

Item vor 2 t. ters Kegeler 11 f.

Item vor 5 hope stens 6 mr. unde 1 f.

Item deme bussenschutten 6 mr., de to her Otten wesen hadde to Raseborch[6].

Item her Gisen Richerden 45 mr. gegeven, de her Hermen Lippe to Lubike untfangen hadde, dar he to dage was[c].[7]

Item vor 25 hope stens tome anderen kalkovene to vorende 100 mr.

Item costede de andere kalkoven to bernende 36 mr.

Item in de weke gegeven 18 mr.

Item den stenbrekeren up rekenscop gedan 1 mr.

a) *links am Rand eine Waage.* b) *ebd.* secundus kalkoven. c) was *rechts über der Z. mit Einfz. nachgetr.*

1) *Sept. 2.* 2) *van Borstel.* 3) *Generalvikar der dän. Dominikanerprovinz, der das Revaler Katharinenkloster angehörte?* 4) *Stoltevoet.* 5) *von St. Katharinen.* 6) *Otto Pogwisch, Hpt. zu Raseborg, hatte um Entsendung eines Büchsenschützen gebeten, da er eine Belagerung seines Schlosses befürchtete, vgl. LivUB 8 Nr. 829.* 7) *vgl. Nr. 91, 94, 106, 151.*

109   1434 Sept. 11

Sabbato post Nativitatis beate Marie

Item upgebracht 40 mr. ut deme anderen kalkoven.

Summa in all van deme anderen kalkovene upgebracht 300 mr., so vorscriven is.

Item[a] den luden 3 mr. up rekenscop gedan, den anderen kalkoven uttoschuvende.

Item 2 mr. 8 s. vor 8 vadem kalkholtes.

Item vor 58 vadem kalkholtes uptovorende, vor ilken vadem 2 s.

Item vor 2 hope stens to vorende 8 mr. tome kalkoven.

Item 12 mr. gegeven in de weke.

a) *links am Rand* v + s.

110   1434 Sept. 18

Sabbato post Lamberti

Item her Hermen Kallen[1] 7 f. myn 3 s. vor 6 vadem kalkholtes.

Item 6 mr. gegeven deme scrivere sin quatertempergelt.

Item vor 1 voder to den sulvernen stalen unde 2 lepelvodere 6 f.

Item in de weke gegeven 11 mr.

Item 1 mr. vor 1 lispunt lichte.

1) *Rhr. 1428–1450, Bunge, Ratslinie S. 108.*

f.14a

111   1434 Sept. 25

Sabbato ante Michaelis
Item vor 39 vadem kalkholtes 11 mr. myn 8 s.
Item[a] den luden 3 mr. gedan, den anderen kalkoven uttoschuvende.
Item vor 1 t. bers mit deme holte her Johan Beirinchove[1] gesant 7 f.
Item in de weke gegeven 8 mr.

a) *links am Rand* v + s.
1) *Bm. zu Dorpat, Lemm S. 43 u. LivUB 7 S. 585 (Register).*

112   1434 Okt. 2

Sabbato post Michaelis
Item[a] den luden 4 mr. gegeven, den anderen kalkoven uttoschuvende.
Item 3 1/2 mr. myn 2 s. vor 2 t. bers deme vorsten van Lettowen[1]
    gesant mit deme holte.
Item den luden van Vete gegeven 1 t. bers 1 mr. van des hoislages
    wegene.
Item 7 mr. in de weke gegeven.

a) *links am Rand* v + s.
1) *Sigismund Korybut, litauischer Fürst u. Hussitenführer, begab sich von Böhmen über Preußen und Livland zum GF Switrigail von Litauen, LivUB 8 Nr. 846. Er war also offensichtlich auch in Reval.*

113   1434 Okt. 9

In festo Dyonisii
Item 6 mr. unde 1 s.[a] vor 24 vademe kalkholtes.
Item 9 f. vor den marstals oven to beterende.
Item 1 mr. deme stenbrekere dan up rekenscop.
Item 7 mr. gegeven in de weke.
Item her Gisen Richerden 3 mr. vor 1000 tegels.
Item Clawese deme denre 6 f. vor 1 1/2 lisp. lichte upt hus.
Item 2 mr. gegeven vor dat harnsch reine to makende, dat Cort mede
    hadde[1].

a) *davor gestr.* ferd.
1) *vgl. Nr. 104, 105, 114 u. LivUB 8 Nr. 830.*

114 1434 Okt. 16

Sabbato post Calixti

Item 4 mr. gegeven deme kerkheren tome Hilgen Geste vamme Cruce to Luk to sunte Nicolause[a].

Item 5 mr. gegeven deme prestere vor des hilgen Lichams altare tome Hilgen Geste.

Item 3 1/2 mr. myn 4 s. vor 10 vadem kalkholtes.

Item des meisters piperen 3 mr. gegeven.

Item 6 mr. unde 1 f. in de weke.

Item[b] uttoschuvende den kalkoven 5 mr., dar mede sin se nu betalt.

Item her Gerd Mulen[1] 14 mr. gegeven van der Nawesschen wegene tome depe.

Item her Johan vamme Dike gegeven 8 mr. vor ber unde meel to Cordes reise gekomen[2], do he de serovere dirhasschen solde.

Item[c] brachte her Godscalk[3] up ut deme anderen kalkoven 20[d] mr. unde[e] 3 s.

a) to sunte Nicolause *rechts über der Z. nachgetr., mit Einfz.* b) *links am Rand* v + s. c) *ebd.* 2 *us k.* d) *korr. aus* 21? e) unde *übergeschr., darunter gestr.* myn.
1) *Rhr. zu Narva, vgl. LivUB 8 S. 667 (Register).* 2) *vgl. Nr. 104, 105, 113 u. LivUB 8 Nr. 830.* 3) *Stoltevoet.*

f.15

115 1434 Okt. 23

Sabbato post Undecim[a] milium virginum

Item her Hinrik Eppinchusen 10 mr. gegeven vamme ewigen lichte tome Hilgen Geste vorme sacramente.

Item her Lubberte 6 mr. gegeven van des altars wegene to sunte Nicolause to sunte Margreten.

Item 4 mr. gegeven her Laurens van der vromissen to sunte Nicolause.

Item vor 9 ovene to beterende 5 mr.

Item 6 f. vor 1 t. ters.

Item 9 f. vor 2 t. bers[b] to deme kalkoven.

Item Lintorpe 5 1/2 mr. sine rente.

Item her Gerwine 7 mr. van 2 altaren.

Item in de weke gegeven 26 mr.

Item 1 mr. vor den oven to makende imme nien stoven.

Item 3 mr. gegeven vor lichte upt rathus.

a) *Vorl.* XI[M] milium. b) *folgt gestr.* vor.

116   1434 Okt. 31

In vigilia Omnium sanctorum

Item vorkofft ut deme anderen kalkoven 300[a] unde 71 leste kalkes, behalven dat in deme vorhuse bleff.

Van disseme kalke vorgaff unse rad unde dat me schuldich was 25 leste, unde noch worden dar 25 leste in deme kalkovene vorbuwet, vor dat andere dat gelt upgebracht.

Item[b] den stenbrekeren 1 mr. up rekenscop gedaen.

Item den murmesters vor den kalkoven 2 t. bers 2 mr. 2 or.

Item gerekent mit Henning deme klensmede, dat wy em geven vor allerleie iserwerk, slote, slotele, helden, slutiseren unde andere dink 12 mr.

Item vor bekere up dat rathus 4 1/2 mr. unde 1 s.

Item in de weke gegeven 24 mr. Rig.

a) 300 *übergeschr.* b) *links am Rand ein Kreuz.*

117   1434 Nov. 6

Sabbato ante festum Martini

Item den seken imme Hilgen Geste 7 1/2 mr. ere rente.

Item untfangen 300 unde 60 mr. van der Engelschen lakene wegene, de Hans Sukowe to Nougarden hadde gehat.

Item hir van her Johan Beirinchove 40 mr.[1] gegeven.

Item her Hermen Lippen vor 3000 schonswerkes 246 mr. to des wins behoff.

Item noch her Hermene 30 mr. van Hilgers wegene.

Item kostede de oven tome rathus to beterende 13 f.

Item 3 mr. vor 1000 tegels.

Item 1 mr. vor 1 t. bers den murluden in den kalkoven.

Item her Engelbrechte 7 mr. van Schermbeken viccarie[2].

Item in de weke gegeven 20 1/2 mr.

Disses jairs bleven kemerere her Godscalk Stolteuoet unde her Hinrik Eppinchusen.

1) *vgl. Nr. 111.* 2) *in St. Michaelis.*

f.15a

118   1434 Nov. 13

Sabbato post Martini

Item untfangen 40 mr. van Diderike tor oversten molen, noch 35 mr. untfangen van em.

Item de sulven 40 mr. gesant der Saffenbergesschen van unsers heren des cumpturs wegen[1].

Item den wegerknapen 2 mr. to erem bergelde.

Item 1 mr. den mûrluden in dem kalkoven vor 1 t. bers.

Item her Hinrik Eppinchusen vor 1 hop stens 5 f.

Item[a] Godscalk deme smede 25 mr. up rekenscop gesant.

Item in de weke gegeven 19 mr. myn 1 f.

a) *links am Rand ein Hufeisen.*
1) *vgl. Nr. 58 Anm. 1.*

119   1434 Nov. 20

Sabbato post Elisabeth

Item mester Hinrik 2 mr. sine rente, deme armborstere.

Item in de weke gegeven 21 1/2 mr.

Item[a] deme stenbreker 1 mr. up rekenscop.

Item vor 20 1/2 vadem bernholtes 6 mr. myn 11 s.

Item vor 2 t. bers den murluden 9 1/2 f.

a) *links am Rand ein Kreuz.*

120   1434 Nov. 27

Sabbato ante festum Andree

Item her Detmer Kegler gegeven 16 mr. sine rente.

Item vor 2 grote stene over ronnen to leggende 6 f.

Item in de weke gegeven 7 mr. unde 1 f.

121   1434 Dez. 4

Sabbato ante Nicolai

Item untfangen van den[a] schotheren 100 mr.

Item hir van gegeven 13 1/2 unde 5 s. her Bernde van Halteren vor 7 t. bers, de up dat hus quemen, do unse here de meister hir was[1].

Item Tideke Bodikers wive vor 1 hop stens tome kalkoven 5 f.

Item her Stolteuote vor 6 t. bers 11 mr. myn 1 f., do unse here de meister hir was[1].

Item 3 1/2 mr. vor de krone upp der scriverie.

Item[b] is in me stenhuse 24 leste roggen.

Item noch 11 f. vor oven to beterende in der hokerboden.

Item 60 mr. untfangen van den berheren.

Item disse 60 mr. wedder in Liualken sak gedan, de dar to der stad behoff utgenomen weren unde utgegeven sin.

Item in de weke gegeven 10 mr. Rig.

Item Diderike, Clawese unde Corde den denren ilkeme 4 mr. er loen.

Item vor 8 vlasche wins, dar claret van gemaket wart unde her Beirinchove[2] gesant, en dels upme huse gedruncken, 3 mr., hir vor unde 4 s. gegeven.

Item 1 mr. vor talch up den marstall.

a) *folgt gestr.* keme. b) *links am Rand* Der rogge.
1) *Franke Kerskorf, OM E. 1433/Anfg. 1434 bis 1435 Sept. 1.* 2) *vgl. Nr. 111.*

f.16

122   1434 Dez. 6

In die beati Nicolai

Item[a] so[b] gerekende wy alle dink slicht mit Godscalke deme smede, do geve wy em vifftich mr. Rig.

a) *links am Rand ein Hufeisen.* b) *so über der Z. nachgetr.*

123   1434 Dez. 11

Sabbato ante festum Lucie

Item[a] untfangen van der wage 100 unde 15 mr.

Item 15 mr. gegeven deme Hilgen Geste van der oversten molen wegen.

Item in de weke gegeven 5 mr.

Item vor den win gegeven, dar de claret aff gemaket wart, do unse here de meister hir was[1], 13 mr. unde 16 or.; dit untfing Hans Koningisbergh.

Item so geve wy Joachim 6 mr. sin quatertempergelt.

Item Hinrik Tolnere betalt vor der spellude want 20 mr. 15 s.

Item her Hinrik Eppinchusen 5 f. vor 1 hop stens tome kalkoven. Noch 1/2 mr. vor scherloen gegeven.

a) *links am Rand eine Waage.*
1) *vgl. Nr. 121.*

124

1434 Dez. 13

In die beate Lucie
Item gegeven den vorluden vor 10 hope stens 40 mr. to vorende to deme kalkovene, dar he mede gevodert wart.
Item Asmonde, deme marketvogede, deme klockenludere unde deme rechtvindere ilkeme en roclaken, dat costede 7 mr. myn 1 f.

125

1434 Dez. 17

Item des vridages vor Thome apostoli
Item untfangen van den schotheren 300 unde 10 mr. Rig.
Item hir van gegeven her Gerlich Witten 300 mr. to des Hilgen Gestes tornes behoff.
Item untfangen van den schotheren van broke 56 mr.
Item her Gisen Richerdes gedan 50 mr. to der copplen behoeff.
Item untfangen van de schotheren 50 mr.
Item[a] betalt den messters[b] to des Hilgen Geistes torns behof 50 mr.

a) *Neben der vorigen Z. und darunter nachgetr. von Schreiber II. Von ihm auch die vorige Z.* b) *korr.*

126

1434 Dez. 18

Item Sabbato ante festum Thome
Item untfangen van den schotheren 200 unde 20 mr.
Item hir van gegeven den scafferen, her Dideric upper Heiden[1] unde her Johan Sunnenschine[2], van der schafferie wegene 200 mr.
Item gegeven 38 mr. vor 2 Tomassche laken to der dener kledinge.
Item 9 f. gegeven vor rade uppe den marstall 4 par.
Item den piperen gegeven 6 mr. vor roggen unde spek.
Item deme tegelslegere vor sinen roggen unde spec 9 f.
Item deme rechtvindere 2 mr. vor sinen roggen[a] unde spec.
Item deme scradere gegeven 5 f. der spellude rokke to nejende.

a) *korr. aus rok.*
1) *Rhr. 1432–1436, Bunge, Ratslinie S. 101.* 2) *Rhr. 1430?, 1436–1445, ebd. S. 134.*

f.16a

127   1434 Dez. 18

Eadem die qua supra

Item do rekende wy mit den stenbrekeren van der stad kulen, de
hebben gebroken 32 hop, des geve wy en 3 mr., dar mede alle dink
mit en slicht. Summa dat se untfangen hebben, so vorscriven steit,
24 mr.

Item in de weke gegeven 7 1/2 mr.

128   1434 Dez. 20

In vigilia beati Thome apostoli

Item untfangen 33 mr. Rig. van Arnd Grûter van zeligen Eggert
Schomekers nalate den 10den.

Item uppe dat slot gesant 10 mr. sloierpenninge.

Item untfangen van den schotheren 100 mr. Rig.

Item her Bernde van Halteren unde Summermanne 17 mr. gegeven,
den torne, des Duvels Moder genannt, to beterende.

Item den torne, de[a] Guldene Voet genannt, Baddenhusen unde Paren-
beken 9 mr. 4 s. gegeven, den to makende unde to beterende.

Item her Johan Duzeborge[1] unde Andreas Holtwische vor den groten
Strantportentorne to beternde 27 mr. Rig. myn 4 s.

Item Hans van Ruden unde Tegenige gegeven 7 mr. unde 1 f., de en ere
torne gekost hadde to makende[b], belegen twuschen den Strantpor-
ten beide.

a) *Vorl.* den. b) *folgt gestr.* bes.
1) *Rhr. 1436–1458, Bunge, Ratslinie S. 92.*

129   1434 Dez. 24

Item[a] in vigilia Nativitatis Christi

Item untfangen van selgelde 14 1/2 mr., noch 4 1/2 mr. 8 or.

Item her Oldendorpe 5 mr. gegeven tor seken behoff to sunte Johanse.

Item in de weke gegeven 8 mr.

Item vor 14 lisp. haveren 12 mr. myn 12 s.

Item den denren ere natloen, scrotlon, lowentgelt, offergelt 6 mr.

Item costede der dener want to scherende 1 mr.

a) *Schreiber III.*

130   1434 Dez. 31

Item[a] in vigilia Circumcisionis domini
Item utgegeven in de weke 3 1/2 mr.

a) *Schreiber IV.*

131   1435 Jan. 8

Item sabbato post Epiphanie
Item gegeven in de weke 9 mr.
Item 30 s. vor bekere uppe Winachten.

f.17
132   1435 Jan. 15

Anno[a] 1435
In sabbato ante festum Antonii
Item 3 mr. gegeven her Peter Groninge sine rente.
Item in de weke gegeven 7 1/2 mr.
Item 24 s. gegeven vor bekere.

a) *Schreiber I.*

—

133   1435 Jan. 22

In die beati Vincentii
Item 6 1/2 f. gegeven vor 1 t. bers her Schimmelpenninge gesant van der
    Rige[1].
Item vor boren gegeven 5 f.
Item in de weke gegeven 7 1/2 mr.

1) *Heinrich Schimmelpfennig, Rhr. zu Riga, Böthführ S. 97. Sein Besuch in Reval gehört
in den Zusammenhang der Verhandlungen zwischen dem DO, dem Eb. von Riga und
der Stadt Riga Anfang 1435 um einen Ausgleich der bestehenden Spannungen, AuR 1
Nr. 407.*

134   1435 Jan. 29

Sabbato ante Purificacionis Marie
Item untfangen van den schotheren 100 unde 30 mr. Rig.
Item hir van gegeven her Johan Sunnenschine unde her Dideric upper
    Heiden 80 mr. myn 3 f. van der scafferie wegene, der se tachter noch
    weren[1].

Item her Gerlich Witten 50 mr. geantwordet to des Hilgen Gestes tornes behoff.

Item vor 9 1/2 lispunt lichte gegeven 9 1/2 mr. upp dat rathus.

Item vor 3 par rade 6 1/2 f.

Item vor spanne 24 s.

Item in de weke gegeven 7 mr. Rig.

Item untfangen 16 mr. Rig. van deme schraderbroke.

1) *vgl. Nr. 126.*

135   1435 Feb. 5

Sabbato post Purificacionis Marie

Item gegeven vor boren unde vor spanne 9 f.

Item 6 mr. 8 s. gegeven vor Tornsschen win her Sunnenschins gesellen, sine kellerhure affgeslagen[a].

Item vor 1 towe tor klokken up dat rathus, ronnen, helsinge unde leidesele, to hope 9 f. gegeven.

Item vor 1 ossenhud wittogevernde 3 f.

Item 6 mr. in de weke gegeven.

Item geve wy Godscalke deme smede 11 f. vor hengen, haken unde negle.

Item costede de reise, dat her Albert Rumor to Nougarden was[1], 52 1/2 mr. myn 2 s.

a) *dahinter ein nicht begründbares Kürzel.*
1) *Albert Rumor, Rhr. 1433–1439, Bm. 1450–1459, Bunge, Ratslinie S. 127, nahm 1434 namens der Hanse am Friedensschluß mit Nowgorod teil, LivUB 8 Nr. 791 u. 894 § 12; HR II 1 Nr. 288.*

f.17a
136   1435 Feb. 12

Sabbato post festum beate Appollonie

Item 3 mr. gegeven her Hermen Kannengeter van der officiacien wegene to sunte Oleve.

Item 8 mr. in de weke gegeven.

137   1435 Feb. 18

Feria sexta post Valentini

Item untfangen 50 mr. van den[a]schotheren.

Item gegeven Hans Kannengetere 21 mr. vor wiinpotte unde des stades
kannen ummetogetende unde vor nie[b] tinwerk, dat he dar to dede;
der potte weren 36 unde 6 kannen uppe dat rathus[c].

a) *folgt gestr.* kemereren. b) nie *übergeschr., mit Einfz.* c) *links am Rand eine Kanne.*

138   1435 Feb. 19

Sabbato post Valentini episcopi
Item untfangen van den berheren 100 mr.
Item hir van gegeven den coppelheren 50 mr. tor kopplen behoff.
Item den vormunderen sunte Nicolaus kerken Wolter Niclope unde
Gisen Vosse gegeven 50 mr. vor der Piperschen ruem van der
kerken dele.
Item vor balken 3 1/2[a] mr. 2 art.
Item 3 mr. noch gegeven deme kannengetere, de he zik hadde vorre-
kent.
Item 10 f. gegeven den luden van Vethe vor 2 t., dat hoi to vorende.
Item vor 60 spanne 5 f.
Item gegeven Claus Glazewertere 12 mr. vor de glasevinstere to ma-
kende to der scriverie.
Item costede der vangen prefaet in der bodelie uttovoren 10 mr.
Item in de weke 9 mr. gegeven.

a) *korr. aus* 2 1/2.

139   1435 Feb. 26

Sabbato post Matie
Item 5 mr. in de weke gegeven.

140   1435 Mrz. 5

Sabbato ante Invocavit
Item in de weke gegeven 6 mr.
Item vor 5 par rade 10 f.
Item vor balken 4 1/2 mr. gegeven.
Item vor spanne 1 mr. unde 1 s.
Item 1 mr. vor 1 t. bers.
Item gegeven ton pipperen 3 mr. Rig.
Item den anderen spelluden 10 f.

f.18

141   1435 Mrz. 12

Ipso die beati Gregorii pape
Item untfangen von den schotheren 10 mr.
Item 7 mr. in de weke unde 1 f.
Item vor 12 par rade 5 mr.
Item 3 mr. gegeven vor balken.
Item 7 mr. vor 7 lispunt lichte up dat rathus.

142   1435 Mrz. 19

Sabbato ante[a] Oculi
Item gegeven 12 s. her Johans dechtnisse van Gotlande.
Item vor 21 balken 4 1/2 mr. 6 s.
Item vor haveren 3 f. unde 3 s.
Item vor 2 par rade 3 f. unde 1 s.
Item vor 3 par rade 1 mr.
Item in de weke gegeven 4 1/2 mr. Rig.
Item vor 21 vadem kalkholtes 7 mr.

a) *folgt ungestr.* Reminiscere.

143   1435 Mrz. 26

Sabbato ante Letare Jerusalem
Item vor balken gegeven 5 1/2 mr. 2 s.
Item deme scrivere zin quatertempergelt 6 mr.
Item in de weke gegeven 4 mr. myn 1 f.

144   1435 Apr. 2

Sabbato ante dominicam Judica
Item untfangen van den schotheren vifftich mr. van broke borger
    neringe.
Item disse 50 mr. gedan her Johan vamme Dike unde her Gisen[1] to der
    copplen behoeff.
Item 4 mr. in de weke gegeven unde 1 f.

Item untfangen van den berheren viftich mr.

Item her Gerlich Witten de 50 mr. gedaen van der Rigischen reise
wegen, do her Cost, her Johan Sunnenschin unde her Gerlich an
den mester weren[a]2.

Item vor 2 balken 16 s. gegeven.

a) *ab* -schin *unter der Z. nachgetr.*

1) *Gise Richerdes, Rhr. 1426?, 1432–1436, Bm. 1441–1444, 1454?, Bunge, Ratslinie
S. 122.* 2) *vgl. Nr. 133: Verhandlungen zwischen dem DO, dem Eb. von Riga und der
Stadt Riga Anfang 1435 in Riga. Revaler Gesandte waren außer Johann Sunnenschin
noch Cost van Borstel, Rhr. 1414–1423, Bm. 1428–1458 (Bunge, Ratslinie S. 83) und
Gerlich Witte, Rhr. 1432–1444 (ebd. S. 142). Vgl. AuR 1 Nr. 407 und unten Nr. 179.*

145   1435 Apr. 9

Item[a] sabbato ante der su[ndag] Palmarum
Item gegeven den repslegeren 2 mr.
Item entfangen 25 mr. Rig. van den schotheren.
Item 16 s. vor twe balken.
Item gegeven 1 mr. Rig. vor ene t. bers to dem kalkoven.
Item utgegeven 7 f. myn 2 s. vor dat prevaet ute deme mårstalle.

f. 18a

Item utgeven vor tunnen to des stades behoff 6 f.

Item gegeven Henninge deme kleensmede 6 1/2 mr. myn 4[b] s. vor
wintiseren tor schriverie, vor slote to deme marstalle unde vor[c]
slotele unde slote in de bodelygghe unde der stad porten to beteren-
de unde lechelen to beterende unde vor ander isserwerck to
makende.

Item Niclaus vor assen, vor bogen, vor wangen to des stades punderen
11 f. gegheven.

Item vor nighe zedele uppe deme marstalle unde vor zedele to beteren-
de 9 f.

Item gegeven in de weke 16 mr. Rig.

Item 7 f. gegeven 1 vormanne vor 1 hop stens to vorende tome
kalkoven.

a) *Schreiber II.* b) *4 übergeschr., darunter ungestr. 2.* c) vor *übergeschr., mit Einfz.*

146   1435 Apr. 14

In^a Bona quinta feria
Item untfangen van des Goteschen schipheren wegene, de mit Jacob
    Nernheime starff, 2 Arnoldesgulden van deme 10den sins nalates.
Item^b untfangen van der wage 72 mr.
Item her Johan Oldendorpe betalt^c 5 mr. rente van der seken wegen to
    sunte Johanse.

a) *Schreiber I.* b) *links am Rand eine Waage.* c) *folgt gestr.* upp.

147   1435 Apr. 15

In Bona sexta feria
Item dren piperen ilkeme 1 mr. gegeven to^a tergelde.
Item her Hermen Lippen 10 mr. rente gegeven van der seken wegen to
    sunte Johanse, dit untfing her Eppinchusen.
Item betalt vor 10 ellen blau Tomas unde 9 elen rot 8 mr. 32 or. Godeke
    Langen unde Peter Koke, gegeven Hinrik Tolner.
Item 2 mr. vor 2 punt haveren gegeven.
Item in de weke gegeven^b 7 mr. Rig.
Item vor 1 pert 8 mr. unde 5 s.

a) *folgt gestr.* be. b) *Vorl.* gegen.

148   1435 Apr. 23

Sabbato ante Quasimodogeniti
Item in de weke gegeven 10 ferdinge.

149   1435 Apr. 30

Sabbato ante Misericordias domini
Item 5 mr. gegeven deme vromissenprestere to sunte Nicolause.
Item Mertin Bussenschutten 4 mr. sine rente.
Item 3 mr. gegeven deme^a prestere to sunte Blasius altare to sunte
    Nicolause.
Item 4 mr. gegeven deme kercheren tome Hilgen Geste vamme Cruce
    to Luk[1].
Item vor 100 remholte gegeven 10 f.
Item^b den stenbrekeren gedan 6 f.

Item vor 2 t. bers, deme scaffere des mesters[2] ene gesant unde deme
vogede van der Narwe[3] ene, de stunden beide mit deme holte 4 mr.
Item in de weke gegeven 8 mr. Rig.

a) *folgt gestr.* vromis. b) *links am Rand ein Kreuz.*
1) *in St. Nikolai.* 2) *namentlich nicht bekannt.* 3) *noch nicht Johann Koninck
(1435–1438), der zur Zeit der Niederlage an der Swienta (Sept. 1) noch V zu Selburg
war, wie er selbst berichtet, LivUB 8 Nr. 994, sondern sein namentlich nicht bekannter
Vorgänger, vgl. Arbusow, Geschlechter S. 72 u. 123.*

f.19

150   1435 Mai 7

Sabbato ante Jubilate
Item her Kribbegle gegeven 6 mr. vor sunte Mateus capellen[1].
Item gegeven vor 3 perde 29 1/2 mr. Rig.
Item up dem dach na sunte Johans ante portam latinam[2] aldernegest
vor bekere geven twen bekerwerteren 8 mr. unde 1 f.
Item 3 mr. vor 1 stades bullen.
Item her Gerwine gegeven 7 mr. van 2 officiacien sunte Margreten to
sunte Olev und[a] Philippi[b] in sancto Spirito[c].
Item her Appollonius[d] gegeven 6 mr. van sunte Maties alters wegen.
Item 6 f. vor sedele to beterende upp dem marstall.
Item[e] den stenbrekeren 6 f. gedan.
Item in de weke gegeven 9 mr.
Item Lintorpe 5 1/2 mr. sine rente.
Item vor 5 mr. vor 5 punt haveren.
Item 10 f. vor stavelen unde vortovotende 10 f.
Item noch em 6 f. vor den rathusoven in toboten.
Item 2 mr. gegeven em vor 1 side speckes unde vor[f] 1 lisp. roggen.
Item Corde unde Clawese den denren, ilkeme 4 mr. sin loen.
Item vor selrepe, leidesele unde andere towe 1 mr. 20 or.

a) *folgt gestr.* Matie. b) *Vorl.* Philip. c) in sancto Spiritu *über der Z. nachgetr., mit Einfz.*
d) *darüber gestr.* Sa *(für Sabbato).* e) *links am Rand ein Kreuz.* f) vor *übergeschr.*
1) *in St. Nikolai, vgl. Nr. 34.* 2) *Mai 7.*

151   1435 Mai 9

Feria secunda post Jubilate
Item untfangen 100 mr. vamme dorpe to Vethe.

Item koste de Lubesche dachvart, do her Hermen Lippe dar was[1], 300
   unde 7 1/2 mr.
Item 2 mr. den nunnen[2] gesant ere rente.

1) *vgl. Nr. 91, 94, 106, 108.* 2) *in St. Michaelis zu Reval, vgl. Nr. 88.*

152   1435 Mai 16[1]

   Sabbato ante Urbani
Item schipper Herseuelde gedan to der barsen behoeff 80 mr.
Item 5 f. gegeven vor 1 armborst.
Item betalt vor remholt to howende 3 1/2 mr.[a] unde vor 1/2 t. bers
   noch 2 mr.; item noch 6 f.[b]
Item vor 1/2 last ters 6 1/2 mr. myn 8 s.
Item vor 200 delen unde 38 22 mr. 16 s.
Item vor disse delen uptovorende 10 f. 6 s.
Item vor 2 vadem kalkholtes mit uptovorende 26 s.
Item vor 1/2 lisp. haveren, 1 vlasche Romenie her Peter van der Ek[2]
   gesant 33 s.
Item[c] gerekent mit Godscalke deme smede, do geve wy em 25 mr. myn
   1 f., dar mede alle dink slicht.
Item costede de erste kalkoven intosettende 16 1/2 mr.
Item vor sparren 2 mr. myn 4 s.
Item vor 1 verndel jares her Michele van des Sacramentes altares
   wegene imme Hilgen Geste 10 f.

f.19a

Item[d] in de weke gegeven 10 mr. myn 1 f.
Item vor 5 hope stens to vorende tome ersten kalkoven 20 mr.
Item[e] 3 mr. gegeven den stenbrekeren up rekenscop.
Item kostede[f] den[g] denren unde den boden gegeven, de scorstene
   helpen to vegende in beiden kersplen unde dat harnsch to beseende,
   2 mr.

a) *folgt gestr.* myn 7. b) noch 6 ferd. *rechts unter der Z. nachgetr., mit Einfz.* c) *links am Rand ein Hufeisen.* d) *über der Z.* 35[t]. e) *links am Rand ein Kreuz.* f) -de *über der Z. nachgetr.* g) *folgt getr.* ko.

1) *dem Text nach Mai 21, hier korr.* 2) *Rhr. zu Dorpat, Lemm S. 62 (auch Eyk).*

153 1435 Mai 21

Sabbato ante dies Rogacionum
Item vor 350 vadem kalkholtes myn 4 vadem gegeven 108 mr. unde 4 s.
Item vor 2 leste haveren gegeven 24 mr.
Item vor 2 t. bers her Otto Pogwisches husvrowen gesant 3 1/2 mr.
unde 3 f. 1 s. vor 2 vlasschen Romenie[a].
Item her Gert Grimmerde[1] gegeven 6 mr. van Hans Riken wegen.
Item gegeven in de weke 7 1/2 mr. Rig.

a) 2 vlasschen Romenie *rechts unter der Z. nachgetr., mit Einfz.*
1) *Rbr. 1432–1444, Ratslinie S. 98 (hier: Grimmen), ergänzt durch LivUB 8 Nr. 564.*

154 1435 Mai 28

Sabbato post festum Asscencionis domini
Item vor 55 sparren gegeven 5 f. 3 s.
Item vor 150 vadem kalkholtes unde 6 vifftich mr. myn 7 f.
Item vor 1 hop stens tome kalkoven 5 f. gegeven Culpsu.
Item 5 f. gegeven vor 1 hop stens van der stenwerter culen, ok to deme
kalkoven, dit untfenk Culpsu.
Item kostede de erste kalkoven to bernende[a] 29 mr. unde 4 s.
Item 11 mr. in de weke gegeven.
Item vor 150 vadem kalkholtes uptovorende unde[b] up de wagene to
werpende 10 mr. Rig. unde 1 f.
Item[c] den stenbrekeren upp rekenscop gedaen 1 mr.

a) *folgt gestr.* 38 1/2, *darüber gestr.* 25 1/2, *daneben* 29. b) *folgt gestr.* to vliende. c) *links
am Rand ein Kreuz.*

155 1435 Juni 4

In vigilia Pentecosten
Item untfangen van Diderike tor oversten [molen] 52 mr. van der
molen.
Item der Saffenbergesschen gesant 40 mr. van des cumpthurs wegen.
Item vor 25 vadem kalkholtes 8 mr. myn 1 f.
Item vor dat hôr enwech to vorende vor der Lemporten 4 1/2 mr.
Item untfangen van den berheren 100 mr.
Item hir van gegeven her Johan vamme Dike 25[a] mr. to der ronnen
behoeff, de men nu lecht tor oversten molen van balken.

Item Kerstine gegeven deme vormanne vor 1 hop stens to vorende
   bi de oversten molen tor trummen 4 mr.
Item vor 350 unde 31 vadem kalkholtes uptovorende unde upp de
   wagene[b] ut deme water to werpende 21 mr.
Item in de weke gegeven 11 mr.[c]

a) *übergeschr., darunter gestr.* 50. b) *folgt gestr.* up de. c) *darunter ungestr.* It.

f.20

156   1435 Juni 11

   In vigilia Trinitatis
Item untfangen kellerhure van 2 winluden 6 mr., dat was Gobbin.
Item her Gerlich Witten gesant 15 mr. van des Hilgen Gestes molen.
Item 42 vadem kalkholtes uptovorende unde den luden in dem watere
   10 f.
Item vor 1 stoer gegeven 3 1/2 mr.
Item vor 100 unde 6 1/2 vadem kalkholtes gegeven 29 mr. unde 5 s.
Item deme scrivere 6 mr. gegeven sin quatertempergelt.
Item 5 1/2 mr. gegeven in de weke.

157   1435 Juni 18

   Sabbato post Trinitatis
Item untfangen van den berheren 30 mr.
Item gegeven her Johan vamme Dike 30 mr. to der ronnen behoeff to
   makende dat water to leidende bovene bi der oversten molen.
Item 10 mr. in de weke gegeven.
Item vor 25 vadem kalkholtes 7 mr.
Item[a] den stenbrekeren 1 mr. gedan.
Item gegeven den luden, den ersten kalkoven uttoschuvende, 9 mr.

a) *links am Rand ein Kreuz.*

158   1435 Juni 25

   Sabbato ante Petri et Pauli
Item gegeven vor 15 lisp. haveren 12 mr. myn 5 s.
Item vor 29 vadem bernholtes 5 1/2 mr. 7 s.
Item vor 19 vadem kalkholtes 5 mr. 1 f.
Item vor 42 vadem kalkholtes uptovorende 2 mr. 12 s.

Item noch vor 6 vadem kalkholtes uptovorende 13 s.
Item vor 23 vadem kalkholtes uptovorende 5 f. 4 or.
Item vor 1 hop stens tome springe to vorende 4 mr.
Item in de weke gegeven 9 mr.

159   1435 Juli 1

In vigilia Visitacionis beate Marie virginis
Item untfangen ut deme ersten kalkoven 250 mr. unde 7 mr.
Item gegeven 9 mr. 12 s. vor 33 vadem kalkholtes.
Item in de weke gegeven 5 mr. Rig.

160   1435 Juli 9

In octava Visitacionis beate Marie
Item gegeven her Peter Groninge 3 mr. vor 11 1/2 vadem kalkholtes.
Item betalt her Gisen Richerden vor 2000 dagtegels 8 leste kalkes.
Item betalt Bramsteden 5 leste kalkes, de quam to scriverie.
Item her Hinrik Schelwende betalt vor kalksten 15 leste kalkes.
Item behelt de stat 9 leste kalkes.
Item so blifft de rat nu schuldich 18 leste kalkes.
Item costede de andere kalkoven intosettende 11 mr.
Aldus is ut deme ersten kalkoven geworden mit deme kalke, den de rad
    betalt hevet, 300 leste kalkes myn 5 leste.
Item 12 mr. untfangen rente van her We[nnema]r[1] uppe Johannis.

f.20a

Item 3 mr. unde 1 f. betalt vor enen stoer.
Item[a] den stenbrekeren gedan 2 mr. upp rekenscop.
Item vor haveren gegeven 9 f.
Item in de weke gegeven 7 mr.

a) *links am Rand ein Kreuz.*
1) *Wennemar van der Beke, Rhr.*

161   1435 Juli 16

Sabbato post Visitacionis octavam
Item 7 f. myn 3 s. gegeven vor 7 vadem kalkholtes.
Item 1 mr. gegeven vor den springborn reine to makende

Item untfangen 6 gulden vor 1 pert, dat andere is Gert schuldich.

Item untfangen vamme kelre underme rathuse 4 mr. kellerhure van Gobbinschen wine.

Item untfangen 20 mr. van den berheren in octava Visitacionis Marie[1].

Disse 20 mr. worden geantwordet her Johan vamme Dike to den trummen, de me nu lecht bi der oversten molen.

Item 7 f. vor 1 t. bers upp dat hus.

Item tor stad behoff vor 8 hope stens, de in der Kariestraten lach, de[a] to deme ersten kalkovene quam, 33 mr. unde 12 s.

Item untfangen upp dissen dagh van den berheren 15 mr.

Item kostede de andere kalkoven to bernende 30 1/2 mr. unde 3 s.

Item vor 1 t. ters gegeven 4 1/2 f.

Item vor 1/2 t. gorte gegeven[b] 4 1/2 f.

Item in de weke gegeven 4 mr. Rig.

a) de *übergeschr., mit Einfz.* b) *folgt gestr.* vor 1/2 t. gorte.
1) *Juli 9.*

162   1435 Juli 30

Sabbato ante Ad vincula Petri

Item untfangen van den berheren 25 mr.; disse 25 mr. untfenk vort her Johan vamme Dike to der ronnen behoff bi der oversten molen.

Item[a] den stenbrekeren gedan 2 mr.

Item gegeven in de weke beide over 8 dagen unde nu 7 mr.

Item untfangen 3 mr. vor win unde Timmerman kellerhure.

Item van Poitowe untfangen underme rathuse 3 mr. unde van deme zulven manne 3 mr. vor kellerhure[b].

a) *links am Rand ein Kreuz.* b) *Vorl.* kelberhure.

163   1435 Aug. 6

Sabbato ante Laurentii

Item gegeven 8 gesellen in der barsen to tzoldie vor 14 dage ilkeme 2 mr. unde deme koke[a] 10 f., noch deme stûrmanne gegeven 4 mr.

Noch 2 mannen gegeven 4 mr. to tzoldie, deme juncknechte 1 mr. unde deme schipheren gegeven. Summa 25 1/2 mr.

Item untfangen van wine under Hartmannes 9 f. vor 3 pipen.

Item untfangen 3 f. vor 1 pipen wins kellerhure van Alf van der Beke.

f.21

Item kostede der stad hoislach boven upp deme berge 27 mr.
Item deme koke 1 mr.[b]
Item in de weke gegeven 3 1/2 mr.
Item[c] den stenbrekeren upp rekenscop gedaen 1 mr.

a) *folgt gestr.* 5 f. b) *ab* Item *mit der vorigen Z. in einer Z.* c) *links am Rand ein Kreuz.*

164   1435 Aug. 13

In vigilia vigilie Assumpcionis Marie
Item in de weke gegeven 4 mr. 5 s.
Item untfangen van den berheren 20 mr. Rig.
Item disse 20 mr. her Johan vamme Dike gedan to der ronnen behoff bi
der oversten molen.

165   1435 Aug. 20

Item[a] sabbato ante Bartholomei
Item gegeven in de weke 5 mr. 12 s. unde noch 1/2 mr.
Item de vracht van 3 lesten haveren Hans Tzellen gegeven 4 mr. myn
1 f.
Item to winnegelde 6 s.[b]
Noch 6 s. dem munderiken.
Item deme voermanne 24 s. uptovorende den haveren[c].
Item 4 s. den meters[d] unde den dregers.
Item entfangen van schipper Hanneken ut der barsen 5 1/2 mr. van
bere.
Item gegeven 8 mr. unde 8 or. vor 8 t. bers in de barsen.
Item gegeven den spelluden 3 Arnoldesgulden.
Item gegeven Didericken 3 mr. vor kost unde ungemak to dem hoislage
to Vete.
Item[e] gegeven vor ber, botteren, brot unde ander vitalie in de barsen
48 mr. unde 11 1/2 s.

a) *Schreiber II.* b) *diese Z. rechts neben der vorigen nachgetr.* c) *wie Anm. b.* d) *Vorl.*
metres; Item *bis hier rechts neben der vorigen Z.* e) *Schreiber I.*

166   1435 Aug. 27

Sabbato post festum Bartolomei
Item in de weke gegeven 4 mr.
Item her Gerlich Witten 5 f. gegeven vor 1 hop stens tome kalkoven.
Item gegeven 11 f. min 3 s., dat it costede, do her Godscalk Timmer-
    man[1] wart gesant to Rogoe na den seroveren[2], unde den munderi-
    ken 1 mr.
Item untfangen 33 mr. Rig. van den berheren; disse 33 mr. worden
    geantwordet her Johan vamme Dyke to der ronnen behoff bi der
    oversten molen.

1) *Rhr. 1435–1443, gestorben 1451, Bunge, Ratslinie S. 142.* 2) *Seeräuber hatten russische
Kaufleute beraubt, vgl. das Schreiben des Hpt. zu Wiborg, Cristiern Niklesson, an Reval
von 1435 Auf. 15, LivUB 8 Nr. 957.*

167   1435 Sept. 3

Sabbato [a] ante Nativitatis Marie
Item[b] den stenbrekeren upp rekenscopp gedån 2 mr. Rig.
Item gegeven in de weke 10 mr. Rig.
Item[c] untfangen van der wage 100 unde 21 mr.

a) *Schreiber II.* b) *links am Rand ein Kreuz.* c) *ebd. eine Waage.*

f.21a

168   1435 Sept. 8

In die Navitatis Marie
Item[a] gegeven den vorluden vor 21 hope stens to vorende tome
    anderen kalkovene 84 mr. unde 1 mr. vor 1 t. bers.
Item untfangen van Kerstan Bunden vamme garden 8 mr.
Item Andreas Culpsu gegeven vor 4 hope stens 5 mr. tome anderen
    kalkoven.
Item deme sulven gegeven noch 5 mr. vor 4 hope stens van der
    stenwertere kulen ok tome anderen kalkoven.
Item her Johan Sunnenschine 5 f. vor 1 hop stens.
Item Ludeken van Bornsen 5 f. vor 1 hop stens.

a) *Schreiber I.*

169   1435 Sept. 10

Sabbato post Nativitatis Marie

Item vor 3 perde gegeven 44 mr. Rig.

Item vor 70 vadem kalkholtes unde 1/2 vadem 13 1/2 mr.

Item deme manne, de den breff van der Rige brachte[1], 5 f.

Item vor den oven in der bodelie to beterende unde ander ding 5 f.
unde 4 f.

Item upgebracht ut deme anderen kalkoven 150 mr.

Item den tzoldeneren in der barsen van 5 weken to tzoldie unde vor 1 t.
bers unde vitalie 14 1/2 mr. Rig.

Item in de weke gegeven 4 1/2 mr.

1) *Hiermit könnte ein Brief des LM von Livland vom 6. Sept. an Reval gemeint sein, in
dem der LM Nachrichten [über die Niederlage des Ordens an der Swienta] durch den
V zu Wesenberg ankündigt, LivUB 8 Nr. 965. Der zwei Tage später datierte Brief des
LM mit Einzelheiten darüber scheidet aus Termingründen aus, LivUB 8 Nr. 969.*

170   1435 Sept. 17

In die beati Lamberti

Item in disser gegeven 2 schipmannen vor 1 wekenloen in de barsen,
deme enen 3 f., deme anderen 1/2 mr. unde[a] 6 s., de utegeven
hadden.

Item[b] den stenbrekeren gedan 3 mr. upp rekenscop.

Item 10 f. vor tome upp den marstall.

Item 3 f. vor 2 par rade.

Item 3 f. gegeven vor de rathuses glazevinstere to beterende unde to
waschende.

Item vor 1 punt haveren 1/2 mr. 1 s.

Item 1 f. vor 100 deckenegle.

Item in de weke gegeven 5 1/2 mr.

a) *folgt ein Längsstrich.* b) *links am Rand ein Kreuz.*

171   1435 Okt. 1

Sabbato post Michaelis

Item untfangen ut der oversten molen 64 mr., noch untfangen 21 mr.
van em.

Item hir van der Saffenbergeschen gesant 40 mr.

Item gegeven Otto Loden van 2 jaren tor viccarie to Marrema 16 mr.; dit gelt untfenk her Albert Rumoer.

f.22

Item kostede de andere kalkoven uttoschuvende 9 mr.

Item vor 1 t. heringes unde wall deme rade gesant 12 mr. unde 1 f.

Item in 2 weke gegeven 9 mr.

Item 5 mr. vor 5 lisp. lichte upt rathus tome Hinkepeven.

Item den gesellen in de barsen gegeven 3 1/2 mr. unde 14 s.

Item Joachimen 6 mr. sin quatertempergelt.

Item Niccles gegeven vor assen, wangen unde bogen to den punderen 3 1/2 mr.

Item gegeven her Gerlich Witten[a] 7 1/2 mr. der seken rente imme Hilgen Geste van Paschen.

Item untfangen van wine van Plomigenberke 14 mr. unde 1 f.

a) *Vorl.* Wittem.

172   1435 Okt. 8

Sabbato ante Dyonisii

Item untfangen 42 1/2 mr. unde 1 1/2 s. van her Dideric upper Heide[1] den 10den van zeligen Klawes Koten nalate.

Item untfangen 1/2 mr. vor 1/2 ronnen.

Item untfangen van her Wenemer[2] 35[a] mr. vor 1 pert.

Item her Wenemer weddergegeven 45 mr. vor hushure van der Prußchen timmerlude wegene, de in sime huse wonden.

Item noch her Wenemer gegeven 7 mr., de sin torne kostet hadde to sperende unde to deckende.

Item den gesellen in der barsen gegeven 6 f. 6 s.

Item in de weke gegeven 4 1/2 mr. unde 1 f.

Item vor 4 ovene to beterende in den hokerboden 9 f. unde 7 s.

a) *folgt hochgestellt* tich.
1) *Rhr. 1432–1436, Bunge, Ratslinie S. 101.* 2) *van der Beke, Rhr.*

173   1435 Okt. 22

Sabbato post Undecim[a] milium virginum

Item gegeven deme manne[b], de an den heren koning to Dennemarket unde an des rikes rad to Sweden mit breven was van der stad wegene[1], dat he vortert hadde unde vor sin ungemak, 34 mr.

Item in de barse vorloent 3 mr. 12 s.

Item in 2 weke gegeven 8 mr.

Item vor enen oven unde ene hokerboden to vliisiende 1/2 mr.

Item untfangen[c] 45 mr. van borger neringe van den scotheren.

Item[d] den stenbrekeren gedan 2 mr.

a) *Vorl.* XI[M] *milium.* b) *folgt gestr.* to. c) *folgt gestr.* 30. d) *links am Rand ein Kreuz.*
1) *Vgl. den Schriftwechsel in der Sache Wulfhard Rosendal ./. Reval. Rosendal hatte die Stadt vor den dän. Kg. geladen, der K von Schweden die Angelegenheit vor den schwedischen Reichsrat gebracht; LivUB8 Nr.933 u.944. 1435 Okt.1 bestätigt Kg. Erich von Dänemark (1412–1439) den Empfang eines Revaler Schreibens, LivUB8 Nr.987. Vgl. auch die folgenden Nrr. 988 u. 992.*

f.22a

174   1435 Okt. 29

Sabbato ante Omnium sanctorum

Item untfangen van Schulenborge van deme wine under der scriverie 10 mr.

Item untfangen van Alff Bruwere ok van wine 3 1/2 mr. myn 2 s.

Item noch 33 mr. untfangen van den berheren des sunnavendes na Bartolomei[1]. Dit wart geantwordet her Johann vamme Dike to der ronnen behof bi der oversten molen.

Summa dat disse zulven trummen bi der oversten molen in all hebben gekostet 425 1/2 mr. unde 4 s., behalven de balken, de tome sprinkborne koft weren, de quemen dar ok to[a].

Item her Hinrik Eppinchusen 10 mr. gegeven tor beluchtunge vorme sacramente to deme Hilgen Geste.

Item betalt her Hinrik Schelwende vor 18 schive glases tor scriverie 13 1/2 mr.

Item her Lubberte gegeven 6 mr. van Loren vicarie wegene[2].

Item[b] gegeven Tomas deme bekerwertere vor bekere 7 mr. unde 1 f.

Item 1 mr. vor talch upp den marstall.

Item gegeven den denren ilkeme 4 mr., Corde, Clawese unde Diderike.

Item vor 2 maelde nate up dat hus 1 lichten gulden.

Item gegeven her Michele deme prestere van 2 altaren, 1 tome Hilgen Geste vorme sacramente unde de andere[c] to sunte Blasius to sunte Nicolause, 8 mr.

Item deme vromissenprestere to sunte Oleve gegeven 4 mr.

Item Lintorpe gegeven 5 1/2 mr. sine rente.

Item kostede de reise tome Walke, do her Godscalk Stolteuoet dar was van der stad wegene[3], 45 mr.

Item vor 10 leste kalkes uttoschuvende 1 mr. 14 s.

Item Baddenhusen gegeven 5 f. min 1 s. vor slotele to sime torne to makende unde to deme torne dar bi unde vor der Susterporten reine to makende.

Item 5 mr. gegeven in de weke[d] unde 1 f.

a) *ab* koft *rechts unter der Z., mit Einfz.* b) *links am Rand ein Becher.* c) *darüber ungestr. S.* d) *folgt ungestr. g.*

1) *Aug. 27.* 2) *in St. Nikolai.* 3) *Städtetag in Walk und Dorpat 1435 Aug. 15–26. Dort wurde über die Beschlüsse des Hansetages vom Juni 1434, über die Besendung des kommenden Hansetages u. a. verhandelt, AuR 1 Nr. 412; vgl. LivUB 8 Nr. 959.*

175 1435 Nov. 5

Sabbato ante festum Martini

Item deme kercheren imme Hilgen Geste 4 mr. gegeven van deme Cruce to Luk[1].

Item her Gerwine 7 mr. van 2 altaren, 1 to sunte Nicolause, 1 to sunte Oleve.

Item her Engelbrechte 7 mr. van Schermbeken vicarie[2].

Item Gert Groten vor 13 1/2 lisp. haveren 10 1/2 mr. 3 s.

Item noch vor 1 last haveren 7 1/2 mr.

Item her Johan Sunnenschine 10 f. vor 2 hope stens.

Item her Detmer Keglere 16 mr. sine rente.

Item[a] rekende wy mit den stenbrekeren, dat wy en geven 9 f.; des hebbe wy en nu in all gegeven vor 35 hope jarlank, jo vor ilken hopp 3 f.

Item Hinrik Armborsterer 2 mr. sine rente.

Item in de weke 6 mr. unde 1 f.

Item den spelluden gegeven 20 mr., do se mit unserme heren deme meistere in de reise togen[3].

a) *links am Rand ein Kreuz.*

1) *in St. Nikolai.* 2) *in St. Michaelis.* 3) *wohl auf dem Kriegszug nach Litauen, der mit der Niederlage an der Swienta endete, vgl. Nr. 149 u. 169.*

f.23

176 1435 Nov. 12

Sabbato post Martini

Item der Hunninchuß[esschen] 4 mr. gesant tor beluchtinge eres altars ton monniken[1].

Item costede unsers heren des meisters begencnisse² 15 mr.

Item kostede dat schot in beiden kersplen to scrivende, dat men den boden unde den denren gaff, 10 f. min 2 s.

1) *von St. Katharinen.* 2) *OM Franke Kerskorf fiel in der Schlacht an der Swienta am 1. Sept., Arbusow, Geschlechter S. 70.*

177   1435 Nov. 26

Sabbatoᵃ post Katherine virginis

Item vor 30 grote delen 3 mr. 12 s.

Item deme manne in der barsen 2 mr. vor 4 wekenᵇ.

Item betalt Hinrik Kleuer 3 mr. van der viccarie tor Narwe.

Item vorlont in twen weken 10 mr. 12 s.

Item 36 balken unde 43 sparren 5 mr. 4 s.

Item vor 21 balken to den darenkasten unde vor 25 sparren unde vor daver 3 1/2 mr.

Item entfangen vor Loren boden 6 mr.

Item entfangen van den wedderen 30 mr.

Item entfangen van den beerheren 50 mr.

Item geantwordet her Gerlach Witten 80 mr.

Item ut dem anderen kalkoven Stolteuoet uppe dat rathus gebracht 250 mr. myn 5 f.

Hir to van des rades wegen betalt 63 leste kalkes. Summe 300 leste unde 10 leste kalkes.

Itemᶜ gerekent mit Gosschalke deme smede des sonavendes na Katherine virginis¹ anno 35, gegeven 27 mr.

a) *Schreiber II.* b) *Vorl. vek.* c) *links am Rand ein Hufeisen, darin ein Kreuz.*
1) *Nov. 26, also am Tage der Eintragung in das KB.*

178   1435 Dez. 10

Sabbatoᵃ post Concepcionis Marie

Item gegeven vor seelholte, gunten unde andere dink upp den marstall 3 mr. unde 1 f.

Item in de weke vorleden vorloent 5 mr. unde 1 f. unde in de weke dar na 4 mr.

Item gegeven vor bly to den loden upp de wage 1 1/2 f.

Item Krowels bastoven to beterende 1 mr. unde 4 s.

Item untfangen van 2 jaren van her Wene[me]r¹ vor den graven 14 mr.

Item her Gerlich Witten gegeven 7 1/2 mr. der seken rente imme
   Hilgen Geste up Michaelis.
Item noch em gegeven 15 mr. van des Hilgen Gestes molen wegene.
Item untfangen van Tzander Zusungen van wine 4 mr. kellerhure.
Item em betalt vor win vor 36 flasschen to des rades behoeff 6 mr.
Item vor 3 bullen tor stad behoeff 7 1/2 mr. Summermanne.
Item in disse weke gegeven 4 1/2 mr.

a) *Schreiber I.*
1) *van der Beke.*

f.23a

179   1435 Dez. 17

   Sabbato ante festum beati Thome apostoli
Item untfangen van den schotheren 300 mr. Rig.
Item her Gerlich Witten gegeven 28 mr., der he tachter was van der
   Rigesschen reise, do her Cost, her Johan Sunnenschin unde her
   Gerlich weren imme somer an den meister[a][1].
Item her Hinrik Eppinchusen gegeven 100 unde 70 mr., de he schipper
   Herseuelde van der stad wegene hadde gegeven vor sin deel van der
   barsen.
Item gegeven her Johan vamme Dyke 35 1/2 mr., zo vele hadde de reise
   gekostet, do her Johan Sunnenschin unde he to Woldemer weren,
   an unsen heren den meister[2].
Item vor 7 lisp. haveren myn 2 lope 3 1/2 mr. unde 3 s.
Item in de weke gegeven 5 mr.

a) *ab der he tachter was nachgetr. von gleicher Hand.*
1) *vgl. Nr. 144.* 2) *Kapitel zu Wolmar, auf dem Heinrich von Bockenvorde gen. Schungel
zum OM gewählt wurde, AuR 1 Nr. 413, LivUB 8 Nr. 982. Er war bis zu seinem Tode
Ende Dez. 1437 im Amt, Arbusow, Geschlechter S. 90.*

180   1435 Dez. 20

   In vigilia beati Thome apostoli
Item deme lopere Jacobe gegeven 1/2 mr.
Item uppe dat slot gesant 10 mr. sloierpenninge.
Item Hermen van Elten deme vorspraken gegeven 2 gulden to hulpe to
   siner hushûre[a].

Item untfangen van den schotheren 100 mr.; disse 100 mr. antworde
  wy her Johan Duzeborge[1] van der scafferie wegen. Noch em
  gegeven 73 mr. unde 8 s. van der scafferie wegen.
Item[b] Godscalk Smede gelent 10 mr.

a) hus *übergeschr., mit Einfz.* b) *links am Rand ein Hufeisen.*
1) *Rhr. 1435–1458, Bunge, Ratslinie S. 92, hiernach ergänzt um 1435.*

181   **1435 Dez. 24**

  In vigilia Nativitatis Christi
Item Bitterdode deme rechtvindere 2 mr. vor 1 vlicken vlesches unde 1
  lisp. roggen.
Item Hanniken in de barsen gegeven[a] 2 mr. vor 4 weken.
Item em noch 2 mr. vor 2 t. bers, de em gelovet weren.
Item den denren ere schrotloen, natloen, lowentgelt unde offergelt 6
  mr.
Item Cort Jordens vor 6 lisp. lichte upp dat rathus 6 mr.
Item vor 4 lisp. haveren 2 mr. unde 2 s.
Item her Johan Oldendorpe gegeven 5 mr. der seken rente to sunte
  Johanse.
Item in de weke gegeven 8 mr.

a) *folgt gestr.* vor.

182   **1435 Dez. 31**

  In vigilia Circumsisionis domini
Item in de weke gegeven 4 mr. myn 8 s.

183   **1436 Jan. 7**

  Sabbato post Epiphanie domini
Item in de weke gegeven 4 1/2 mr.
Item deme scrivere gegeven 6 mr. sin quatertempergelt van Winachten.

f. 24

Item her Groninge gegeven 3 mr. sine rente van Winachten.
Item vor 1 riis pappirs gegeven 11 f.
Item Godscalk Borstell gegeven 10 mr. 10 s. van des rades wegene vor
  10 leste kalkes.
Item costede der dener want to scherende 1 mr.

184   1436 Jan. 11

Item des midwekens na Epiphanie domini
Item untfangen van den schotheren 200 mr. Rig.
Item her Bernde van Halteren 100 mr. gedan tor Prußchen reise[1]
behoff.

1) *Am 3. Jan. hatte der OM die Stadt Reval aufgefordert, zur Besiegelung des Friedens*
von Brest zwischen dem DO und Polen das Stadtsiegel durch den K zu Reval oder einen
eigenen Boten zu schicken, LivUB 9 Nr. 3 u. AuR 1 Nr. 416. Reval sandte dazu den
Rhrn. Bernd van Haltern nach Preußen, vgl. unten Nr. 189, 191, 193, 240.

185   1436 Jan. 14

Sabbato ante Antonii
Item in de weke vorloent 3 mr. unde 1 f.
Item vor de erden upp den Bastoventorne to windende 2 mr.
Item Peter deme tymmermanne 4 mr. gegeven vor den sulven torne to
bonende.

186   1436 Jan. 21

In profesto Vincencii
Item untfangen van den schotheren 100 mr.; hir van her Gerlich
Witten geantwordet 70 1/2 mr. unde 5 s. tor Walkesschen reise[1].
Item noch untfangen van den scotheren 40 mr.
Item her Godscalk Timmermanne gegeven noch 100 mr. van der
scafferie wegen.
Item Godeke Langen gegeven vor delen, negle unde ander ungelt, de
schuttenbote ut- unde intobringende 2 mr. unde 7 s.
Item her Gert Grimmerde[2] geven 9 mr. unde 10 s., den torne to
beterende achter Gert Brummen.
Item Haninken in der barsen 2 mr. gegeven vor 4 weken.
Item in de weke gegeven 4 mr.
Item Gert Groten gegeven vor sleden, haveren, ghumten, linen unde
andere ding upp den marstall 5 mr. 5 s.

1) *Landtag zu Walk 1435 Nov. 27–Dez. 4. Er diente der Aufrichtung einer Landeinung*
in Livland zwischen dem Eb. von Riga, dem DO, den Rittern und Städten. Vgl. unten
Nr. 205 u. LivUB 8 Nr. 1015, 1018, 1019, 1020. 2) Rhr. 1433–1444, Bunge, Ratslinie
S. 98, dort: Grimmen.

187   1436 Jan. 28

Sabbato[a] ante Purificationis Marie virginis
Item gegeven in de weke 4 mr. unde 1 f.
Item[b] Gosschalk deme smede gegeven 14 1/2 mr. vor de gadderen vor.
    der Lutken Strantporten.
Item gegeven Godeken Langen 6 nighe gulden vor holt to wrakende.
Item entfangen van Jacob van der Molen 6 mr.

a) *Schreiber II.* b) *links am Rand ein Hufeisen.*

                              f.24a
188   1436 Feb. 4

Sabbato[a] post Purificationis Marie
Item in de weke gegeven 4 mr. myn 3 s.
Item untfangen 1/2 mr. vor 1/2 last kalkes.
Item 6 f. vor negle tor Bastovenporten.

a) *Schreiber I.*

189   1436 Feb. 11

Sabbato post Appollonie
Item untfangen van den schotheren 100 unde 15 mr.
Item her Gisen[1] gegeven 10 mr. der seken rente to sunte Johanse.
Item in de weke gegeven 4 mr. min 1 f.
Item gedan her Bernt Halteren 28 mr. vor 1 pert tor Prußchen reise[2].
Item her Johan Sunnenschine gedan 12 mr., noch em gedan 18 1/2 mr.,
    dat de Woldemersche reise costede[3].

1) *Richerdes, Rhr.* 2) *vgl. Nr. 184, 191, 193, 240.* 3) *Kapitel zu Wolmar, vgl. Nr. 179;*
nicht auf den Landtag zu Wolmar von 1436 Feb. 2 zu beziehen wie AuR 1 Nr. 416.

190   1436 Feb. 25

Sabbato ante Invocavit
Item in 2 wekene vorleden gegeven 6 mr. unde 2 f.
Item untfangen van 1 becken 4 mr. vor kalk.
Item deme voegede van Jerwen[1], deme voegede vamme Nienslote[2]
    unde des keisers luden[3] 4 t. bers gesant, stunden 6 mr. unde 1 f.
Item den piperen gegeven 4 mr. Rig.

Item den trumperen gegeven 3 mr., 2 to 3 f., den anderen 3 to 1/2 mr.
Item Godeke Langen gegeven 1 roklaken vor 6 mr.

1) *Mathias von Boningen, V zu Jerwen 1435–1436, Arbusow, Geschlechter S. 51 u. 121.*
2) *Heinrich Domesdael, V zu Neuenschloß 1433 u. 1434?, vgl. Arbusow, Geschlechter
S. 123.* 3) *[1435] Nov. 6 hatte Kaiser Sigmund dem HM u. a. geschrieben, er wolle gegen
die Livländer Maßnahmen ergreifen, um sie dem Reiche gehorsamer zu machen, und
eine Gesandtschaft an Switrigail angekündigt. Möglicherweise bezieht sich der vorlie-
gende Eintrag auf diesen Zusammenhang, vgl. LivUB 8 Nr. 1009.*

191   1436 Feb. 27

Des mandages na Invocavit
Item[a] untfangen van der wage 200 mr.[b] unde 5 Arnoldesgulden unde 6
s.[c]
Item Hans Copmanne gegeven 32 mr. vor 1 pert, dat her Bernt van
Halteren mede nam to Prußen wart[1].

a) *links am Rand eine Waage.* b) *folgt gestr.* unde 12 mr. c) unde 6 s. *rechts über der Z.*
1) *vgl. Nr. 184, 189, 193, 240.*

192   1436 Mrz. 3

Sabbato ante Reminiscere
Item vor 4 emre gegeven 1 mr. unde 4 s.
Item 7 mr. gegeven vor lichte uppe dat rathus.
Item 1 mr. vor sleden uppe den marstall.
Item in de weke gegeven 7 mr. unde 1 f.
Item Hanniken in de barsen vor 3 weken 3 mr. 4 s. gegeven.
Item den stenbrekeren ilk gegeven 1 par sco 1/2 mr.

f.25

193   1436 Mrz. 10

Sabbato ante Oculi dominicam
Item in de weke gegeven 6 1/2 mr.
Item Korleken gegeven 5 f. vor scrotlon deme marketvogede unde den
anderen.
Item Heninge deme klensmede 4 1/2 mr. unde 4 s. vor klensmedewerk.
Item 28 mr. gegeven vor 1 pert Blomendale, dat her Bernt van Halteren
in Prußen medenam[1].

Item vor 1 t. bers 6 f. deme vogede van der Zoneborch[2] gesant.
Item deme scrivere Joachime 6 mr. gegeven sin quatertempergelt.

1) *vgl. Nr. 184, 189, 191, 240.* 2) *namentlich nicht bekannt, vgl. Arbusow, Geschlechter S. 127.*

194   1436 Mrz. 17

   Sabbato ante dominicam Letare
Item untfangen van den scotheren 50 mr.
Item 12 s. her Johan Gotlanden dechtnisse.

195   1436 Mrz. 31

   In vigilia Palmarum
Item[a] untfangen van seelgelde 19 mr. myn 6 or.
Item vorloent in 2 wekene vorgangen 7 mr. myn 4 s.
Item uppe dissen dach gegeven 2 mr. Godeke Langen, dat he de barsen
   vorwarde.
Item vor kalkboren unde vor stenboren 9 f. unde 3 s.
Item untfangen van her Gerlige van der Molen[1], de rekenscop dede,
   31 1/2 mr. unde 4 s. van den molen vor der stad.

a) *links am Rand ein Faß.*
1) *Rhr.?, sonst nicht nachweisbar; hier offenbar als Mühlenherr.*

196   1436 Apr. 14

   Sabbato ante Quasimodogeniti infantes.
Item in 2 wekene vorloent 9 mr. unde 1 f. vor disse weken.
Item in der bodelie dat prefaet uttovorende 5 mr. unde 1 f.
Item noch in disse weke vorloent 3 1/2 mr.

197   1436 Apr. 21

   Sabbato ante Misericordias domini
Item gegeven 3 mr. vor stenhus hure, dar der barsen tuch inne was.
Item Niccles vor assen, bogen, wangen unde andere resscop 3 mr. 6 s.
Item betalt vor 2 Tomassche laken den denren 38 mr.
Item vor 2 perde gekofft, do her Cost unde her Schelwent to dage
   were[1], 16 mr., her Gisen[2] gegeven[a].
Item vor 4000 dagtegels to den hokerboden 16 mr.

Item in de weke gegeven 6 1/2 mr.

Item Corde unde Clause den denren ere loen, ilkeme 4 mr.

a) *ab* her *rechts über der Z.*
1) *Landtag zu Wolmar, 1436 Feb. 22, wo es um die Besiegelung des Friedens von Brest
ging, vgl. Nr. 184. Aus Reval waren Cost van Borstel und Hinrik Schelwent zugegen.*
2) *Richerdes, Rhr.*

f.25a

198   1436 Apr. 27

Feria sexta ante Jubilate

Item untfangen van der Lippesschen 100 mr. vamme dorpe[a] to Vethe.

Item untfangen van der oversten molen 72 mr., hir van Haneboelen
betalt[b] 40 mr. van unsers heren des cumpturs wegene.

Item untfangen van her Gerlich Witten 95 mr. van sunte Johans molen.

Item den Darbtesschen pipers gegeven 3 mr.

a) *Vorl.* darpe, *korr. aus* darse. b) *Vorl.* betal.

199   1436 Apr. 28

Sabbato ante Jubilate

Item vor 1 stucke vamme sidenstucke 3 1/2 mr. vor 1 trumpitters
banren.

Item noch dat sulve banner to malende 9 ferdinge.

Item her Jo[han] Oldendorpe 5 mr. gesant der seken rente to sunte
Johanse.

Item betalt den monniken[1] van Revals wegen 18 mr. rente upp sunte
Johans dagh negestkomende.

Item 12 mr. utegeven alse 8 mr. den[a] monniken unde der Hunninchu-
sesschen 4 mr.

Item Michell Notiken gegeven 14 mr. unde 3 1/2 s., de hadde de torne
gekostet to beterende achter sime huse.

Item untfangen van der wage 35 mr.

Item Hinrik Weger 2 mr. gegeven van den seelboden.

Item her Werner Kribbegle 6 mr. van sunte Mateus altare[2].

Item deme kercheren tome Hilgen Geste 4 mr. vamme Cruce to Luk.

Item her Gerwine 7 mr. van 2 officiacien tome Hilgen Geste, Philippi
et Jacobi, unde to sunte Oleve sunte Margreten.

Item Lintorppe 5 1/2 mr. sine rente gegeven.

Item Cort Gripenberge 10 f. vor 2 hope stens.

Item vor keserling in den stoven to vorende bi sunte Nicolaus stoven 6
   f. min 1 s.

Item[b] den stenbrekeren upp rekenscop 2 mr. gedan.

Item her Appollonius 6 mr. van sunte Matias altare in sancto Spiritu.

Item vor assen unde[c] stenboren 28 or.

Item in de weke gegeven 9 1/2 mr. Rig.

Item gegeven 11 f. vor Gerde hude upp dem marstall.

Item Gert Groten vor stavelen, spec, roggen unde den oven intoboten-
   de 6 mr.

Item Brant Jagowen vor[d] 9 lisp. haveren 6 mr.

Item Zusunge vor 1 last haveren 8 1/2 mr.

a) *folgt gestr.* h. b) *links am Rand ein Kreuz.* c) unde *übergeschr.* d) *folgt gestr.*
V.

1) *des Dominikanerklosters St. Katharinen.* 2) *in St. Nikolai, vgl. Nr. 34.*

f.26

200   1436 Mai 5

Sabbato post Philippi et Jacobi

Item untfangen van her Coste[1] 60 mr. Rig. vamme schote, de em de
   schotheren gelent hadden to unses heren des meisters behoeff[2].

Item noch untfangen van her Koste 66 mr., de em de berheren gelent
   hadden to unses heren des mesters behoeff.

Hiir wedder van utegeven 71 mr. vor 1 wit Mechels laken mit deme
   scherlone, dat unserme heren deme meistere gesant wart.

Item untfangen van her Coste 100 mr., de em de kemerere geantwordet
   hadden to unsers heren des mesters behoeff.

Item noch gegeven her Gisen Richerdes 200 unde 7 mr. 7 s., der he
   noch tachter was van deme nien tegelhuse to buwende, unde noch
   30 mr. em dar to gegeven.

Aldus[a] steit dit tegelhus in all[b] verdehalffhundert 37 mr. unde 7
   schillinge[c], de it gekostet hevet.

Item vor wagenrepe, bintsele, ronnen, leidesele 6 mr. 6 s.

Item Wolter Niclope 8 mr. min 1 s. vor 1 last haveren.

Item in de weke gegeven 6 mr.

Item vor tome upp den marstall 6 f.

Item her Michele van des sacramentes missen tom[d] Hilgen Geste 5 mr.

Noch em van sunte Blasius altare to sunte Nicolause 3 mr.

Item deme vromissenprestere to sunte Nicolause 5 mr.

Item 4 mr. vor 1 hop stens to vorende tome kalkoven.

a) *links am Rand ein Kreuz.* b) *folgt ungestr.* v. c) *folgt gestr.* dat. d) *folgt gestr.* sunte.
1) *van Borstel, Rhr.* 2) *Das Geld war für die Revalsche Münze bestimmt, die vom OM und dem Rat gemeinsam betrieben wurde; vgl. LivUB 9 Nr. 33, aber auch ebd. Nr. 25, 30, 31, 36, 51.*

201   1436 Mai 12

Sabbato ante festum Asscensionis domini

Item so geve wy deme bussenmestere Mertine 4 mr. sine rente.

Item Tomas deme bekerwertere gegeven 9 mr. 1 f. vor bekere uppt rathus.

Item untfangen van Hinrik van Borken 4 mr. rente van sunte Antonius altars wegene to sunte Oleve, dat her Hinrik van der Beke plach to belesende.

Item den nunnen[1] gesant 2 mr. er rente bi ereme beckere.

Item untfangen 2 mr. vor 2 leste kalkes.

Item vor siden to des trumpitters banre unde vor makeloen 3 mr. 1 f.

Item vor 2 lisp. blies min 2 markp. to den loden upper wage 6 f. 3 s.

Item 1 f. vor stall to den punderen.

Item costede de erste kalkoven intosettende 10 mr. Rig.

Item[a] den stenbrekeren noch 1 mr. gedan upp rekenscop.

Item 6 mr. in de weke gegeven.

Item 1 mr. vor 1 t. bers her Kerstens boden[2] gesant.

Item Collerge 12 s. vor 1 slot to beterende.

a) *links am Rand ein Kreuz.*
1) *von St. Michaelis, vgl. Nr. 88.* 2) *Gert Swarthof und Hinrik Styfwe, Boten des Hpt. zu Wiborg, Cristiern Niklesson, LivUB 9 Nr. 40. Erhalten ist nur das Empfehlungsschreiben, die Sache selbst bleibt unerwähnt.*

f. 26a

202   1436 Mai 19

Sabbato[a] post Asscensionis domini

Item 3 1/2 f. gegeven Otrauen vor broet, dat he in de barse hadde gebacken.

Item 7 1/2 mr. gegeven Cort Groten der seken rente imme Hilgen Geste.

Item gegeven 2 1/2 mr. 3[s.] den murluden unde den arbeidesluden to
  beterende den oven in Bolmannes stoven.
Item gegeven in de weke 6 1/2 mr. Rig.

a) *Schreiber II.*

203   1436 Mai 26

  In[a] vigilia Pentecoste
Item kostede de vitalie to deme ersten kalkoven 16 1/2 mr. 8 s.
Item kostede de erste[b] kalkoven to bernende mit deme arbeidesvolke
  15 mr.
Item 6 mr. in de wekene gegeven.
Item[c] den stenbrekeren 1 mr. gedan upp rekenscop.
Item vor 6-elen 1 mr. 2 s.

a) *Schreiber I.* b) erste *übergeschr.* c) *links am Rand ein Kreuz.*

204   1436 Juni 2

  In vigilia Trinitatis
Item kostede de[a] scorstene to vegende in beiden kersplen 16 f.
Item 4 1/2 mr. gegeven in de wekene.
Item 10 f. vortert, do de rad den win provede upper scriverie.

a) *korr. aus* den.

205   1436 Juni 9

  Sabbato post festum Corporis Christi
Item untfangen van den scotheren van dem brokengelde 33 Arnoldes-
  gulden.
Item her Gerlich Witten 5 mr. gegeven van unkost to deme Walke[1].
Item vor stoer gegeven 5 mr. unde 6 s.
Item Bremen notrofftigen vrunden to Darbte 6 mr. rente gegeven
  Tideken van dem Werder.
Item[a] den stenbrekeren 1 mr. gedan upp rekenscop.
Item Niclope vor 1/2 last haveren viff guldene.
Item in de weke gegeven 7 mr.
Item untfangen van Krachte van wine ut Wallant[2] 6 f.
Item em wedder gegeven vor win van des rades wegen 17 mr. 8 s.

Item deme scrivere Joachim 6 mr. sin quatertempergelt.
Item untfangen van den berheren 50 mr. Rig.

a) *links am Rand ein Kreuz.*
1) *vgl. Nr. 186.* 2) *mnd. = Welschland, besonders Italien.*

f.27

206   1436 Juni 16

Sabbato post festum Viti et Modesti martyrum
Item in de weke gegeven 9 mr. 4 or.
Item vor 34 winpotte to vorlikende 5 f. Hans Dudeldorpe.
Item vor 1 kabelen in de barsen 6 mr. unde 4 s. Andreas Rezenborge,
    dat woch 12 lisp. min 3 markp.[a]
Item vor 1 last haveren betalt 8 mr.
Item vor want, dat de pipere mede in de reise kregen, Henneken unde
    sine selscopp vor 1 Lubesch graw 8 mr., vor 1/2 ele Tomas 5 mr.
    unde 1 f.

a) *ab* min *rechts über der Z.*

207   1436 Juni 23

In vigilia beati Johannis baptiste
Item vor de lode upp de wage to vorlikende 19 s. Hinrik de weger
    untfangen.
Item vor 3 par rade 5 f. gegeven.
Item vor daver unde vor linen tome nien bastoven 1 mr.
Item[a] den stenbrekeren 1 mr. upp rekenscop.
Item kostede de erste[b] ·kalkoven uttoschuvende 10 mr.
Item deme voegede van Wesenberge[1] unde deme borgermestere van
    Aboe, Henneken Kolner, ilkeme 1 t. bers gesant, de t. vor 10 f.
    betalt.
Item in de weke gegeven 10 1/2 mr. Rig.

a) *links am Rand ein Kreuz.* b) erste *übergeschr., darunter gestr.* andere.
1) *Johann Vossunger, V zu Wesenberg 1420–1442, Arbusow, Geschlechter S. 97 u. 128.*

208

Sabbato ante festum Visitacionis beate Marie virginis

Item uppgebracht ut deme ersten kalkoven 275 1/2 mr. unde 12 s.

Item quam to der stad behoeff 3 1/2 last kalkes.

Item hiir van wedder utegeven vor 200 unde 60 vadem kalkholtes 73
mr. unde 1 s.

Item gegeven vor 42 vadem bernholtes 10 mr.

Item betalt vor 48 balken 10 mr. 7 s.

Item gegeven vor 100 10-ellen delen unde 22 7 mr. myn 7 s.

Item gegeven vor 500 sees-ellen delen unde 30 7 1/2 mr. unde 14 s.

Item betalt vor 1000 deckebrede 4 mr. myn 6 s.

Item betalt deme Russen vor 2 1/2 last haveren 18 mr.

Item noch vor 1/2 last haveren, de Gert Grote gekofft hadde, 3 mr.

Item her Peter Groninge gegeven 3 mr. sine rente.

Item eme herolde 1 gulden gegeven to bergelde.

Item vor 3 par rade 6 f. Hinrik gegeven upp den marstall.

Item 3 1/2 mr. unde 6 s. vor 4 tunnen ters.

Item her Johanne van Lechtis 18 mr. sine rente.

Item vor 20 6-ellen delen 3 1/2 mr.

Item in de weke gegeven 4 mr. myn 1 f.

f.27a

209

Sabbato^a post festum Visitacionis Marie

Item vor 30 st. hoffvlisien gegeven 1 f.

Item Cla[wes] Drosten vor 1 oven to makende imme lutken stoven 1
mr.

Item in de weke gegeven 10 mr. Rig.

a) *darüber Anno 36.*

210

Sabbato post festum Margarete virginis

Item^a deme stenbrekere 1 mr. gedan upp rekenscop.

Item Mertine deme bussenmestere gegeven vor de lode upp der wage
to beterende unde to vorlikende unde vor sin gut 7 mr. min 4 s.

Item deme Russen, de de Nougardesschen breve brachte[1], 1 t. bers 1
mr. 5 s. mit deme holte[b].
Item in de weke gegeven 12 mr. unde 1 f.

a) *links am Rand ein Kreuz.* b) holte *rechts über der Z.*

1) *Darunter befand sich möglicherweise der Brief hansischer Ratssendeboten aus Now-*
gorod an Reval, LivUB 9 Nr. 66, von 1436 Juni 26 mit Nachschrift von Juli 1. Die Boten
weilten danach zu Verhandlungen über die Rechte des deutschen Kaufmanns in der
Stadt. Vgl. Nr. 223 und den Bericht LivUB 9 Nr. 80.

211   1436 Juli 21

Sabbato qui fuit[a] profestum beate Marie Magdalene
Item untfangen van Bernevursen nalate 8 mr. den 10den.
Item untfangen van Hans Scrimers nalate 15 mr. den 10den.
Item 1 mr. vor 2 par rade gegeven.
Item untfangen van her Hildebrant[b] 12 mr. rente.
Item noch van der beenhasen broke 6 mr. untfangen.
Item van den berheren untfangen 150 mr. des midwekens vor Marie
    Magdalene[1].Item Hinrik deme winmanne gegeven vor win to des
    rades behoff hundert unde 25 mr.; des gaff Hinrik to[c] kellerhure 21
    mr., de wy em affslagen[d].
Item in de weke gegeven 9 1/2 mr.

a) *folgt gestr.* vigi. b) *folgt gestr.* 6 mr. re. c) to *übergeschr.* d) em affgeslagen *rechts über*
der Z., mit Einfz.
1) *Juli 18.*

212   1436 Aug. 4

Sabbato[a] post Olaui regis
Item entfangen van her Eppinchusen 10 1/2 mr. van Gobelen Stenho-
ues wegen des testamentes seliger dechtnisse.
Item gegeven 8[b] mr. in[c] twen weken.

a) *Schreiber II.* b) 8 *übergeschr.* c) *folgt gestr.* de weke.

213   1436 Aug. 5

Dominica[a] die ante festum Laurentii martyris
Item gegeven Clawese deme dener van deme hoislage to Vete 2 mr.
unde 1 t. bers.

Item so kostede des stades hoyslach 36 mr. Rig.
Item gegeven 1/2 mr. vor 50 vlisen.
Item entfangen van Andreas deme boden 9 f.[b] van den vrouken.
Item gegeven deme pipere 2 nighe gulden, de to Lub[ike] segelde.

a) *davor radiert* Sab. b) *Tinte verlaufen.*

214   1436 Aug. 11

Sabbato post Laurentii martyris
Item[a] gegeven in de weke 7 mr. Rig.
Item vor 2 punt haveren 1 mr. myn 4 s.

a) *links am Rand* 6?

f.28

215   1436 Aug. 8

Item[a] feria quarta ante festum Laurentii
Item[b] gerekent mit Tellichen deme winmanne, deme geve wii 24 mr.
vor win, des sloge wii em aff vor kellerhure an dissem 24 mr. 16 mr.
vor 36 ame Rinsches wins.
Item[c] gerekent mit Isebrande deme winmanne, de gaff uns vor keller-
hure 8 mr., des betalde wii em wedder to des rades behoff gekomen
vor win 7 mr. 1 f.
Item[d] den stenbrekeren 1 mr. upp rekenscop gedan.

a) *Schreiber I.* b) *links am Rand* a. c) *ebd. ein Kreuz.* d) *wie Anm. c.*

216   1436 Aug. 18

Sabbato post festum Assumpcionis Marie
Item vor 7 1/2 vadem kalkholtes, vor ilken vadem 10 s.
Item gegeven 5 mr. vor 5 tunen bers den timmerluden unde den
arbeidesluden, do men den kaek makede.
Item costede de cost, do unse here de meister hir was[1], 61 mr. und 12 s.
Item untfangen upp unser leven vrowen Assumpcione[2] 80 mr. van den
berheren.
Item in de weke gegeven 13 mr.
Item vor 19 balken gegeven 2 mr.

1) *Der Aufenthalt des OM Heinrich Bockenvorde gen. Schungel in Reval ist auch durch
LivUB 9 Nr. 82 (von 1436 Aug. 17) bezeugt. Vgl. unten Nr. 217 u. 218.* 2) *Aug. 15.*

217   1436 Aug. 25

Sabbato post festum Bartolomei

Item 2 mr. untfangen vor 2 leste kalkes.

Item vor 8 1/2 vadem kalkholtes 2 mr. unde 5 s.

Item van deme winmanne under her God[scalk] Timmermanne unt-
fangen 7 1/2 mr.

Item van deme winmanne under Glasshoue 6 f.

Item her Gisen[1] vor 8 stop Romanien 2 mr., do unse here de meister to
sunte Berigitten was[2].

Item des mesters herolde 6 f. gegeven.

Item in de weke gegeven 6 mr.

Item her Hinrik Schelwende 3 1/2 mr. gegeven vor Rinschen win[a] unde
Rommanie, den de borgermeisters hadden to sunte Berigitten, do
unse here de mester dar was[2].

Item vor de vlogle uppe den kaek 10 f. 2 s.

Item her Gisen[1] uppe 4000 dagtegels gesant 16 mr.

a) *Vorl.* wii.
1) *Richerdes, Rhr.* 2) *vgl. Nr. 216 u. 218.*

f.28a
218   1436 Sept. 1

In[a] die beati Egidii abbatis

Item untfangen van den berheren 50 mr. Rig.

Item vor delen van 12 elen betalt 6 f. 3 s.

Item den spelluden gegeven 3 mr.

Item kostede de andere kalkoven intosettende 11 mr.

Item vor 4 lisp. haveren 2 mr. myn 8 s. gegeven.

Item Tomas deme vorsprakere 2 mr. gegeven.

Item in de weke gegeven 6 mr. unde 2 f.

Item der Telchtesschen 2.t. bers gesant, dar vor gegeven mit deme holte
2 1/2 mr., do unse here de meister to sunte Berigitten was[1].

a) *darüber 36.*
1) *vgl. Nr. 216, 217.*

219   1436 Sept. 7

In profesto Nativitatis beate Marie virginis

Item vor dagtegel to vorende gegeven Kersten Bonden 3 mr. Rig.

Item vor 1 towe gegeven 31 s. Corde.

Item her Gisen[1] vor 4000 dagtegels 16 mr. gegeven.

Item noch em vor 1000 murtegels 3 mr. gegeven.

Item in de weke gegeven 11 mr. Rig.

Item vor 100 sparren gegeven 5 f.

1) *Richerdes, Rhr.*

220   1436 Sept. 15

In octava Nativitatis Marie

Item vor 42 sparren gegeven 9 f. unde 3 s.

Item kostede de andere kalkoven to bernende 27 1/2 mr.

Item 20 s. gegeven den hoff to vlisiende in der bodelie.

Item in de weke gegeven 11 mr. Rig.

221   1436 Sept. 22

In die Mauritii et sociorum martyrum

Item gegeven vor de wichte unde pundere unde alder dingh 4 mr. unde
    8 or.

Item in de weke gegeven 10 mr. unde 1 f.

Item vor haveren gegeven 2 mr. 2 s.

Item 5[a] gulden Gert Groten gegeven van der Lubschen reise mit her
    Lippen[1].

Item 11 f. vor enen stoer.

Item gegeven Nascharde 10 f. vor balken.

Item gegeven her Joachime 6 mr. Rig.

Item[b] deme stenbrekere 2 mr. gedaen.

a) *5 übergeschr., darunter gestr. 4.* b) *links am Rand ein Kreuz.*

1) *Der Anlaß zu dieser Reise konnte nicht ermittelt werden.*

f.29

222   1436 Sept. 28

In[a] profesto sancti Michaelis

Item Antfogle deme boden gegeven 4 mr., de de 3 vangen vortert
    hadden, de so lange seten in der vencknisse.

Item in de weke gegeven 11 1/2 mr. unde noch 1 mr.

a) *darüber 36.*

223   1436 Okt. 6

Sabbato post Francisci

Item upgebracht ut deme anderen kalkoven 100 unde 10 1/2 mr., noch
   100 mr. upgebracht unde noch uppgebracht 39 mr. unde 1/2 mr[a].

Item vor 10.000 dagtegels to den hokerboden gegeven her Gisen[1] 40
   mr.

Item vor 3 leste haveren Cort Gripenberge gegeven 27 mr.

Noch em 10 f. gegeven vor 2 hope stens to deme anderen kalkoven
   gekomen.

Item noch her Gerd Mulen[2] 10 mr. to palgelde unde noch em gegeven
   1/2 mr. vor dat de van der Narwe utegeven hadden vor der boden
   breff van Nougarden[3].

Item noch untfangen van der oversten molen 80 mr., van disseme gelde
   gesant Hanebolen 40 mr. van unsers heren des cumpthurs wegene.

Item her Wenemer[4] gegeven 6 mr. vor 2 balken tome kake gekomen.

Item Godeke Langen gegeven 13 mr. vor dat he de barsen vorwart
   hadde van Passchen bette[b] herto.

Item em gegeven vor sparren to wrakende 1/2 mr. unde noch 20 1/2 s.,
   de he van der barsen wegene utegeven hadde.

Item betalt 8 1/2 mr. vor hering, deme rade gesant.

Item vor 3 punt haveren unde 4 kulmet 5 f. 3 s. gegeven Gert Groten.

Item vor 1 toem gegeven 1/2 mr.

Item noch Tomase deme vorspraken 2 mr. gegeven.

Item Cort Jordens 5 mr. vor lichte upp dat rathus gegeven.

Item in de weke gegeven 12 mr.

a) *ab* unde noch uppgebracht *rechts über der Z., mit Einfz.* b) *Vorl.* betto.
1) *Richerdes, Rhr.* 2) *Rhr. zu Narva, LivUB 9 S. 701 (Register).* 3) *vgl. Nr. 210 u. LivUB
9 Nr. 66.* 4) *van der Beke, Rhr.*

224   1436 Okt. 13

Sabbato post Dionisii etcetera

Item untfangen van her Tideman Nasscharde[1] van deme affgekloppe-
   den wasse[a] 13 mr. vor 6 1/2 lisp. wasses.

Item van wine untfangen van schipper Stolten 4 mr. myn 1 f. unde
   noch 4 mr., de he uns to kellerhur gaff.

Item van eme under Hartmanne 3 mr. untfangen kellerhure.

Item van Jacob van der Molen 4 mr. untfangen kellerhure.

Anno 1436 do bleven kemerere her Godscalk Stolteuoet unde her
Hinrik Eppinchusen

Item noch upgebracht ut deme anderen kalkoven 40 mr. Rig.; aldus is
   der summa ut deme anderen kalkoven to hope 300 mr. myn 10 mr.
   up dat rathus gebracht; hir to quemen 37 leste kalkes in der stad nut
   unde dat men schuldich was.

f.29a

Item her Engelbrechte 7 mr. gegeven van Schernbeken vicarie.
Item kostede de nie stoven to beterende 9 f.
Item vor haveren gegeven 3 f.
Item Henninge deme klensmede gegeven vor slotle, slote unde andere
   halsisen unde vlogle tom kake 4 mr. 1 s.
Item in de weke gegeven 12 mr.
Item deme kercheren tome Hilgen Geste 4 mr. van Lucken Cruces.

a) *folgt gestr.* 5.
1) *ein Rhr., identisch mit Dietrich Naschart, Rhr. 1438–1445? Vgl. Bunge, Ratslinie
S. 118. Naschart war 1438/39 und 1439/40 Kämmerer, vgl. unten Nr. 349 u. 402.*

225   1436 Okt. 20
   Item sabbato in vigilia Undecim milium virginum
Item betalt Cord Groten 15 mr. van des Hilgen Geistes wegen de rente
   van der molen unde noch 7 1/2 mr. van rente wegen.
Item Lintorpe gegeven 5 1/2 mr. sine rente.
Item deme vromissenprestere to sunte Nicolaus 4 1/2 mr.
Item Corde, Clawese unde Diderike den denren 12 mr. er lon.
Item 1 mr. vor talch upp den marstall.
Item 14 mr. in de weke gegeven.
Item 9 1/2 punt haveren betalt 4 1/2 mr. 5 s.
Item 5 f. vor 2 par rade.
Item vor 2 ovene to beterende 7 f. 3 s.
Item 30 or. den seiger to beterende.
Item her Gerwine 7 mr. van 2 officiacien gegeven.
Item her Eppinchusen 10 mr. van des sacramentes beluchtinge tome
   Hilgen Geste[a].

a) Hilgen Geste *rechts über der Z., mit Einfz.*

226 1436 Okt. 27

In vigilia Simonis et Jude apostolorum

Item her Gisen[1] gesant 30 mr. rente van sunte Johans molen van 1 1/2 jare.

Item noch em gesant 16 mr. vor 4.000 dagtegels to deme rathus.

Item her Hinrik Schelwende gegeven 38 mr. Rinschen win, de in deme Hinkepeve upp deme[a] rathus wart gedruncken.

Item untfangen van her Gerlich Witten van all den molen vor der stat binnen den porten hundert 52 1/2 mr.

Item van sunte Johans molen an gelde untfangen 7 mr. min 4 f., bliven des summa tosamen, dat her Gerlich upgebracht hevet van den molen, 154 mr. unde 14 s.

f.30

Item[b] her Michele 5 mr. van des Sacramentes altares wegene tome Hilgen Geste, noch em dre mr. gegeven van sunte Blasius altare to sunte Nicolause.

Item vor 4 punt haveren Diderike gegeven[c] 6[d] f. min 6 s.

Item vor 4 punt haveren upen marstal unde 2 kulmet 7 f.

Item Tideke Bodeker gesant vor 3 hope stens 15 f. tome anderen kalkoven.

Item in de weke gegeven 14 mr.

Item Andreas Culpsu gegeven vor 2 hope stens 10 f. tome anderen kalkoven.

Item vor 19 hope stens to vorende tome anderen kalkoven gegeven, vor ilken hop 4 mr., summa 77 mr.

Item gerekent mit deme stenbrekere, summa dat wy em gegeven hebben vor sten to brekende vor 20 hope 15 mr.

a) *folgt ungestr.* uppme. b) *über der Z.* 36. c) *folgt gestr.* min 3. d) *folgt gestr.* s.

1) *Richerdes, Rhr.*

227 1436 Nov. 3

Sabbato post Omnium sanctorum

Item 3 f. gegeven vor 1 oven to beterende in Hinrikes hus vamme Stege.

Item 9 mr. gegeven in de weke.

Item vor haveren 4 mr. 7 s.

Item untfangen van Boltemanne vor 1 pert 20 mr.

228 1436 Nov. 10

In profesto sancti Martini

Item costede dat, do unse here de cumpthur des rades gast was uppe
deme rathuse, do he erst gekomen was[1], 14 mr. 4 s.

Item Kowele des stades armborstere 2 mr. sine rente.

Item costede de andere kalkoven uttoschuvende 10 mr.

Item[a] untfangen van der wage van Hinrike hundert[b] unde 83 mr. unde
1 f. des vridages vor Martini[2], de was weger geworden in deme
sulven jare upp Passchen[c].

Item in de weke gegeven 10 1/2 mr.

a) *links am Rand eine Waage.* b) *Vorl.* hudert. c) *ab in rechts unter der Z., mit Einfz.*
1) *Wolter von Loe, K zu Reval 1436–1442, Arbusow, Geschlechter S. 75 f. u. 124; vgl.
LivUB 9 Nr. 120; bezogen hier wohl auf den ersten Besuch nach Amtsantritt des
Komturs.* 2) *Nov. 9.*

229 1436 Nov. 17

Sabbato ante festum Elisabeth

Item 5 1/2 mr. in de weke gegeven.

Item Kerstin Vorman 5 mr. gegeven vor 4000 dactegels to vorende to
deme rathuse[a].

Item vor 2 hope stens gegeven 10 f.

Item her Detmer Keglere gesant 16 mr. sine lifrente.

Item rekende mit Templins jungen: van 11 vate Romenien untfangen
van kellerhure 11 mr., de sloge wy em aff, dat de rat mit em
gedruncken hadde, unde geven em 1 Arnoldesgulden wedder.

a) rathuse *rechts über der Z., mit Einfz.*

230 f. 30a 1436 Nov. 24

In profesto beate Catherine virginis

Item[a] rekende wy mit Godscalke deme smede uppe dissen dagh, so dat
wy em geven in all mit den 10 mr., de wy em upp rekenscop gedan
hadden, 59[b] mr. min 1 f[c]. Rig. vor allerleie iserwerk, deme rade
gesmedet to der stad behoeff.

Item her Diderike upper Heide gegeven 36 mr. myn 3 s., de he vortert
hadde, do he van der stad wegene was to her Cristerne to Raze-
borgh[1], mit deme wine, den he em brachte.

Item kostede dat schot to scrivende in beiden kersplen 4 mr. min 4 s.
Item 5 mr. in de weke gegeven.
Item vor sleden 32 s. up den marstall.

a) *links am Rand ein Hufeisen.* b) *Vorl.* LVIX. c) *min 1 f. übergeschr., mit Einfz.*
1) *Der Revaler Rat hatte, wie aus LivUB 9 Nr. 48 hervorgeht, im Mai bei dem Wiborger Hpt. Cristiern Niklesson um Vermittlung mit Schweden gebeten.*

231   1436 Dez. 1

Sabbato post festum Andree
Item untfangen van wine van her Gisen[1] 7 mr. kellerhure.
Item van Wilm Kerckringe 5 mr. untfangen.
Item van Hans Darsouen 4 mr. untfangen.
Item van Hans Hoppenricken 3 mr. untfangen vor 1 schipman van wine.
Item 13 f. vor 11 1/2 vadem bernholtes.
Item vor sleden 2 1/2 mr. 7 s.
Item in de weke gegeven 5 mr. Rig. unde 12 s.
Item vor haveren upp den marstall 7 f. 6 s.

1) *Richerdes, Rhr.*

232   1436 Dez. 14

Feria sexta ante festum Thome
Item untfangen van broke van her Wenemer[1] 60 Arnoldesgulden.

1) *van der Beke, Rhr.*

233   1436 Dez. 20

Sabbato[a] ante festum Thome
Item Peter Templine wedder gegeven 3 mr., de he sik an dem wine hadde vorrekent[b].
Item in de weke geleden 13 f. 3 s. gegeven.
Item vor 16 lisp. haveren unde 4 1/2 kulmet 8 mr. 5 s.
Item 2 mr. vor 2 gadderen boven tor scriverie 2 mr.
Item 3 mr. vor 1 riis pappiirs.
Item Gert Groten vor 6 par rade 3 mr. 3 s.
Item vor 31 sleden 4 mr. myn 8 s.
Item vor gumten unde vor selholten 10 f.
Item 6 1/2 mr. in disse weke vorlont.

a) *folgt gestr.* p[ost]. b) *vorrekent rechts über der Z., mit Einfz.*

f.31

Sabbato ante Nativitatis Christi

Item untfangen van seelgelde in all 25 1/2 mr. min 2 s.

Item deme marketvogede gegeven 2 mr. vor sin roclaken unde vor 1 par scho 1 f.

Item Bitterdode deme rechtfindere 2 mr. vor sin roclaken unde em gegeven vor 1 lisp. roggen unde 1 side speckes 2 mr.

Item vor de lode to beterende in den zelboden 1 mr. 3 s.

Item vor 1 slotel to den seelboden 12 s.

Item deme wegere 2 mr. vor dat he den seel wecht.

Item Mertin Gropengetere vor 6 par erner stope 6 mr. unde 7 s.

Item her Gisen[1] gegeven 10 mr. sunte Johens rente.

Item noch her Gisen 5 mr. gegeven der seken rente to sunte Johanse in de hant.

Item Corde vor 5 1/2 lispunt lichtes 5 1/2 mr.

Item vor 3 vlassche Walsches wins 60 s., den de rad drank.

Item 10 mr. gesant uppe dat slot sloierpenninge.

Item deme scrivere 6 mr. sin quatertempergelt.

Item 1 mr. gegeven vor der dener want to scherende[a].

Item[b] her Godscalk Stolteuote gegeven 3 mr. rente vor stenhus hure, dar dat barsentuch inne licht.

Item deme ludere 1 roclaken 9 f.

Item Johanne, der vor bussenschutte untfangen was, gegeven 3 Arnoldesgulden.

Item Andreas Holtwische gegeven 9 f. unde 1 s. vor de Strantporten[c] reine to holdende unde vor 1 towe tor Schotporten unde vor 1 haken dar to[d].

Item vor 10 1/2 lisp. haveren gegeven Gert Groten 5 mr. 2 s.

Item 5 mr. in de weke gegeven.

Item vor 2 par rade 3 f. 4 s.

Item 17 s. vor 9 krumholte.

Item[e] vor 10 linen 5 s.

Item den denren vor scrotloen, natloen unde offergelt 6 mr.

Item in de weke gegeven 5 1/2 mr.

Item gerekent mit Oleue deme bekerwertere, em gegeven 8 mr. vor bekere, de he deme rade gemaket hadde.

Item Kedinge vor de Smedeporten reine to holdende 5 f. 3 s.

Item deme stenbrekere vor 1/2 hop stens to brekende unde vor 1 par scho 24 s.

a) *folgt in der nächsten Z. ungestr.* Item. b) *folgt ungestr.* Item. c) *folgt gestr.* to. d) *folgt in der nächsten Z. gestr.* Item vor 10 (*korr. aus* 5 1/2) lb. haveren 5 1/2 mr. 2 s. e) *folgt gestr.* 2.
1) *Richerdes, Rhr.*

f.31a

235   1437 Jan. 5

In vigilia Epiphanie domini
Item untfengen de kemerer van den schotheren 600 unde 10 mr.
Item vor 2 Tomassche laken tor dener kledinge 42 mr.
Item vor 1 quartir van eme Iperschen deme scrivere 15 mr.
Item Gert Groten vor 15 punt haveren 7 1/2 mr.
Item em noch vor 8 1/2 punt[a] haveren 4 1/2 mr. gegeven.
Item her Godscalk Timmermanne[1] unde her Jo[han] Duseborge[2] van der schafferie wegene gegeven 213 1/2 mr. myn 2 or.
Item in 2 wekene vorlont 5 1/2 mr. 6 s.

a) *korr. aus* sunt.
1) *Rhr. 1435–1443, 1451 verstorben, Bunge, Ratslinie S. 142.* 2) *Rhr. 1436–1458, ebd. S. 92.*

236   1437 Jan. 12

Sabbato post Epiphanie domini
Item her Peter Groninge 3 mr. sine rente.
Item vor 2 punt haveren 1 mr. 1 s.
Item in de weke 5 mr. min 1 f.
Item her Albert Rumoer gegeven 8 mr. rente van der vicarie Loden to Mariema.

237   1437 Jan. 19

In profesto Fabiani et Sebastiani
Item vor sleden 3 f. gegeven.
Item 6 f. vor 1 t. bers[a] deme kumpthur van Lehal[1] gesant.
Item 5 1/2 mr. in de weke gegeven.

a) *folgt gestr.* vor 1.
1) *Heinrich von dem Vorste? Dieser ist bis 1436 als K zu Reval, ab 1438 als K zu Leal nachweisbar, Arbusow, Geschlechter S. 59. Da Wolter von Loe Ende 1436 K zu Reval ist, könnte Heinrich von dem Vorste zu dieser Zeit bereits K zu Leal sein. Vgl. auch Nr. 228.*

238   1437 Jan. 26

Sabbato post Conversionis Pauli
Item vor 15 1/2 punt haveren 8 mr. myn 1 f.
Item vor dat hoi van Vete to vorende 2 mr., to slande unde to[a] hus to
    vorende vor ber.
Item 2 mr. 4 s gegeven vor grote delen.
Item vor 5 vadem Estenssches holtes 7 1/2 f.
Item in de weke gegeven 8[b] mr.
Item untfangen vamme hennepspinnere 2 mr. vor de werve.
Item em gegeven vor ronnen, repe unde andere towe upp den marstal
    4 mr. myn 1 f.
Item 1 mr. gegeven deme manne, de de lode tor Narwe vorde[1].

a) *folgt ungestr.* to. b) *korr. aus* 7 1/2.
1) *vgl. Nr. 244.*

f.32

239   1437 Feb. 16

Item[a] sabbato ante Invocavit
Item 2 piperen gegeven 2 mr. unde 2 trumperen 6 f., noch 2 trumperen
    1/2 mr.
Item gegeven des voegedes denre van der Narwe[1], de des voegedes
    breff brachte umme der rente willen, 6 mr., 3 mr. van Passchen
    vorleden unde 3 mr. van Passchen negestkomende van der capellen
    wegene[2]; de dener het Andreas Lode.

a) *rechts neben der Z. 37.*
1) *Johann Koninck, V zu Narva 1435–1438, Arbusow, Geschlechter S. 123.* 2) *Der V
hatte am 4. Febr. 1437 die Rente für die Kapelle vor dem Schloß von Narva angemahnt,
LivUB 9 Nr. 128.*

240   1437 Feb. 18

Item des mandages na Invocavit
Item untfangen van deme olden schote 100 mr. myn 1 mr.
Item her Bernde van Halteren gedan 80 mr. myn 1 mr. to van der
    Prußchen reise to der beseglacie[1], aldus steit de reise to hope 100 mr.
    79 mr. unde 6 s.

1) *vgl. Nr. 184, 189, ›191, 193.*

241   1437 Feb. 23

Sabbato ante Reminiscere

Do hadde wy in 4 wekene nicht vorloent, in de erste weke gegeven
3[a] mr. 6 s.

In de andere weke 4 mr. 1 s.

In der dorden weke 10 f. 4 s. gelont.

Item in disse weke 5 1/2 mr. gegeven.

Item 6 f. vor 1 t. bers deme vogede van Wesenberge[1] gesant.

Item Korleken gegeven 14 s. vor Andreas Murmesters rok to nejende.

Item Kerstin Vormann vor 4000 dagtegels to vorende 5 mr.

Item vor duneber 17 s.

Item vor 2 somsleden 16 s. unde vor 3 holtsleden 1 f.

Item vor 2 par rade 1 mr. 3 s.

Item vor 1 last haveren unde 6 kulmet 6 mr. 6 s.

Item vor bernholt 2 mr.

Item vor glasevinstere up dat hus unde to beterende 6 f.

Item vor 9 lisp. lichte 18 or., der quemen uppt rathus.

Item vor 18 spanne 18 or.

Item dem scrivere Joachim 6 mr. sin quatertempergelt.

Item 2 f. vor 1 slotel tor Domporten unde vor 3 gordelringe.

a) *korr. aus* 4.
1) *Johann Vossunger, V zu Wesenberg 1420–1442, Arbusow, Geschlechter S. 97 u. 128.*

f.32a
242   1437 Mrz. 2

Sabbato ante Oculi

Item in de weke gegeven 3 1/2 mr.

243   1437 Mrz. 9

Sabbato ante Letarp

Item vor 55 span 1 mr. unde 7 or. gegeven.

Item deme pipere vor roggen unde spec, Tileken, 2 mr. vor 1 vlicken
vlesches unde vor 1[a] punt roggen.

Item Hermen Scrodere vor des pipers rog 3 f. gegeven to nejende.

Item em gegeven vor 2 trumper rocke to nejende 1 mr.

Item in de weke gegeven 5 1/2 mr. 6 s.

Item vor 12 stope Claretes 3 mr. gegeven deme abtekere.

Item vor 2 sleden 24 schillinge.

Item vor 8 lispunt lichte uppt rathus to Vastellavende 8 mr.
Item 34 s. vor berneholt in de scriverie.

a) *folgt gestr.* side spec.

244 1437 Mrz. 16

Sabbato ante dominicam Judica

Item Mertin Gropengetere gegeven vor 12 lispunt unde 7 1/2 markp.
an loden, de tor Narwe gesant worden[1], vor ilk markp. 5 s., summa
dat wii em hiir vor geven 34 mr. 12 s., disse lode untfenc[a] her Gise[2]
unde sande se tor Narwe wart.

Item betalt Hinrik Tolnere vor 10 ele wanden, de Godeke Lange krech
to eme rocke, unde vor 18 elen, de Halewater unde Jorden kregen,
unde vor 9 elen, de de lutke piper krech; summa 37 elen, de elen to
20 s.; summa hir vor betalt 20 1/2 mr.

Item Joachimen gedan 20 mr. myn 2 s. van Patkullen nalate, dar he de
schuldenere, den Patkullen tur was, mede untrichten solden.

Item gerekent mit Henninge deme klensmede, deme geve wii 3 1/2 mr.
vor mennigerleie blocslotle, overvelle slote unde andere dink.

Item betalt 6 f. vor dat platenharns 2 werve reine to makende, dat nu in
der wisekameren hanget.

Item vor 1 howen husdore unde vor 1 hoffdore[b] to deme lutken
bastoven vor der Bastovenporten 7 mr. unde vor 2 vinstere 11 f.

Noch vor 4 vinstere to deme sulven stoven 3 1/2 mr.

Item vor 2 vinstere gehowen tome lutken stoven 5 f. gegeven.

a) t *übergeschr.* b) *folgt gestr.* In.
1) *vgl. Nr. 238.* 2) *Richerdes, Rhr.*

f. 33

Item vor 23 vlaken 19 s.
Item vor 3 vadem holtes 4 1/2 f.
Item vor 3 voder stroes 1 f.
Item vor 4 lope haveren 12 s.
Item 6 s. gegeven vor Gerde Wibbe.
Item vor schuffelen 1 f. Gert Groten.
Item 1/2 mr. utgegeven vor seelholtere.
Item gegeven in de weke 9 mr. Rig.
Item deme lopere gedan 1 f.
Item den stenbrekeren 1/2 mr. to schoen.

245   1437 Mrz. 24

In vigilia Annunciacionis beate Marie virginis
Item so costede de barse to makende 9 f. to beterende.
Item 12 s. gegeven her Johan van Gotlanden dechtnisse.
Item in de weke gegeven 6 mr.
Item von 4 iserne schufflen 1 mr. unde 12 s.

246   1437 Mrz. 29

Item in Bona sexta feria
Item in de weke gegeven 16 mr. unde deme scrivere unde den denren
    gegeven 2 mr. to vordrinkende.
Item 1 mr. vor 1 t. bers den mûrluden imme stovene.

247   1437 Apr. 6

Sabbato ante Quasimodogeniti
Item in de weke gegeven 13 1/2 mr.

248   1437 Apr. 13

Sabbato post Quasimodogeniti
Item entfingen de kemerere van den schotheren viftich mr. Rig.
Item[a] Godscalk Smede gelent 10 mr. upp rekenscop.
Item vort prefaet in der bodelie 1 mr. over uttovorende.
Item vor 3 t. bers den mûrmesteren bime lutken stovene 3 mr. gegeven.
Item in disse zulven weken vorloent 22 mr. unde 1 f., noch 1/2 mr.
Item 1/2 mr. gegeven vor vet up den marstall.
Item 3 mr. vor 2 t. bers den Lettowesschen boden[1] upt slot gesant.

a) *links am Rand ein Hufeisen.*
1) *vgl. LivUB 9 Nr. 143: Schreiben des OM an Reval von 1437 März 14, worin dieser
dazu auffordert, vor dem demnächst anlangenden litauischen Boten den Frieden zu
beschwören.*

f.33a

249   1437 Apr. 20

Sabbato ante Jubilate dominicam
Item her Kribbegle gegeven 6 mr. van sunte Mateus cappellen[1].
Item her Appollonius gegeven 6 mr. van sunte Maties imme Hilgen
    Geste.

Item deme kercheren vamme Hilgen Geste 4 mr. vamme Cruce to Luk to sunte Nicolause.

Item gegeven 3 mr. her Godscalk Stolteuote vor dat stenhus, dar der barsen tuch inne licht.

Item Gert Groten vor stavelen, roggen, spec, den oven intobotende 6 mr.

Item Corde, Diderike unde Clawese den denren, ilkeme 4 mr. sin loen.

Item vor 1 t. bers upt rathus 7 f.

Item in de weke gegeven 4 1/2 mr.

Item Lintorpe gegeven sine rente 5 1/2 mr.

1) *in St. Nikolai, vgl. Nr. 34.*

250   1437 Apr. 24

Des midwekens na Jubilate

Item untfangen van Jacob ut der oversten molen 80 mr. molenhůr.

Item hiir van Hanebolen sant rente van des cumpthurs wegene 40 mr.

Item Diderike 20 mr. gedan deme denre, do he uttoch na den gesellen in der see[1].

1) *Sieben Knechte hatten sich als Freibeuter auf See begeben; vgl. die Aufzeichnung des Vogtes zu Reval LivUB 9 Nr. 156.*

251   1437 Apr. 26

Des vridages vor Cantate

Item gegeven her Godscalk Borstell unde her Heineman Swåne[1] van der schafferie wegene upp Winachten und Vastellavend 189 mr. unde 19 s.

Item[a] untfangen van der wage 47 mr. Rig.

a) *links am Rand eine Waage.*
1) *Rhr. 1437–1442, hiernach u. LivUB 9 Nr. 802; fehlt bei Bunge, Ratslinie.*

252   1437 Apr. 27

Sabbato ante dominicam Cantate

Item Hinrik deme armborstere 2 mr. sine rente.

Item her Stenwege gegeven 12 mr. van der Hunninchusen vicarie tone monniken[1].

Item her Simone gegeven 4 1/2 mr. van der vromissen to sunte Nicolause.

Item Hans Summermanne 6 mr. gegeven van Wickeden wegen van Bremen notrofftigen vrunden wegenᵃ.

Item her Gerwine gegeven 7 mr. van 2 altaren, to sunte Oleve 1, 1 in deme Hilgen Geste.

Item Gerardus deme kostereᵇ gegeven 7 1/2 mr. der seken rente imme Hilgen Geste.

Item noch em gegeven 15 mr. van des Hilgen Gestes molen wegene.

Item in de weke gegeven 4 1/2 mr.

Item vor 200 unde 3 delen 11 mr. myn 10 s.

Item vor disse delen upptovorende 6 f. myn 3 s.

a) *ab* vrunden *rechts über der Z., mit Einfz.* b) *folgt gestr.* alle.
1) *von St. Katharinen.*

f.34

253   1437 Mai 4

Sabbato ante Asscensionis domini

Item her Michele gegeven 4 mr. van des Sacramentes unde Blasii altares wegene.

Item den Russchen boden[1] gesant 1 schåp, stunt 6 f., unde 3 f. vor broet; noch 2 t. bers, stunden 10 f.; item 1 t. medes unde 1 t. bers, stunden 6 mr.

Item vor 1 verndel vamme rinde, stunt 9 f. 5 s., den dregers.

Item en 2 lisp. haveren gesant, stunden 6 f., unde 3 voder hoies, 1/2 mr. dat voder.

Summa, dat disse giffte stunt, 15 mr. unde 5 s.

Item vor 1 hop stens 4 1/2 mr., de quam tome lutken bastoven.

Item quemen dar 5 hope stens van des stades kulen to deme sulven bastoven.

Item her Rotger 6 mr. gegeven van Loren cruce.

Item der ebdisschen[2] gesant 2 mr. rente, dat untfenk Hans Parcham.

Item in de weke 6 mr. unde ˙1 f.

Item kosteden de schorstene to vegende in beiden kersplen 2 mr. myn 5 s.

Item betalt 7 mr. vor 8 t. ters.

1) *1437 Apr. 28 teilt der OM aus Rujen der Stadt Reval mit, daß Boten aus Nowgorod mit Anträgen wegen des Handels bei ihm erschienen seien, LivUB 9 Nr. 161. Diese Boten sind offenbar nach Reval weitergereist.* 2) *von St. Michaelis.*

254   1437 Mai 11

Sabbato infra octavas Asscensionis domini
Item gegeven vor 25 vadem kalkholtes 7 mr. unde 2 s.
Item vor 1 hut to gherende, vor 6 halteren to vatende unde tome to
  beterende gegeven Laurencius 3 mr. Rig.
Item vor haveren gegeven 1 mr. 7 s.
Item vor 1 sadel uppe den marstall to beterende 19 s.[a]
Item so betalt vor 11 hope stens, de tome lutken bastoven quemen,
  affgerekent 3 hope, de van der stad kulen gevort weren, dus geve wy
  vor de 8 hope 10 mr.
Item vor disse vorscriven 11 hope to vorende 38 1/2 mr., vor ilken hop
  3 1/2 mr.
Item in de weke gegeven 10 mr. unde 2 ferdingh.
Item vor 500 unde 40 bekere Oleue gegeven 8 mr. unde 1 f.

a) *korr. aus* mr.

255   1437 Mai 15

Item des midwekens vor Pinxten
Item[a] gegeven Godeke Langen unde Diderike, dat dar vortert was, do
  se ute weren mit den munderiken, mit den visscheren unde mit den
  soldeneren, de deve in der se to sokende[1], dat se vortert hadden,
  43 mr. 12 s.
Item gegeven 16 munderiken unde 10 visscheren, de dar mede werde,
  eneme jeweliken 1/2 mr. er lon, unde Godeke Langen unde Dideri-
  ke ilkeme 5 f. vor er ungemak. Summa 15 1/2 mr.
Summa, dat dat to hope kostet hevet, 69 mr. myn 6 s.

a) *davor gestr.* Item gegeven Diderike unde Godeke Langen, den munderiken unde den
visscheren, do se ute weren, und vor vitalie, do se de deve jageden in der see.
1) *vgl. Nr. 250.*

f.34a
256   1437 Mai 18

In vigilia Pentecoste
Item vor hekede in den groten dyk gegeven 2 mr.
Item Godeke Langen gegeven vor wrakent kalkholt unde bernholt tor
  stad behoff 2 mr. unde 3 s.; item noch em 1/2 mr. vor sparren tome
  kake.
Item gerekent mit Hermen Lowen deme winmanne.

Item[a] deme hennepspinre gedan 15 wervele der stat tobehorende, hiir
vor sall he geven 2 mr. up paschen.

Item her Albert Rûmore gegeven 150 mr. Rig. van der Nougardeschen
reise vam overme jare, der he tachter was, do se dar weren van der
gemenen stede wegene[1].

Item untfangen van den schotheren 200 mr. van schote.

Item[b] vor 70 delen unde 400 deckebrede 5 mr. 12 s.

Item vor 2 par rade 5 f. gegeven.

Item Baddenhusen 5 f. gesant vor de Bastovenporten reine to makende.

Item vor 1 stôr gegeven 6 mr., deme rade gesant.

Item in de weke gegeven 11 mr. unde 2 mr.

Item[c] noch den stenbrekeren 2 mr. gedan up rekenscop.

a) *links am Rand ein Tau.* b) *folgt gestr.* 4 mr. c) *links am Rand ein Kreuz.*
1) *Bericht über die Verhandlungen hansischer Ratssendboten in Nowgorod Mai/Juni
1436 in LivUB 9 Nr. 80; vgl. auch ebd. Nr. 66, HR II 1 Nr. 586.*

257   1437 Mai 25

In vigilia Trinitatis

Item rekende wy mit deme winmanne Hermanne, des untfenge wy van
em 8 mr. kellerhure, des betalde wy em 10 mr. vor dat de rad
gedrunken hadde.

Item vor 2 balken unde vor 10 sparren 21 s.

Item in de weke 5 mr. betalt.

Item vor 1 t. bers 1 mr. to Bolemans stoven den murmesters.

Item vor 1 stoer gegeven 6 f.

Item deme scrivere Joachim 6 mr. sin quatertempergelt.

258   1437 Juni 1

Sabbato post Corporis Christi

Item untfangen van den schotheren 100 mr.

Item vor 2 t. bers 2 mr. gegeven den murluden.

Item in de weke 14 mr. und 1 f., do men den lutken stoven buwede.

Item vor 5 lisp. haveren unde 1 kulmet 3 mr. myn 2 s.

f. 35

Item her Hinrik Eppinchusen vor 5 balken 6 f.

259   1437 Juni 8

In profesto beatorum Primi et Feliciani
Item untfenge wy van den molmesters 13 mr. Rig.
Item vor 1 t. bers den mûrmesters, de^a dar arbeideden tome stoven,
1 mr.
Item^b den stenbrekeren 2 mr. up rekenscop.
Item in de weke gegeven 23 mr. unde 1 f.
Item vor 88 vadem kalkholtes^c 29 mr. unde 16 s.
Item vor 49 vadem bernholtes 12 mr. 7 s.
Item vor 2000 deckebrede 6 1/2 mr. 6 s.
Item vor 200 unde 40 10-elen unde 12-elen delen 13 mr. 12 s.
Item vor 48 balken unde 7 sparren 12 mr. 1 f.
Item vor 38 balken 7 mr. min 2 s.
Item vor 64 sparren 7 f. 1 s.

a) *korr. aus* ve. b) *links am Rand ein Kreuz.* c) *folgt gestr.* 19.

260   1437 Juni 15

In die beatorum Viti et Modesti martyrum
Item Tideke van dem Werder 6 mr. rente gegeven van Bremen notroff-
tigen vrunden.
Item untfangen hundert mr. van den schotheren van schote.
Item betalt vor den kalkoven intosettende 11 mr.
Item Kerstin Vormanne vor kalkholt uptovorende 4 mr.
Item gegeven 1 mr. vor trepsten to vorende tome lutken stoven.
Item vor 8 balken 16 s. uptovorende.
Item vor 49 vadem bernholtes up des stades hoff to vorende 13 f.
Item vor delen uptovorende 6 f. 6 s.
Item den murmesters bime stovene 2 mr.
Item den timmerluden vor 1 t. bers 1 mr.
Item vor 8 lope haveren 3 f. min 1 s. Gert Groten.
Item vor daver gegeven 1/2 mr. unde 3 s.
Item in de weke gegeven 32 1/2 mr., do men beide stovene buwede vor
der Bastovenporten unde boven sunte Nicolause.

f.35a

261   1437 Juni 22

Sabbato^a ante Nativitatis sancti Johannis baptiste
Item vor 22 vadem kalkholtes betalt 6 mr. 6 s.

Item vor 37 sparren 1 mr. 1 s.

Item Canklonẹn 1 mr. gegeven vor 1 par bogle in den winkeller unter den vlesscharnen.

Item Cort Gripenberge 15 f. vor 3 hope stens tome ersten kalkoven.

Item 5 f. vor 1 hop stens van Telchten kulen, ok tome ersten kalkoven.

Item[b] 4 mr. vor 4[c] t. bers tome bastoven den mürmesteren.

Item 1 mr. vor 1 t. bers den timmerluden.

Item vor [. . .] lisp. haveren 1/2 mr. gegeven Gert Groten.

Item 6 mr. gegeven den vorluden vor grues in de havene to vorende in de kulen, de dar weren.

Item Kerstin Vormanne gegeven 2 mr. 4 s. vor kalkholt uptovorende[d] vor[e] 38 vadem.

Item in de weke gegeven 31 mr., noch 10 f. in de weke.

Item deme glazewerter Clawes 6 mr. vor de 2 glasevinstere in deme winkellre unde den vlesscharnen.

Item 21 s. vor daver Diderike gegeven.

Item vor 41 treppstene tome bastoven 21 s. deme stenbrekere.

Item deme zulven 1 f. vor 1[f] sten vor Isermans dore.

Item untfangen 6 mr. rente van Vrederic Loden wegene van den 100 mr., de he deme rade schuldich was.

a) *darüber* 37. b) *davor gestr.* Item den visscheren, de her Johan Duzeborge to Wiborch wart roeden, der was 9 man, 10 mr. gegeven. c) 4 *übergeschr., mit Einfz.* d) *folgt gestr.* 25. e) *folgt gestr.* 40. f) *folgt gestr.* trepp.

262   1437 Juni 28

In vigilia Petri et Pauli apostolorum

Item costede de erste kalkoven to bernende 32 mr. myn 1 f.

Item den munderiken 1 mr. gegeven, dat se de haveren[1] reine makeden.

Item vor 40 sparren van 20 elen 2 mr. myn 7 s.

Item vor 27 balken 4 mr. myn 7 s.

Item vor 150 unde 23 sparren 4 mr. 8 s.

Item vor 5 1/2 vadem kalkholtes 6 f. 1 s.

Item vor 4 hope stens, 3 tome kalkoven unde 1 to Bolmans stoven, 5 mr. gegeven her Stolteuote.

f.36

Item[a] den stenbrekeren 2 mr. upp rekenscop gedan.

Item Corde vor 1 t. bers 7 f., deme Denschen hovemanne[2] gesant.

Item 22 s. vor apple, do men win satte.

Item in de weke gegeven 14 mr. Rig.

Item her Duzeborge vor 5 hope stens, 4 tome kalkoven unde 1 tome bastovene, 6 mr. unde 1 f.

Item deme priore[3] gesant 18 mr. van Revels wegene.

Item des untfenge wy wedder van em 10 mr. van 2 jaren rente.

a) *links am Rand ein Kreuz; über der Z. 37.*

1) *gemeint:* havene = *Hafen.* 2) *Erik Eriksson, Sohn des Hpt. zu Ripen Erik Nielsson (Gyllenstjerna), der in einer Erbschaftssache in Reval weilte, LivUB 9 Nr. 151 (1437 Apr. 3).* 3) *von St. Katharinen.*

263   1437 Juli 6

In octava apostolorum Petri et Pauli

Item van deme winmanne under her Bernde van Halteren 7 mr., Gobbins win.

Item van eme winmanne under Hartmanses 4 mr. van[a] Gobbins wine.

Item vor 50 howestens 3 f. min 4 s.

Item vor 11 sulle gegeven 3 f.

Item vor 15 markp. blies 30 s. unde 8 s., de isernen haken intolodende vor den winkelre, den Hinrik Winman hevet.

Item her Peter Groninge 3 mr. siné rente gegeven.

Item vor 4 t. bers, 2 den murluden bi dem stoven unde 2 den timmerluden up den buwhoff, 4 mr. gegeven.

Item vor note unde vor apple 24 s., do men win satte.

Item in de weke gegeven 16 1/2 mr.

Item untfangen van den môlheren hundert mr.

a) van *übergeschr.*

264   1437 Juli 13

In die Margarete virginis

Item vor 2 t. bers 2 mr. tome lutken stoven, den mûrmesters.

Item Gert Groten vor 5 par reade 3 mr. unde 2[a] s.

Item gegeven den munderiken, de her Jo[han] Duseborghe to Wiborch wart roeden[1], der was 9 man, den gegeven 10 mr.

Item her Duseborge noch betalt 59 mr. myn 8 s. unde Hinrik deme winmanne 13 1/2 mr. vor win, dit kostede de reise, do her Jo[han] Dusborch to Wiborch was mit deme wine, Karl Christersson[b][2] gesant, unde noch vor 1/2 t. botteren 4 mr. min 1 f.

Item vor 16 vadem kalkholtes 4 mr. 13 s.
Item vor 14 vadem kalkholtes 4 mr. min 1 s.
Item vor hantfat up dat rathus 3 mr.
Item in de weke gegeven 22 1/2 mr.

f.36a

Item deme olde voegede van Jerwen[3] 1 t. bers gesant unde den Wibor-
gesschen[1] 3 t. bers gesant, hiir vor gegeven vor ver t. dregeloen 8
mr. min 4 s.

a) *korr. aus* 4. b) Karl *korr. aus* Karlk, *Vorl.* Xperss.

1) *Der Rhr. Johann Duseborg befand sich zusammen mit Michel Hildebrand zu
Verhandlungen in Wiborg, LivUB 9 Nr. 176, 185.* 2) *Karl Cristiernsson, Unterhpt. zu
Wiborg, LivUB ebd.* 3) *Heinrich von Notleben, V zu Jerwen 1434–1435 u. 1437–1439,
Arbusow, Geschlechter S. 79 u. 121.*

265   1437 Juli 14

Item in die sequenti Margarete
Item Culpsu gegeven 5 f. vor 1 hop stens, quam tome kalkoven.
Item Andreas Segeboden gegeven vor 2 hope stens, 1 tome stovene
unde 1 tome kalkovene, 10 f. gegeven.
Item vor 15 leste kalkes to leschende 2 mr. unde 3 s.
Item[a] den vorluden betalt vor 13 hope stens tome kalkoven to vorende,
52 mr., ilken hop 4 mr., unde vor 1 t. bers 1 mr.
Item noch tome stovene vor 7 hope to vorende 24 1/2 mr.

a) *links am Rand* vorlude.

266   1437 Juli 20

Item sabbato ante Jacobi
Item gegeven vor 4 t. bers tome bastoven den mŭrluden 4 mr.
Item noch 1 mr. vor 1 t. bers den timmerluden upp dem buhove.
Item vor zulle tome lutken stoven 8 s.
Item in de weke gegeven 32 mr.

267   1437 Juli 27

In profesto Pantaleonis
Item in de weke gegeven 15 1/2 mr., noch 1/2 mr.

Item 7 f. min 1 s. gegeven vor 1 t. bers, deme lantveringe gesant, mit
Tideken van Westen to hus, en ritter.
Item den ersten³ kalkoven uttoschuvende gegeven 10 mr. gegeven.
Item Baddenhusen gegeven 4 1/2 f. vor 12 balken vor der Susterporten
uppe de brugge gekomen.
Item vor 3 t. bers den mûrluden tome lutken stoven 3 mr.
Item vor dunneber unde dregeloen 1/2 mr.
Item vor 3 vadem kalkholtes 3 f. unde 1 s.
Item Clause deme denreᵇ 3 mr. gegeven van deme hoislage to Vethe,
den he slan let.
Item untfangen van den schotheren 33 mr.

a) *übergeschr., darunter gestr.* anderen. b) *folgt gestr.* 1 f. myn den 3; 3 *übergeschr.*

f.37

268   1437 Aug. 3

Sabbato ante festum Laurentii
Item³ ubgebracht ut deme ersten kalkoven 200 mr. undeᵇ 27 mr.
Item der kerken van sunte Oleve 25 leste betalt van des rades wegene.
Item tome stoven unde dat de rad schuldich was unde ok vorgeven an
kalke 67 leste; summa 300 unde 19 leste kalkes.
Item untfangen 9 mr. van Clawes mit Timmerman to hus kellerhure
van Gobbineᶜ, des betalde wy em wedder 8 mr. vor negle.
Item van Jurien mit Hoppenrike 4 mr. van kellerhure van Rinsschem
wine.
Item untfangen 3 mr. unde 6 s. van den hovesschenden vamme hoi-
slage.
Item vor 50 sparren 12 s. Baddenhusen gesant.
Item schipper Schriue 6 mr. gegeven vor 4 Rinsche gulden, deᵈ he deme
trumpittere gelent hatte to Lubike, Johan vamme Stenhoue.
Itemᵉ 3 mr. vor 3 t. bers, 2 tome stoveneᶠ, 1 den timmerluden.
Item in de weke gegeven 22 mr.

a) *links am Rand* primus kalkoven. b) *folgt gestr.* 40 mr. c) van Gobbine *übergeschr., mit
Einfz.* d) *übergeschr., mit Einfz.* e) *folgt gestr.* vor. f) *darüber ein Kürzel.*

269   1437 Aug. 9

In vigilia sancti Laurentzi
Item untfangen van den berheren van bergelde 100 mr. 65 mr. min 1 f.

Item vor howesten tome stoven 3 f. min 2 s.

Item vor 3 t. bers den mürmesteren tome lutken stovene 3 mr.

Item vor 1 t. bers unde 2 vlassche wins Peter Vleminge[1] gesant 11 f. 2 s.

Item vor 600 sparren tome bastovene 3 mr.

Item in de weke gegeven 24 mr. Rig.

Item costede de hoislach in disseme jare 21 mr. unde 2 s.

1) *Die Vlemings waren in Raseborg ansässig. Zu Peter Vleming bestand offenbar noch ein gutes Verhältnis, während andere Familienangehörige Seeräuberei betrieben, vgl. LivUB 9 Nr. 178, 185, 198.*

270   1437 Aug. 17

In octava sancti Laurentii

Item[a] untfangen 15 mr. van deme winmanne under deme Gildestoven van Poitowe kellerhure[b].

Item vor 4500 negle unde 211 mr. unde 5 s.

Item betalt 15 f. vor 3 hope stens tome bastoven her Stolteuote.

Item vor 4 murlatten tome stovene 12 s.

Item 5 f. Peter Kegel vor 150 negle, vor slutisern unde henge to des scarprichters hus gekomen[c].

Item 3 mr. vor 3 t. bers, 2 tome stovene, 1 den timmerluden.

Item vor 26 vadem kalkholtes unde vor 600 delen uptovorende 3 mr. min 2 s.

Item vor 3 slote vor de[d] winkeller beide unde vor de tolboden 2 mr.

Item[e] den stenbrekeren 3 mr. up rekenscop.

Item 28 mr. gegeven in de weke.

Item noch Peter Vleminge[1] gesant 1 t. bers unde 2 vlassche Romnie, stunden 10 f. unde 1 s[f].

a) *davor gestr.* Item untfangen van deme winmane under Timmermanne 9 mr. van Gobbinschen wine. b) *folgt gestr.* 15. c) *rechts über der Z., mit Einfz.* d) *darüber Kürzungsstrich, gestr.* e) *links am Rand ein Querstrich, folgt gestr.* vor. f) 10 ... s. *über der Z. nachgetr.*
1) *vgl. Nr. 269.*

f. 37a

271   1437 Aug. 23

In vigilia Bartholomei

Item 2 mr. den van Vethe, dat hoi to slande, gegeven.

Item vor 600 6–elen delen gegeven 8 mr. min 1 f.

Item gerekent mit Tileken deme winmanne, deme gegeven 5 mr. myn 7 s., de kellerhure mit em quit gerekent.

Item vor 3 hope stens tome anderen kalkovene 15 f.

Item 25 s. vor 2 1/2 vadem kalkholtes.

Item 5 mr. vor 5 t. bers den murluden tome stoven unde den timmer-
luden.

Item in de weke gegeven 31 1/2 mr.

272 1437 Aug. 31

In profesto sancti Egidii

Item vor 3 vadem kalkholtes gegeven 1 mr. Rig.

Item vor den oven in Bolemans stovene to beterende, to makende, dat
kostede in all 4 mr. mit der resscop dar to gekomen.

Item in de weke gegeven 28 mr. Rig.

Item vor kalk to losschende gegeven 4 1/2 mr.

Item vor ber to deme stoven den murluden unde den timmerluden
unde vor dunneber unde dregeloen 5 mr. min 1 f.

Item costede de reise, do her Gerlich unde her Duzeborch weren up
Wuluesoe unde up Narieden to beseende[1], 7 mr. min 2 art.

1) *Die Stadt sah Nargen und Wulf als Eigentum an, v. Nottbeck, Immobilienbesitz S. 18.
Der Zweck der Reise ist unbekannt. Möglicherweise stand sie im Zusammenhang mit
dem Holzschlag auf den Inseln. Vgl. Nr. 282. Zu Gerlich erg. Witte, Rhr.*

273 1437 Sept. 5

Des donrdages vor Nativitatis Marie

Item[a] untfenge wy van der wage 250 unde 3 mr. Rig.

Item Hans Glashoue gedan 30 mr. van des rades wegene.

a) *links am Rand eine Waage.*

274 1437 Sept. 7

Item in vigilia Nativitatis Marie

Item Hoppenricken gegeven 2 hope stens.

Item her Godscalk Stolteuote 4 hope stens betalt, 2 tome stoven, 2
tome kalkovene, 5 mr. dar vor gegeven.

Item her Nasscharde 4 mr. vor 1/2 last haveren.

Item vor 2 laste haveren Gert Groten[a] 14 mr. betalt.

Item[b] Godscalk Smede 12 mr. gelent.

f.38

Item[c] Gert Groten 5 f. 3 s. vor 4 voder hoies up den marstall.

Item den stenbrekeren van her Dusborges kulen vor 26 trepstene 1/2 mr.

Item deme kercheren vamme Hilgen Geste 4 mr. vamme Cruce to Luk.

Item vor 2 t. bers den timmerluden unde den murluden tome stovene 2 mr.

Item in de weke gegeven 20 mr.

Item her Gisen[1] gegeven 88[d] mr. vor 22000 dagtegels tome stovene.

a) *folgt gestr. 15.* b) *links am Rand ein Hufeisen.* c) *über der Z. 37.* d) *8 übergeschr., mit Einfz.*
1) *Richerdes, Rhr.*

275   1437 Sept. 13

In profesto Exaltacionis sancte crucis
Item vor 1 beveret lakene up dat rathus 10 mr.
Item vor de Lemporten unde vor der Smedeporten reine to makende 4 mr.
Item Gerd Brumme vor 1 hop stens 5 f.
Item vor 2 t. bers tome stovene 2 mr. Rig.
Item in de weke gegeven 13 mr.
Item[a] den stenbrekeren up rekenscop van des stades kulen.
Item costede de andere kalkoven intosettende 11 mr.

a) *links am Rand ein Kreuz.*

276   1437 Sept. 20

In vigilia Matei apostoli
Item her Ghisen[1] gegeven vor[a] dagtegel unde vor astrackessten tor schriverie 6 mr.
Item noch em vor sparren 1 1/2 mr. gegeven.
Item noch gerekent mit Rolande deme winmanne, des untfenge wy van em kellerhure van wine 40 mr. myn[b] 3 f., unde wy geven em wedder vor win to des rades behoff 40 mr. myn 1/2 mr. unde dar to 6 mr. unde 8 s.
Item 3 f. vor 1 anker to bergende.
Item 1 mr. vor 1 t. bers den mŭrluden unde den timmerluden to deme lutken stovene.

Item noch vor 1 t. bers 1 mr. den mûrluden gegeven, de den scorsten
  makeden up Loren boden.
Item in de weke gegeven 21 mr.
Item 1 mr. vor 1 t. bers den^c luden gegeven, den luden, de den soet
  reine makeden bi Krowels stovene.

a) *folgt gestr.* murt. b) *folgt gestr.* 7 f. c) *folgt gestr.* arme?
1) *Richerdes, Rhr.*

f.38a

277   1437 Sept. 28

In profesto sancti Michaelis
Item untfangen van den molenmesters 50 mr. Rig.
Item 3 f. min 2 s. vor 1 rep to der radklocken.
Item vor 42 vadem kalkholtes 14 mr.^a 2 s.
Item vor 9 balken tome stoven 3 1/2 mr. 2 s.
Item in de weke 22 mr. gegeven.
Item deme scrivere 6 mr. sin quatertempergelt.
Item^b entfangen van den molheren des dinxtedages na Michaelis[1]
  50 mr. Rig.
Item geve wy Reineken Smerbeken 7 mr. unde 2 artige, de kostede de
  torne to deckende achter Grusebeken erve.

a) *folgt gestr.* 10. b) *links am Rand ein Kreuz. Diese Z. von Schreiber II eingefügt.*
1) *Okt. 1.*

278   1437 Okt. 5

Sabbato ante Dyonisii
Item her Godscalk Stolteuote gedan 3 mr. rente van deme stenhuse, dar
  der barsen tuch inne licht.
Item vor 11 balken 6 f. 1 s. gegeven.
Item vor sparren gegeven 4 1/2 mr.
Item noch gegeven vor 20 sparren 9 f. 5 s.
Item vor 13 balken gegeven 2 mr. unde 6 s.
Item vor 9 balken 1/2 mr.
Item vor 23 sparren 5 f. 1 s.
Item vor 21 sparren 1/2 mr. 3 s.
Item vor 22 sparren 11 s. gegeven.

279　　　　　　　　　　　　　　　　　　　　　1437 Okt. 12

Sabbato post Dionisii

Item[a] untfangen van den molenheren 200 mr. Rig.

Item vor 21 hop stens to vorende tome anderen kalkovene den vorluden gegeven 84 mr.

Item vor 10 hope stens to vorende tome lutken stovene 40 mr.

Item vor 3 vadem kalkholtes 1 mr. unde vor 2 karen 12 s.

Item[b] 21 mr. Rig. in de weke.

Item 4 mr. Rig. vor 4 t. bers to dem bastoven den timmerluden unde murluden.

Item gegeven mester Nicles 8 1/2 mr. 4 s. vor pundere to vorlikende unde lode.

f.39

Item[c] Culpsuo vor 5 hope stens gegeven[d] 6 mr. unde 1 f.

Item vorloent noch 4 mr. unde 1 f. den luden, de dat kalkholt hadden gevlegen.

Item vor 5 lispunt lichte Corde Swine geven upt rathus 5 mr.

Item Kerstine gegeven vor kalkholt uptovorende 4 mr. min 1 f.

a) *davor gestr.* Item entfangen 50 gulden van her Hermen Kallen. *Diese u. die Datumsz. von Schreiber II.* b) *Schreiber II.* c) *Schreiber I.* d) *folgt gestr.* vor.

280　　　　　　　　　　　　　　　　　　　　　1437 Okt. 12

Sabbato ante festum Galli

Item untfangen van den molenheren 50 mr. Rig.

Item Hoppenricken 20 mr. gesant, de em de rat to hulpe gaff tor gevelinge.

Item her Eppinchusen 10 mr. to beluchtinge vor dem sacramente tome Hilgen Geste.

Item her Eppinchusen 5 mr. vor 4 hope stens tome stoven unde tom anderen kalkoven.

Item 7 f. vor 1 t. bers mit deme holte des mesters mage[1] gesant.

Item her Simone 4 1/2 mr. van der ersten missen to sunte Nicolause.

Item Tideken Bodeker 5 f. vor 1 hop stens tome anderen kalkovene.

Item 3 mr. vor 3 t. bers tome stoven den murluden unde den timmerluden.

Item her Engelbrechte 7 mr. van Schernbeken vicarie.
Item in de weke gegeven 17 mr.

1) *namentlich nicht bekannt.*

281   1437 Okt. 16

In die beati Galli
Item untfangen van Jacobe de rente van der oversten molen 80 mr.
Item Haneboele gegeven 40 mr. van unsers heren des cumpthurs
wegen.

282   1437 Okt. 19

Sabbato ante Undecim milium virginum
Item betalt vor vlessch, vissche unde vor andere vitalie, upp der oe
Wuluesoe[a] vortert, do men dat holt how tome kalkoven, 46 mr. 10 s.
Item deme koke, de upp der oe was, vor 8 wekene 4 mr.
Item vorloent den luden, de dat holt howen upper oe, 37 mr. unde 1 f.
Item 2 Arnoldesgulden vor 2 nie bile upp de oe.
Item 12 mr. gegeven vor beer, vor dunneber unde den arbeidesluden
vorloent[b].
Item den schipheren, de dat holt van der oe vorden, 52 1/2 mr. gegeven.
Item betalt Steffen deme munderike 5 f.
Item vor hoi 3 1/2 f. gegeven, al up de oe[c].
Item 2 mr. vor haveren.
Item noch 7 mr. unde 1/2 vor[d] ber up de oe.
Item den munderiken gegeven 10 mr. unde 1 f.

f.39a

Do[e] bleven kemerer her Godscalk Stolteuoet unde her Gise Richerdes.
Item vor howesten unde vor trepsten to vorende 4 Arnoldesgulden.
Item 5 f. gegeven vor ovensteen to vorende tome lutken stoven.
Item vor kalkholt uptovorende 2 mr. gegeven.
Item kostede de andere kalkoven to bernende 39 mr. 11 s.
Item den mûrluden unde den timmerluden tome stoven 3 mr.
Item[f] den stenbrekers 3 mr. gedan up rekenscop.
Item 10 1/2 mr. Ludeken Beren gesant vor heringe, deme rade gesant.
Item her Michaele 8 mr. van des Sacramentes altare tome Hilgen Geste
unde van sunte Blasius to sunte Nicolause 8 mr.

Item her Gerwine 7 mr. vor 2 altare tome Hilgen Geste unde to sunte
  Nicolause.
Item Lintorpe[g] gesant 5 1/2 mr. sine rente.
Item her Albert Růmor van der kerken to Mariemma 8 mr.
Item mit Henninge deme klensmede gerekent, deme geve wy 5 1/2 mr.
  vor slote, slotle to beterende unde ander iserwerk.
Item in de weke gegeven 23 mr.

a) *Vorl.* WuluesOoe. b) *folgt gestr.* 12 mr. Rig. c) *rechts neben dieser und der folgenden*
Z. *mit Hinweisstrichen ab* al. d) *folgt ungestr.* vor. e) *diese* Z. *in einem Rahmen,*
darüber 37. f) *links am Rand ein Kreuz.* g) r *übergeschr.*

283   1437 Okt. 25

Feria sexta ante Simonis et Jude
Item untfangen van den molheren 100 une 40 mr.
Item her Gerlige wedder gegeven 39 mr. min 1 f., dat de reise kostede,
  de her Gert Grimmert unde her Gerlich Witte to dage weren tor
  Pernowe mit den steden.[1]

1) *Städtetag zu Pernau 1437 Juni 9, u. a. wegen Münzangelegenheiten, aber auch*
hansischer Probleme, AuR 1 S. 391 f., LivUB 9 Nr. 178 ff., 200.

284   1437 Okt. 26

Sabbato ante Simonis et Jude
Item her Detmer Keglere 16 mr. sine liffrente gesant.
Item vor 7 par rade 5 1/2 mr. gegeven.
Item vor hoy 2 mr. gegeven.
Item vor linen 21 s.
Item vor 1 kalktunne 3 s. gegeven.

f. 40

Item vor 1 t. bers her Johan Duderstade[1] gesant 7 f.
Item deme clockenstellere 2 Arnoldesgulden vor olei unde vor kolen.
Item 28 s. vor 2 vlassche Romnie deme bisscoppe[2] gesant.
Item 1 mr. vor talch upp den marstall.
Item 5 f. gegeven her Duseborge vor enen hop stenes.
Item noch 5 f. Andrês vor enen hop stens.
Item noch 2 mr. vor 3 oven to makende.
Item noch enen f. unde 4 mr. den seiger to beterende.

Item 2 mr. vor twe t. bers tŏm stoven.

Itemᵃ her Godscalk Stolteuoet upgebracht 100 unde 60 mr. ut deme anderen kalkovene.

Item 4 mr. vor 2 voder hoies her Bernde van Halteren up den marstall.

Item noch 40 mr. upgebracht van deme anderen kalkoven, noch 9 mr. upgebracht ut deme anderen kalkovene.

Item 1 mr. vor 1 t. bers den munderiken, de bote intowindende.

Item gegeven Godeken Langen 2 mr. 3 s. vor holt to wrakende.

Item 6 f. vor 2 balken tŏm stoven.

Item in de weke gegeven 23 mr.

Item 4 der stad denren 16 mr. er loen.

Item 2 mr. vor 2 lisp. lichte.

Item mid Weuelputten gerekent, des geve wy em 41 1/2 mr. unde 14 s.

Item 24 s. vor mŭrtegel.

Item 1/2 mr. vor smeer gegeven.

Item 1/2 mr. vor smeer gegeven.

Item 3ᵇ mr. vor 1000 tegels, de quam to Loren boden.

Item noch 3 mr.ᶜ vor 1000 tegels, de ovenᵈ to beterende in den hokerboden.

a) *links am Rand ein Kreuz.* b) *korr. aus* 4. c) *mr. übergeschr., mit Einfz.* d) *darüber Kürzungsstrich.*

1) *Rhr. zu Dorpat, Lemm S. 57.* 2) *vermutlich von Reval, Heinrich von Uexküll, 1419–1456, Arbusow, Geistlichkeit 2 S. 129.*

285

Sabbato post Omnium sanctorum

Item Godeke Langen gegeven 5 1/2 mr. 2 s. vor dat he rekende deme rade, dat he utegeven hadde.

Item em 10 mr. gegeven vor sin ungemak, de barsen to vorwarende.

Item Cort Groten 15 mr. van des Hilgen Gestes molen.

Item noch em 7 1/2 mr. ere rente gegeven.

Item ut deme anderen kalkoven der kerken to sunte Oleve betalt 25 leste kalkes.

Item noch 15 leste, de de rad gaf Culpsu.

Itemᵃ beholden to des rades behoeff unde dat men schuldich was van des rades wegene 57 leste.

f.40a

Item 2 mr. vor 2 t. bers den murluden unde den timmerluden tome
lutken stoven..
Item in de weke gegeven 12 mr. Rig. unde 1/2 mr.
Item Corde deme denre 8 mr. vor sin ungemak upper Wuluesoe.

a) Item beholden to des rades *mit dem Vorigen in einer Z.*

286   1437 Nov. 8

In octava Omnium sanctorum
Item untfangen van her Hinrik Schelwenden 100 mr. vamme dorpe
Vethe 6 f.

287   1437 Nov. 9

Sabbato ante Martini festum
Item vor sparren gegeven Corde 5 f.
Item kostede dat schot in beiden kersplen to scrivende 2 mr. 2 s.
Item 3 mr. 15 s. gegeven vor 6 oven ot makende in den hokerboden.
Item vor 2 t. bers tome lutken stoven den mŭrluden 2 mr.
Item in de weke gegeven 16 1/2 mr.
Item Baddenhusen gegeven 15 f. vor 3 hope stens, de he Cort Gripen-
berge dar vor geven hadde; dit quam tome anderen kalkoven.

288   1437 Nov. 16

Sabbato ante Elizabeth
Item 13 f.ª den rathusoven to makende.
Item 3 f. gegeven vor den scriverienoven to makende.
Item 1 mr. vor 1 t. bers den timmerluden tome stoven.
Item 22 mr. gegeven vor den dagtegel to vorende tome stoven.
Item 2 mr. vor 1000 mŭrsteens to vorende.
Item den vurluden 1 t. bers, den sten tome kalkoven to vorende.
Item 3 mr. vor 12 leste kalkes to vorende.
Itemᵇ den stenbrekeren 2 mr. up rekenscop.
Item in de weke gegeven 13 1/2 mr.
Item 15 f. her Albert Rumŏr vor 3 hope stens.
Item 10 f. unde 4 s. vor 1 postvinster up den marstall.

a) *folgt gestr.* vor. b) *links am Rand ein Kreuz.*

289

Sabbato ante Caterine
Item in de weke gegeven 5 mr. unde 1 f.
Item 1/2 mr. vor 1 oven to beterende unde noch 1/2 mr. vor 1 oven to
beterende in den hokerboden.

f.41

290

In vigilia Andree
Item her Johan Sunnenschine 10 f. vor 2 hope stens.
Item[a] van Kerstin Bonholte 28 mr. vor win der kellerhure untfangen.
Item Culpsu 1 mr. gegeven vor sparren uptovorende.
Item Luden deme kannengetere vor 20 winpotte 10 1/2 mr. gegeven.
Item[b] rekende wii mit Godscalke deme smede alle ding slicht upp
dissen dagh, des geve wy em in all mit deme, dat he upp rekenscop
untfangen hadde, 96 1/2 mr. vor allerleie iserwerk tor stad behoff.
Item Hennige gegeven 6 f. vor 1 slot tome stoven[c] vor der Lemporten.
Item 10 f. vor 5 slote tome lutken stoven.
Item 12 s. vor 1 slotell[d] tor Lutken Strantporten.
Item vor 1 halsisern 1 f.
Item vor 4 windiseren up den marstal 8 s.
Item her Tideman Nasscharde 22 1/2 mr. vor 3 leste haveren.
Item in de weke gegeven 14 f.
Item 2 mr. vor dat prefaet up dem marstalle uttovorende.

a) *links am Rand eine Kanne.* b) *ebd. ein Hufeisen.* c) *Vorl.* boven. d) *folgt gestr.* tome.

291

In vigilia Concepcionis Marie
Item vor sparren gegeven 3 1/2 mr. unde 4 s.
Item vor glas unde bogle unde to makende 2 glasevinstere up dem
marstal 3 mr. unde 12 s.[a]
Item in de weke gegeven 3 mr. 1 f.
Item vor sleden, vemeren unde loken 9 f. min 2 s.

a) 12 s. *rechts über der Z., mit Einfz.*

292   1437 Dez. 13

Anno 1437, des vridages, de sunte Lucien dach was[1], worden ut Piualken zacke[a] gegeven ton monniken[2] 29 gulden, to sunte Oleve kerken[b] 50 mr. unde de blade to sunte Nicolaus kerken[c] 40 mr., to deme Hilgen Geste 30 mr., al tor kerken buwe vorscriven.

a) *folgt gestr.* genomen. b) *übergeschr.* c) *Vorl.* boven. d) *übergeschr.*
1) *Dez. 13.* 2) *von St. Katharinen.*

293   1437 Dez. 13

In die beate Lucie
Item untfangen van her Gert Grimmerde brokegelt 60 gulden unde 2 mr.
Item 1/2 mr. 6 s. vor de 4 perde van der oe to vorende.

                              f.41a
294   1437 Dez. 14

Sabbato post festum Lucie
Item vor 1 lode uppe de wage gegeven 4 mr. Mertine.
Item deme wegere 2 mr. den zeel to wegende.
Item vor 2 Tomassche laken tor denrekledinge 48 mr.
Item to scherende de 2 laken 1 mr. gegeven.
Item vor 15 last kalkes to losschende tor stat behoeff 2 mr. 6 s.
Item Tegeringe gegeven 2 f. vor 1 balken tome nien stoven.
Item 5 mr. in de weke gegeven.
Item Pawese deme stenwertere unde den arbeidesluden vor 1 vinster in des[a] scharprichters hus 3 1/2 f.

a) *korr. aus* deme.

295   1437 Dez. 20

In vigilia Thome apostoli
Item deme huscumpthure[1] upt slot gesant 10 mr. sloierpenninge.
Item 2 piperen 4 mr. vor eren roggen unde spek.
Item Bitterdode vor 1 roc 2 mr., deme rechtvindere, unde em vor 1 lisp. roggen 1 mr. unde 1 mr. vor 1 side speckes.
Item deme ludere Hermen 2 mr. vor 1 rok.
Item deme marketvogede 2 mr. vor sinen rok.

Item em vor 1 par scho 1 f.

Item vor kalk uttoschuvende unde to losschende 2 mr.

Item deme tegelslegere 2 mr. vor 1 grawen rok unde 1 f. natloen.

Item in de weke gegeven 4 mr.

Item deme scrivere 6 mr. sin quatertempergelt.

1) *Heinrich von Welmen?, als Hauskomtur 1436 belegt, Arbusow, Geschlechter S. 101 u. 124, LivUB 9 Nr. 56.*

296 1438 Jan. 7

Sequenti die post Epiphanie domini

Item untfangen van den schotheren 100 mr.

Item[a] hir van gedan her Hermen Lowen, borgermeistere tor Narwe, 50 mr. Rig[1].

Item costede des meisters begencnisse zaliges her Schungels[2] 18 mr.

Item her Gisen[3] 10 mr. der seken rente to sunte Johanse imme spittal.

Item noch her Gisen 5 mr. den seken in de hande to delende.

f.42

Item den denren ere orffegelt, loventgelt, natgelt, ilkem 6 f.; summa 7 1/2 mr.

Item deme scrivere unde Johanse 3 gulden.

Item Corde vor lichte gegeven up dat rathus 6 1/2 mr. 1 s.

a) *links am Rand* Narwe.

1) *als Beitrag zum Neubau eines Bollwerks in Narva, für das Reval später ein Pfahlgeld erhob, vgl. unten Nr. 341, 495, 505, 527 u. LivUB 9 Nr. 121, 302. 2) OM Heinrich von Bockenvorde gen. Schungel starb Ende Dez. 1437 auf der Reise nach Preußen, Arbusow, Geschlechter S. 90; vgl. den Bericht des LM an den HM von 1438 Jan. 1, LivUB 9 Nr. 249. 3) Richerdes, Rhr.*

297 1438 Jan. 11

Sabbato[a] infra octavas Epiphanie domini

Item vorloent in 2 wekene vorleden 4 1/2 mr. unde 24 s. deme scharprichtere.

Item 3 f. min 1 s. vor 13 stenboren.

Item vor 2 vadem kalkholtes 24 s. Kerstin van der Beke.

Item vor 1/2 lisp. haveren 1 f.

Item vor 1 lisp. haveren unde 2 vlassche Romnie her Johan Bellarde[1] gesant 6 f. min 2 s.

Item 1 lisp. haveren her Hermen Lowen[2] gesant vor 24 s.

Item vor hoi up den marstall unde dat dat kostede to halende 8 mr. minus 3 s.

Item vor 1 kuie hoies up den marstall 11 f.

Item Hermen Dodengreuer vor 1 kuie hoies 11 f.

Item in disse weke gegeven 11 f.

a) *links daneben ungestr.* Item 5.

1) *Rhr. zu Pernau, LivUB 9 S. 689 (Register).* 2) *Bm. zu Narva, vgl. Nr. 296 und LivUB 9 Nr. 244.*

298   1438 Jan. 24

Des avendes Conversionis sancti Pauli

Item untfangen van den schotheren 400 mr.

Item her Gert Grimmerde betalt 250 mr. vor dat bly van der kerken wegene to sunte Oleve, dat to des Hilgen Gestes torne quam.

Item noch em 28 mr. gegeven van vorsetener rente van der vromissen to sunte Oleve van 4 jaren.

Item[a] her Johan Sunnenschine 13 mr. vor 1 pert, dat he up de stal sande[b].

Item her Bernde van Halteren 34 1/2 mr. 2 s. van der reise, dat he an den meister was vortert[1].

a) *folgt gestr.* s. b) *rechts über der Z., mit Einfz.*

1) *Der Zweck der Reise könnte mit der Abrechnung mit dem OM über die Revaler Münze zusammenhängen, vgl. LivUB 9 Nr. 150 u. 401.*

299   1438 Jan. 25

In die Conversionis sancti Pauli

Item mit den stenbrekers gerekent van disseme jare, so hebbe wy en in all gegeven 20 mr. vor 26 hope stens unde vor 2 par scho.

Item deme kercheren vamme Hilgen Geste 2 lisp. roggen gegeven.

Item deme trumpittere 1 mr. gegeven.

Item[a] 11 mr. Oleue gegeven vor bekere tos rades behoeff.

Item Corde vor boren unde schufflen 34 s.

f.42a

Item[b] 12 s. vor 1 balken tome stovene gekomen.

Item[c] Godscalk deme smede gelent 14 Arnoldesgulden.

Item vor 1 t. bers mit dem holte 7 f. Seuelde[1] gesant.

Item 32 or. em vor 1 lisp. haveren em gesant.

Item noch 28 s. vor 2 vlassche Romnie em gesant.

Item vor[d] 2 vlassche Romnie Jurien Ryken[2] gesant 28 s.

Item vor der spellude kledere to nejende 2 mr.

Item in desse 2 wekene vorloent 5 mr. min 1 f.

Item gerekent mit Brekewolde deme hennepspinre, so dat wy em
    geven 10 mr. unde 3 s. vor allerleie towe.

Item Niclope 8 mr. vor 1 last haveren.

---

a) *links am Rand* bekere. b) *über der Z. 38.* c) *ebd. ein Hufeisen.* d) *folgt gestr. 2.*

1) *G.?, Mönch zu Padis? Vgl. Arbusow, Geistlichkeit 4 S. 195, u. ders., Geschlechter
S. 114 u. 183.* 2) *nicht identifiziert.*

300   1438 Mrz. 1

Sabbato ante Invocavit

Item untfangen rente van her Arnd Stenhage[1] 11 mr.

Item van Glasshoue 1 mr. rente.

Item hiir van gegeven 9 f. unde 1 s. vor 2 ronnen.

Item noch 1 mr., dat de trumpitter kostede to grave to bringende.

Item 4 mr. vor 2000 deckebrede[a] to behowende.

Item 26 s. vor 4 hope stens bi deme bastovene to vliende.

Item 7 mr. min 1 f. vor kalkboren unde vor stenboren.

Item Corde 7 f. vor 1 t. bers, deme vogede van Wesenberg[2] sant.

Item Corde 6 mr. vor lichte upp dat rathus.

Item vor 4 par rade 6 f. 3 s.

Item vor 1 t. bers 7 f. unde vor 2 vlassch[en] Romnie 3 f. 1 s., deme
    lantveringe gesant.

Item 1 mr. gegeven vor 2 laken to scherende.

Item vor holt upp de scriverie unde upp dat rathus 5 1/2 mr.

Item noch vor hoi 7 mr. 10 s.

Item vor 4 sleden 12 s.

Item 1/2 mr. vor 4 lope haveren.

Item vorlont in 5 wekene in all 22 1/2 mr. 7 s.

f. 43

Item[b] untfangen van her Hildebrant van deme Bokle 12 mr. vor 12 leste
    kalkes.

Item dominica Invocavit[3] untfangen wy 100 mr. van den schotheren.

Item gegeven den spelluden, den piperen 3 mr., Jordens unde Halwate-
re 6 f. to hope unde den anderen 2 ilkeme 1/2 mr.

Item den piperen, de to Rige wart togen, 2 mr.

Item[c] so was hir noch stael, dat ut Moluelde, dat gevunden[d] wart ut der
zee[4] des was upp 16 1/2 mr., dat wart to sunte Oleue tome buwte
geven.

a) *korr. aus* deckebreke. b) *über der Z. 38.* c) *links am Rand* stael. d) da ge- *übergeschr.*,
mit Einfz.

1) *Rhr. 1407–1437, Bunge, Ratslinie S. 132.* 2) *Johann Vossunger, V zu Wesenberg
1420–1442, Arbusow, Geschlechter S. 97 u. 128.* 3) *März 2.* 4) *vermutlich aus dem Nach-
laß des Schiffers Andreas Moelfeld, LivUB 9 Nr. 113 (1436 Nov. 10).*

301   1438 Mrz. 8

Sabbato ante Reminiscere

Item vor 2500 unde 10 linen 3 mr. min 4 s.

Item vor spanne gegeven 3 f., Dideric untfenc it.

Item vor 6 f. 2[a] s. vor 4 par spanne.

Item so[b] hefft gekostet dat prefaet uttovorende in der bodelie 7 1/2 mr.

Item in de weke gegeven 4 mr. min 1 f.

Item vor dat want, dat de spellude kregen, trumpere unde pipere,
22 1/2 mr. Hans Droge.

Item 12 1/2 mr. vor Lubisch graw, dar men des staden boden unde de
vorspraken mede kledede.

Item Joachime deme scrivere sin quatertempergelt 6 mr[c].

Item noch Joachime 12 mr. to eneme roclaken.

a) *korr. aus* 4. b) *korr.* c) *folgt gestr.* 1.

302   1438 Mrz. 29

Sabbato ante Judica

Item vor 6000 dagtegels to vorende 4 mr.

Item 7 Arnoldesgulden deme heren gegeven ut deme orden[1].

Item betalt Gert Groten 13 mr. unde 3 s. vor 40 vadem kalkholtes.

Item 3 1/2 mr. vor crude, do de voeget van der Narwe hir was[2].

Item noch em gesant 1 lisp. haveren unde 1 voder hoies, 2 vlasschen
Romnien unde 1 t. bers 10 f. 1 s.

Item vortert an bere, an wine unde an Romnie, do de voget van der
Narwe upme huse was, 4 1/2 mr. 3 s.

Item vor 6 sleden 14 s.

Item 9 f. 1 s. vor 17 lope haveren.

Item 1 mr. vor 3 vadem holtes.

Item 1 f. vor 1 kůven up den marstall.

f.43a

Item[a] 1/2 mr. vor 1 glazevinster to beterende up deme rathus to
beterende Canis.

Item vor schufflen gegeven 5 s.

Item[b] 3 mr. 2 s. vor stro.

Item noch 7 f. vor stro.

Item vor bernholt 1 mr. gegeven.

Item vor 1 lisp. haveren 3 f. 1 s.

Item 12 s. vor begencnisse her Johan Godlanden.

Item Herman Polnige 52 mr. vor 5 leste haveren.

Item Corde vor 1 vlassche Romnie unde 1 Malmsie unde 1 kulmet
apple 5 f. 3 s., de men deme bisscoppe sande[3].

Item[c] untfangen van zelgelde 11 mr. 11 s.

Item in 4 wekene vorloent 35 mr.

Item den stenbrekeren upp des rades kulen 3 f. to goden den 3 mannen.

a) *über der Z. 38.* b) *diese Z. neben der vorigen.* c) *links am Rand* Zeel.

1) *namentlich nicht bekannt.* 2) *Johann Koninck, V zu Narva 1435–1438, Arbusow,
Geschlechter S. 72 u. 123.* 3) *vermutlich von Reval, Heinrich von Uexküll. Am 2. März
hatte der Bischof dem Rat gestattet, im Hafen eine Kapelle zu bauen, LivUB 9 Nr. 259.*

303   1438 Apr. 5

In vigilia Palmarum

Item in de weke vorloent 19 mr. Rig.

Item 3 spelluden gegeven, ilkeme 1 mr. to bergelde up Paschen[1].

Item[a] gerekent mit deme bekerwertere, em 8 mr. 12 s. geven, Oleue.

Item Corde 2 mr. vor lichte upp dat hus.

Item vor 6 boren uppe de stenkulen 1/2 mr.

a) *links am Rand* Beker.

1) *Apr. 13.*

304   1438 Apr. 19

Sabbato ante Misericordias domini[1].

Item deme kercheren tome Hilgen Geste 4 mr. vamme Cruce to Luk.

Int erste vorloent in der Palmweken 11 mr. min 10 s. in de weke.

Item den timmerluden 1 t. bers vor 1 mr.

Item noch vorloent in der Pascheweken 4 mr. min 5 s.

Item 3 mr. betalt her Stolteuoet vor stenhus hure, dar der groten barzen resscop inne lach.

Item untfangen van Reineken Smerbeken 10 mr. rente van Hornes kinderen.

Item vor 16 1/2 last kalkes untfangen 16 1/2 mr.

Item noch den timmerluden 1ᵃt. bers vor 1 mr.

Item gerekent mit Henninge deme smede, em gegeven 1 mr. 6 s.

Item Hermen Vegle vor 15 markp. blies 1 Arnoldesgulden.

Item 6 mr. vor 8 par rade.

Item vor 1 1/2 lispunt talges 3 f. up den marstall.

Item vor 3 vadem kalkholtesᵇ 1 mr. gegeven.

Item in disser weke vorloent 14 mr.ᶜ

a) *korr. aus* 2. b) *Vorl.* kalholtes. c) *folgt gestr.* In de wekene.

1) *offenbar eine Verwechslung mit Quasimodogeniti, danach korr.*

f.44

305¹   1438 Apr. 26

Sabbatoᵃ post Marci ewangeliste
do worden de trummen begunt to leggende unde to borende ut der Lemporten.

Int erste vorloent den arbeidesluden unde den timmerluden 5 mr. 3 s.

Item noch en 1 mr. vor 1 t. bers.

a) *über der Z.* 38, *davor gestr.* Item.

1) *es folgen bis Nr. 320 (Sept. 6) Baurechnungen; die eigentlichen Kämmereirechnungen werden mit Nr. 321 (Mai 3) fortgesetzt.*

306   1438 Mai 3

Sabbato anteᵃ Jubilate

Item den timmerluden vorloent 13 f.

Item noch 1 t. bers vor 1 mr.

a) *folgt gestr.* Misericordias.

307   1438 Mai 10

Sabbato ante Cantate
Item vorloent den timmerluden, de trummen to borende, 4 1/2 mr. 2 s.
unde 1 t. bers vor 1 mr. unde 1 s.
Item her Rotger 6 mr. van deme nien cruce to sunte Nicolause[1].

1) *Dieser Eintrag gehört im Grunde nicht hierher, sondern nach Nr. 322 (Mai 10).*

308   1438 Mai 17

Sabbato ante Rogacionum
Item 4 1/2 mr. min 4 s. vorloent den timmerluden.
Item noch en 2 t. bers 2 mr. betalt.

309   1438 Mai 24

Sabbato post Asscensionis domini
Item 13 f. unde 4[a] s. vor ronnen to borende gegeven.
Item noch vor 1 t. bers 1 mr. den timmerluden.

a) *übergeschr., darunter gestr. 1.*

310   1438 Mai 31

In vigilia Pentecosten
Item den timmerluden 3 1/2 mr. vorloent to borende.
Item noch en 1 t. bers vor 1 mr. gegeven.

311   1438 Juni 7

In vigilia Trinitatis
Item 2 mr. vorloent den timmerluden.
Item en[a] 1 t. bers vor 1 mr.

a) *Vorl.* em.

312   1438 Juni 14

Sabbato infra octavas Corporis Christi
Item den timmerluden vorloent 12 f.
Item en noch 1 t. bers vor 1 mr.

313   1438 Juni 21

Sabbato ante festum Nativitatis sancti Johannis baptiste
Item vorloent den timmerluden 9 f.
Item vor 1 t. ters 1 mr.
Item vor 1 t. bers 1 mr.

f.44a

Item^a vor 4 vlassche Romnie den denren betalt 6 f. 2 s.

a) *links am Rand ein Kreuz.*

314   1438 Juni 28

In vigilia Petri et Pauli apostolorum
Item 11 f. den timmerluden vorloent.
Item noch 1 mr. vor 1 t. bers den timmerluden.

315   1438 Juli 5

Sabbato post Visitacionis Marie
Item 10 f. den timmerluden vorloent.
Item noch 1 t. bers 1 mr.

316   1438 Juli 12

In profesto Margarete
Item 3 mr. gegeven den timmerluden in disser weke.
Item noch 1 t. bers vor 1 mr. en gegeven.

317   1438 Juli 19

Sabbato^a ante Marie Magdalene
Item 3 1/2 mr. gegeven den tymmerluden in disser weke.
Item noch en gegeven 1 t. bers vor 1 mr.
a) *Schreiber IV.*

318   1438 Aug. 9

Sabbato^a ante Laurentii
Item 4 mr. vorloent in de wekene den timmerluden vor 2 wekene.
Item noch en vor 2 t. bers 2 mr. gegeven 2 s.
a) *Schreiber I.*

319   1438 Aug. 9

In vigilia Laurentii
Item 2 mr. den[a] timmerluden vorloent to den trummen.
Item 1 mr. den zulven vor 1 t. bers.
Item Weuelputten 40 mr. gesant to der trummen behof in der Lem-
    straten.
Item noch Weuelputten gegeven 5 mr. unde 1 f., de vor der Lemporten
    vorbuwet weren.

a) *Tinte verlaufen.*

f.45

320   1438 Sept. 6

Item sabbato ante Nativitatis Marie
Item 2 mr. vor 2 t. bers den timmerluden unde den mŭrluden.

f.46

321[1]   1438 Mai 3

Sabbato ante dominicam Jubilate
Item untfangen des[a] vridages vor disseme sondage 100 mr. van den
    schotheren.
Item untfangen van Jacob dem moller tor oversten molen 80 mr.
Item hiir van Hanebolen gesant 40 mr.
Item Parenbeken gegeven vor 4 balken tome nien stoven 2 mr.
Item Peter Russen vor bime sode to howende unde ys uttovorende 24
    s.
Item her Gisen[2] 5 mr. gegeven der seken rente upp Passchen.
Item den stenwerters dan ene mr. upp rekenscop.
Item Hans Summermanne gegeven 6 mr. to Bremen notrofftigen
    vrunden behoeff.
Item 1 Arnoldesgulden vor 1 last gersten to malende den perden up
    den marstall.
Item den timmerluden 1 mr. vor 1 t. bers.
Item in de weke gegeven 5 mr. min 1 f.
Item Cort Groten 15 mr. des Hilgen Gestes molen renthe.
Item em noch 7 1/2 mr. der zulven zeken renthe gegeven.
Item noch her Werner Krigbegels 6 mr. van ziner officiacien[b].

a) *folgt gestr.* Sona. b) *Vorl.* affi-, *dahinter eine gestr. Kürzung.*
1) *folgt auf Nr. 304 (Apr. 19) als Fortsetzung der eigentlichen Kämmereirechnungen.*
2) *Richerdes, Rhr.*

322   1438 Mai 10

Sabbato ante Cantate

Item her Johan Stenwege 12 mr. gegeven van[a] der monnike[1] unde der Hunninchusen rente.

Item Lintorpe gegeven 5 1/2 mr. sine rente.

Item vor 1 stoer 2 mr. gegeven.

Item vor 1 anker to bergende 1 mr. 3 s.

Item Mertin Bussenmestere 4 mr. sine rente.

Item Gert Groten vor sine stavelen, roggen, spec unde den oven intobotende 6 mr.

Item 4 des stades denren ere loen 16 mr. gegeven.

Item in de weke gegeven 7 mr. unde 1 f.

Item her Gerwine 7 mr. van 2 altaren, 1 tome Hilgen Geste, 1 to sunte Oleve.

a) übergeschr., mit Einf.

1) von St. Katharinen.

323   1438 Mai 17

Sabbato ante Rogacionum

Item her Michele 4 1/2 mr. van des vromissenpresters wegen to sunte Nicolaus kerken.

Item her Appollonius sin gelt van sunte Maties altars tome Hilgen Geste.

Item costeden de schorstene in beiden kersplen to vegende 2 mr.

Item costeden de zode reine to makende 4 mr. 6 s.

f.46a

Item[a] 3 mr. min 1 f. vor versche vische in den dyk.

Item 2 1/2 f. vor deme torne up dem bolwerke tor bruggen.

Item 8 mr. in de weke gegeven.

Item[b] den stenbrekeren 3 mr. upp rekenscopp gedan.

Item 1/2 mr. vor Bolemans stoven den oven to schuddende.

a) über der Z. 38. b) links am Rand ein Kreuz.

324   1438 Mai 24

Sabbato post Asscensionis domini

Item untfangen van den schotheren 300 mr. Rig.

Item der ebdisschen[1] bi Hans Parchamer gesant 2 mr. ere rente.

Item 3 f. 3 s. kostede de oven to beterende in Bolmans stovene.

Item Niccles vor assen, bogen, wangen, lopere 4 mr. min 1 f. gegeven.

Item 10 mr. in de weke gegeven.

1) *von St. Michaelis.*

325   1438 Mai 31

In vigilia Pentecosten

Item Kerstin Bonden vor 144 vadem kalkholtes uptovorende 8 mr. 6 s.

Item 3 mr. gegeven vor den drek enwech to vorende vor der Karien-
porten.

Item[a] den stenbrekeren 6 f. upp rekenscop gedan.

Item 6 f. gegeven den drek vor Lippen garden wech to vorende.

Item vor den torne der Susterporten unde den drek en wech to vorende
to hope 7 f., dit untfenc Baddenhusen junge.

Item Hans Groten 3 mr. vor delen, de to Bolmans stovene quemen.

Item 6 f. vor 2 lisp. haveren Gert Groten.

Item 8 mr. in de weke gegeven.

a) *links am Rand ein Kreuz.*
‒

326   1438 Juni 7

In vigilia Trinitatis

Item vor 150 vadem kalkholtes gegeven 47 mr. unde 10 s.

Item betalt 1[a] manne, de der stede breff brachte van der Pernowe[1], 3
mr.

Item 5 1/2 f. vor vissche in der stad dyk.

Item vor 100 unde 15 1/2 vadem kalkholtes 39 mr. unde 8 s.

Item gerekent mit Weuelputten van Hinrik des winmans wegene, des
geve wy em vor win 117 mr. unde 6 s.

f. 47

Item[b] noch her Gert Grimmerde[c] 7 mr. van der ersten missen to sunte
Oleve van 1 jare.

Item Andreas Holtwische 10 f. min 3 s., de Strantporten reine to
holdende.

Item vor 1 stoer 5 mr. gegeven.

Item 7 f. vor 1 t. bers deme huscumpthur van Jerwen[2] gesant unde vor 2 vlassche wins 24 s.

Item in de weke 5 1/2 mr. vorloent.

a) *folgt gestr.* mr. b) *über der Z. 38.* c) *Vorl.* Grimnerde.

1) *Möglicherweise handelt es sich hier um ein Schreiben der im April zu Lübeck tagenden Städte Hamburg, Wismar und Lüneburg an die livländischen Städte, in dem vor den Rüstungen der Holländer gewarnt wird. Der Brief wäre dann über Pernau gekommen, vgl. LivUB 9 Nr. 283 (Apr. 23).* 2) *Heinrich von Norleben war V zu Jerwen, und zwar 1437–1439, Arbusow, Geschlechter S. 79 u. 121. Hauskomture sind nicht bekannt.*

327   1438 Juni 14

Sabbato infra octavas Corporis Christi

Item Joachime gegeven 6 mr. zin quatertempergelt.

Item ut deme ersten kalkoven upgebracht 65 mr. Rig.; no upgebracht 78 mr.; noch upgebracht 100 mr. min 4 mr.

Item der kerken van sunte Oleve gelent 50 leste; noch Weuelputten 12 leste to der ronnen behoff in der Lemstraten; item noch 38 leste, de de stat schuldich was unde vorgeven hefft[a].

Summa ut deme ersten kalkoven geworden is 300 leste unde 40 leste min 1 last.

Item vor 1 1/2 vadem kalkholtes 1/2 mr.

Item vor dat kalkholt betalt van Wuluesoe to halende Michel Russen 6 mr. 1 s.

Item betalt vor de erden vorme nien stovene wech to vorende 5 mr.

Item her Luzberge[1] 1 vlasche Rinschen wins unde 1 vlasche Romnie gesant 3 f. minus 1 s.

Item in de weke gegeven 8 mr. unde 1 f.

Item[b] den stenbrekeren 6 f. up rekenscop.

a) Item der kerken *mit der vorigen in einer Z.; das ganze offenbar ein Nachtrag.* b) *links am Rand ein Kreuz.*

1) *Rhr. zu Dorpat, Lemm S. 97.*

328   1438 Juni 21

In profesto 11000 martyrum

Item her Christerns[1] denren 3 t. bers gesant, stunden 4 mr. unde 1 f.

Item en noch 1 mr. vor broet unde 1 koe vor 3 mr.

Item 13 f. vor drek uttovorende vor der Smedeporten, vor der Karienporten unde vor[a] Kedinges garden.

Item betalt Kerstin Uormanne vor 200 min 2 vadem kalkholtes upto-
vorende 11 mr. Rig. gegeven.

Item 20 s. vor dat kalkholt van Wuluesoe uptovorende den munde-
riken.

Item 2 mr. vor 100 gevelvlisien tome lutken stoven.

Item in de weke vorloent 8 mr. unde 1 f.

a) *folgt gestr.* k s.

1) *Cristiern Niklesson, Hpt zu Wiborg, warnte 1438 Apr. 26 vor Seeräubern und bat,
seine zu deren Verfolgung ausgesandten Diener zu unterstützen, LivUB 9 Nr. 286.*

f.47a

329   1438 Juni 28

In vigilia Petri et Pauli apostolorum

Item her Johan Stenwege 18 mr. utgerichtet van Woldemer Reuals
rente.

Item[a] den stenbrekeren 2 mr. up rekenscop gedan.

Item her Johan Duzeborge 4 mr. gegeven vor 2 t. bers, deme cumpthur
van Velliin gesant[1].

Item noch vor 1 t. bers deme vogede van Wesenberge[2] gesant.

Item noch 14 f. vor 2 t. bers den vogeden Sonneborg[3] unde Narwe[4]
gesant.

Item in de weke gegeven 8 mr. Rig.

a) *links am Rand ein Kreuz.*

1) *Die im folgenden genannten Ordensbeamten kamen kurz vor dem 28. Juni in Reval
zusammen, um über die Doppelwahl von 1438 März 2 (Kapitel zu Wenden, AuR 1
Nr. 428, LivUB 9 Nr. 315) zu verhandeln, u. zwar Thomas Grevesmolen, K zu Fellin
1435–1441, Arbusow, Geschlechter S. 119, und die folgenden: 2) Johann Vossunger, vgl.
Nr. 300 Anm. 2. 3) Peter Wesseler, V zu Soneburg 1437–1439, Arbusow, Geschlechter
S. 101 u. 127. 4) Johann Koninck, V zu Narva 1435–1438, ebd. S. 72 u. 123.*

330   1438 Juli 5

Sabbato post Visitacionis Marie

Item her Peter Groningh 3 mr. sine liverente.

Item vor 100 min 2 vadem kalkholtes upptovorende 5 mr. 10 s.

Item 38 vadem[a] bernholtes uppgevort 9 f. gegeven[b].

Item in de weke gegeven 7 mr.

Item untfangen van her Hil[debrant] van dem Bokle 12 mr. rente.

Item untfangen 2 mr. van Glashoue rente.

a) *folgt gestr.* kalkholtes. b) *Vorl.* gegeg.

331   1438 Juli 7

Feria secunda post octavam Petri et Pauli
Item kostede de erste kalkoven to bernende 35 mr. unde 3 s. unde 2
lisp. roggen, de worden utme stenhus genomen.
Item[a] untfangen van der wage 90 mr.

a) *links am Rand* Der Wag.

332   1438 Juli 9

In octava Visitacionis Marie
Item 5 hope van der stad kulen gevort tome ersten kalkoven.
Item vor 122 hope stens tome ersten kalkoven to vorende gegeven 88
mr. unde 1 t. bers 1 mr.

333   f.48   1438 Juli 12

In profesto Margrete
Item untfangen 12 mr. rente van her Wenemers[a][1].
Item her Jo[han] Duzeborge 3 mr. vor 2 hope stens tome ersten
kalkovene.
Item 1 mr. den drek wech to vorende vor der Lemporten.
Item Andres Saxenhiir vor kalkholt 73 vadem unde den luden, de it
uploden, 4 1/2 mr.
Item Hinrik Wegerer 1/2 mr. de Narwesschen lode to vorlikende.
Item noch em 30 or. vor staell.
Item Andres Stenwerter 3 mr. vor 2 hope stens van der stenwerter
kulen tome ersten kalkoven.
Item 4 mr. vor sedele up den marstall.
Item vor linen, vor assen, gras, haveren 6 f.
Item in de weke gegeven 12 mr.
Item Culpsu vor 2 hope stens 3 mr. tome ersten kalkoven.
Item Lasse Stenwerter 3 mr. vor 2 hope stens tome ersten kalkoven.
Item[b] Godscalk Smede gelent 10 mr. upp rekenscop.

a) *Vorl.* Wenemerss. *mit Kürzungszeichen.* b) *links am Rand ein Hufeisen.*
1) *van der Beke, Rhr.*

334   1438 Juli 19

Sabbato[a] ante Marie Magdalene
Item betald Cord Gripenberge vor 2 hope steens[b] 3 mr.

Item noch em gegeven vor den zoet to betern 1/2 mr.

Item Henning dem cleynsmede gegeven vor lechlen unde ander ding,
   do her Cosst unde her Schelwend tor Pernow togen[1], 3 1/2 mr.

Item gesand dem comptur van Zweden[2] 1 t. ber unde 2 vlasschen
   Rommenie 10 f. 1 s.

Item in de weke gegeven 9 mr.

Item betald per Weuelputten to der ronnen vor der Leemporten 7 mr.

---

a) *Schreiber IV.* b) *folgt gestr.* 10 fr.

1) *Landtag zu Pernau 1438 Juli 20–25, wohin von Reval aus Cost van Borstel und
Hinrik Schelwent abgesandt wurden. Hier verhandelte man in der Sache der Doppel-
wahl vom März, vgl. Nr. 329, AuR 1 Nr. 432 und LivUB 9 Nr. 308, 310, 313, 315, 323,
324, 325. 2) namentlich nicht bekannt. Seine Beteiligung in Pernau, durch diesen Eintrag
und nach LivUB 9 Nr. 358 (1438 Aug. 29) belegt, ist in AuR 1 Nr. 432 übersehen.*

335   1438 Juli 24

   In vigilia Jacobi apostoli
Item betald vor 53 1/2 vadem calkholt 17 1/2 mr. 7 s.

Item betald vor 1 hop steens, den de raed Hinrik Scherer gaf, 6 f.

Item betald per Weuelputten to den rennen in der Leemstraten 7 1/2
   mr. 6 s.

Item betald Kerstien vor 49 vadem calckholtes to voren 11 f. 3 s.

Item betald Saxenhier vor 14 vadem to vorende 1 mr. mitten arbeides-
   luden.

Item in de weke gegeven 3 1/2 mr.

f. 48a

336   1438 Aug. 2[1]

   Sabbato[a] ante Laurentii
Item untfangen 8 mr. min 6 s. van deme winmanne mit Tolnere
   kellerhure.

Item untfangen 6 f. min 2 s. van den vrowkens vamme hoislage.

Item kostede des stades hoislach 52 mr. to slaende.

Item betalt den vorluden[b] vor 2 hope stens to vorende to der ronnen in
   der Leemporten to deme waterledende ut der stad twusschen beiden
   porten 6 1/2 mr., dat Weuelputte unde Glasowe leten maken van des
   rades wegene.

Item vor[c] 100 vlysien 4 1/2 f. dar sulves to.

Item dar vor to vorende gegeven 5 f.

Item vor 1/2 mr. vor 24 treppestene.

Item dar to vorende 1/2 mr. gegeven.

Item 1 karmanne 3 mr. vor kalk, mus unde sant to vorende 3 mr., ok to der ronnen in der Leemporten.

Item 3 mr. vor 2 hope stens tome zulven werke.

Item noch 1 mr. vor 1 t. bers tome zulven waterledende.

Item in disser wekene den arbeidesluden vorloent to deme waterleden-de 8 mr. Rig.

Item 3 1/2 mr. min 2 s. vor 2 t. bers deme voegede gesant, de hir ut Prusßen was mit Dusenschŭr to hus[2].

Item noch vor 2 vlassche Romenie em gesant 28 s.

Item vor 63 vadem kalkholtes 21 mr. betalt.

Item in de weke gegeven 6 mr. unde 1 f.

Item Godeke Langen vor dat schuttenboet totoverdigende 1 mr. 4 s.

Item Godeke Langen gegeven 6 Arnoldesgulden, de bardsen to isende, to warende unde to wachtende[d].

Item vor 200 unde 80 vadem kalkholtes 90 mr. Rig. gegeven.

Item noch gegeven vor 48 vadem bernholtes 9 mr. 12 s.

Item 3 mr. deme voegede van der Narwe[3] van der missen vorme slote.

Item 22 mr. unde 1 f. vor kalk, de ut der kopplen quam dar sulves.

Item 27 mr. vor 1 1/2 last gersten up den marstall.

Item vor 16500 dagstens ton hokerboden unde tor scriverie, ilk 1000 4 mr.

f.49

Item vor 400 negle tome kalkovene 1 mr.

Item vor lonenholt up de stenkulen 10 s.

Item vor 1/2 last ters, ilke t. stunt 1 mr. min 2 s.

Item Haneboele gegeven 9 mr. vor 1/2 last gersten.

a) *Schreiber I.* b) vor- *übergeschr., mit Einfz.* c) *folgt gestr.* V. d) *folgt gestr.* 3.

1) *eigentlich Aug. 9; da aber beide folgenden Eintragungsgruppen (Nr. 337 u. 338) ebenfalls dieses Datum tragen, scheint eine Korrektur angebracht.* 2) *Brun von Hirsberg, V zu Roggenhausen, als Gesandter des HM, vgl. unten Nr. 337, 356 u. LivUB 9 Nr. 304, 400.* 3) *Johann Koninck, vgl. Nr. 329.*

337   1438 Aug. 9

In vigilia Laurentii

Item vor 18 1/2 vadem kalkholtes 6 mr. 5 s.

Item vor smeer 3 f.

Item 1/2 mr. vor den toge imme dyke, do de Prusche bode hiir was[1].

Item[a] 2 mr. den stenbrekeren upp rekenscop.

Item 10 1/2 mr. in de weke vorloent unde noch 1/2 mr.

Item vor 1/2 rys pappiirs 1/2 mr.

Item 5 mr. untfangen van kellerhure van wine.

Item her Gerlige[2] gesant 4 gulden vor 2 t. bers mit deme holte Karl
    Bonden wive[3] gesant[b].

Item vor 1 stoer gegeven 4 1/2 mr.

Item vor 17.000 deckenegle, vor ilk 1.000 6 f. unde 6 s., summa 28 mr.
    unde[c] 12 s.

Item vor 6.500 lattennagle 14 1/2 mr.

a) *links am Rand ein Kreuz.* b) wive gesant *rechts über der Z., mit Einfz.* c) *übergeschr.*

1) *vgl. Nr. 336. Brun von Hirsberg war vielleicht Überbringer des Schreibens des HM an Reval von 1438 Juli 27 in der Angelegenheit der Doppelwahl und des Parteienstreites innerhalb des DO, vgl. LivUB 9 Nr. 329.* 2) *Witte, Rhr.* 3) *Cäcilie, Gattin des Karl Thordsson Bonde, Hpt. zu Raseborg, vgl. LivUB 9 Nr. 367 Einleitung.*

338   1438 Aug. 9

    Sabbato ante Assumpcionis

Item in de weke vorloent 10 mr. min 4 s.

Item den timmerluden 1 t. bers vor 1 mr.

339   1438 nach Aug. 10

    In der weke dar na

Item in disse weke vorloent 12 mr. unde 12 s.

Item 3 mr. vor Gert Groten oven to beterende mit deme bere.

Item 5 mr. vor 1 stoer gegeven.

Item betalt vor 300 unde 26 vadem kalkholtes 94 mr. min 8 s.

Item kostede de erste kalkoven intosettende unde uttoschuvende 21
    mr. 1 f. to goden gelden unde 2 t. bers.

f.49a

340   1438 Aug. 30

    Sequenti die post Decollacionis sancti Johannis

Item Clause deme denre 3 gegeven 3 mr. van deme hoislage to Vete.

Item den luden van Vethe 1 t. bers ok van deme hoge.

Item in de weke gegeven 17 mr.

341   1438 Sept. 1

In die beati Egidii abbatis

Item up dissen dagh dede her Gise[1] deme rade rekenscop van der coppelen, dat he vorovert hadde, 36 mr. min 2 s.

Item noch dede he rekenscop van deme Narwesschen palgelde[2] van den 100 mr., de em dar van gelent weren, dar brachte he van up 83[a] mr. min 4 s.[b]

Item[c] antworde wy her Godscalk Timmermanne 100 unde 20 mr. to der copplen behoeff.

a) 3 übergeschr. b) 3 s. rechts über der Z., mit Einfz. c) links am Rand Copple.
1) Richerdes, Rhr. 2) vgl. Nr. 296.

342   1438 Sept. 6

Sabbato ante Nativitatis Marie

Item untfangen van den schotheren 75 mr.

Item vor 15 vadem kalkholtes 4 mr. min 1 f.

Item deme provinciale van Denemarken[1] gesant 2 t. bers unde 2 vlassche Romnie, stunt 4 1/2 mr. min 2 s. mit deme holte.

Item Tideman Louenscheden 10 mr. unde 10 s. vor den torne to beterende, de em bevolen is.

Item 1/2 mr. vor lechlen dat holtwerk.

Item 3 mr. vor 2 gerde ossenhude 3 mr. up den marstall.

Item vor 3 nemgere 15 s.

Item vor 9 iserne vorken 24 s.

Item vor 1 bindexe unde vor 1 nestbore 6 f.

Item vor 2 bogle 10 s. up den marstal unde deme glazwerter 3 f.

Item 6 f. vor 500 stens her[a] Godscalk Timmermanne.

Item 14 mr. in de weke gegeven.

Item Kerstin Vormanne 32 s. vor 16 vadem kalkholtes uptovorende.

Item noch em 1 gulden vor sparren uptovorende.

Item vor 3 vlysien to vorende 1/2 mr., 2 under de Lemporte unde 1 up den marstal.

Item Gert Groten vor 2 vlysien gegeven 12 s.

f.50

Item Andres Saxenhiir vor 350 vadem kalkholtes min 2 vadem uptovorende 19 mr. unde 1 f.

Item Williken deme vormanne vor 100 unde 20 vadem kalkholtes
uptovorende 6 1/2 mr. unde noch 1 f.

Item[b] 2 mr. den stenbrekeren gedan.

Item her Hinrik Eppinchusen 3 mr. gedan vor 2 hope stens tome
anderen kalkoven.

a) *folgt gestr.* s. b) *links am Rand ein Kreuz.*

1) *Vermutlich handelt es sich hier um den Provinzial des Dominikanerordens, zu dessen
Sprengel Reval gehörte, vgl. Nr. 1115. Sein Name ist nicht bekannt.*

343   1438 Sept. 13

In[a] profesto Exaltacionis sancte crucis
Item den timmerluden 1 t.[b] bers bi den zoden 1 mr.
Item in de weke 9 mr. vorloent.

a) *davor* S. b) *folgt gestr.* bers de.

344   1438 Sept. 20

In vigilia Mathei apostoli et ewangeliste
Item 5 mr. min 2 s. vor ovenstulpeń up den marstall Mertine gegeven.
Item vifftich mr. untfangen van den molenheren.
Item 1 mr. vor 1 t. bers den timmerluden.
Item 1 mr. den drek wech to vorende vor der Susterporten.
Item vor 1 1/2 lisp. haveren 30 s.
Item deme scrivere 6 mr. sin quatertempergelt.
Item in de weke gegeven 13 1/2 mr.

345   1438 Sept. 27

In die Cosme et Damiani martyrum
Item untfangen van den weddeheren 62 mr.
Item untfangen van den molenmesters 50 mr.
Item vor 21 sparren 2 mr. min 8 s.
Item vor 25 vadem kalkholtes 5 1/2 mr. 2 s.
Item vor 24 vadem[a] bernholtes 5 mr.
Item vor 21 1/2 vadem kalkholtes 5 mr.
Item vor 13 vadem kalkholtes 3 mr. min 4 s.

f.50a

Item[b] vor 20 delen up dat rathus 3 f. unde 4 s.

Item her Michele 9 f. vor 1 verndel jares van der vromissen to sunte Nicolaus kerken.

Item 3 s. min den 1 mr. vor heden to den soeden.

Item 1 mr. 1 t. bers den timmerluden.

Item vor 18 tinnen vlysien tome rathus 6 f.

Item 6 f. de zulven vlysien to vorende.

Item Kerstin Bonden 4 1/2 mr. 2 s. vor kalkholt uptovorende unde vor vlysien to vorende tome stovene.

Item noch Saxenhiir 1 mr. vor kalkholt uptovorende.

Item[c] deme zulven Saxenhiir gegeven 7 f. min 1 s. vor bernolt uptovorende.[d]

Item in de weke gegeven 23 mr. unde 1 f.

Item 5 f. vor 2 par rade Gert Groten.

Item em vor 1 1/2 lisp. haveren 33 1/2 mr.

Item vor ber, hoy, haveren, dat den Russchen boden gesant wart[1], 10 f. unde 4 s. Hans Houen.

Item[e] Godscalk deme smede 10 mr. gelent.

Item vor 18 trepstene 20 or.

a) *folgt gestr.* kall. b) *über der Z.* 38. c) *folgt gestr.* 1. d) *rechts über der Z., mit Einfz.*
e) *links am Rand ein Hufeisen.*

1) *Ihr Auftrag ist unbekannt.*

346   1438 Sept. 28

In profesto Michaelis

Item[a] kostede de[b] andere kalkoven to bernende 36 mr. unde 15 s.

a) *links am Rand* primus kalkoven. b) *folgt gestr.* er.

347   1438 Okt. 4

In die Francisci

Item 2 mr. den murluden unde den timmerluden vor ber 2 t.

Item 1 mr. vor 1 vinster in den stoven.

Item 6 f. unde 1 s. vor[a] 2 1/2 lisp. haveren unde 1 loep Gert Groten.

Item in de weke gegeven 18 mr.

a) *folgt gestr.* 4.

f.51

348   1438 Okt. 11

Sabbato^a ante Galli

Item 1 mr. unde 4 s. vor 5 vadem kalkholtes.

Item vor 1000 dagtegels to den lutken hokerboden 4 mr.

Item Hans van der Heide, deme nien vorspraken, 5 mr. gegeven.

Item gegeven 16 mr. unde 16 s. vor 4 hope stens mit deme vorlone to deme lutken stovene.

Item in de weke gegeven 18 mr.

Item 2 mr. to bere den murluden unde den timmerluden.

Item vor 10 leste kalkes uttoschuvende 50 s.

Item 3 mr. vor 2 hope stens her Gert Grimmerden tome ersten kalkoven.

Item Godeke Langen 8 mr. van wrakende dit jar.

a) *über der Z. 38.*

349   1438 Okt. 18

Anno 1438 bleven kemerer her Godscalk Stolteuoet unde her Tideman Nasschart.

Ipso die Luce ewangeliste^a

Item brachte her Godscalk Stolteuoet up 200 mr. ut deme anderen kalkovene unde 22^b mr.

Item tor sunte Oleves kerke ut disseme ovene 74^c leste kalkes.

item her Gisen Richerden gedan 16 leste kalkes vor 4 hope stens, vor stey unde vor vorloen^d.

Item betalt 17 leste kalkes, de de rad schuldich was.

Item noch bleff imme kalkovene 30 last to der^e stad behoeff.

Summa, dat ut disseme kalkovene is gevorden, 350 unde 9 leste kalkes.

Item Niccles Klensmede 16 mr. gegeven, den seiger to beterende.

Item Cort Groten gegeven 12 mr., den seiger to stellende en jar.

Item untfangen 12 mr. van Diderike deme winmanne mit her Albert Rumore was to hus van kellerhure^f.

Item den voerluden vor 24 hope stens tome anderen kalkovene to vorende 100 mr. min 3 mr. Rig.

Item deme kercheren vamme Hilgen Geste 4 mr. vamme Cruce to Luk.

f.51a

Item[g] Ludeken Scomeker vor 53 delen 1 mr., de tor copplen quemen to hant na deme brande.

Item Andres Segeboden 1 mr. vor 1 vinster to howende unde to settende in den hokerboden[h].

Item in de weke gegeven 16 mr.

Item den timmerluden 2 mr. vor 2 t. bers.

a) *bis hierher alles in einem Rahmen.* b) 2 *übergeschr., mit Einfz.* c) 4 *übergeschr., mit Einfz.* d) vor vórloen *rechts über der Z., mit Einfz.* e) *korr. aus* des. f) *korr. aus* kelkerhure. g) *über der Z.* 38. h) *ab* in *rechts über der Z., mit Einfz.*

350   1438 Okt. 25

In die Crispini et Crispiniani

Item platennagle vor 1 nest sadelvate[a] 10 f.

Item her Gerwine 7 mr. van 2 officiacien.

Item Cort Groten 7 1/2 mr. der seken rente[1].

Item Jacob van der oversten molen hevet vorbuwet in des Hilgen Gestes molen 80 mr. Rig. min 6 mr., de 6 mr. dar to brachte he up vor sine molenrente, to hope lopt it 80 mr.; van disser tyt an alse up Michaelis zal men alle halve[b] jar affslan de[c] rente van des Hilgen Gestes molen 15mr., int erste nu affgeslagen 15 mr.

Item Tide van Bornsen 1/2 mr. vor 1 slot unde 2 henge in des rades hus.

Item Gert Groten vor 25 elen saklowende 2 mr. 4 s. tor stat behof[d].

Item vor 1 sadell to ridende 6 f., do se tome Walke weren[2].

Item vor 3 lisp. haveren min 1 kulmet 6 f. 6 s.

Item vor 1500 deckebrede 6 1/2 mr. min 6 s.

Item vor 1 grot 100 unde 23 12-elen delen 8 mr. 12 s.

Item vor 1 witgerde ossenhut 6 f.

Item gerekent mit Isebrande deme winmanne, des geve wy em vor win 26 mr. unde 6 s. unde 5 1/2 mr. kellerhure.

Item untfangen van Peter Templine vor de grote barsen 250 mr.

Item her Stolteuoet untfeng hiir van 200 mr., de he vor unde na hadde up dat rathus gebracht.

Item den oven to beterende in Bolmans stovene 9 f. 2 s.

f.52

Item[e] 1 Arnoldesgulden vor sten to vorende to deme zulven stoven.

Item Lintorpe gegeven 5 1/2 mr. sine rente.

Item Clause deme denre 4 mr. vor 4 lispunt lichtes upt rathus.

Item[f] Godscalk Smede 12 mr. gelent upp rekenscop.

Item den denren der stad 24 [mr.] er loen, sessen.

Item Gert Groten 1 mr. vor lichte up den marstall.

Item in de weke gegeven 9 mr.

Item 5 f. vor 4 1/2 vadem kalkholtes Vroudenriik.

a) folgt gestr. 10. b) übergeschr., mit Einfz. c) links am Rand Des Hilgen Gestes mole.
d) rechts über der Z., mit Einfz. e) über der Z. 38. f) links am Rand ein Hufeisen.

1) im Heilig-Geist-Hospital, vgl. Nr. 58. 2) Landtag zu Walk Sept. 29–Okt. 2, auf dem
ein Ausgleich zwischen den streitenden Parteien des DO erreicht wurde, AuR 1 Nr. 440
u. LivUB 9 Nr. 366, 374, 378, 379, 380, 381.

351   1438 Okt. 31

In vigilia Omnium sanctorum

Item her Eggerde 6 mr. van sunte Blasius altare[1].

Item her Gerdelagen 5 mr. van des Sacramentes altare tome Hilgen
Geste.

Item her Engelbrechte 7 mr. van Schermbeken viccarie[2].

Item untfangen van den molenheren 59 mr.[a] unde 1 f., dat gelt wart her
Hinrik Ebbinchusen gegeven van des rades wegen, de it em schul-
dich was.

Item noch untfangen 36 mr. unde 6 s., de worden geantwordet den
vormunderen sunte Oleves kerken.

Item untfangen 50 mr. van den mõlheren.

Item Haneboele gesant 40 mr.

Item vor 500 murtegels[b] 1 1/2 mr. to den hokerboden.

Item her Detmer Keglere zine lyffrente 16 mr.

Item Hanse Stenwertere gegeven vor de 2 gevele to buwende to deme
lutken stovene 46 mr.

Item Kerstin Bonden vor brede uptovorende 5 1/2 mr. unde vor stene
tome lutken stoven to vorende.

Item Hanse utme stoven 4 mr. vor 1 hop stens to vorende tome
anderen kalkovene.

Item Peter Uorman 1 Arnoldesgulden vor 9 voer delen.

Item in de weke gegeven 10 mr. Rig.

a) folgt gestr. d. b) korr. aus murrtegels.
1) in St. Nikolai. 2) in St. Michaelis.

f.52a

352   1438 Nov. 8

In octava Omnium sanctorum

Item[a] untfangen van der wage 65 mr. min 1 f.

Item her Hinrik Eppinchusen 10 mr. tome lichte vorme sacramente tome Hilgen Geste[b].

Item Peter Klockensteller 10 f. vor 1 verndel jars, den zeiger to stellende.

Item her Jo[han] Bodeker 3 mr. van sunte Mateus altare to sunte Nicolaus.

Item[c] gerekent mit Godscalk Smede, dat wy em gegeven hebben van disseme jare hundert unde 35 mr. van der stad wegen.

Item den munderiken 1[d] mr. de schuttenbote to vorwarende.

Item in de weke 6 mr. vorloent[e].

a) *links am Rand eine Waage.* b) Hilgen Geste *rechts über der Z., mit Einfz.* c) *links am Rand ein Hufeisen.* d) *folgt gestr.* kane. e) *folgt in der nächsten Z. ungestr.* It.

353   1438 Nov. 22

Sabbato ante Caterine

Item dede her Hinrik Schelwent deme rade rekenscop vamme dorpe Vethe, dat he untfangen hadde 100 mr. unde 1/2 mr., des hadde he wedder vorbuwet 17 1/2 mr.; also brachte he upp 83 mr.

Des geve wy Godscalk Smede van der vorscriven rekenscop 50 mr., de wy em dar van noch schuldich weren.

Item vorloent in de vorledenen weken 4 mr. unde 1 f.

Item her Diderik upper Heide 8 mr. min 4 s. vor den torne achter der monnike hove to Padis to beterende.

Item noch Michel Notiken 13 f. vor 1000 dagtegels unde vor 300 sparren to sime torne achter zik 13 f.

Item Wolterus vor den klaret unde vor dat krud, dat dar to quam, do de juncher van Cleue hiir was[1], 7 mr. unde 5 art.

Item 12 s. gegeven vor unraed do zulves.

Item vor 3 tuner Karelsscher marte deme juncheren van Cleue[1] gesant 78 mr. Rig.

Item[a] vor 4 elen Vlamschs lowendes umme dat siden stucke 1 mr. 12 s.

Item vor 7 1/2 lot sidener borden, dar men de marten intunerde unde dat siden stucke mede bereff, 2 mr.

Item her Godscalk Borstell 3 mr. 14 s. vor[b] honre, cappune, botteren unde vor note, do de juncher hir was[1], vor 1/2 kulmet soltes 5 s.

Item her Heineman Swane 13 mr. unde 5 s. min 1 art. vor crud, enen schinken etcetera deme kok[c].

Item Bassun vor Rinsschen win 9 mr. unde 12 s.

Item vor 6 t. bers deme juncheren[1] gesant upt slot 10 mr. mit deme holte.

Item vor 2 schinken, metworste unde tungen 7 f.

Item den dregers 8 s., dat ber uptobringende.

Item Gert Groten 13 mr. unde 1 f. vor 5[d] t. bers, 2 botlinge unde vor broet.

f. 53

Item[e] gerekent mit Brekewolde, dat wy em geven vor towe dit jar tor stad behoeff 10 mr.

Des gaff he uns 2 mr. wedder vor de resscopphure.

Item Claus mit Templine gegeven 5 1/2 mr. vor 10 lisp. haveren min 2 kulmet.

Item Gert Groten vor 1 par rade, vor 1 lisp. haveren unde 7 kulmet 5 f. 3 s.

Item in de weke gegeven 5 mr. unde 1 f.

Item Mertine unde siner selsscopp gegeven vor den anderen kalkoven intosettende unde uttoschuvende 22 mr. mit deme bere.

a) *links am Rand* Van der Marke. b) *folgt ungestr.* vor. c) deme kok *rechts über der Z., mit Einfz.* d) *korr. aus* 7. e) *über der Z.* 38.

1) *Gerhard von Cleve befand sich auf einer Reise ins Hl. Land und war unterwegs vom HM aufgefordert worden, in Livland am Ausgleich der DO-Parteien mitzuwirken, AuR 1 Nr. 436 mit Anm., LivUB 9 Nr. 340, 346, 348, 358, 395.*

354 1438 Dez. 11

Feria quinta ante festum Lucie

Item untfangen van den schotheren 30 mr.

Item vorloent in 2 wekene 8 mr. min 1 f.

Item Corde deme denre 4 mr. mede dan, do he vŏr to Ozel wart[1].

Item untfangen 100 mr. van den schotheren, de worden utegeven to des juncheren behoeff van Cleue, alse in deme blade hir vor gescriven steit[2].

Item vor 1 1/2 t. heringes deme rade gesant umme 12 mr.

Item her Jo[han] Sunnenschine gegeven 4 mr. Rig. van her Jo[han] Duzeborges wegene vor 2 patronen, dar men de banclaken na maken sal upt rathus.

Item enem manne, de enen breff to Pernowe brachte, do her Cost dar was[3], perdehure unde zin loen 7 f.

1) *Zweck der Reise unbekannt.* 2) *Nr. 353.* 3) *van Borstel, Rhr; vgl. Nr. 334 u. AuR 1 Nr. 432.*

355   1438 Dez. 13

In die Lucie virginis

Item[a] in de anderen vorleden wekene vorloent 11 f. 1 s.

Item Tideken Bodeker 6 f. vor 1 hop stens.

Item[b] untfangen van zelgelde van disseme jare 10 1/2 mr. 3 1/2 s.

Item her Heineman[1] 1 t. bers betalt vor 6 f., dem voegede van der Narwe[2] gesant.

Item vor 1 t. bers her Tideman Lindershusen[3] gesant 2 Arnoldesgulden unde vor 1 lisp. haveren em gesant 24 s.

Item den munderiken gegeven 2 Arnoldesgulden, de ute weren gevaren, na den schepen to sende[c].

Item 1/2 mr. 6 s. Gherke Amsu den oven to beterende in deme coppelhuse andr.[d]

Item gerekent mit des stades stenbrekeren, de hadden gebroken in disseme jare 21 hope stens, hir vor en gegeven in all 16 mr. unde 1 f.

Item en 1 mr. rumegelt unde 1/2 mr. vor 2 par scho.

Item 59 mr. vor dat fluell, deme juncheren gesant[4], Frederik Depenbeke.

Item vor 4 stope unde 100 deme juncheren gesant 23 mr. unde 4 s.

a) *folgt gestr.* vor. b) *links am Rand* Zeel. c) den schepen to sende *rechts über der* Z., *mit Einfz.* d) anderen? Andreas?

1) *Swan, Rhr.* 2) *Johann Koninck, V zu Narva 1435–1438, Arbusow, Geschlechter S. 72 u. 123.* 3) *vgl. Nr. 353, 354.* 4) *Rhr. zu Dorpat, Lemm S. 96.*

f.53a
356   1438 Dez. 20

In[a] vigilia Thome apostoli

Item untfangen gistern van den schotheren 300 mr.

Item noch untfangen van deme voegede her Grimmerde 29 mr. min 1 f. broke.

Item[b] deme prestere, de den zeiger zal maken, 1 gulden to goden d[ensten].

Item costede dat 10 1/2 mr. min 2 s., do her Brun van Hertzberge, de hiir van des homesters wegene des rades gast was[1].

Item 10 f. noch her Gisen[2] vor 30 grote sparren.

Item 10 mr. her Jo[han] Duzeborge vor 1 brun pert.[c]

Item noch vor 1 brun pert 9 mr. unde 1 f.

Item 7 1/2 mr. vor 1 rump tome spizewagene.

Item costede de reise tor Pernowe, do her Cost unde her Hinrik Schelwent dar weren[3], 120 1/2 mr. 6 s.

Item kostede de reise tome Walke, do her Johan Sunnenschin, her Gise[d] unde her Albert Rumoer dar weren[4], 92 mr. 12 s.

Item her Gisen[2] 10 mr., der seken rente to sunte Johanse.

Item noch 5 mr. en in de hande to delende.

Item her Hinrik Schelwende vor 2 Tomassche laken 48 mr.

Item 1 mr. de 2 laken to scherende.

Item Gert Groten gegeven 5 mr. vor sin want.

Item God[eke] Langen 8 mr. 6 s. vor sin want.

Item deme tegelmestere 5 mr. vor sin want.

Item deme timmermanne 5 mr. vor sin want.

Item Andreas Murmester 5 mr. vor sin want.

Item gegeven 4 der stad boden 10 mr. vor er kledinge.

Item dren vorspraken 8 mr. gegeven vor ere[e] kledinge.

Item Peter Koke 1 mr. vor dat em an sime hovewanden enbrak.

Item deme marketvogede 11 f.[f] vor sin want unde vor 1 par scho dar to.

Item Kedinge[g] 1 mr. unde 4 s. vor der Smedeporten reine laten to makende[h].

Item Oleue vor bekere betalt 8 mr. min 8 s.

Item in 2 weken 12 mr. gegeven.

Item Joachim deme scrivere 6 mr. sin quatertempergelt.

f.54

Item Gert Groten vor[i] 9 1/2 lisp. haveren, vor linen, sleden, stro 8 mr.

Item Cordesschen 6 mr. vor 6 lispunt lichte up dat hus.

Item 6 denren ere lowentgelt, offergelt, natloen 9 mr.

Item 2 gulden deme scrivere to offergelde.

Item[k] [...] gulden Saxenhiir vor bernholt uptovorende.

Item upp dat slot gesant 10 mr. sloierpenninge.

Item Gert Groten 1 hoiken gegeven, do he an den homester wer⁵, de stunt 12 mr. unde 4 1/2 s.

a) *halbrechts über der Z.* 38. b) *links am Rand* Zeiger. c) *Vorl.* pet. d) her Gise *über der Z., mit Einfz.* e) *Vorl.* eᶜ. f) *folgt gestr.* 5. g) *folgt gestr.* 1. h) *ab* to *rechts über der Z., mit Einfz.* i) *folgt ein gestr. Buchstabe.* k) *folgt gestr.* guld., *die Zahl fehlt.*

1) *Brun von Hirsberg, V von Roggenhausen, war als Gesandter des HM in Livland, vgl. Nr. 336, 337 u. LivUB 9 Nr. 304, 400.* 2) *Richerdes, Rhr.* 3) *vgl. Nr. 334, 354.* 4) *vgl. Nr. 350.* 5) *Er wurde mit einem Schreiben an den HM gesandt, in dem Reval mitteilte, durch die Holländer, die Schiffe fortgenommen hatten, geschädigt worden zu sein, LivUB 9 Nr. 400.*

357   1438 Dez. 24

In vigilia Nativitatis Christi

Item Hinrik Tolnere gegeven 62 mr. min 4 s. vor de sode to makende in der monnike straten.

Item 5 spelluden vor er want 29 mr., Hinrik Tolner gegeven.

Item vor haveren gegeven 7 f.

Item 4 mr. unde 1 s. vor 1/2 last haveren unde 1 kulmet Hans Houen.

Item deme tegelmestere 2 mr. vor 1 rok, 1 mr. vor 1 vlicke vlessches unde 1 mr. vor 1 lisp. roggen.

Item vor 30 leste kalkes to losschende 4 mr.

Item Tomas vor bekere gegeven 2 Arnoldesgulden 1 s., unde noch sloge wy em aff 5 mr., de he schuldich was van broke.

Item in de weke gegevenᵃ 3 1/2 mr.

Itemᵇ Godscalk Smede 10 mr. up rekenscop.

a) *folgt gestr.* 10 2 mr. b) *links am Rand ein Hufeisen.*

358   1439 Jan. 3

In octava sancti Johannis evangeliste

Item untfangen van den molenmesters 200 mr.

Itemᵃ gedan deme prestere, de den seiger maken sall, 20 mr.

Item 8 mr. Hinrik Mandrouen gedan van Loden vicarie to Mariemma.

Item 5 mr. in de weke vorloent.

Item untfangen 30 mr. van den schotheren, de worden geantwordet Gert Groten, do he to Prußen wart toch¹.

Item Corde 16 s. vor 1 vlasche Romnie her Bellarde² sant unde 1 lisp. haveren dar to.

a) *links am Rand* zeiger.

1) *vgl. Nr. 356.* 2) *Johann Bellard, Rhr. zu Pernau, LivUB 9 S. 689 (Register) u. Nr. 562 (1440 Feb. 23).*

f.54a

359   1439 Jan. 10

Sabbato[a] infra octavam Epiphanie
Item her Peter Groninge 3 mr. sine lifrente gesant.
Item 5 mr. in de weke gegeven.

a) *über der Z. 39.*

360   1439 Jan. 17

Ipso die Antonii
Item dren piperen 6 mr. gegeven vor[a] eren roggen unde spec.
Item[b] noch deme seigermakere 10 mr. gedan.
Item mit Frederik Depenbeken gerekent, van sinem wive untfangen
    van em to kellerhure 13 f.
Item untfangen van Ffrederik vorscriven 43 mr. van Munkenbeken
    nalate den 10den.
Item em wedder gegeven 15 mr. unde 3 s. vor wiin, den de rad hadde
    gedrunken.
Item Jacob van der Molen 9 mr. 12 s. vor Romnie, de de rad hadde
    ummesant.
Item Hinrik deme wegere 2 mr. van deme sele.
Item untfangen van Jacobe van der Molen 35 mr. kellerhure.
Item in de weke 4 mr. gegeven.
Item 15 s. dat swert 3 to vegende.
Item untfangen van den schotheren 500 mr., hiir van her Gisen[1] betalt
    400 mr., de he utgelecht hadde van der stad wegen.
Item Culpsu 30 mr. gedan upp rente deme rade.

a) vor *übergeschr., mit Einfz.* b) *links am Rand* zeiger.
1) *Richerdes, Rhr.*

361   1439 Jan. 24

Item sabbato ante festum Conversionis sancti Pauli
Item 21 Arnoldesgulden gegeven vor 2 leste haveren Lippolt Lecht[is].
Item 2 mr. vor 200 bastene linen.
Item[a] noch deme seigermakere 10 mr. gedan[b] up rekenscop.
Item Andres Holtwissche 1 Arnoldesgulden vor reine to makende vor
    unde in den Strantporten.

Item 1 mr. vor 1 t. bers^c den munderiken up dat blinde bolwerk to bringende.

Item her Godscalk Borstell 24 1/2 mr. unde 2 s. vor^d de halven muren bi dem Kaldunenmarkede.

f. 55

Item^e Hans Hartwige 10 f. vor 5 spelluderocke to nejende.

Item in de weke vorloent 4 mr. in de weke unde 1/2.

a) *links am Rand* Zeigher. b) *folgt ungestr.* gedan. c) *folgt gestr.* vor. d) *folgt ungestr.* vor. e) *über der Z.* 39.

362   1439 Jan. 31

Sabbato ante festum Purificacionis Marie

Item^a deme prestere, de den seiger maket, 10 mr. gedaen.

Item deme wagenmakere 3 mr. min^b 12 s. vor 1 wagen unde vor andere ding to makende der stad.

Item costede dat prefat uttovorende van der wage in deme gange 15 mr. Rigesch.

Item Cordesschen vor 7 lispunt lichte 7 mr. vor^c dat rathus^d.

Item in de weke vorloent 7 mr.

Item^e Godscalk Smede 12 mr. gelent.

a) *links am Rand* zeiger. b) *Vorl.* mi. c) *folgt gestr.* 7 lisp. d) *rechts über der Z.* e) *links am Rand ein Hufeisen.*

363   1439 Feb. 6

Item feria sexta post Purificacionis Marie

Item untfangen van den brokeheren 100 unde 36 Arnoldesgulden.

364   1439 Feb. 22

Dominica Invocavit

Item den spelluden, den piperen 3 mr., den trumperen 2 [mr.] 6 f.

Item den olden 1 mr.

365   1439 Feb. 26

Feria quinta ante Reminiscere

Item vorloent in 3 weken 8 mr.

Item 20 s. vor balken.

Item 17 s. vor 1 breff van Darbte to bringende[1].

Item 10 f. unde 3 s. vor dat prefaet uttovorende imme rathuse.

Item 10 mr. mester Ludeken vor 3 bore; dit mach he losen, wil he se losen vor dat sulve gelt[a].

Item[b] deme zeigermakere 40 mr.

Item sinen knechten 1 f. bergelt.

Item 1 mr. unde 6 s. upgebracht van kalkgelde.

a) vor das sulve gelt *rechts unter der Z., mit Einfz.* b) *links am Rand* zeiger.

1) *wegen gefangengenommener deutscher Kaufleute in Nowgorod, vgl. LivUB 9 Nr. 417 u. 427.*

f.55a

366 1439 Feb. 28

Sabbato ante dominicam Reminiscere

Item deme scrivere 6 mr. sin quatertempergelt.

Item 16 s. vor 1 vlassche Romnie Rodenberge gesant[1], Cort untfangen.

Item Jacob van der Molen noch vor 1 vlassche 16 s. deme scrivere van sunte Mertin.

Item her Gert Grimmerde 3 mr. vor 2 hope stens.

Item her Albert Rumoere 4 1/2 mr. unde 6 s. vor 14 stope wins, upp Nien jars dagh up dat rathus gekomen.

Item her Eppinchusen 2 mr. vor 1 alven vor sunte Mat[eus] altare[2].

Item in de weke gegeven 4 mr.

Item her Hildebrant van den Bokle gesant 3 mr. 5 s. vor 8 vlasschen wins, deme rade ummegesant.

Item mit Oleue gerekent, em gegeven vor bekere 8 mr. min 1 s.

Item[a] Godscalk Smede 6 mr. geleent.

a) *links am Rand ein Hufeisen.*

1) *Heinrich Rodenberg, einer der Gefangenen des GF Sigmund von Litauen, für die sich der HM 1438 März 3 verbürgt hat? Vgl. LivUB 9 Nr. 261. Um den Landmarschall Gottfried von Rodenberg dürfte es sich wohl nicht handeln.* 2) *zu St. Nikolai.*

367 1439 Mrz. 7

Sabbato ante dominicam Oculi

Item betalt Isebrande deme winmanne vor 29 vlasschen wins, de in deme Winachten gedrunken worden.

Item[a] vor 8 vlaschen, de in deme Vastellavende worden gedrunken, to hope 12 mr. 12 s.

Item Heineman Swane 7 f. schot to scrivende.
Item Tideken van Westen 3 mr. van Artemien hushure.
Item Clause deme denre 1 mr. vamme hoivorende to Vethe.
Item 28 s. vor 4 rade Gerken.
Item 5 1/2 mr. in de weke gegeven.

a) Item vor 8 vlaschen *rechts neben der vorigen Z.*

368   1439 Mrz. 12

   In die sancti Gregorii
Item[a] deme seigermakere 10 mr. noch gedan.
Item[b] der kerken van sunte Oleve gelent 26 leste kalkes.
Item[c] Niccles Kornere 2 mr. 3 s. van des seigermakers wegene.
Item noch Niccles van des zeigers wegene 3 mr. vor iserwerk.
Item deme zeigermakere 1/2 mr. to vordrinckende.

a) *links am Rand* zeiger. b) *ebd.* tu *(mit Kürzung)* kalk. c) *ebd.* Item zeiger *mit
Hinweisstrichen zu dieser u. der folgenden Z.*

369   1439 Mrz. 14

   Sabbato ante Letare
Item vorloent 8 mr. in de weke.
Item 1 mr. vor 1 t. bers den timmerluden.
Item vor 2 vlasschen Romnie deme deken to Ozel[1] sant 32 s.
Item 3 f. vor 1 lisp. haveren em gesant.
Item Clawes Drosten vor den oven imme nien stoven to welvende
   [. . .].

1) *Walter Remlingrode, Dekan zu Ösel 1438–1443, Arbusow, Geistlichkeit 2 S. 90.*

                          f. 56
370   1439 Mrz. 23

   Feria secunda post Judica
Item untfangen des sunavendes vor Judica 50 mr. van den molenme-
   sters.
Item in de weke vorloent 9[a] mr.

a) *folgt gestr.* ferd.

371   1439 Mrz. 26

Feria quinta post Judica
Item 12 schillinge her Jo[han] van Gotlanden dechtnisse.
Item viff spelluden viff mr. gegeven to erer teringe.

372   1439 Mrz. 28

In vigilia Palmarum
Item den luden, de den nien[a] keel streken under dat schuttenbot[b], dat
    van sunte Oleves kerken gekofft wart, 5 f. 4 s.
Item[c] vor 2 ankere to bergende gegeven 5 f.
Item 1 mr. den timmerluden vor 1 t. bers.
Item in de weke gegeven[d] 9 1/2 mr. in de weke.
Item koning Juriens boden[1] gesant 1 t. bers unde 2 vlassche Romnie,
    stunt to hope 10 f. unde[e] 5 s.; noch 1 lisp. haveren, stunt 3 f.
Item[f] den stenbrekeren[g] 1 mr. unde 6 s. to godesd[enst], to schogelde,
    to borenghelde.
Item Godeken Langen 1/2 mr., dat he utegeven hadde van der schut-
    tenboten wegen.
Item mit Henninge deme klensmede gerekent, em gegeven vor meni-
    gerleie iserwerk 7 mr. unde 1 f.

a) *übergeschr.* b) *Vorl.* -bote, *gestr.* c) *links am Rand* Anker. d) *folgt gestr.* 7 1/2 mr.
e) *folgt gestr.* 4 or. f) *links am Rand ein Kreuz.* g) *folgt gestr.* 1/2.

1) *gemeint ist wohl der Nowgoroder Fürst Juri Lugwenowicz, der offenbar im Zusam-*
menhang mit der Freilassung deutscher Kaufleute eine Botschaft geschickt hat, LivUB 9
Nr. 442; vgl. unten Nr. 377.

373   1439 Apr. 4

In vigilia Passche
Item[a] feria tertia post Palmarum antworde wy noch deme zeigermake-
    re 20 mr.
Item vor 3 balken 1 mr.
Item[b] up[c] 4 hope stens gegeven des stades stenbrekeren 3 mr.
Item 10 f. gegeven vor dat grus to vorende van Callen rume jegen deme
    nien stovene[d].
Item 1 mr. vor 1 t. bers den timmerluden.
Item vor 1 par rade 1 f.
Item vor negle gegeven 3 f. Ludeken van Kerme.

Item in de weke gegeven 10 mr. unde vorloent.
Item den denren unde deme scrivere to bergelde 3 mr. gegeven.

a) *links am Rand* Zeiger. b) *ebd. ein Kreuz.* c) *übergeschr., darunter gestr.* vor. d) nien stovene *rechts über der Z., mit Einfz.*

f.56a

374   1439 Apr. 11

Sabbato ante Quasimodogeniti
Item untfangen van den molenmesters 100 mr.
Item in der Passcheweken vorloent 3 mr. unde 1 f.
Item Haneboele gesant 40 mr. van der oversten molen van des cump-
thurs wegen.
Item gegeven 7 mr. min 1 f.[a] vor 1 roclaken Godscalk Smede gegeven.
Item viff mr. deme nien vorsprakere gegeven.
Item[b] Kankloen gedaen 6 mr. upp rekensscop van der schiven.
Item[c] deme marketvogede 1 f. gegeven vor 1 par scho.
Item Lintorpe gegeven sine rente 5 1/2 mr., zinem wive gedan.

a) *folgt gestr.* de gods. b) *links am Rand* Kanklo. c) *davor zwei Z. freigelassen.*

375   1439 Apr. 18

Sabbato ante Misericordias domini
Item her Jo[han] Stenwege gedan 12 mr. van her Hunninchusen
vicarie, 8 mr. den monniken[1], 4 mr. tor beluchtinge.
Item[a] Niccles Kornere noch gegeven to deme zeigere to makende 5 mr.
min 6 s.[b]
Item in de weke vorloent 12 mr.

a) *links am Rand* zeiger. b) min 6 s. *rechts über der Z., mit Einfz.*
1) *von St. Katharinen.*

376   1439 Apr. 25

Sabbato ante Jubilate
Item untfangen 40 mr. van der oversten molen. Noch 40 mr. untfangen
van em.
Item 5 mr. vor 2 vlisien to der schiven.
Item untfangen van 2 ankeren 5 f. 4 s. van bergegelde.
Item her Gerwine 7 mr. van 2 altaren.
Item deme kercheren vamme Hilgen Geste 4 mr.[a] Luk.

Item her Appollonius 6 mr. gegeven van sunte Mat[ies] altare[1].

Item viff der stad denren ere lôn, ilkeme 4 mr.

Item Gert Groten vor stawelen, spec, zinen roggen, oven intobotende 6 mr.

Item her Gerdelagen 5 mr. van des Sacramentes altare tome Hilgen Geste.

Item 2 Arnoldesgulden vor 1 t. bers mit deme holte deme voegede van der Narwe[2] gesant.

f. 57

Item Gerde mit her Hildebrande[3] van her Oleues wegene 4 1/2 mr. van der vromissen to sunte Nicolause.

Item vor vlisien unde licstene to vorende to der stad behoff 9 f. 3 s.

Item noch em 1 Arnoldesgulden, des he tachter was, van vorloene vor holt unde vor stene gegeven.

Item[b] Niccles deme klensmede 4 Arnoldesgulden vamme zeigere.

Item deme zeigermakere 2 Arnoldesgulden.

Item Gert Groten 6 f. 3 s. vor 2 lisp. haveren unde 2 kulmet.

Item in de weke gegeven 15 mr.

a) *folgt gestr. s.* b) *links am Rand* zeiger.

1) *im Heilig-Geist-Hospital.* 2) *namentlich nicht bekannt, nicht mehr Johann Koninck, der Mai 18 als K zu Dünamünde bezeichnet wird, LivUB 9 Nr. 454.* 3) *van dem Bokle, Rhr.*

377 1439 Mai 2

Sabbato ante Cantate

Item Hinrik Wegere 5 f. 1 s. gegeven, de he utgegeven hadde in der wage to beterende unde buten den kellerschrat.

Item vor 1 riis pappiirs 10 f.

Item her Rotger vamme nien cruce to sunte Nicolause 6 mr.

Item der ebdisschen[1] gesant bi Corde 2 mr. rente.

Item Jacob van der Molen vor wiin, deme rade ummesant up Passchen Romenie, 12 mr. min 8 s., dar von weren gesant 4 stope den Lettowen Juriens denren[2].

Item her Gisen[3] 5 mr. gesant der seken rente to sunte Johanse.

Item[a] noch Kankloen gegeven 6 mr. de schiven to makende.

Item gegeven Cort Groten 7 1/2 mr. der seken rente imme Hilgen Geste.

Item her Gisen[3] gesant 1 mr. 3 s. vor den breff, deme voegede van der Narwe gesant[4], Claus Groten na.

Item in de weke vorloent 15 1/2 mr.

a) *links am Rand* Kanklo.

1) *von St. Michaelis.* 2) *vgl. Nr. 372.* 3) *Richerdes, Rhr.* 4) *Anlaß u. Inhalt unbekannt, vgl. Nr. 376.*

378   1439 Mai 9

Sabbato ante Vocem jocunditatis

Item[a] Niccles 7 mr. vor resscopp tome seigere to makende.

Item Mertin Gropengeter 4 mr. sine rente.

Item Tid[eken] Bodeken 3 mr. vor 2 hope stens.

Item Hans Honen 9 f. 3 s., dat he vorterd hadde van der stat wegen to Darbte wart[b1].

Item 1/2 mr. vor 2 vlysien over de straten vor Mertin Gropengeters hus.

Item in de weke 9 mr. in de weke.

f.57a

Item Goedeke Langen 42 s. van deme schuttenbote utgeret.

Item noch em 1/2 [mr.] vor sparren tome kalkovene.

Item 6 f. unde 4 s. vor towe, ok tome schuttenbote.

Item noch in de weke 2 [mr.] vorloent.

a) *links am Rand* zeiger. b) Darbte wart *rechts über der Z., mit Einfz.*

1) *offenbar im Zusammenhang mit der Freilassung deutscher Kaufleute in Nowgorod, vgl. Nr. 372 u. LivUB 9 Nr. 447.*

379   1439 Mai 16

Sabbato infra ocatavas Asscensionis domini

Item vor 100 unde vor 71 1/2 vadem kalkholtes 48 mr. min 6 s.

Item 3 mr. 14 s. vor versche vissche in der stad dyk.

Item 3 mr. 12 s. vor 4 t. ters.

Item[a] deme zeigermakere 6 mr. 1 s.

Item noch em 2 gulden gegeven.

Item vor 2000 unde 200 deckebrede 8 mr. 2 s.

Item 4 1/2 mr. vor 3 hope stens tome ersten kalkoven her Stolteuote.

Item vor 5 t. bers; 4 t. worden gesant Karl Bonden[1], de 1 deme kump-
tur van Velline[2], 8 1/2 mr. 4 s.; noch dem van Velline 1 t. gesant,
stunt 6 f. 8 s. mit deme holte[b].

Item Peter Koke 20 s. vor rintflessch, 1 f. vor 1 verndel vamme schape.

Item vor note unde vor unrad 1 mr.

Item[c] vor ekenholt 5 f. tome seigere.

Item Isermanne 3 mr. vor 2 hope stens, de em de rad gaff.

Item 1 mr. unde 4 s. vor broet up dat rathus, do de deken van Ozel dar
was[3].

Item 4 Arnoldesgulden vor 2 t. bers deme olden landmarscalke van
Prußen[4] gesant.

Item 6 f. vor 1 schaep, dat quam ok tor kost, do Karl Bonde[1] was to
gaste beden, do he was to sunte Berigitten.

Item[d] 4 mr. vor 1 vat ose Hans van Runden, dat unfenc de zeigermaker.

Item vor 3 t. bers, do de rad upme huse was, 4 1/2 mr. min 8 s.

Item 1 mr. vor broet Karll Boenden[1] gesant.

Item vor 29 stope wins Romnie 6 1/2 mr. min 2 s., vor dat lechlen 5 s.

Item vor 2 schinken 5 f., do de rad upme huse was, noch vor tungen
unde metworste 16 s.

Item 6 f. vor 1 t. bers Michel Melre gesant.

Item vor win 52 stope Romenie her- Kerstern[5] gesant bi her Dideric van
der Heide 11 1/2 mr. 3 s.

Item in de weke 7 mr. vorloent.

a) *links am Rand* zeiger. b) *rechts über der Z., mit Einfz.* c) *links am Rand* zeiger. d) *ebd.*
zeiger.

1) *Karl Thordsson Bonde, Hpt. zu Raseborg 1437–1441, vgl. LivUB 9 Nr. 367 Einl. und
ebd. 467 Einl.; Anlaß seines Aufenthaltes in Reval scheint eine Pilgerfahrt nach St.
Brigitten bei Reval gewesen zu sein.* 2) *Thomas Hungersdorp gen. Grevesmolen, Arbu-
sow, Geschlechter S. 68 u. 119.* 3) *Walter Remlingrode, vgl. Nr. 369 u. LivUB 9 Nr. 454.*
4) *Vinzenz von Wirsberg, vom HM als Oberster Marschall aus Parteirücksichten
abgesetzt, LivUB 9 Nr. 508.* 5) *Cristiern Niklesson, Hpt. zu Wiborg, vgl. LivUB 9
Nr. 472.*

f. 58

380   1439 Mai 23

In vigilia Penthecoste

Item[a] deme seigermakere 4 mr. gedan.

Item vor 1 stoer 7 f.; noch vor 1 stoer 32 s.

Item vor 2 ekene brede 1/2 mr. tome zeigere.

Item 13 f. vor 1 blok, dar men de schive affmakede tome seigere.

Item den oven nie to makende imme nien stovene 1 mr. vor 1 t. bers.

Item kostede de erste kalkoven intosettende 10 mr. unde 1 t. bers van
    1 mr.
Item 1 mr. vor 1/2 last tunnen, de vor den kalkoven quemen.
Item untfangen 100 mr. van den[b] molenheren.
Item 27 or. vor 27 vadem towes tome zeigere.
Item her Hermen Kallen[1] vor 3 balken eken unde vor 1 leddige tunnen
    1 mr. 7 s.
Item Saxenhiir vor 100 unde 43 vadem kalkholtes uptoverende 8 mr.
Item betalt her Gert Grimmerde 4 1/2 mr. vor 3 hope stens tome ersten
    kalkovene.
Item in de weke betalt[c] 9 mr.

a) *links am Rand* zeiger. b) *folgt gestr.* berheren. c) *folgt gestr.* 5.

1) *Rhr. 1428–1450, Bunge, Ratslinie S. 108.*

381   1439 Mai 30

In vigilia Trinitatis
Item untfangen 9 mr. van kellerhure vor win under der scriverie van
    Arnde.
Item Hans Lehalle 1 mr. gegeven vor 1 stēn, de quam tome seigere.
Item her Eppinchusen gesant 6 f. vor 1 hop stens tome ersten kalkoven.
Item noch Culpsu 3 mr. vor 2 hope stens tome ersten kalkovene.
Item den vōrluden gegeven vor 28 hope stens to vorende tome ersten
    kalkovene 100 unde 13 mr. mit 1 t. bers.
Item Tomas gegeven 3 mr. unde 1 s. vor bekere up dat hus.
Item vor 1 t. bers unde 2 vlassche wins deme proveste van Hapisell[1]
    gesant 2 mr. 7 s.
Item deme scrivere 6 mr. sin quatertempergelt.
Item[a] den stenbrekers 3 mr. gedaen up rekensscop.
Item[b] gegeven, dat de schorstene kosteden to beseende, 2 mr. 10 s.
In de weke vorloent 4 mr. Rig.

f. 58a

Item[c] untfangen 100 mr. van Peter Templine, dat gelt sande uns her
    Heineman Swane van der barsen, dar mede is se betalt.
Item[d] mester Ludeken unde 2 timmerluden 3 mr. van der snicken
    wegene, de deme cumpthur mede gedan wart[2].
Item mester Ludeken knechte 1/2 mr.
Item 4 anderen timmerluden to hope 20 s.

Item vor hekede in den diik 6 f. 3 s.ᵉ

Item vor 71 1/2 vadem kalkholtes 17 mr. 4 s.

Item vor 1 grot 100 bressme in den diik 4 mr. min 1 s.

Itemᶠ deme zeigermakere gegeven 3 Arnoldesgulden.

Item Michell Melere upp rekenscop van der schiven 7 gulden gedan.

Item vor 100 wemegallen in den dyk 1 mr. min 2 s.

Item noch vor 50 carußen 10 s.

Item vor 50 unde 20 hekede 6 f. unde 2 s.

Item vor 46 balken, de in de kopple quemen, 9 mr. 12 s.

Item vor 16 balken 4 mr.

Item vor 74 sparren 6 f. unde 3 s.

Item vor 15 sparrenᵍ 30 s.

Item noch vor 87 balken unde 2 stendere 14 1/2 mr. 2 s.

Item vor 42 sparren 3 1/2 f.

Itemʰ vor 16 balken van 20 elen 4 mr., dit timmer quam all in de copplen.

Item den ersten kalkoven to bernende den arbeidesluden, deme koke, deme meistere to bernende 16 1/2 mr. unde 1 f., dat loen.

Item vortert tor kost den ersten kalkoven to bernende 21 mr. 5 s.

Summaⁱ dat de disse kalkoven to hope gekosstet hefft to bernende 38 mr. unde 5 s.

f. 59

Itemᵏ Corde, do he to Peter Ozen³ gesant wart, 1 mr. unde 4 s.

Item Honenˡ gegeven vor 2 t. bers mit deme holte unde vor 2 vlassche wins viff Arnoldesgulden.

Itemᵐ her Tonnies Wessler unde her God[eke] Krawell⁴ gesant ilkem 1 t. bers mit deme holte 3 1/2 mr.; noch 6 flassche Romnie 7 f. unde 7 s.

Item 5 mr. in de weke vorloent unde 1 f.

Item deme tomslegere gegeven 8 Arnoldesgulden.

Item gegeven Gert Groten 30 mr., de he in Prußen wart vortert hadde⁵.

a) *links am Rand ein Kreuz.* b) *folgt gestr.* 1. c) *über der Z.* 39. d) *davor eine Z. freigelassen.* e) *Vorl.* f. f) *links am Rand* zeiger. g) *korr. aus* 40. h) *links am Rand* Coppel. i) *links am Rand* kalkoven primus. k) *über der Z.* 39. l) *folgt gestr.* gesant. m) *links am Rand* Corde deme denre g.

1) *namentlich nicht bekannt.* 2) *Walter von Loe, K zu Reval, der mit anderen zum Tag von Stralsund reiste, auf dem die Streitigkeiten zwischen dem HM und dem DM Eberhard von Saunsheim beigelegt werden sollten, LivUB 9 Nr. 454.* 3) *Peter Oes verhandelte im Auftrag des Hpt. zu Ripen, Erik Eriksson, in Nowgorod, LivUB 9 Nr. 437.* 4) *G.?, Ordensritter?, vgl. LivUB 9 S. 699 u. 708 (Register).* 5) *vgl. Nr. 356.*

382 1439 Juni 13

Sabbato ante festum Viti martiris

Item vor 100 unde 22 1/2 vadem kalkholtes 34 mr. unde 4 s.

Item vor 1 stoer gegeven 6 f. unde 2 s.

Item[a] vor win, kellerhure van Clause mit her Timmermanne to hus 5 mr. untfangen.

Item em betalt vor win, deme rade upp Pinxten ummesant, 6 mr. 18 1/2 s.

Item kostede de snicke, de me deme cumpthure mede dede, to makende unde utthoredende[1] 17 mr.

a) *folgt gestr.* vor.
1) *vgl. Nr. 381.*

383 1439 Juni 13

Sabbato quo supra

Item kosteden de trummen van den soden unde de sode reine to makende 4 mr.

Item kostede des stades stenkule to rumende 2 Arnoldesgulden.

Item Berlesten vor 1 klinkensloet tor seigerkameren 20 or.

Item in de weke vorloent 6 mr. unde 1 f.

384 1439 Juni 20

Sabbato ante festum Nativitatis sancti Johannis baptiste

Item 1 mr. vor 1 t. bers den timmerluden.

Item her Albert Rumoer gesant 18 mr. vor 2 last haveren.

Item em noch 6 f. vor 1 hop stens tom ersten kalkoven.

Item Keglere 6 mr. vor 4 hope stens, ok tome kalkoven.

Item[a] Saxenhiir 3 mr. upp rekenscop gedan.

Item in de weke vorloent[b] 9 mr. Rig.

Item Tideken Bodeker 6 mr. vor 1 hop stens.

a) *links am Rand* Saxenhiir. b) *folgt gestr.* 8 mr.

f.59a

385 1439 Juni 26

In die Johannis et Pauli

Item vor 4 1/2 vadem kalkholtes 5 f. 1 s.

Item vor 27 vadem kalkholtes 7 1/2 mr. 2 s.

Item vor 10 1/2 vadem kalkholtes 3 mr. min 2 s.

Item vor 35 vadem kalkholtes 10 mr. min 7 s.

Item vor 15 vadem kalkholtes 4 mr. 7 s.

Item vor 20 vadem bernholtes 3 1/2 mr. 4 s.

Item vor 10 vadem kalcholtes 3 mr. min 7 s.

Item 5 f. 6 s. vor 5 vadem kalkholtes.

Item vor 16 vadem kalkholtes 4 1/2 mr. min 1 s.

Item vor 14 1/2 vadem 4 mr. unde 2 s. kalkholtes.

Item 20 s. vor 2 vadem.

Item vor 15 vadem 4 mr. 7 s.

Item 11 mr. vor de balken in de copplen to vorende.

Item[a] Michell Mellre gegeven 12 mr.

Item[b] deme seigermakere gegeven 2 mr.

Item 2 mr. 2 s. vor 100 bressme in den dyk.

Item des[c] bisscopps piperen van der Riig[e] 4 gulden Arnoldes.

Item[d] deme seigermakere gegeven 32 mr.

Item noch Niccles Kornere viff Arnoldesgulden.

Item[e] in die Visitacionis Marie[1] untfangen 60 mr. van den scotheren van
   schote.

Item untfangen ghisterne van den molenmesters 100 unde 14 mr.

a) *links am Rand* Schive. b) *ebd.* Seiger. c) *folgt gestr.* Stadholders. d) *links am Rand*
zeiger. e) *davor eine Z. freigelassen.*

1) *Juli 2.*

386   1439 Juli 11

   Sabbato ante Margarete

Item[a] untfangen 21 Arnoldesgulden van Wekebrode rente.

Item[b] kostede dat want up dat rathus to slande 14 s., noch 20 s.
   totoslande.

Item 8 gulden vor 1 pert up den marstall Oleff Bekerwerter.

Item her Peter Groninge gesant 3 mr. sine rente.

Item[c] den stenbrekeren 3 mr. upp rekensscop.

Item[d] 1 mr. vor 1 t. bers den mûrluden vor der Susterporten.

f. 60

Item[e] 1 f. vor de schuttenbote to beterende.

Item in dren wekene vorloent 24 mr.

a) *links am Rand* Wekebr. b) *ebd.* boenholt. c) *ebd. ein Kreuz.* d) *davor die ganze Z.*
gestr. Item in de Weke vorloent. e) *über der Z.* 39.

387   1439 Juli 15

Inᵃ die Divisionis apostolorum

Item mit Hinrik deme winmanne gerekent, des geve wy em vor 7 ame wins unde 12 stope, den de raed en deel gedrunken hadde upp der scriverien unde vor vullewiin, de kellerhure affgeslagen, hiir van 21 mr., so geve wy em an gelde 200 mr. unde 17 1/2 mr.

Item vor 100 unde 12 vadem kalkholtes 28 1/2 mr. unde 5 s.

Itemᵇ vor slagengolt Hans Drogen vor 200 min 12 stucke tor schiven 5 1/2 mr.

Item vor 2 store 5 mr.

Item vor 6 vadem kalkholtes 5 f. 5 s.

Item vor 1 stoer 3 mr. gegeven.

Itemᶜ Michell Meelre 2 mr. gedan.

Item 7 f. 5 s. vor 7 1/2 vadem kalkholtes.

Item vor 18 vadem bernholtes 3 1/2 mr.

Item 5 f. vor 5 vadem kalkholtes.

Item 7 f. vor 7 vadem kalkholtes.

Item untfangen 12 mr. rente van her Wenemersse[1].

a) *davor S.* b) *links am Rand* schive. c) *ebd.* schive.

1) *van der Beke, Rhr.*

388   1439 Juli 18

Sabbato ante Marie Magdalene

Item Hans Honen 2 mr. vor 2 t. bers den mûrluden vor der Susterporten.

Item den munderiken 1 mr. gegeven, de mit Corde unde lutken Gerde uthe weren, in der see to beseende, vor 1 t. bers unde 3 mr. unde 10 s., de se vortert hadden.

Itemᵃ den vischeren ok 1 mr. vor 1 t. bers, dat se mede uthe weren.

Item 14 s. vor 1 slot vor dat snickenhus.

Item Cort Gripenberge gesant vor 3 hope stens van to herveste unde noch 4 hope van her Telchten[1] kulen unde vor 2 hope van siner egenen kulen, to hope 13 1/2 mr.

Item Saxenhiir vor 400 vadem unde 23 vadem kalkholtes ut deme watere to vorende mit 23 1/2 mr.

Item Culpsu vor 52 vadem kalkholtes uptovorende 3 mr. min 4 s.

Item in de weke vorloent 18 mr.

f.60a

Item[b] Corde up den hoislach 20 mr. up rekensscop gedan.

Item vor 1 koe 3 1/2 mr., noch nam he 2 1/2 lisp. roggen ut deme stenhuse.

Item Corde noch gegeven 15 mr. min 8 s. van des hoislages wegene.

Summa Cort upme hoislage vortert 44 1/2 mr. min 8 schillinge.

Item vor 10 vickeden 4 mr. min 3 s.

Item Corde gegeven 2 mr. vor zin ungemake.

Item[c] noch 23 mr. vorloent den luden upme hoislage[d].

Item 7 f. vor dunneber up den hoislach.

Item[e] 25 s. dregloen.

Item noch vorloent upp den hoislach 7 mr. unde 4 s.

Summa[f] in all gekostet de hoislach gekostet 84 mr. dit jar[g].

Item vor 17 vadem kalkholtes 17 f. 2 s.

Item vor 6 1/2 vadem kalkholtes 6 f. 5 s.

Item noch vor 9 vadem 9 f.

Item vor 8 1/2 vadem 2 mr. 5 s.

---

a) Item bis se *mit der vorigen in einer Z.* b) *über der Z.* 39, *links am Rand* hoislach.
c) *diese Z. mit der vorigen in einer Z.* d) *ab* luden *rechts über der Z., mit Einfz.* e) *diese Z. mit der vorigen in einer Z.* f) *desgl.* g) *ab* 84 *rechts unter der Z., mit Einfz.*

1) *Hinrik von Telgte, Rhr. 1415–1423, Bm. 1426, gest. 1428, Bunge, Ratslinie S. 134 u. LivUB 9 Nr. 535.*

In[a] die Marie Magdalene
Item[b] untfangen van der wage 53 1/2 mr. min 5 s.

Item[c] betalt deme priore[1] 18 mr. van Woldemer Reuels wegen.

Item 5 mr. van em untfangen.

Item 9 mr. min 1 f. vor 1 pert up den marstall.

Item[d] Michell Meelre 3 mr. gegeven.

Item vor 1 stoer[e] 6 f.

Item[f] vor 1 t. bers tor schiven 6 f.

---

a) davor S. b) *links am Rand eine Waage.* c) *folgt gestr.* Tegerink. d) *links am Rand* Schive. e) *folgt gestr.* V. f) *links am Rand* schiven.

1) *von St. Katharinen.*

390   1439 Juli 24

Sequitur in vigilia Jacobi

Item kostede de gesterie upp deme radhuse, do her Henrich Rowed-
der, des homesters bode, des rades gast was[1], 6 mr. Rig. unde noch
vor 2 t. bers 3 mr.

Item van her Jo[han] Sunenschine 33 s. vor win.

Item[a] den stenbrekeren gedan 2 mr.

Item 11 mr. in de weke gegeven.

Item untfangen 12 mr. van her Hild[ebrand] van dem Bokle rente.

Item noch[b] 14 vlassche wins upp der scriverie gedrunken.

Item untfangen van Hinrik deme winmanne 12 mr. unde 13 s., dat
noch uth deme vathe quam.

a) *links am Rand ein Kreuz.* b) *folgt gestr.* vor.

1) *Er war zu Verhandlungen im Streit des livländ. Ordenszweiges, der sich auf Heiden-
reich Vincke von Overberch als OM geeinigt hatte, in Reval, vgl. LivUB 9 Nr. 508.*

f.61

391   1439 Aug. 6

Feria quinta ante Laurentii

Item[a] deme zeigermakere gegeven noch 6 mr. 1 s.

Item noch Ludeke Reppler 9 mr. gegeven van des seigermakers
hushure.

Item[b] Michell Melre 6 mr.

Item 3 Arnoldesgulden vor des abbetekers schiplage unde cost ut
Prußen.

Item vor hundert unde 30 vadem kalkholtes 28 1/2 mr. unde 4 s.

Item vor 2 t. bers Karll Bondesschen unde erer moder[1] gesant 3 1/2 mr.
min 2 s.

Item Kerstin van der Beke vor 1 pert, dat her Jo[han] Sunnenschin
mede to dage nam[2].

Item her Hinrik Ankersmede[3] 10 mr. vor 1 pert.

Item van Corde untfangen 5 mr. van kellerhure van deme winmanne
under Hartmanne.

a) *links am Rand* zeiger. b) *ebd.* schive.

1) *vgl. Nr. 379.* 2) *Landtag zu Walk 1439 Apr. 26, auf dem vor allem der innere
Ordensstreit verhandelt wurde, AuR 1 Nr. 446, LivUB 9 Nr. 440, 454, 455, 457.* 3) *G.?,
vgl. LivUB 9 Nr. 884.*

Sabbato ante Laurentii

Item[a] untfangen van her Hinrik Schelwende vamme dorpe Vethe 88 mr. min 6 s.

Item Kerstin Bonden gegeven vor 5 hope stens to vorende vor de[b] Stovenporten, noch vor 1 hop stens up den dam vor der Lemporten, noch vor 17 voder vlisien vor de[c] Strantporten to vorende, vor 9 leste kalkes unde 6 leste sandes unde vor 6 voder stens unde 3 leste kalkes unde vor 30 karren kalkes.

Noch vor 10 vadem bernholtes unde vor 2 grote vlisien, 1 quam tor schiven, de andere in de Smedestraten, all tor ende 29 mr.

Item untfangen van den boden van den vrowess namen van des hoislages wegene 6 f. lutken[d] Gerdes wive.

Item[e] Kankloen gedan noch 6 mr.

Item deme[f] blygetere Maties gegeven 9 f., unde dar to sloge wy em aff noch, dat he schuldich was van hushure, zo is nu mit em alle ding slicht; van der hushure[g] was he schuldich 6 mr., dit wart em gegeven, dat bly to getende unde to deckende boven der schiven.

Item vor 2 300 brede to behowende 4 mr. unde 4 1/2 s.

Item vor treppsten unde vlisien van Gripenberges kulen 3 f. vor der Lutken Strantporten.

Item Gert Groten unde Hans Honen betalt vor 4 t. bers unde vor 1 t. medes unde vor 2 vlasschen Romnie 12 mr., deme sendeboden ut Prußen gesant[1].

Item vor 2 t. bers den můrluden vor der Bastovenporten 2 mr., untfangen Hone.

Item Martin Degen gesant 1 t. bers[2], stunt 7 f. min 1 s.[h]; noch em[i] 2 vlassche Romenie gesant, stunden 32 s.; summa 10 f. 3 s.

Item vor 2 vlassche Romenie[k] Karll Bonden vrowen[3] gesant 32 s.

f.61a

Item[l] Clause deme denre gegeven 3 mr. gegeven vor dat he upme hoislage to Vete was, vor zin beer unde zine kost unde vor sin ungemak.

Item noch den luden van Vethe 1 mr. vor 1 t. bers.

Item Clause 17 s. gegeven vor grundelen.
Item in 2 wekene vorloent 14 mr.

a) *links am Rand* Vethe. b) *korr. aus* der. c) *korr. aus* der. d) *übergeschr., mit Einfz.*
e) *links am Rand* Kankloe. f) *folgt gestr.* seigermaker. g) *Vorl.* huhure. h) 7 f. min 1 s.
über der Z., mit Einfz., darunter gestr. mr. i) *folgt gestr.* vor. k) *folgt d.* l) *über der Z. 39.*

1) *vgl. Nr. 390.* 2) *Diener des Hpt. zu Wiborg, Cristiern Niklesson, der wegen der
Auslieferung eines Mannes in Reval verhandelte, LivUB 9 Nr. 472.* 3) *Cäcilie, Gattin des
Hpt. zu Raseborg, Karl Thordsson Bonde, vgl. Nr. 337 u. LivUB 9 Nr. 367 Einl. 1) über
der Z. 39.*

393   1439 Aug. 17

In octava Laurentii
Item untfangen van den molenmesters 50 mr.
Item vor den groten dyk reine to makende 4 mr. 4 s.
Item 20 s. vor vliizien vor de Bastovenporten.
Item vor 1 t. medes, 2 t. bers deme boden utt Prußen gesant[1], mit
    vurlone unde tunnen, to hope 8 mr. min 4 s., Cort de olde
    untfangen.
Item vor de sterne- unde sünnentorschiven 3 mr. Jutteken.
Item 10 f. vorloent den mürluden vor der Bastovenporten in der lesten
    weken.
Item[a] in de weke vorloent 4 mr.

a) *davor gestr.* Item 7 f. vor.
1) *vgl. Nr. 390, 392.*

394   1439 Aug. 29

In die Decollacionis sancti Johannis baptiste
Item vor 4 000 deckebrede 15 1/2[a] mr. 4 s.
Item[b] vor disse brede uptovorende 9 f. 2 s.
Item vor 18 vadem kalkholtes 3 mr. 3 s.
Item vor 18 1/2 vadem kalkholtes 3 mr. 6 s.
Item vor 13 vadem kalkholtes 2 mr. 8 s.
Item[c] Michell Mellre 2 mr. noch gedan.
Item gegeven deme Ouerlendere 4 Arnoldesgulden, de hiir ut Prußen
    quam[1].
Item kostede de erste kalkoven uttoschuvende 11 mr.

Item in 2 weken vorloent 13 mr.

Item^d den stenbrekeren 2 mr. gedaen upp rekensscop.

a) *korr. aus 7.* b) *diese Z. rechts neben der vorigen.* c) *links am Rand* Schive. d) *ebd. ein Kreuz.*

1) *Ist Heinrich Rowedder gemeint? Vgl. Nr. 390, 392, 393. R. war allerdings bis 1335 K zu Althaus im Kulmerland, das westlich des eigentlichen Oberlandes liegt. Oder bezieht sich der Beiname auf das kurländische Oberland?*

395   **1439 Sept. 12**

   Sabbato ante Exaltacio sancte crucis

Item untfangen van den molenmeisters 25 mr.

Item 9 f. unde 6 s. vor ekene balken tome winkellre.

Item vor ekene brede to dem winkelre unde to den schiven 9 f. Baddenhusen.

Item vorloent in de weke 3 f. unde 2 s.

                        f.62

Item vorloent in de weke vorleden 7 mr.

Item^a Michell Melre 6 f. vor 1 t. bers.

Item kostede de andere kalkoven intosettende 11 mr.

Item vor 6 vadem kalkholtes 1 mr. 2 s.

Item her Stolteuote vor 2 hope stens tome ersten kalkovene 3 mr.

Item vor 6 vadem kalkholtes 1 mr. unde 2 s.

Item vor 26 vadem kalkholtes 4 1/2 mr. 2 s.

Item 1 mr. 2 s. vor 6 vadem kalkholtes.

Item^b Godeke Langen 7 gulden up dat metent van deme holte^c.

Item em noch 1 gulden gegeven van deme holtmetende, so isset nu slicht mit em.

a) *links am Rand* schive. b) *ebd.* God. Lange. c) *folgt gestr.* 7 gulden gedan.

396   **1439 Sept. 20**

   In vigilia Matei

Item vorloent in der wekene vorleden 7 1/2 mr. 2 s.

Item^a untfangen ut deme ersten kalkovene 75 leste, de is schuldich de kerke to sunte Oleve^b.

Item behelt de rad 100 unde 18 1/2 last, de se vorgeven unde vorbuwet hebben.

Item upgebracht 250 mr. unde 1 1/2 mr. her Stolteuoet; aldus is geworden allis kalkes ut deme ersten kalkovene 350 leste unde 20 leste.

Item in de weke vorloent 6 mr.

Item kostede de erste kalkoven 32 mr. to bernende.

Item Mertine 4 mr. vor der stad kalk to losschende.

Itemᶜ den stenbrekeren gegeven 4 mr. gedan.

Itemᵈ noch Kankloen gegeven 24 mr. unde 4 s. vor de schiven unde dat cimborium dar boven to makende; nu is dat all betalt.

Item Gert Groten 5 f. vor 2 1/2 lisp. haveren.

Item 1/2 mr. vor vet to waghensmere.

a) *links am Rand* t (*für* tachter) Sunte Oleues kerke. b) *ab* sunte *rechts über der Z.; mit Einfz.* c) *links am Rand ein Kreuz.* d) *ebd.* Canclo.

Sabbato ante festum Michaelis.

Item alse unse here de meister hiir was[1], utegeven 6 mr. vor gebacken krut.

Item vor 5 lisp. sukkers 6 mr. unde 1 f.

Item vor 3 ferndel negelken 6 f.

Item 2 mr. vor 1 lisp. koleben.

Item vor 1/2 lisp. muschatenblomen 1 mr.

Item vor walnoete 21 s.

Item vor 1/2 lisp. dadelen 6 f. 6 s.

Item vor 1 lisp. engevers 20 s.

Item vor unraed 5 f.

Item 6 gulden gegeven des mesters spelluden unde gecke.

Item vor 1 350 deckebrede 5 mr. 12 s.

Item vor 6 vadem kalkholtes 1 mr.

Item vor 5 vadem kalkholtes 31 s.

Item deme meistere gesant 6 t. bers.

Item deme voegede van Karkis[2] 1 t. bers gesant.

Item deme cumpthur van Lehall[3] 1 t. bers gesant.

Item des meisters broder[4] unde des cumpthurs broder, deme Johanni-ten[4], ilkeme 1 t. bers, all mit deme holte 17 1/2 mr. unde 5 s. mit dem dregelone[a].

Item deme meistere gesant an Rinsschen wine 77 stope mit deme, de[b] to sunte Berigitten wart gedrunken.

Item vor 7 t. bers up deme rathuse gedrunken unde^c ene noch gesant to
  sunte Berigitten, hiir vor 12 mr. unde 6 s.
Item^d Michell Meelre noch gegeven 25 mr. van der schiven wegene.
  Summa dat he untfangen hevet, 50 mr., dar mede isset betalt.
Item kostede de reise tome Walke, do her Jo[han] Sunnenschin unde
  her Albert Rumoer dar weren[5], 70 mr. unde 1 s.
Item in de weke vorloent 7 1/2 mr.
Item Corde vor 3 lispunt lichte 3 mr. up dat rathus.

a) *rechts über der Z., mit Einfz.* b) *übergeschr., darunter gestr. dat.* c) *folgt gestr. de.*
d) *links am Rand Schive.*

1) *Auf seinem Umritt besuchte der neue OM Heidenreich Vincke von Overberch also
Reval und, wie aus dem folgenden hervorgeht, das Brigittenkloster.* 2) *Johann von
Mengede gen. Osthoff, V zu Karkus 1439–1442 (1450–1469 OM), Arbusow, Geschlech-
ter S. 77 u. 121.* 3) *Heinrich von dem Vorste, K zu Leal 1438–1451, Arbusow, Ge-
schlechter S. 59 u. 122.* 4) *namentlich nicht bekannt.* 5) *vgl. Nr. 391.*

f.63
398   1439 Okt. 3

  In profesto Francisci
Item untfangen van den molenmeisters^a 90 mr.
Item vor 2 lisp. roggen Michell Meelre 4 mr. gegeven em.
Item vor 1 000 mürtegels in deme winkelre 3 mr.
Item vor 11 1/2 vadem kalkholtes 2 mr. min 1 s.
Item Culpsu vor 1 hop stens tome anderen kalkoven 6 f.
Item^b den vorluden vor 31 hope stens tome anderen kalkoven 100 mr.
  unde 25 mr.
Item Peter Hollant vor 42 vadem kalkholtes to vorende 2 mr. 12 s.
Item vor 200 unde 25 vadem kalkholtes Saxenhiir uptovorende 12 1/2
  mr.
Item in de weke vorloent 8 mr. unde noch 5 mr.
Item Lassen vor 2 hope stens 3 mr. gegeven.

a) *folgt gestr. 2.* b) *links am Rand secundus kalkoven to vorende.*

399   1439 Okt. 10

  Sabbato ante Calixti
Item her God[scalk] Timmermanne 3 1/2 mr. vor 500 dagtegels to den
  hokerboden.
Item Cort Gripenberghe gesant 6 mr. vor 3 hope stens.
Item in de weke 4 mr. vorloent unde noch 3 mr. 7 s. vorloent.

Item her Dauid 4 1/2 mr. van der vromissen to sunte Nicolause.
Item Joachime 6 mr. sin quatertempergelt.

400 1439 Okt. 17

In profesto Luce
Item 3 mr. 2 s. vor 18 vadem kalkholtes.
Item[a] den stenbrekeren 2 mr. gedan.
Item 1 mr. vor 1 t. bers den timmerluden.
Item in de weke vorloent 7 1/2 mr.

a) *links am Rand ein Kreuz.*

401 1439 Okt. 24

Sabbato ante Simonis et Jude
Item untfangen 80 mr. van der oversten molen.
Item deme kercheren vamme Hilgen Geste 4 mr. vamme Cruce to Luk.
Item Hanebolen 40 mr. gesant rente van des cumpthurs wegene van
der oversten molen.
Item vor 42 vadem bernholtes 8 mr. unde 20 s.

f.63a

Item[a] vor 2 000 dacgtegels to den lutken boden 7 mr.
Item vor 500 mûrtegels to den oven in den hokerboden 6 f.
Item Lintorpe sine rente gegeven 5 1/2 mr.
Item her Hermen 6 mr. van sunte Matheus cappellen[1] wegene.
Item Kerstine Bonden 4 mr. vor 1 hop stens to vorende up den graven.
Item Tid[eke] Bodeken gesant 4 1/2 mr. vor 3 hope stens tome anderen
kalkoven.
Item 1/2 mr. vor 2 rantgarden Bernt Lunten tor snicken.
Item Corde 2 mr. vor 2 lispunt lichte upt rathus.
Item in de weke vorloent 8 mr. Rig., noch 4 mr. 5 s.
Item[b] Henning Klensmede 7 gulden upp rekensscop gesant.
Item[c] 6 mr. min 15 s. gegeven Niccles vor lopere, assen, bogen, wangen
unde sulk ding to den punderen.
Item 3 f. vor des drerers oven to beterende.

a) *über der Z. 39.* b) *links am Rand* Henningh. c) *davor eine Z. frei; links am Rand*
N Korner.

1) *in St. Nikolai, vgl. Nr. 34.*

402   1439 Okt. 31

[In vigilia Omnium sanctorum]

Int jar 1400 unde 39 do bleven kemerere her Godscalk Stolteuoet unde
her Tideman Nasschart, in vigilia Omnium sanctorum[a].

Item[b] Hans Kopmanne 8 mr. van der vicarie van Mariemma.

Item her Hinrik Eppinchusen 10 mr. tor beluchtinge vorme sacramen-
te imme Hilgen Geste.

Item noch em gesant 7 1/2 mr. der seken rente imme Hilgen Geste.

Item[c] untfangen van den molenmesters 100 mr. unde 37 mr.

Item her Gerdelagen 5 mr. sine rente van des Sacramentes altare[1].

Item her Cruzelocken 3 1/2 mr. van sunte Si[mon] et Juden altare[2].

Item Gert Groten 7 mr. van her Engelbr[echte] wegen van Schermbe-
ken vicarie[3].

Item her Eggerde 6 mr. van sunte Blasius altare[4].

Item Corde, Clause, Gerken unde Honen den denren, ilkeme 4 mr.

Item 28 mr. vor 1 pert, dat her Albert Rumoer mede nam, do he toch
an den mester unde den heren van der Rige[5].

Item Gert Groten 1 mr. vor talch up den marstall.

Item Clause Glasewerter 7 f. vor 2 glasevinster in den rathuskeller.

In de weke vorloent 10 mr.

f.64

Item Saxenhiir vor bernholt unde kalkholt uptovorende 9 f.

a) *bis hierhin in einem Rahmen.* b) *links am Rand* Mariema. c) *ebd.* Molen.

1) *im Heilig-Geist-Hospital.* 2) *ebd.* 3) *in St. Michaelis.* 4) *in St. Nikolai.* 5) *Bei seinen
Bemühungen um Ausgleich mit dem OM hatte der HM die Stadt Reval eingeschaltet. In
ihrem Auftrag verhandelte Rumor sowohl mit dem HM wie mit dem Eb. Henning von
Riga, vgl. LivUB 9 Nr. 542.*

403   1439 Nov. 7

Sabbato ante Martini

Item vor 5 vadem kalkholtes 1 Arnoldesgulden.

Item Kedinge betalt 9 mr. unde 1 f. vor 1 tunne to deckende 1 torn.

Item em 2 mr. gegeven van des holtes wegene van Wuluessoe to
halende.

Item her Detmer Kegler 16 mr. sine renthe.

Item Kegler 6 f. vor 1 hop stens tome anderen kalkoven.

Item Hoppenrike 3 mr. vor 2 hope stens.

Item 12 mr. in de wekene vorloent, noch 9 f. in de weke vorloent.
Item 1 mr. vor 1 t. bers den timmerluden.

404 1439 Nov. 14

Sabbato post festum Martini
Item vor 10 1/2 vadem kalkholtes 2 mr. min 6 s.
Item[a] Godscalke deme smede gelent 18 mr. 3 s.
Item in de weke vorloent 6 1/2[b] mr.
Item vor 7 lisp. haveren unde 4 kulmet 13 f. 4 s. Gert Groten.
Item Kerstine vor steen unde kalk tome sode imme nien stoven to
vorende 2 Arnoldesgulden.

a) *links am Rand ein Hufeisen.* b) *übergeschr., darunter gestr.* 11 1/2.

405 1439 Nov. 21

Sabbato ante Caterine
Item in de weke vorloent 5 1/2 mr.
Item 3 mr. vor balken.

406 1439 Nov. 28

Sabbato ante festum Andree
Item vor 3 Tomasche laken 72 mr. tor denerkledinge.
Item vor 15 hope stens 22 1/2 mr.
Item Hurlen gegeven 8 elen van 1 Hesedinsschen 6 mr. betalt.
Item[a] brachte her Stolteuoet up 100 mr. ut deme andern kalkoven.
Item[b] zin der kerken to sunte Oleve gedan 80 leste kalkes, de bliven se
schuldich[c].
Item noch en 5 leste betalt, de de rad der kerken schuldich was.
Item[d] noch 50 mr. upgebracht ut deme anderen kalkoven.
Item noch 50 mr. upgebracht ut deme anderen kalkoven.
Item noch 10 mr. upgebracht ut deme anderen kalkoven.
Item noch 39 mr. upgebracht ut deme anderen kalkoven.
Item noch 46 leste kalkes, de de rad vorgeven unde vorbuwet hevet
unde ok schuldich was. Summa 380 leste.

f.64a

Item[e] untfangen van selgelde 37 1/2 mr. unde 3 s.

Item Tid[eman] Louenscheden 6 f. min 3 s. vor ketle to lappende in der selboden.

Item her Hildebrande[1] 3 mr. vor balken.

Item Peter Kegle 1 f. vor negle.

Item 2 mr. de wegerknechten van deme seele.

Item Brekewolde gegeven vor towe tor stat behoff 7 mr. 1 f.

Item van em 2 mr. wedder untfangen van deme towe.

Item 6 mr. in de weke vorloent unde 3 f.

Item gerekent mit den stenbrekeren, de hadden jarlank gebroken 33 hope stens; hir vor hebben se untfangen 25 mr. min 1 f.

Item noch en 1/2 mr. vor 2 par scho.

Item den timmerluden 1 mr. vor 1 t. bers.

In de weke na Andree[2] 5 mr. vorloent.

a) *links am Rand* secundus kalkoven. b) *ebd.* tachter Sunte Oleue. c) *rechts über der Z., mit Einfz.* d) *links am Rand* secundus kalkoven. e) *über der Z.* 39; *links am Rand* Zeell.

1) *Nov. 30, also die Woche von Dez. 6–12.* 2) *van dem Bokle, Rbr.*

407   1439 Dez. 12

Sabbato ante Lucie

Item untfangen van den schotheren[a] 50 mr.

Item van den weddeheren untfangen 80 Arnoldesgulden.

Item[b] untfangen van der waghe 50 mr., de worden Hinrik, der stad wegere, upp rente gedan.

Item her Sunnenschine 6 f. vor 1 hop stens.

Item den munderiken 1 mr. vor 1 t. bers.

Item Godeke Langen 6 mr. unde 1 f. to eneme roclakene.

Item des stades timmermanne 5 mr. to eme rocklakene.

Item[c] deme timmermane 4 mr. vor brede to howende upp 5 000 brede to howende.

Item untfangen van Hinrik deme wegere 12 mr. min 10 s. vor de 1/2 last roggen, den he deme rade schuldich was.

Item[d] Mertine unde sime kumpane 11 mr. vor den anderen kalkoven uttoschuvende.

Item kostede dat schot in beiden kersplen to scrivende 2 mr. 10 s.

Item her Gert Grimmerden vor 1 hop stens 6 f.

Item vor der denre want to scherende 6 f. Gert[e] Groten gedan.

Item vor 6 f. unde 5 s. vor 3 lisp. 2 kulmet haveren Gert Groten.

Item vor stro 16 1/2 s.

Item 7 s. vor dat glasevinster to beterende up dem prefate.
Item in de weke 6 mr. vorloent.
Item 4 der stad boden gegeven ilkem 1 roclaken, lopt to hope 10 mr.

f.65

Item deme ludere 10 f. vor sin roclaken.
Item rechtfindere 10 f. vor sin roclaken.
Item den vorspraken twen 5 mr. vor ere roclaken.

a) *folgt gestr.* 80 mr. b) *links am Rand* Wage. c) *ebd.* timmerman brede. d) *ebd.* secundus kalkoven. e) er *übergeschr., mit Einfz.*

408   1439 Dez. 18

Feria sexta ante Thome apostoli
Item untfangen van deme vogede her Gert Grimmerde[a] 5 1/2 mr. van[b] brokegelde.

a) *Vorl.* Grummerde. b) *übergeschr.*

409   1439 Dez. 19

Sabbato ante festum Thome apostoli
Item 10 f. to eme rocke deme tegelsleger mit deme wande, dat van der dener wande overlopen was.
Item noch deme tegelsleger to eneme Lubesch grawen rocke 10 f. betalt.
Item her Jo[han] Beuermanne[1] 2 mr. gedan van her Jo[han] Bremen vrunden rente.
Item den munderiken 1 mr. to ener t. bers, dat se de havene vorwaren.
Item deme tegelmestere 6 f. vor 1 lisp. roggen, 1 mr. vor 1 siden speckes.
Item Godscalk Smede 1 roclaken van 1 Hesedinsschen, kostede 7 mr. min 1 f.
Item her Jo[han] Sunenschine betalt 24 mr. vor 16 hope stens.
Item Cordesschen 7 mr. vor lichte upt rathus.
Item vor 4 par ekener emre 5 f.
Item deme marketvogede vor 1 rok unde vor schoe 3 Arnoldesgulden.
Item Hans Hartwige 11 f. vor der spellude kledere to nejende.
Item Pawesse vor 2 ovene to makende 1 mr. 6 s.
Item in de weke vorloent 9 mr.

Item Kolberge vor 2 slote 2 Arnolden, vor dat snickenhus unde vor de
    Karienporten.
Item Andreas Holtwissche 24 schillinge vor der Strantporten reine to
    holdende.
Item untfangen van den schotheren 300 mr. unde 10 mr.
Item hiir van her Godscalk Stolteuote 200 mr. betalt, de he vor den rad
    hadde utgegeven[a].
Item her Ghert Grimmerde 68 mr. 11 s., dat hadde de reise kostet, do
    he mit der Jo[han] Sunnenschine to Woldemer was[2].
Item noch em gegeven her Gerde 29 mr. 2 s., de he vorterd hadde, do
    he van des rades wegene to Darbte was[3].
Item 10 mr. up dat slot gesant sloierpenninge.
Item untfangen van den molenmesters 100 mr., de worden ok geant-
    wordet her Godscalk Stolteuote, de he utegeven hadde van des
    radess wegene.

a) geven *rechts über der Z., mit Einfz.*

1) *Rhr. zu Dorpat, Lemm S. 43.* 2) *schon Ende 1438. Auf der Versammlung der Herren
und Städte wurde über die Festsetzung deutscher Kaufleute in Nowgorod verhandelt.
Vgl. AuR 1 Nr. 442 u. LivUB 9 Nr. 409.* 3) *Versammlung von Gesandten des B. von
Dorpat, des DO, der Städte Dorpat, Reval und Nowgorod in gleicher Sache, AuR 1
Nr. 443.*

f.65a

410   1439 Dez. 24

In vigilia Nativitatis Christi
Item untfangen van den schotheren 300 mr. Rig.
Hiir van betalt her Godscalk Stolteuote 200 unde 32 mr., de he van des
    radess wegene utegeven hadde, alse vor all gescriven steit.
Item Joachime 6 mr. sin quatertempergelt.
Item viven des radess denren ere lowentgelt, offergelt unde natloen, to
    hope 7 1/2 mr. gegeven.
Item her Gisen[1] 10 mr. gesant der zeken rente to sunte Johanse.
Item em gesant 5 mr., de men den sulven seken in de hande delt.
Item vor lowent an dat underlaken, vor 2 schrapen, 3 sleden, vor 1
    voder stroes, vor 2 vinstere in den marstall 2 mr. Gert Groten.
Item Nicloepe 16 mr. vor 2 loper haveren bi Gert Groten gesant.
Item her Hildebrant Feckinchusen[2] 1 lisp. haveren gesant unde 1 t.
    bers mit deme holte, stunt 2 Arnoldesgulden.
Item her Tonnies Wessler[3] 1 t. bers gesant, stunt 2 Arnoldesgulden.

Item der Vitingisschen[4] 2 vlassche Romenie gesant, stunden 32 s.
Item in de weke vorloent 6 mr. 2 f.
Item deme scrivere 2 Arnoldesgulden, sin offergelt.

1) *Richerdes, Rhr.* 2) *Rhr zu Dorpat, Lemm S. 148.* 3) *Ordensritter? vgl. LivUB 9 S. 708 (Register).* 4) *Die Familie Vieting, Vietinghoff ist in Livland ansässig; namentlich ist die Empfängerin der Weinsendung nicht bekannt.*

411   1440 Jan. 16

Sabbato infra octavas Epiphanie domini
Item untfangen van den schotheren 200 mr. min 24 Arnoldesgulden.
Item her Albert Rumoere betalt 100 mr. up de Prußche reise[1].
Item untfangen van den schotheren 100 unde 68 mr. des vridages vor Invocavit[2].
Hiir van gegeven her Albert Rumore van der Pruschen reise unde van der Rigesschen reise[1] hundert 53 mr. unde 4 s.
Item[a] her Gert Grimmerde 14 mr. van der vromissen to sunte Oleve van 2 jaren.
Item betalt her Hinrik Schelwende 5 1/2 mr. 6 s. vor 18 1/2 stop wins, de gedrunken worden mit deme Prusschen boden[3] to her God[s-calk] Borst[els] hus.
Item vorloent in de vorledene wegene 10 f. 3 s.
Item noch her Gerd Grimmerde 9 mr. vor 1 t. heringes, deme rade gesant.

f. 66

Item[b] mit Godscalk Smede gerekent amme sonavende infra octavas Epiphanie domini[4], dat he deme rade dit jar over hadde gemaket an mennigerleie iserwerk[c] unde vor hoffslach mede 100 mr. unde 18 mr.; dit gelt is em betalt.
Item 3 mr. her Peter Groninge sine rente.

a) *links am Rand* Sunte Oleues vromisse. b) *über der Z.* Anno 40tich; *links am Rand ein Hufeisen.* c) *folgt gestr.* 1.

1) *vgl. Nr. 402.* 2) *Feb. 12.* 3) *vgl. Nr. 390.* 4) *Jan. 16.*

412   1440 Feb. 20

Sabbato ante Reminiscere
Item untfangen van Hinrik Tegeringe 40 mr. van saligen Gert Gruwels

nalate den 10den; desse 40 mr. worden her Johan Sunnenschine geantwordet to der benclakene her behoeff, de de raed halen leth.

Item 12 s. vor ekenholt tor luken in dem vangentorne.

Item[a] Godscalk Smede geleent 22 mr.

Item her Diderik Tolke 20 mr. geantwordet van mester Johan Molners wegene van Darbte[1]; hir vor untfangen van her Diderike[b] vorscriven mester Johans vorsegelden breff.

Item vorloent in 5 wekene vorleden 19 1/2 mr. min 1 s.

Item den spelluden gegeven, 3 piperen 3 mr., 2 trumperen 6 f. unde noch 2[c] mr.

Item van den molenheren 10 mr.

Item vor 1 1/2 lisp. haveren, vor 41 sleden, vor stro de kussne to beterende up deme huze unde andere dink 7 mr. unde 1 f. Gert Groten.

Item Joachime sin quatertempergelt 6 mr. gegeven.

Item in de weke vorloent 4 mr. unde 1 f.

a) *links am Rand ein Hufeisen, links daneben* 40, *darüber* primum. b) *korr. aus* -kes.
c) *korr. aus* 3.

1) *Arzt aus Dorpat. Die Summe wurde von Dorpat angemahnt, u. zwar als Restzahlung für ein in Reval verkauftes Haus, LivUB 9 Nr. 332 u. 555. Dietrich Tolk war Domherr zu Reval, ebd. Nr. 1025.*

413   1440 Mrz. 25

In Bona sexta feria

Item untfangen van den molenmesters[a] 50 mr.

Item noch van den schotheren 24 mr. untfangen.

Item vorloent 13 mr. unde 3 s. in den dren wekenen vorleden vor disser wekene.

Item vor balken 7 mr. min 3 s.

Item vor ekenholt 3 mr. min 1 f., dat licht up den marstall.

Item 1 mr. vor 1000 brede in de copplen to vorende.

Item Gert Groten vor haveren 7 mr. unde 1 f.

Item[b] Godscalk Smede geleent 10 mr. up rekenscop.

Item Olleff Bekerwertere betalt 13 mr. unde 10 s. vor bekere.

f. 66a

Item[c] Tomas 7 gulden Arnoldes vor bekere.

Item den piperen 6 mr. unde 1 s. vor spec unde roggen.

Item[d] gegeven den vorluden vor 29 hope stens to vorende 58 mr. tome
   ersten kalkoven.

Item zo vorden des rades perde 12 hope ok tome ersten kalkoven.

Item vor 4 par rade 10 f. up den marstall.

Item vor 1 wagen 9 f., den her Jo[han] Sunnenschiin unde her
   Duzborch mede to wege hadden to dage[1].

Item den stenbrekeren ilkeme 1 f. to eneme par schoe.

Item Gert Groten vor sleden, nevegere unde vor haveren 4 mr. 3 s.

Item vor 2 000 tunroden 16 schillinge.

Item 12 s. her Jo[han] van[e] Godlanden begencknisse.

Item lutken Gerken 1/2 mr. unde 6 s., de se vortert hadden, de utme
   rade weren upper der molenstede mit unserme heren deme cump-
   thure bi Patk[ullen][2].

Item noch 2 mr. vor 1 hop stens, de ok tome ersten kalkoven wart
   gevort.

Item Clause 1 mr. vor 1 t. bers vamme hoie to Vethe to hus to vorende.

Item in de weke vorloent 7 mr. Rig.

a) *Vorl.* molemmesters, *folgt gestr.* 20. b) *links am Rand ein Hufeisen.* c) *über der Z.* 40,
davor gestr. 3. d) *links am Rand* primus (*korr. aus* Sus) kalkoven. e) *folgt ungestr.* van.

1) *Landtag zu Riga 1439 Aug. 14, auf dem Vincke als OM anerkannt wurde, AuR 1
Nr. 450.* 2) *Verhandlungen mit dem K Wolter von Loe um die Oberste Mühle, an der er
das Eigentum hatte? Vgl. v. Nottbeck, Immobilienbesitz S. 13.*

414   1440 Apr. 9
   Sabbato ante Misericordias domini

Item Corde gegeven vor 3 t. bers, gesant deme voegede van Wezenber-
   ge[1], deme voegede van der Soneborgh[2] unde deme cumpthur van
   deme Talkoue[3], 6 gulden Arnoldes mit deme holte.

Item Lintorpe 5 1/2 mr. zine rente gegeven.

Item Corde vor balken betalt, 2 to Bolmans stovene, 24 s.

Item Claus Groten gesant 1 t. bers vor 5 f. betalt mit deme holte.

Item deme proveste van Ozell[4] gesant 1 t. bers, stunt 6 f. mit deme
   holte.

Item deme marketvoegede 1 par schoe.

Item den piperen 3 mr. to teergelde unde den 2 trumperen ilkeme 1 mr.

Item 9 mr. in de weke unde vorloent, noch 1 mr. vorloent.

Item her Herman Bornemanne[5] 11 mr. min 1 f. vor 1 1/2 last haveren.

Item Niclope vor 1/2 last haveren 4 mr.

Item her Herman Bornemanne⁵ 11 mr. min 1 f. vor 1 1/2 last haveren.

Item Niclope vor 1/2 last haveren 4 mr.

Item 3 1/2 mr. deme manne, de de breve van Donhoues wegen to Wiborch voerde⁶.

1) *Johann Vossunger, V zu Wesenberg 1420–1442 u. 1445–1446, Arbusow, Geschlechter S. 97 u. 128, war wohl auf der Rückreise vom Landtag zu Wolmar mit den beiden im folgenden genannten Ordensbeamten in Reval zusammengetroffen, LivUB 9 Nr. 560 Anm. 2; AuR 1 S. 425 Anm. 1 2) Vinzenz von Wirsberg, V zu Soneburg 1439–1440, Arbusow, Geschlechter S. 103 u. 127. 3) K zu Talkhof, namentlich nicht bekannt. 4) Heinrich Stendel, Propst von Ösel 1439–1441, Arbusow, Geistlichkeit 2 S. 19 u. 4 S. 203 f. 5) nicht identifiziert, ein Rhr.? 6) Zwei Knechte des Kalle Donhof waren in Reval hingerichtet worden, worüber er sich beim Hpt. zu Wiborg, Cristiern Niklesson, [1440 März 29] beschwert, LivUB 9 Nr. 575.*

415 1440 Apr. 16

Sabbato ante Jubilate

Item untfangen van der oversten moelen 80 mr.

Item Haneboele gesant 40 mr. van unseres heren des cumpthurs wegene.

Item her Jo[han] Sunnenschine gesant 43 mr. to der benclakene behoeff, de let maken to des rades behoeff; dit gelt hadde wy untfangen van Vrederic Depenbeken van Munkenbeken nalate, alze van deme 10den.

Item beiden vorspraken ilkeme 4 mr. gegeven.

f.67

Itemᵃ de snicke vordinget wedder to makende vor 8 1/2 mr. unde 1 t. bers, hiir up en gegeven 4 mr.

Item noch en 2 mr. gedaen.

Item noch en 3 1/2 mr. unde 6 s. betalt.

Item vor tunroeden betalt 20 s.

Item vor 1/2 lispunt lichte 1/2 mr. Anneken.

Item deme kercheren vamme Hilgen Geste 4 mr. vamme Cruce to Luk to sunte Nicolaus.

Itemᵇ is menᶜ ens mit der abtekersschen alze van der abteken wegene, dat men er geven sall hundert mr.ᵈ vor all dat dar wasᵉ, dat de abteker van des rades wegene underhefft. Hiir up hebbe wy er betalt 30 mr.

Item er noch gegeven 70 mr., dar mede sin de 100 mr. betalt.

Item der ebdisschen imme kloestere¹ 2 mr. gesant rente.
Item in de weke vorloent 9 mr.

a) *links am Rand* snicke. b) *ebd.* abteke. c) *Vorl.* mes. d) *übergeschr.* e) *folgt gestr.* van.
1) *von St. Michaelis.*

416   1440 Apr. 23

   In die beati Georgii
Item untfangen 10ᵃ mr. rente van Dideric Flosdarpper.
Item Claus Koppersleger 4 1/2 mr. vor 2 ketle unde vor 1 pannen up
   dat rathus.
Item Johanse vor 1 impuarium unde seyn cronarium tor schole to
   sunte Oleve unde vor 4 lisp. menien tome zeiger unde tor schiven 9
   mr. unde 1 f.
Item her Nicolaus Kruzelokke 3 1/2 mr. van sunte Maties altares
   wegen tome Hilgen Geste.
Item Mertin Gropengeter 4 mr. sine rente.
Item 1 manne 3 f. vor 1 breff tor Pernowe to bringende, de van Lubike
   was gekomen¹.
Item deme priore 8 mr. gesant van Hunninchusen vicarie wegene².
Item der Hunninchusesschen 4 mr. gesant tor beluchtinge der zulven
   viccarie.
Item vor 300 tunstaken uppe den graven 6 f.
Item Honen unde Corde betalt unde lutken Gerde unde Clause den
   denren ere loen, ilkeme 4 mr.ᵇ
Item Gerd Groten vor spec, stavelen intobotende 6 mr.
Item Allexius deme sedelere 2 mr. gegeven van de rades wegene.
Item vor 2 lisp. olies 12 s. unde 3 s. vor lode tome seigere.
Item her Appollonius 6 mr. van sunte Maties altare.
Item in de weke vorloent 7 mr. unde 1 f.

a) *korr. aus* 11. b) 4 mr. *rechts über der Z., mit Einfz.*

1) *Lübeck hatte 1440 Apr. 10 Reval vor einer holländischen Flotte in der Ostsee gewarnt
und gebeten, auch die anderen livländischen Städte zu benachrichtigen, LivUB 9
Nr. 579.* 2) *in St. Katharinen.*

417   1440 Apr. 30

   In vigilia Philippi et Jacobi
Item untfangen 10 mr. van den molenmeisters.

Item[a] vordinget dat nie tegelhus in der kopplen mit Lame deme timmermanne vor 51 mr.

Item em hir upp betalt 11 mr.; noch den timmerluden 10 mr. gegeven unde 2 arbeidesluden 30 s.[b]

Item noch en 32 mr. gegeven, dar mede sin se all betalt.

Item[c] her Gerdelagen 5 mr. van des Sacramentes altare tome Hilgen Geste.

Item Baddenhusen viff f. vor der Bastovenporten reine to makende.

Item Bernde van Wiborch[1] 1 t. bers gesant, stunt 5 ferdinge.

f.67a

Item[d] kostede de tun uppe deme nien dyke to tunende unde to bere 11 f.

Item in de weke vorloent 7 mr. 1 f.

a) *links am Rand* tegelhues. b) s. *rechts über der Z., mit Einfz.* c) *davor eine Z. frei.* d) *über der Z.* 40.

1) *ein Bote, der in der Sache des Kalle Donhof zwischen dem Hpt. zu Wiborg und Reval tätig war? Vgl. LivUB 9 Nr. 570, 575, 583–585, 587.*

418   1440 Mai 7

In sabbato infra octavas Asscensionis

Item untfangen van den brokeheren vifftich mr.

Item 2 Arnoldesgulden vor[a] 1 t. bers mit deme holte, deme voegede vamme Nienslote[1] sant.

Item Godeken Doenhoue 3 mr. gegeven van der vicarie vorme slote tor Narwe.

Item 13 mr. den schipmans gegeven, de na den serovers weren, unde noch Hans Honen 4 mr. unde 14 s. vor de vitalie dar sulves to.

Item her Rotger[b] Vunken 6 mr. vamme nien cruce to sunte Nicolause.

Item[c] den stenbrekeren uppe rekensscop gedan 3 mr.

Item Cord Groten 7 1/2 mr. des Hilgen Gestes rente gegeven.

Item deme, de der stede breff tor Pernowe brachte[2], noch 1 Arnoldes-gulden.

Item 1 mr. unde 1 s. kostede dat harnsch unde de schorstene to beseende in sunte Nicolaus kerspel.

Item in de weke vorloent 6 mr. Rigesch.

Item den visscheren unde den munderiken, de mit den schipmans ute weren[3], 1 mr. gegeven.

Item noch Niccles mit deme 1 ogen upme marstalle 1/2 mr. vor perde
to arstedien.

Item[d] vor 2 ankere to bergende 3 Arnoldesgulden gegeven.

a) *folgt gestr.* 2 t. b) R *korr.* c) *links am Rand ein Kreuz.* d) *ebd.* Ankere.

1) *Heinrich Domesdael, V zu Neuenschloß 1439–1442, Arbusow, Geschlechter S. 54
u. 123.* 2) *vgl. Nr. 416.* 3) *1440 Mai 9 versichert Cristiern Niklesson, Hpt. zu Wiborg,
Reval seiner Mithilfe bei der Aufspürung von vier Seeräubern, LivUB 9 Nr. 588.*

419   1440 Mai 14

In vigilia Pentecosten
Item untfangen 6 mr. van den molenmesters.
Item vor 7 1/2 vadem kalkholtes 6 f.
Item den luden, de Korde den dener tor Aboe voerden[1], 4 mr. van der
utreise.
Item[a] den stenbrekeren 2 mr. to rumegelde gegeven.
Item[b] Mertine den ersten kalkoven intosettende 11 mr. gegeven.
Item Hinrik Krowele 2[c] mr. sine rente gegeven.
Item 1 mr. vor 1 t. bers den mŭrluden upme nien graven.
Item in de weke vorloent 11 mr. Rig.

a) *davor eine Z. frei.* b) *links am Rand* primus kalkoven. c) *korr. aus* 3.

1) *in der Sache des Kalle Donhof, vgl. Nr. 417.*

420   1440 Mai 28

Sabbato post Corporis Christi
Item her Jo[han] Beuermanne unde her Jo[han] Bredenscheden[1] ilke-
me 1 t. bers, stunt[a] 4 gulden.
Item noch en 2 lisp. haveren gesant.
Item Rŭken vrunden 7 mr. gesant, her Jo[han] Beuermanne geant-
wordet.

f.68

Item vor 20 vadem kalkholtes 4 mr. 2 s.
Item[b] 3 mr. gedan den stenbrekers.
Item 1 gulden Arnoldes den oven to beterende in deme[c] bastovene
Krowels.
Item 7 mr. in de weke vorloent.

Item her Tonnies Wesseler[2] 1 t. bers gesant 1 mr. unde 8 s., untfangen
    Kort de Jordens.
Item 7 mr. in de weke vorloent.
Item vorloent in der vorledenen weken 4 mr.
Item deme scrivere 6 mr. sin quatertempergelt.

a) *korr. aus* stunden. b) *links am Rand ein Kreuz.* c) *korr. aus* den?, *darüber gestr.* Kro.

1) *Rhrr. zu Dorpat, Lemm S. 43 u. 47.* 2) *Ordensritter? vgl. Nr. 410 u. LivUB 9 S. 708
(Register).*

421   1440 Juni 15

    In die Viti
Item vorloent in 2 vorledenen weken 8 1/2 mr. 3 s.
Item betalt vor 9 vadem kalkholtes 7 f. 1 s.
Item noch vor 7 vadem kalkholtes 5 f. unde 4 s.
Item noch vor 22 vadem 4 mr. unde 11 s.
Item vor 16 vadem 3 mr. 6 s.
Item noch vor 4 vadem 3 f. 2 s.
Item noch vor 3 vadem unde 6 delen 3[a] f. 1 s.
Item vor 35 vadem 7 mr. min 3 s.
Item vor 11 vadem 2 mr. 6 s.
Item vor 20 sparren in de copplen 6 f.
Item vor 1 stoer 2 gulden.
Item vor 18 gehowen delen 2 mr.
Item vor 2 lasse her Cristern gesant[1] 6 f. 2 s.
Item vor 11 vadem kalkholtes 2 mr. 4 s.
Item vor 11 1/2 vadem kalkholtes 9 f.
Item vor 8 1/2 vadem 6 f. unde 6 s.
Item vor 1 stoer her Kristern gesant[1] 6 f.
Item 4 mr. vor 1 t. medes her Kristern gesant[1].
Item vor tengle, vor stro, vor 6 elen delen in de snicken 1 mr.
Item vor 16 1/2 vadem kalkholtes 3 mr. unde 1 f.
Item vor 11 vadem 2 mr. unde 6 s.
Item vor 8 vadem 6 f. 4 s.
Item vor 9 vadem 7 f. 1 s.
Item vor 23 1/2 vadem 4 1/2 mr. 3 s.
Item vor 3 fadem 21 s.
Item 2 mr. 2 s. vor 10 1/2 vadem all kalkholtes.

Item Kregenbroke gegeven 14 f. gegeven vor pumpenleddere den timmerluden unde[b] den arbeidesluden in der snicken.

a) *übergeschr., darunter gestr.* VI. b) *übergeschr., mit Einfz.*

1) *Cristiern Niklesson, vgl. Nr. 417 u. 419. Er hat sich mindestens seit Anfg. Juni bis Ende des Jahres in Reval aufgehalten, LivUB 9 Nr. 654.*

f.68a

422   **1440 Juni 23**

In vigilia Johannis baptiste

Item Clawes deme winmanne vor 1 vat Gobbinssches wins 36 mr. gegeven.

Item hevet unse råd vorsant unde gedrunken 70 flassche min 1 stoep, hiir vor deme winmanne gegeven[a] 16 1/2 mr. unde 12 s.

Summa den winman betalt 53 mr. min 6 s., de kellerhure affgeslagen[b].

Item in de weke vorleden vorloent 9 mr. min 5 s.

Item vor 1 stoer 3 mr. 10 s. to des rades behoeff.

Item vor 3 balken up den buwhoff 3 f.

a) geg. *übergeschr., mit Einfz., darunter gestr.* 15. b) Summa den *mit der vorigen in einer Z.*

423   **1440 Juni 25**

Item in profesto[a] Johannis et Pauli

Item untfangen van her Gizen[1] 10 mr. min 2 worpe.

Item Jossen betalt 5 mr. vor 1 ossen.

Item Cort Groten vor 3 schincken 6 f. 6 s.

Item vor 1 schaep 1 mr.

Item deme armborsterre 4 1/2 mr. 7 s. vor den schuttenwal to makende.

Item 1 mr. deme karmanne, de den deek vor der Lemporten utvorde.

Item[b] vor 18 last haveren to metende 1 mr. gegeven ut deme schepe.

Item 1/2 mr. vor den haveren afftodregende.

Item den munderiken 1 mr. vor den haveren uptovorende.

Item Corde 1 mr. unde 6 s. vor Depenbeken haveren up͘   ͻrende.

Item kostede de oven imme nien stoven to beterende 3 f. 3 s.

Item 1 mr. vor vlisien up de mũren bi dem nien dyke.

Item noch vor 150 vlisien 6 f. to der sulven mũren.

Item 1 mr. vor 1 t. bers in de barse.

Item 2 mr. vor 2 t. bers den mũrluden up dem nien dyke.

Item Arnt Lubken unde Duzentschur 2 mr. vor 2 t. bers, ok den mu̇rluden up dem nien graven[c].
Item vor 1/2 last tunnen 1 mr., dar dat twebak in geslagen wart.
Item 1 f. vor grundelinge.
Item lutken Gerken 1/2 mr. vor 1 lisp. haveren.
Item 22 s. Cort Jordens, de he vorvaren hadde.
Iten in de weke vorloent 16 mr.

a) *übergeschr., darunter gestr.* vigilia. b) *links am Rand* Haveren. c) up den nien graven *rechts über der Z., mit Einfz.*

1) *Richerdes, Rhr.*

424 1440 Juli 16

Sabbato post Divisionis apostolorum
Item betalt vor 250 vadem kalkholtes unde vor 21 vadem vifftich mr. min 14 s.
Item vorloent in twen wekenen vorleden 14 1/2 mr. Rig.
Item Gert Groten 1 Arnoldesgulden vor den denren van Darbte[1] to holdende.
Item Honen viff f. vor 1 t. bers, deme lantvoegede van Jerwen[2] gesant.

f.69

Item vor 2 balken 16 s. gegeven unde 8 s. vor 4 delen up des stades stenkulen.
Item 1 mr. vor 1/2 last tunnen, de up den marstall quemen.
Item 1 mr. vor 1 t. bers den mu̇rluden up den graven vor der Lemporten.
Item 2 mr. den mu̇rluden bi dem graven buten der Bastovenporten.
Item her Peter Groninge 3 mr. sine rente gesant.
Item des mesters spelluden 3 gulden gegeven.
Item Corde betalt 11 f. vor broet her Cerstern[3] gesant.
Item vor 1 t. medes 4 mr. her Cerstern[3] gesant.
Item noch her Kerstin[3] 4 t. bers gesant 6 mr. 24 s.
Item her[a] Kerstens sone[4] 1/2 last bers gesant, 10 mr. stunden de 6 t.
Item vor 4 lispunt talges tor barsen 4 mr. min 1 f.
Item vor twibackenbroet 5 mr. unde 6 s.

Item deme Russchen boden[5] gesant 1 t. bers unde vor 12 s. broet unde 2 lisp. haveren.

Item noch em 1 t. bers vor[b] 6 f., vor 1/2 mr. broet, vor 3 lemre 1/2 mr.

Item 1 f. vor negle bime graven.

Item 1 f. vor 6-elen delen, de tor barsen quemen.

Item noch Corde betalt 4 mr. unde 6 s. vor ungelt, dat he utegeven hadde.

Item Donhoues wive[6] 1 t. bers gesant.

Item noch Corde 4 1/2 mr. vor 3 t. bers, de vorsant weren.

Item Corde 1 mr. gegeven vor dat bime graven gewesen hadde.

Item untfangen van Wekebrode 18 mr. rente.

Item untfangen van her Hinrik Schelwende 30 mr. vamme dorpe Vete.

Item van her Hil[debrant] Boekel 12 mr. rente untfangen.

Item van her Wenemerss[7] 12 mr. rente untfangen.

Item 25 mr. untfangen van den molenmesters.

Item deme priore[8] betalt 18 mr. rente van Woldemer Reuels wegene.

Item 5 mr. unde 4 s. vor 4 t. bers Karll Bonden[9] gesant, Hone untfangen.

Item 7 f. min 3 s. vor de schorstene unde harnsch to beseende in sunte Oleves kerspel.

Item[c] den stenbrekeren gegeven 3 mr.

Item Corde vor 1 t. bers 1 mr. den mürluden bi deme graven buten der Bastovenporten.

Item in de weke vorloent 15 mr. Rig.

a) *folgt* h. *(für* her*)*. b) *übergeschr.* c) *links am Rand ein Kreuz.*

1) *Brief Dorpats an Reval von 1440 Juli 1, in dem auf die Gefangennahme von Russen auf Verlangen des Gerhard von Cleve im Zusammenhang mit der Festsetzung deutscher Kaufleute in Nowgorod eingegangen wird, von einem Diener überbracht. Vgl. Nr.365, 372, 378, 409 u.ö., LivUB 9 Nr. 608.* 2) *Peter Wesseler, V zu Jerwen 1440–1441, Arbusow, Geschlechter S. 101 u. 121.* 3) *Cristiern Niklesson, vgl. Nr.421.* 4) *Karl Cristiernsson, Untervogt zu Wiborg, LivUB 9 S. 697 (Register).* 5) *Nowgoroder Boten, u. a. in der Sache von 4 Tonnen*`Pelzwerk tätig, die in Nowgorod beschlagnahmt worden waren. Sie werden in einem Schreiben Dorpats von 1440 Mai 29 angekündigt, LivUB 9 Nr. 597; vgl. auch ebd. Nr.471 u.482.* 6) *vgl. Nr.417 u.419.* 7) *van der Beke, Rhr.* 8) *von St. Katharinen.* 9) *Hpt. zu Raseborg, vgl. LivUB 9 Nr.367 u.654.*

425   1440 Juli 30

Sabbato ante Advincula Petri

Item[a] untfangen van der wage 93 mr. uppe dissen dagh.

Item dem kostere vamme Hilgen Geste[b] gegeven 10 mr., den seiger to
stellende.
Item vor 1 trumme gegeven 3 f.
Item 1 mr. 7 s. vor 7 vadem kalkholtes.
Item Mertine vorme kalkoven 2 mr. gedan.

f.69a

Item vor olei tome seigere 1/2 mr.
Item vorloent in de vorledenen wekene 13 1/2 mr.
Item Honen 1 f. vor grundelinge to des rades behoeff.
Item 2 mr. vor beer, gegeven den murluden up deme graven, Corde
gedan.

a) *links am Rand eine Waage.* b) *folgt gestr.* 3.

—

426   1440 Aug. 6

Sabbato ante Laurentii
Item in de weke vorleden 3 mr. 2 s. vorloent.
Item unserme trumpittere, do he van hiir toch, 2 Arnoldesgulden.
Item her Ghisen[1] 5 mr. der seken rente in de hande.
Item untfangen van den karluden 7 f.
Item 13 f. untfangen van den vroweken.
Item[a] 3 mr. den stenbrekeren gedan.
Item noch en 3 mr. gedaen[b].
Item[c] kostede de hoislach to slaende 32 mr. unde 1 f. unde 3 mr.
Item vor treppesten unde vor vlisiien[d] 13 s.
Item vor dunnebeer uppen hoislach 1 mr. unde 7 s.
Item 16 s. dat schuttenboet to beterende.
Item Clause deme denre 3 mr. van deme hoislage to Vethe, 1 mr. em
unde 2 mr. den luden.
Item in de weke vorloent 3 mr. unde 1 f.
Item[e] den luden van Vethe 1 mr. van des hoislages wegen.
Item mit Kerstin Voerman gerekent, betalt em vor 5 hope stens to
vorende, de up den graven quamen[f] vor der Lemporten, unde vor
holt, sparren unde vlisien in de kopplen 26 mr.
Item Godeke Langen 5 f. gegeven.

a) *links am Rand ein Kreuz.* b) *diese Z. rechts neben der vorigen.* c) *links am Rand*
hoyslach. d) *folgt gestr., da verschrieben* 13. e) *links am Rand* Vethe hoy. f) *darunter ein*
Bogen.

1) *Richerdes, Rhr.*

427   1440 Sept. 3

Item sabbato ante Nativitatis Marie
Item untfangen van den molheren 20 mr.
Item in dren wekenen vorleden vorloent 12 mr. 7 s.
Item vor 3 1/2 mr. vor 24 vadem kalkholtes.
Item den Dorbtesschen spelluden 3 mr.
Item 1/2 mr. vor 2 emre.
Item 30 or. dat swert to vegende viff werve.
Item vor de treppen tor brugge to makende unde vor de havene reine
   to makende 2 mr. den munderiken gegeven.

f.70

Item Kerstin Vormanne vor 2 vlisien to vorende bi der Kremerstraten 1
   mr.
Item 5 f. 3 s. vor 24 vadem kalkholtes upptovorende.
Item[a] den stenbrekeren 3 mr. gegeven.
Item 1/2 mr. vor de 2 vlisien bi der Kremerstraten.
Item in de weke vorloent 13 mr. in de weke.
Item Memeken 1 Arnoldesgulden vor Bolemans stovens oven to
   makende.

a) *links am Rand ein Kreuz.*

428   1440 Okt. 1

Sabbato post Michaelis
Item uppe den kalkoven upgebracht 100 mr.
Item[a] der kerken van sunte Oleve 50[b] leste gelaten tachter.
Item noch sunte Oleves kerken geleent 53 leste kalkes tachter.
Item noch brachte her Stolteuoet 70 mr. uppt rathus.
Item noch brachte her Stolteuoet upp 41 mr. uppe dat rathus.
Item 28 last, de unse rat vorbuwet hevet unde vorgeven.
Item beholt noch de rad tor stad behoeff 90 leste kalkes min 2 tor
   bodelie unde to anderen dingen[c].
Item van dessen 90 lesten hefft de rad gegeven sunte Oleves kerken 1
   hoepp van 20 lesten[d].
Item untfangen 20 mr. van den moelheren.
Item vorloent in dren weken vorleden 13 mr. 11 s.
Item 3 mr. 8 s. vor 19 vadem kalkholtes.

Item vor 31 vadem bernholtes 6 mr. 1 s.

Item vor de mers van Kosters butzen to bergende 21 s.

Item betalt her Godscalk Stolteuoete vor 20 hope stens 30 mr.

Item betalt Kerstin Boenden 20 mr.

Item[e] Godscalk Smede 10 mr. upp rekenscop gedan.

Item den trumperen 7 Arnolden, de en de rad gegeven hadde.

Item den beiden vorspraken 8 mr.

Item[f] Saxenhiir gedaen 18 mr. uppe rekensscop, kalkholt uptovorende.

Item[g] deme voegede van Karkis[1] 1 t. bers gesant, stunt 5 f.

Item in disse weke vorloent 4 mr.

Item deme scrivere 6 mr. sin quatertempergelt gegeven.

a) *links am Rand* tachter sunte Oleues kerke kalk. b) *korr. aus* 52. c) *ab* to *rechts unter der Z., mit Einfz.* d) *dieser Satz in 3 Z. rechts neben den 3 folgenden Z., mit Einfz.* e) *links am Rand ein Hufeisen.* f) *ebd.* Saxenhiir. g) *über der Z.* Item, *sonst frei.*

1) *Johann von Mengede gen. Osthoff, V zu Karkus 1439–1442, Arbusow, Geschlechter S. 77 u. 121.*

429   1440 Okt. 16

In die Galli

Item vorloent 5 f. unde 2 s., de dat water uprumeden tor oversten molen.

Item in de weke vorleden 3 1/2 mr. vorloent.

Item vor 2 emer 1/2 mr. tome nien bastoven.

Item in der anderen wekene vorleden viff[a] mr. vorloent.

Item in disser wekene vorloent 4 1/2 mr.

f. 70a

Item den mûrluden[1].

Item vor Honen treppen unde andere dinge den murluden 8 mr.

Item vor den oven in der bodelie 3 f. to makende.

Item deme sedeler 15 f. vor sedele unde pannele to makende unde to beterende.

Item[b] 4 mr. den stenbrekeren gedaen.

Item 1/2 mr. den drek vor deme Lemporten wechtovorende.

a) *übergeschr., darunter gestr.* 2. b) *links am Rand ein Kreuz.*

1) *Betrag fehlt.*

430 1440 Okt. 25

Feria teria ante Simonis et Jude

Item vorloent in de vorledenen wekene 7 mr. 5 s.

Item untfangen van Jacob ut der oversten molen 80 mr.

Item Hanebolen gesant van des cumpthurs wegene 40 mr.

Item[a] untfangen van Hans Berloe 34 mr. uppe de rente, de van sime huse was vorseten unde de rad hadde[b] dat gelt alle jar utegeven 12 mr. van Hunninchusen viccarie wegene.

Item noch van Berloe untfangen[c] 26 mr.

Item[d] Isermanne 1 gulden gegeven vor treppsten tome nien stovene.

Item Tid[eman] Becker 3 f. vor den breff, den Josse to Hopezel[1] brachte.

Item vor den scriverienoven unde vor 3 hokerbodenovene 2 mr.

Item 1/2 mr. van deme prefate uttovorende in der bodelie.

a) *links am Rand* Berloe. b) *folgt gestr.* 1. c) *folgt gestr.* 60. d) *davor eine Z. frei.*

1) *Hapsal, Residenz des B. von Ösel. Der Brief ist nicht überliefert.*

431 1440 Okt. 31

Sabbato ante Omnium sanctorum

Item[a] untfangén van den molenmesters 500 unde 80 mr., de se her Godschalk Borstell unde her Heineman Swane hadden gegeven van erer schafferie van 2 jaren.

Item[b] so hebbe de molenmesters gegeven her Jo[han] Duzeborge 28 mr. van der tachter was van der reise, do he mit her Jo[han] Sunnenschine to Rige was to daghe[1].

Item Lintorpe 5 1/2 mr. sine liffrente gegeven.

Item her Englbrechte 7 mr. van Schermbeken vicarie[2].

Item deme kercheren imme Hilgen Geste 4 mr. vamme Cruce to Luk.

Item Cruselokken 3 1/2 mr. van sunte Phi[lippi] et Ja[cobi] altare tome Hilgen Geste.

Item her Eggerde van sunte Blasius altare 6 mr. to sunte Nicolause.

Item deme timmermanne 1 Arnoldesgulden to bere.

f.71

Item 6 s. vor olei tome seigere.

Item Corde 5 mr. vor lichte upp dat rathus.

a) *links am Rand* Schaffere. b) *davor eine Z. frei.*

1) *vgl. Nr. 413.* 2) *in St. Michaelis.*

432 1440 Nov. 5

Sabbato ante festum Martini

Item in de weke vorleden 8 mr. min 1 f. vorloent.

Item 2 mr. deme sedelmeker gegeven to siner hure.

Item her Eppinchusen 10 mr. gesant tor beluchtinge vorme sacramente tome Hilgen Geste.

Item 7 1/2 mr. em noch gesant der seken rente.

Item vor 12 treppsten, noch vor 4 treppsten, vor 1 vlisien unde vor 300 tegels unde alle disse stene to vorende 3 mr. unde 6 s. to hope to Honen huse.

Item 4 denren, Corde, Gerken, Clause unde Honen, ere loen, ilkeme 4 mr.

Item her Hermenne 6 mr. gesant van sunte Mateus capellen to sunte Nicolause.

Item in de weke gegeven 8 mr.

Item 1 mr. vor 2 lisp. talges up den marstall.

Item der vromissen prestere to sunte Nicolause 4 1/2 mr.

Item vor des scharprichters oven to makende 3 f.

433 1440 Nov. 12

Sabbato ante Brixii

Item untfangen 2 mr. van Brekewolden van den wervelen.

Item gegeven deme sulven Brekewolde vor repe, romen, bintsele, leidesele unde vor allirleie towe tor stad behoff 8 mr. min 1 s.

Item Mertine 11 mr. gegeven den oven uttoschuvende, den kalk.

Item Jacob Gracias 15 s. gegeven vor zine treppen to beterende tor scoboden.

Item 7 1/2 mr. in de weke vorloent.

434 1440 Nov. 26

Sabbato profesto Adventus

Item vorloent in de weke vorleden 5 mr.

Item[a] 35 mr. unde 14 or. untfangen van zeelgelde.

Item her Detmer Keglere 16 mr. sine lieffrente.

Item Frederic Depenbeken gesant 8 mr. van der viccarie van Marienma.

Item Tomase vor bekere 6 f. unde 6 s.
Item 6 mr. min 1 f. in de weke vorloent.

a) *links am Rand* Zeell.

435   1440 Dez. 3

Sabbato ante festum Nicolai
Item her Gert Grimmerde vor knarholt unde wagenschot tor barsen
    11 f. gegeven.
Item deme steltere 4 mr. gedaen van des·rades wegen.
Item her Marquart Bretholte 1 mr. unde 5 s., in sunte Oleves kerspell
    dat schot to scrivende.
Item 5 mr. in de weke gegeven.

f.71a

436   1440 Dez. 17

Sabbato ante Thome apostoli
Item untfangen 100 mr. van den schotheren.
Item vor 3 Tomassche to dener kledinge 75 mr. unde der spellude.
Item Godscalk Smede 9 elen van 1 Hesedinschen vor 7 1/2 mr.
Item der stad timmermanne unde Peter, ilkeme vor 1 roclaken 5 mr. 1 f.
Item noch deme 1 trumpere 5 mr. unde 1 f. vor 1 roclaken.
Item vor 10 hope stens tor bodelie 15 mr.
Item Andreas Stenwerter 5 mr. vor sin roclaken.
Item Henning Klensmede 14 mr. vor mennigerleie iserwerk deme rade
    tor stat behoff[a].
Item Andreas Resenborge vor 2 cordele van 60 vadem unde vor 1 van
    40 vadem, to hope 12 mr.
Item Gise Vosse 6 mr. unde 14[b] s. vor den Sternssoet to beterende unde
    vor 10 delen unde vor ekenholt tor stad behoeff.
Item Godeke Langen 5 mr. vor sin roclaken.
Item den wegerknechten 2 mr. van deme selgelde.
Item Godeke Langen vor dat kalkholt to wrakende unde vor der stad
    boete uptoosende unde to wachtende 4 mr. unde 5 s.
Item deme tegelmestere 5 mr. vor sin roclaken.
Item 1 mr. 14 s. vor dat schot in sunte Nicolaus[c] kerspel to scrivende.
Item Saxenhiir 8 mr. dat kalkholt upptovorende.
Item her Gerdelagen 5 mr. van des sacramentes missen tome Hilgen
    Geste.

Item vor 1 riis pappirs 3 mr. 12 s.

Item Joachime deme scrivere sin quatertempergelt 6 mr.

Item untfangen van den molenmesters 100 unde 8 mr.

Item her Godscalk Borstell noch gegeven 56 1/2 mr. van der schafferie
wegen; so is dat all betalt[d] van der scafferie, dar sin mede ingerekent
26 mr.[e], de her Gise unde her Heineman vorterden, do se to Velliin
weren[1].

Item deme scherere vor der dener laken to scherende 6 f.

Item vor 6 t. bers her Cristern, 2 her Jo[han] Smede[2], 4 in de gilde,
8 mr. unde 8 s. mit deme holte; dit wart her Cristern tor seewart
gesant[3].

f. 72

Item mit den stenbrekeren gerekent, de hadden in disseme jare gebro-
ken 33 hope stens, de sin gekomen tome kalkoven, up den nien dyk,
tor muren unde to anderen buwerk der stad, en gegeven hir vor
25 mr. min 1 f.

Item den zulven twen stenbrekeren gegeven 1/2 mr. vor 2 par schoe.

Item 5 f. her Stolteuotes stenbrekeren vor 100 hovestens tor bodelie.

Item Honen 5 f. unde 1 s. vor tovere unde 1 voder stroes.

Item Jossen 5 mr. vor 1 ossen, her Cristern tor seewart[3].

Item[f] vor 4 hope stens to upvliende vor der bodelie 20 s.

Item Tideman van Vnna 20 mr. vor 2 t. heringes, deme rade gesant.

Item Gerd Groten vor 4 last, 1 1/2 punt haveren, vor sleden, vor
vemeren, dregeloen, stro, arbeidesluden 22 1/2 mr. 5 s.

Item in beiden wekenen vorloent 10 mr. Rig. unde 1 f.

a) *ab* tor *rechts über der Z., mit Einfz.* b) *folgt gestr.* or. c) *Vorl.* Nucolaus. d) *über-
geschr., darunter gestr.* mit. e) *übergeschr.* f) *folgt gestr.* 10 s.

1) *Versammlung von Ritterschaft und Städten in Fellin 1440 Nov. oder Afg. Dez., auf
der wohl über den inneren Streit des DO verhandelt wurde, AuR 1 Nr. 457. Teilnehmer
waren aus Reval die Rhrr. Gise Richerdes und Heineman Swan.* 2) *Rhr. 1430–1456,
Bunge, Ratslinie S. 128.* 3) *Cristiern Niklesson, Hpt. zu Wiborg, hat sich mindestens seit
Anfg. Juni bis Ende 1440 in Reval aufgehalten, LivUB 9 Nr. 654.*

437 1440 Dez. 20

In vigilia beati Thome apostoli

Item 12 mr. 2 s. mester Johanne to sime buwete to hulpe tome huse.

Item 15 mr. vor 2 grawe laken, hiir aff gesneden 4 boden ilkeme 1 rok,
noch deme ludere unde deme rechtvindere unde deme marketvoge-
de ilkeme 1 rok.

Item deme tegelmestere unde 2 vorspraken, ilkeme 2 mr. vor 1 rok.

Item dren piperen 6 mr. vor eren roggen unde ere spek.

Item up dat slot gesant 10 mr. sloiergelt.

Item untfangen van den schotheren 300 unde 10 mr.

Item her Godscalk Stolteuoete betalt 200 mr., de he van des rades wegene hadde utegeven vor kalkholt unde andere dingh.

Item costede de reise, do her Gise[1] unde her Gert Grimmert to Woldemer weren tor dachffart[2], 74 1/2 mr. unde 5 s., untfangen[a] her Gert Grimmert.

Item vor 7 lispunt lichte up dat rathus Corde 7 mr.

a) t. *übergeschr.*

1) *Richerdes, Rhr.* 2) *Landtag und Städtetag zu Wolmar, 1440 Feb. 21–23. Hier ging es um den Streit zwischen OM und HM des DO und um den Hansehandel, AuR 1 Nr. 453 u. 454, LivUB 9 Nr. 562.*

438   1440 Dez. 24

In vigilia Nativitatis Christi

Item gegeven den denren der stad viven natloen, lowentghelt[a], offergelt 7 1/2 mr. Rig.

Item deme scrivere sin offergelt 2 Arnoldesgulden.

f.72a

Item[b] in de weke vorloent 5 mr. Rig.

Item vor 100 houstens van der stenwerter kulen Hinrik 5[c] f. thor[d] bodelie.

Item vor 100 trepstens min 20 tor bodelie 2 mr. der stad stenbrekeren.

Item[e] den stenbrekeren 1/2 mr. uppe rekensscop gedan.

a) *korr. aus* lowents. b) *über der Z.* 41. c) *korr. aus* 6. d) *folgt gestr.* s. e) *links am Rand ein Kreuz.*

439   1441 Jan. 14

Sabbato ante Antonii

Item vorloent in den 2 wekenen van den 12ten 4 mr.

Item her Gisen[1] gesant vor 7000 deckenegle, dat 100 vor 8 s., unde noch em gesant vor 1800 lattennegle, vor ilk 100 1 f.; summa 20 mr. 2 s.; desse negle quemen altomale tome nien tegelhuse.

Noch wart dar 1 t. negle genomen ut der stad stenhuse under deme rathuse, de quemen all to deme sulven tegelhuse.

Item noch her Gisen[1] gesant 2 Arnoldesgulden, de he Karll Knutes[2] denre hadde geven[a].

Item her Gisen[1] noch gesant 5 mr., der seken rente up Michaelis, en in de hande to delende.

Item noch her Gisen[1] gesant 10 mr. der seken rente up Winachten.

Item Simon Duzeborge betalt, dat her Gise[1] untfenk, vor 4 bullen 20 mr. unde 13 s.

Item untfangen van her Gisen[1] 11 f. van deme heringe, de overgelopen was van den 2 t. heringes deme[b] rade ummesande to sunte Michele[3].

Item her Godscalk Timmermanne gegeven 9 1/2 mr. unde 1 s. gegeven[c], de her Jo[han] Sunnenschiin unde her Timmerman vortert hadden, do se deme mestere enjegen weren gereden to Wezenberge[4].

Item[d] Godscalk Smede 10 mr. gesant.

Item kostede de mure twusschen Keglers unde Krowels bastoven 82 1/2 mr. unde 6 s., alse Kegler dat der stat gerekent hefft; hiir van betalt Kegler de helffte 41 mr. 12 s.

Item her Peter Groninge 3 mr. sine lifrente.

Item vor spanne betalt 7 f. 3 s.

Item vor 21 boren Corde 3 f. min 2 or.

Item 3 mr. betalt vor 6 spellude rocke to nejende Hans Hartwige.

Item 5 denren gegeven ilkeme 3 mr. to erer[e] voderinge, maket 15 mr.

Item vor 13 lisp. haveren min 1 kulmet 4 1/2 mr. Gert Groten.

Item[f] den luden dren[g] gegeven, de den sten vlien bi deme kalkoven, 6 f.

Item noch den luden den steen to vliende 4 1/2 mr. unde 4 s. bi deme kalkovene.

f.73

Item[h] 6 mr. in de weke vorloent.

Item vor 3 sleden 7 s. gegeven.

Item noch vor 9 hope stens to vliende vor der bodelie 5 f.

Item deme ludere noch 1/2 mr. gegeven van sime rocke.

Item 1 mr. den munderiken gegeven, dat se de bote vorwarden.

Item her Johan Smede 2 Arnoldesgulden gegeven vor 1 t. bers mit deme holte, de wart gesant deme voegede van Ouerpaell[5].

a) hadde geven *rechts über der Z., mit Einfz.* b) *folgt ungestr.* deme. c) *übergeschr.,* *darunter gestr.* do he. d) *links am Rand ein Hufeisen.* e) *übergeschr., darunter gestr.* den. f) *links am Rand* stenvlien. g) *übergeschr., darunter gestr.* 1 mr. h) *über der Z.* 41.

1) *Richerdes, Rbr.* 2) *Karl Knutsson, Reichsvorsteher von Schweden, hatte sich 1440 Okt. 14 in einer Streitsache zwischen Schweden und Wisby an Reval gewandt, bei der es um die Festsetzung einer Schiffsmannschaft durch Wisby ging, LivUB 9 Nr. 652.*

3) *Sept. 29.* 4) *OM Heidenreich Vincke von Overberch.* 5) *Hermann von Sewinckhusen,* V *zu Oberpalen 1438–1441, Arbusow, Geschlechter S. 92 u. 123.*

440   1441 Feb. 4

In profesto Agate virginis

Item vorloent in 2 wekenen vorleden 4 1/2 mr. unde 12 s.

Item[a] Coppelmans sone geleent 5 mr. Rig.

Item dren piperen 3 mr.

Item den dren trumperen 9 f. ere loen van der drunke wegene[b].

Item den anderen 2   1 mr.

Item 2 mr. den 15[c] mans, de tor oversten molen upprümeden.

Item 7 f. vor 10 balken.

Item vor 5 balken 25 s.

Item vor 20 balken 25 s.

Item vor 20 balken 3 1/2 mr. min 4 s.

Item vor 9 balken 6 f.

Item vor 12 balken 2 mr.

Item deme olden voegede van der Zoneborch[1] 1 t. bers gesant, deme
    voegede van Jerwen[2] 2 t. bers gesant, deme voegede van Wezenber-
    ge[3] 1 t. gesant; noch deme cumpthur vamme Talchove[4] 1 t. bers
    gesant. Item deme proveste[4] unde deme dekene[5] van Ozell, ilkeme
    1 t. gesant; disse 7 tunnen betalt mit deme holte unde mit dregeloene
    12 mr. min 4 s.

Item gegeven Niccles Korner 10 s. vor draet tome seigere.

Item Gert Groten vor 4 lisp. haveren min 4 kulmete 6 f. unde 2 s. unde
    vor 1 sleden.

Item in de weke vorloent 6 mr.

Item vor 1 1/2 lisp. haveren 3 f. her Jo[han] Smede.

a) *links am Rand.* t. Coppell [m]ans sone. b) *ab* ere *rechts neben der vorigen, dieser u.
der folgenden Z. mit Hinweisstrichen.* c) *übergeschr., mit Einfz.*

1) *Vinzenz von Wirsberg,* V *zu Soneburg 1439–1440, Arbusow, Geschlechter S. 103 u.
127.* 2) *Peter Wesseler,* V *zu Jerwen, ebd. 102 u. 121.* 3) *Johann Vossunger,* V *zu Wesen-
berg 1420–1442, ebd. S. 97 u. 128.* 4) *namentlich nicht bekannt.* 5) *Walter Remling-
rode, Dekan zu Ösel 1438–1443, Arbusow, Geistlichkeit 2 S. 90.*

f.73a

441   1441 Feb. 18

Sabbato ante Petri ad cathedram[a]

Item des donrdages na Valentini[1] untfangen van den schotheren
    100 mr.

Item vor 30 balken betalt 4 mr. unde 5 s.

Item vorloent in de weke vorleden 6 mr.

Item den Rigesschen spelluden 3 mr.

Item schipher Beringer 3 mr. gegeven vor des trumpitters schiplage, Johans.

Item betalt den vorluden vor 42 hope stens to vorende tome kalkoven, vor ilken hoep gegeven 7 f.

Item betalt vor 6ᵇ hope stens to vorende, ilken hoep 7 f.

Item vor 8 hope stens to vorende up den graven boven der Lemporten dyk 10 mr.

Item Culpsu vor 4 hope stens tor bodeleie 10 mr.

Item noch 12 hope stens to vliende up den Leemdyk 40 s.

Item in de weke vorloent 7 1/2 mr. vorloent.

Item noch vor 2 weken lank, dat iis van den soden to howende, 10 f.

Item untfangen van den schotheren 200 mr. Rig. unde 10 mr.

Item de sulven 200 mr. unde 10 antworde wy den schafferen, her Lamberte² unde her Jacobe³, van erer schafferie wegene upp dat hus.

Item Gerd Groten vor 2 lisp. haveren min 1 loep 22 s.

a) *Vorl. irrtümlich* vincula. b) *übergeschr., darunter gestr.* 10.

1) *Feb. 16.* 2) *Lambert van Bodeken? Vgl. LivUB9 Nr. 755 u. 888, fehlt bei Bunge, Ratslinie.* 3) *Jacob van der Molen?, Rhr. 1441–1458, hiernach u. nach Bunge, Ratslinie S. 116.*

442   1441 Mrz. 11

Sabbato ante Reminiscere

Item in 2 wekene vorleden 8 1/2 mr. vorloent.

Itemᵃ betalt vor 25 balken 4 mr. min 3 s.

Item vor 22 balken to trummen 4 mr. unde 1 f.

Item her Marquart Bretholte 25 mr.ᵇ van hushure van Kornelius wegene.

Itemᶜ Godscalk Smede 10 mr. gedaen.

Itemᵈ deme timmermanne 4 mr. geleent, des stades timmermanne.

Itemᵉ gerekent mit Godscalke deme smede alle ding doet unde betalt, dat he der stad van disseme jare van mennigerleie iserwerke gemaket hevet; so geve wy em 6 mr. unde 14 s. to demeᶠ, dat he untfangen hevet. Summa to hope, dat he untfangen hevet, 82 mr.

Item deme rademakere gegeven vor 8 1/2 par rade unde vor 1 hoiwagen 7 mr. unde 1 f.

Item Peter deme tegelslegere gegeven 2 mr. vor sinen spec unde sinen
roggen.

f.74

Item^g in de weke vorloent 8 1/2 mr.

a) *folgt gestr.* M. b) *folgt ungestr.* mr. c) *links am Rand ein Hufeisen.* d) *ebd.* timmerman.
e) *ebd. ein Hufeisen, darin* gerekent mit Godschalk. f) *folgt ungestr.* to deme. g) *über
der Z.* 41.

443   1441 Apr. 1

Sabbato ante Judica
Item untfangen van den schotheren 36 mr. min 1 f.
Item^a noch untfangen van Berloe 24 mr. van sime huse van vorseteber
rente to deme, dat wy vor untfangen. Summa to hope 84 mr. Rig.
Item gegeven her Godscalk Stolteuoete van ener vrowen wegene to
Darbte gesant an her Johan Beuermanne[1] 7 mr. her Johan van
Bremen notrofftigen vrunden.
Item betalt Berloe vor 24 balken, de tor groten bruggen gekomen
weren, 22 s.
Item vorloent in dre wekene vorleden 11 mr. unde 6 s.
Item des rades timmermanne betalt vor 22 trummen to werende 4 mr.
unde 1 f.
Item^b 6 f. utegeven, do de rad den win rekende upp der scriverie.
Item Hinrike, de dat holt ut deme busche upper^c Wuluesoe voerde, 36
vadem, hiir vor em gegeven 2 mr.
Item 6 f. min 3 s. Gert Groten vor versssche vissche uppe de scriverie
gekomen, do de rad den wiin rekende.
Item^d deme stenbrekere 1 mr. gegeven to rumegelde, noch em 1 f. to
eme par schoe.
Item lutken Gerde 2 Arnoldesgulden vor de reise to Darbte[2].
Item her Jo[han] Smede vor boren tor stad behoeff 6 f. unde 1 s.
Item des stades timmermanne 1 Arnoldesgulden vor 2 dagh loen unde
jegen dat fest.
Item twen vorspraken ilkeme 4 mr. to erer hushure.
Item Hans Howensten vor de husdor tor bodelie unde vor 2 dornsen-
tore^e to howende 7 mr.

Item[f] upp 2 vangendore unde upp 2 vinstere gedan upp rekenscopp
   Hans Wiborge unde Gerken, en gedaen 6 mr. Rig., noch 3 vinstere,
   aldus sin disse vinstere 5, vor ilk vinster 1 mr. gegeven to howende
   unde vor de 2 vangendore gegeven 9 mr. to howende.
Item Corde 1/2 mr., de he vortert hadde, do he to Roegoe was gesant[3].
Item Niccles mit deme 1 ogen, dat he uppme huse dat beer updroch to
   Vastellavende, 12 s.
Item 11 s. vor 2 lisp. olies tome seiger, untfenc de koster tome Hilgen
   Geste.
Item deme marketvoegede 1 f.[g] vor sin par schoe upp Passchen.
Item in disse weke vorloent 8 mr.[h]

a) *links am Rand* Berloe. b) *folgt gestr.* vor. c) *folgt gestr.* N. d) *links am Rand ein Kreuz.*
e) *über tore ein Kürzungszeichen.* f) *links am Rand* rekensscop m[c]urmeisters. g) *über-
geschr., darunter gestr.* mr. h) *folgt in der nächsten Z. links am Rand* primus kalkoven *u.
gestr.* Item untf. ut deme ersten kalkovene upge.

1) *Rhr. zu Dorpat, Lemm S. 43.* 2) *Der Bote hatte Briefe in Sachen des OM und des
Junkers Gerhard von Cleve nach Dorpat gebracht, was von dort 1441 März 15 bestätigt
wurde, LivUB 9 Nr. 702.* 3) *Der Zweck der Reise ist unbekannt. Groß- und Klein-Rogö
(estn. Pakrisaar) sind Inseln westl. Reval.*

f.74a

444   1441 Mai 6

In[a] die beati Johannis ante portam latinam
Item vorloent in der wekene vor Passchen 4 mr. unde 1 f.
Item betalt deme vorspraken Kappelmanne 5 f., de gaff de rad to
   hushure.
Item den dren piperen ilkeme 1 mr. gegeven.
Item Halwatere mit sime geellen dre mr.
Item vor 1 stoer 21 s.
Item vor hundert vadem kalkholtes unde vor 7 1/2 vadem 21 mr. unde
   12 s.
Item kostede de erste kalkoven to bernende 30 1/2 mr. unde 6 s. in all.
Item untfangen van Jacobe ut der oversten molen 80 mr.
Item Hanebole hiir van gesant 40 mr. van des kumpthurs wegene.
Item[b] upgebracht ut deme ersten kalkovene vifftich mr.
Item sabbato ante Vocem Jocunditatis[1] brachte her Stolteuoet upp
   vifftich mr.
Item noch 20 mr. upgebracht ut deme kalkovene.
Item noch 30 mr. upgebracht in die Divisionis apostolorum[2].
Item noch upgebracht in die Sixti[3] 50 mr. ut deme kalkovene.

Item noch brachte her Godscalk[4] upp 42 mr. Rig. sabbato post Assumpcionis[5].

Item[c] vorloent in der Passchewekene unde in der wekene dar na 6 1/2 mr. 2 s.

Item Jacobe, der ebdissen[6] dener, 2 mr. ere rente.

Item her Gerdelagen viff mr. gesant van des Sacramentes altars wegene tome Hilgen Geste[d].

Item her Rotger Vunken 6 mr. van sunte Margreten altare to sunte Nicolause.

Item deme scrivere Joachim 6 mr. sin quatertempergelt unde 5 f. vor holt.

Item[e] Mertine den ersten kalkoven intosettende 12 mr.

Item her Johan Duderstade 7 mr. van sunte Margreten altare to sunte Oleve.

Item vorloent in disse wekene 8 mr.

Item[f] in profesto sanctorum Nerey et Achillei[7] deme nien abtekere geantwordet 30 Arnoldesgulden 6 f.[g] Rig. unde 6 mr. min 1 f., dat gelt untfenk Wolterus.

Item betalt vor 2 vadem kalkholtes 10 s.

a) *über der Z.* 41. b) *links am Rand* primus kalkovene. c) *davor eine Z. frei.* d) Hilgen Geste *rechts über der Z., mit Einfz.* e) *links am Rand* primus kalkon. f) *davor eine Z. frei, links am Rand* Abtekere. g) *folgt gestr.* In profe.?

1) *Mai 20.* 2) *Juli 15.* 3) *Aug. 6.* 4) *Stoltevoet.* 5) *Aug. 19.* 6) *von St. Michaelis.* 7) *Mai 11.*

445　　　　　　　　　　　　　　　　　　　　1441 Mai 13

Sabbato ante Cantate

Item Kankloen gegeven 2 mr. vor de 2 holtenen vinstere in der scriverie unde de dȯr to belustende[a].

Item deme kercheren vamme Hilgen Geste vamme Cruce to Luk to sunte Nicolause.

Item betalt 8 mr. deme priore[l] unde 4 mr. der Hunninchusesschen van Hunninchusen vicarie wegene; des priors gelt wart Tideken Bodeker gesant.

f.75

Item[b] Lintorpe betalt[c] sine lieffrente 5 1/2 mr.

Item[d] deme stenbrekere 10 f. upp rekensscop.

Item gerekent mit Tomas deme bekerwertere vor bekere to 2 drunken
  10 mr. min 1 f.
Item Mertine 8 mr. vor 90 leste kalkes to lesschende.
Item 12 mr. vor 3 hope stens in de koppllen to vorende.
Item Hans Howenstene upp 5 dore tor bodelie unde uppe^c 2 vinstere
  to howende 5 mr. uppe rekensscop gedaen unde sal noch 7 mr.
  hebben, de sin nu betalt.
Item den stenbrekeren van Culpsues kulen vor 30 sulle 2 Arnoldesgul-
  den tor bodelie.
Item den zulven vor 250 houstens tor bodelie 10 f.
Item Claus deme vormanne vor 35 vodere houstens tor bodelie^f 4 mr.
  unde 1 f.
Item in de weke vorloent 10 1/2 mr. Rig.
Item schorstene unde harnssch in beiden kersplen to beseende kostede
  10 f. unde 5 s.

a) *ab dör rechts über der Z., mit Einfz.* b) *über der Z.* 41. c) *folgt gestr.* 5 mr. d) *links am
Rand ein Kreuz.* e) *folgt gestr.* 5. f) *folgt gestr.* 5.

1) *von St. Katharinen.*

446   1441 Mai 20

  Sabbato ante Vocem jocunditatis
Item des stenbrekers kumpane 1 f. vor 1 par schoe.
Item^a den stenbrekeren noch gedan 1 mr. to rumegelde.
Item^b deme stenbrekere 10 f. noch uppe rekensscop gedan.
Item Hans Emeken 3 mr. unde 2 s. vor bekere.
Item vor 50 hekede 24 s.
Item vor 10 1/2 vadem kalkholtes 2 mr. 3 s.
Item^c Godeke Langen 4 mr.^{d} geleent uppe sin loen^e.
Item Cort Groten gegeven 16 mr. van des Hilgen Gestes molen rente.
Item noch em gedaen 7 1/2 mr. der seken rente imme Hilgen Geste.
Item den denren Corde, Clause, Honen unde Gerken, ilkeme 4 mr. ere
  loen.
Item Gert Groten 6 mr. vor sin spec, roggen, stavelen unde den oven
  intobotende.
Item vorloent in disser wekene de bodelie dale to brekende 4 mr. unde
  1 f. unde 12 s. vor dunnebẽr.
Item vor wullen tome sode vor der Smedeporten 23 s. unde vor 11
  bende 11 s.

Item^f Wiborge 1 mr. gedan upp en vinster to howende.
Item 8 mr. in de weke vorloent.

a) *links am Rand ein Kreuz.* b) *desgl.* c) *ebd.* t.(= tachter). d) *übergeschr.* e) *folgt* t.
Godeke Lange. f) *links am Rand* Bodelie.

f.75a

447   1441 Mai 27

   Sabbato^a post Asscensionis domini
Item vor 17 1/2 vadem kalkholtes 3 mr. min 2 s.
Item vor 24 1/2 vadem kalkholtes 5 mr. min 8 s.
Item vor 100 hekede in den dyk 1 mr. min 4 s.
Item vor 2 troge in den nien stoven 1/2 mr.
Item 10 ferdinge deme steltere.
Item tor bodelie deme stenbrekere van her Stolteuotes kulen vor 18
   howesteen, dar weren 5 sulle mede, 15 s.
Item Hans Howenstene^b unde Gerken van Helmede vor 2 vinstere tor
   bodelie 2 mr. unde vor 1 howenen piler 2 mr.
Item Mertin Gropengeter 4 mr. sine rente gegeven.
Item Niccles Korner vor 2 draedlede tome seigere 6 s.
Item 6 mr. her Appollonius van sunte Maties altare tome Hilgen Geste.
Item in de weke vorloent 17 mr. Rig.

a) *korr. aus* I *(für* In*), folgt gestr.* ante. b) *folgt gestr.* unde Wiborge.

448   1441 Juni 3

   In vigilia Pentecosten
Item 16 s. vor 2 balken tor brugge.
Item her Michele 4 1/2 mr. van der vromissen to sunte Nicolause.
Item vor 12 vadem kalkholtes 2 mr. unde 13 s.
Item noch vor 6 vadem 1 mr. unde 6 s.
Item vor 7 vadem noch 1 mr. 13 s.
Item vor 10 vadem noch 2 mr. Rig.
Item her Johan Smede^a vor 2 lispunt wullen ton soden 2 mr. min 12 s.
Item vor 1/2 t. ters ton soden 1/2 mr.
Item her Gisen^l 5 mr. gesant bi Hans Richerden, der seken rente to
   sunte Johanse.
Item^b deme stenbrekere 4 mr. upp rekensscop gedaen.
Item in de weke vorloent 22 mr.
Item Saxenhiir vor 200 vadem kalkholtes 11 mr. upptovorende.

Item 5 mr. vor lichte upp Vastellavent uppe dat rathus.

Item vor sleden, vor tunnen, schufflen, haveren unde andere ding 6 mr.
 G[ert] Groten.

Item Clause 1 mr. 1 t. bers, hoy to vorende van Vethe.

Item 3 f. vor uttovorende in der bodelie den rackers.

a) *folgt gestr.* 30 s. b) *links am Rand ein Kreuz.*

1) *Richerdes, Rhr.*

f.76

449   1441 Juni 17

 Item[a] sabbato post Corporis Christi

Item untfangen vor 1000 schoner troinissen 100 unde 25 mr., de en
 geselle van Lubeke vorboert hadde jegen der stede ordinancien[1].

Item betalt in der Pinxtweken vorloent 7 1/2 mr. 4 s.

Item vor 1/2 last ters betalt 4 mr.

Item vor 32 vadem kalkholtes 6 mr. 14 s.

Item vor 22 vadem kalkholtes 4 mr. 12 s.

Item noch vor 8 vadem 6 f. 3 s.

Item vor 6 1/2 vadem 5 f. unde 2 s.

Item vor 17[b] vadem noch 3 mr. 12 s.

Item betalt 12 mannen 6 f., de de rovere to sunte Berigitten vorwarden.

Item in de weke vorloent 16 1/2 mr. Rig.

Item vor dunnebeer unde dregeloen 19 s. in 2 wekenen.

Item vor 4 t. bers unde vor andere vitalie, vortert to sunte Berigitten, 7
 mr. unde 7 s., do de rovers vorwart worden.

a) *rechts hinter der Z. 41.* b) *korr. aus* 16 1/2.

1) *Der Rest von 7000 in Reval beschlagnahmten Troinissen (Pelzwerk), vgl. Nr. 505 u.*
LivUB 9 Nr. 690 u. 733.

450   1441 Juli 1

 In vigilia Visitacionis Marie

Item betalt vor 13 vadem kalkholtes 10 f. 2 s.

Item vorloent in de weke vorleden 9 mr. 5 s.

Item vor 7 1/2 vadem kalkholtes 6 f.

Item 2 Arnoldesgulden vor 1 t. bers, deme voegede van Wesenberge[1]
 gesant.

Item vor 18 vadem kalkholtes 3 mr. min 6 s.

Item vor 7 vadem kalkholtes 5 f. 5 s.

Item deme domheren van Riipen[2] 1 t. bers gesant, stunt 5 f. mit deme holte.

Item 6 f. den meisters, dat se dat prefaet uttovorenden in der bodelie.

Item den murmesteren 4 mr. to deme vinstere to deme vangentorne.

Item den sulven 1 mr. vor 1 t. bers.

Item 3 f. vor den howesteen to demem sulven vinstere in deme vangentorne.

Item in de wekene vorloent 14 mr.

Item[a] Godscalk Smede 10 mr. geleent.

Item[b] deme stenbrekere gedaen upp rekensscop 3 mr.

a) *links am Rand ein Hufeisen.* b) *ebd. ein Kreuz.*

1) *Johann Vossunger, vgl. Nr. 440.* 2) *namentlich nicht bekannt.*

f.76a

451   1441 Juli 8

In[a] die Kiliani

Item her Peter Groninge 3 mr. sine liiffrente gegeven.

Item[b] untfangen van der wage 100 unde 10 1/2 mr.

Item deme kostere van deme Hilgen Geste 10 mr., den seiger to stellende.

Item em 12 s. vor olie tome seigere.

Item 3 mr. vor 1 stoer deme rade.

Item Mertine gegeven, den ersten kalkoven uttoschuvende, 10 mr. unde 1 mr. vor 1 t. bers[c].

Item 22 mr. in de wekene vorloent unde 1/2 mr.

Item deme scrivere 6 mr. sin quatertempergelt van Pinxst.

a) *rechts neben der Z. 41.* b) *links am Rand eine Waage.* c) t. bers *rechts über der Z., mit Einfz.*

452   1441 Juli 15

Ipso die Divisionis apostolorum

Item Godeke Langen 21 s. de snicken unde bote to vorwarende.

Item 1 mr. Tilen gegeven to siner wapen.

Item 2 mr. vor 300 deckebrede tome snickenhues.

Item 7 f. vor 9 vadem kalkholtes.

Item 2 mr. 13 s. vor 12 vadem kalkholtes.

Item 6 mr. 6 s. vor 33 vadem kalkholtes.

Item den munderiken, de to sunte Berigitten weren, 12 s., bi den seerovers.

Item vor 22 vadem kalkholtes 4 mr. min 1 s.

Item vor 13 vadem 2 mr. 7 s.

Item noch 3 mr. 14 s. vor 20 vadem kalkholtes.

Item 14 s. vor de delen upp de stenkulen mit deme vŏrlone.

Item vor 12 1/2 vadem 2 mr. 4 s.

Item vor 12 1/2 vadem 2 mr. 4 s.

Item 5 f. unde 6 s. vor wullen tome sode.

Item 1 f. vor 6 bende tome sode.

Item noch 20 or. vor wullen; nu sint jarling 3 nie sode gemaket.

Item vor 1 riis pappirs 3 1/2 mr. Johanse.

Item 8 1/2 mr. untfangen van Corde kellerhure van Gobbine.

Item 1 mr. Hermen Kegler gesant, den mŭrmesteren tor bodelie.

Item in de weke vorloent 28 mr.

Item vor 4 t. bers 4 mr. den murmesters tor bodelie.

Item 5 f. vor 1 t. bers deme voegede van Ouerpael[1] gesant.

Item lutken Gerken 4 mr., de he to Riga wart vortert hadde, do he an den mester was gesant[2]; noch em 2 Arnoldesgulden to vordringkende.

1) *noch Hermann von Sewinckhusen, V zu Oberpalen 1438–1441? Vgl. Arbusow, Geschlechter S. 92 u. 123. 1441 Sept. 3 war S. K zu Windau, LivUB 9 Nr. 762.* 2) *Reval hatte um die Auslieferung eines Mannes ersucht. Die Antwort des OM von 1441 Juni 25 in LivUB 9 Nr. 739.*

f. 77

453   1441 Juli 21

In[a] profesto beate Marie Magdalene

Item[b] den stenbrekeren 3 mr. uppe rekensscop.

Item vor 1 t. bers 5 f., de Peter Sweis[son] van Razeborch[1] wart gesant.

Item vor 2 t. bers den mŭrluden tor bodelie 2 mr.

Item in de weke vorloent 24 mr.

a) *rechts neben der Z. 41.* b) *links am Rand ein Kreuz.*

1) *offenbar ein Untervogt zu Raseborg, vgl. LivUB 9 Nr. 798 Einl.*

454   1441 Aug. 5

In die Dominici confessoris

Item 12 mr. in de weke vorloent, de vorleden is.

Item vor 8 vadem kalkholtes 1 mr. unde 13 s.

Item 11 s. vor brede gegeven.

Item untfangen 18 mr. van Wekebrode van Reuals rente tor monnike[1]
behoeff.

Item[a] Godscalk Smede 12 mr. up rekenscop gedaen.

Item vor 36 vadem kalkoltes 6 mr. betalt.

Item untfangen van den losen vrouken 10 f., hoislach noch 3 f.

Item Dideric Vlossdorpper gegeven vor 8 elen Lub[isch] graw 9 f. unde
7 s., dat want krech Hans van der Aa, de rechtfindere.

Item vor 106 delen uppe den marstall 5 f.

Item in disse weke vorloent 32 1/2 mr. Rig.

a) *links am Rand ein Hufeisen.*

1) *von St. Katharinen.*

455   1441 Aug. 6

In[a] die beati Sixti

Item kostede des stades hoislach jarlank 34 mr. Rig. unde 2 lisp. roggen
ut deme stenhuse unde 2 t. twebackes noch 6 f. unde 7 s., der ze sik
hadden vorrekent[b].

Item noch den karluden 1[c] mr. vor 1 t. bers.

a) *links am Rand* hoislach. b) *ab* hadden *rechts unter der Z., mit Einfz.* c) *korr. aus* 2.

456   1441 Aug. 12

Sabbato ante Assumpcionis Marie

Item[a] 3 mr. vor kalk uttoschuvende unde to lesschende uppe reken-
scop, noch en 2 mr. gedan.

Item noch em betalt 9 mr.; so is all dat betalt van losschende.

Item in de weke vorloent 38 mr. Rig.

a) *links am Rand* kalkoven uttoschuvende.

457   1441 Aug. 19

Sabbato[a] post Assumpcionis Marie

Item her Stolteuote vor[b] 28 hope stens 42 mr. Rig., 20 hope tome
kalkovene unde 8 hope sall me wedder voren bi den graven, de sin
gekomen tho der bodelie.

Item vor 50 trepstens van Keglers kulen 3 f. 5 s.

Item vor 15 trepstene van her Sunnenschins kulen 1 f.
Item vor 7 st[ucke] stens^c, howenstene tor bodelie, 1 f.

f.77a

Item^d her Johan Smede 1 mr. vor 400 negle tor bodelie.
Item vor 9 t. bers tor bodelie 9 mr. Rig. gegeven.
Item in de weke vorloent 38 mr. Rig.
Item Clause deme denre 3 mr. van deme hoislage to Uethe.
Item^e Godscalk Smede 12 mr. upp rekenscop gedaen.
Item^f den van Vethe 1 mr. van des hoislages wegene.

a) *links am Rand* I *(für* In*).* b) *übergeschr., mit Einfz.* c) *folgt gestr.* to. d) *über der Z.* 41.
e) *links am Rand ein Hufeisen.* f) *ebd.* hoy to Vethe.

458 **1441 Aug. 26**

Sabbato post Bartholomei
Item^a den stenbrekeren upp rekensscop gedaen 3 mr.
Item 10 f. 2 or. gegeven den mŭrluden vor^b ere kost, untfenk
Hone.
Item in de weke vorloent 25 1/2 mr.

a) *links am Rand ein Kreuz.* b) *folgt gestr.* 1.

459 **1441 Sept. 2**

Sabbato ante Nativitatis Marie
Item untfangen vor 2 1/2 last kalkes 2 1/2 mr.
Item de cost den murluden tor bodelie 1 mr. 2 s.
Item den vorluden gegeven 11 mr. unde 12 s. vor 34 vodere hoies van
der stad marke to vorende up den marstal unde buwhoff.
Item her Johan Smede vor delen, latten unde negle 3 1/2 mr. unde 1 s.
Item in de weke vorloent 26 mr.
Item^a Corde 4 mr. deme denre gedaen to wege wart to Aboe¹.
Item noch Corde 13 mr. gegeven, de he vortert hadde to Aboe wart mit
sime volke.

a) *links am Rand* Cord de dener.

1) *Wegen einer Schiffsberaubung war der Stadtdiener Cort Jordens wenigstens zweimal
in Finnland, um mit der Stadt Åbo zu verhandeln. Vgl. Nr. 474 u. LivUB 9 Nr. 764.*

460   1441 Sept. 9

Item sabbato post Nativitatis Marie
Item Honen 24 s. vor kost den mŭrluden tor bodelie.
Item in de weke vorloent 23 mr. Rig.

461   1441 Sept. 16

Sabbato post Exaltacionis sancte crucis
Item untfangen van den molheren 26 mr.
Item Honen 1 mr. unde 3 s. vor vitalie disse weke den mŭrluden.
Item 10 s. vor olei tome seigere deme kostere.
Item 12 s. vor 2 last haveren uptovorende van Hermen Oldendorppe.
Item Kerstin Bonden vor holt to vorende tor bodelie tome welffte 1
  mr. unde 7 s.
Item 1 f. vor 100 negle her Jo[han] Smede.
Item in de weke vorloent 24 1/2 mr. Rig.

f.78

462   1441 Sept. 23

Sabbato ante Michaelis
Item 17 s. vor spise den mŭrluden, Hoenen gesant[a].
Item in de weke vorloent 20 mr.
Item vor 56 sparren 5 f. gegeven.
Item vor 3 t. bers her Cristerns vrowen[1] gesant mit holte unde
  dregeloene 3 1/2 mr. unde 6 s., untfenk Cort Jordens.
Item deme voegede van Jerwen[2] 2 t. bers gesant, stunden 10 f., untfenk
  Kort ok.
Item Gert Groten vor 2 lispunt talges min 2 markp., vor 28 harken,
  vickeden, stele unde vor 1 witgerwede huet 3 mr.
Item den mŭrluden tor boedelie to bere in 5 weken[b] betalt, in all vor 15
  t. bers 15 mr. Rig.

a) *folgt ein gestr. Buchstabe* b) *folgt gestr.* vor.

1) *Margarethe, Gattin des Hpt. zu Wiborg, Cristiern Niklesson, LivUB 9 Nr. 671, 851
u.S. 700 (Register).* 2) *Peter Wesseler, V zu Jerwen 1440–1441, Arbusow, Geschlechter
S. 101 u. 121.*

463   1441 Sept. 30

Ipso die beati Jeronimi presbiteri
Item Hans Howensteen 6 f. vor 1 lukendore in der apoteken min 3 s.

Item 3 f. 4 s. vor 50 treppestens tor bodelie 3 1/2 f. van Keglers kulen.
Itemᵃ deme nien stenbrekere 1/2 mr. uppe rekensscop gedaen.
Item 1 mr. unde 7 f. vor den oven up deme marstalle to beterende.
Item vor vitalie den mûrluden tor boedelie 7 f.
Item in de weke vorloent 18 mr.
Item her Hildebrande¹ vor 2 ekene balken tor abteken 3 f.
Item Joachime sin quatertempergelt 6 mr.
Item noch Cort Jordens 10 s. van deme vorsanden bere vorrekent.

a) *links am Rand eine Hand u. ein Kreuz.*

1) *van dem Bokle, Rhr.*

464   1441 Okt. 7

Sabbato ante Dyonisii
Item vor den oven in demem lutken stovene to makende 1 mr.
Item Corde vor vitalie den mûrluden tor boedelie 3 f. unde 4 s.
Itemᵃ Niccles Korner vor assen, bogen unde wangen, lopere 2 mr. min
   6 s.
Item in de weke vorloent 14 mr. Rig.
Item 6 s. vor 1 lisp. olies tome seigere her Hildebrand¹.
Item Kerstin Bonden vor 19 voder trepsteens tor bodelie to vorende 10
   f. gegeven.
Item Peter Hollanden vor 2ᵇ voer trepsteens ok tor bodelie 10 s.
Item her Hildebrande¹ vor 1 ekenen balkenᶜ 12 s. tome seigere.
Item her Jo[han] Smedeᵈ 24 s. vor 2 ekene balken.
Itemᵉ Godscalk Smede 10 mr. gesant.

a) *links am Rand* Nikolaus Korner. b) *folgt gestr.* hop. c) *folgt gestr.* to. d) *folgt gestr.* 20.
e) *links am Rand ein Hufeisen.*

1) *van dem Bokle, Rhr.*

f.78a

465   1441 Okt. 14

Sabbato ante festum Luce ewangeliste
Item Hans Howenstene vor 1 lukendôre tor abteken 6 f. min 3 s.
Itemᵃ Niccles Koerner 1 mr. upp rekenscop, de klocken to stellende.
Item vor 40 delen, ilke to 2 s., unde 33, ilke to 5 art., noch 22 to 2 s.;
   summa hiir vor to hope 4 1/2 mr. min 7 s., Gert Grote untfangen.
Item Tomas deme vorspraken 2 mr. up rekenscop to siner hûre to
   hulpe.

Item[b] Mertine unde sime kumpane 2 mr. uppe rekenscop gedan, den anderen kalkoven intosettende.

Item in de weke vorloent 10 mr. Rig.

a) *links am Rand* Niccles Korner. b) *ebd.* secundus primum kalkoven *und ein Kreuz.*

---

466   1441 Okt. 21

In die Undecim milium virginum

Item untfangen van Jacobe ut der oversten molen 60 mr. Rig.

Item Haneboele gesant 40 mr.[a] van des cumpthurs wegene.

Item 1 f. Corde der murlude vitalie.

Item kostede Anneken oven unde vurstede to beterende 1 mr.

Item[b] Mertine noch 2 mr. upp rekenscop up den anderen kalkoven intosettende.

Item deme stenbrekere van Grimmerdes kulen 1/2 mr. Rig.

Item vor 150 vellebolen 7 f. min 3 or., untfenc Cort.

Item in de weke vorloent 12 1/2[c] mr. Rig.

a) *folgt gestr.* s. b) *links am Rand* secundus kalkoven. c) *ein Zeichen gestr.*

---

467   1441 Okt. 27

In vigilia Simonis et Jude

Item 5 f. vor 1 lukendoer in der wage, Oleff Stenwertere.

Item Peter Hollant vor 1 hoep stens to vorende 4 mr. tor boedelie.

Item vor 4 voder trepstens to vorende 20 s., Kertin Bonden.

Item vor 7 st. trepstens 6 s. tor abteken.

Item vor 500 deckebrede gegeven 7 f. min 3 s.

Item untfangen 20 s. vor 5 t. kalkes.

Item[a] Mertine 2 mr. noch up rekenscop unde 1 t. bers vor 1 mr.

Item 6 mr. vor 6 t. bers den mǔrluden in der abteken.

Item in de weke vorloent 12 mr. 3 s.

a) *links am Rand* secundus kalkoven.

---

468   1441 Nov. 4

Sabbato post Omnium sanctorum

Item her Jacobe 5 mr. vamme Sacramentes altare tome Hilgen Geste.

Item her Engelbrechte gesant 7 mr. van Schernbeken vicarie[1].

Item in de weke vorloent 9 1/2 mr. Rig.

Item vor 150 negle ton planken bi deme Domberge unde vor linen 1
mr.
Item her Johan Smede 1 mr. vor 1 t. bers den mûrluden tor bode-
lie.

1) *in St. Michaelis.*

f.79

469   1441 Nov. 4

Sabbato ante festum Martini
Item 15 s. vor 1 slot in den hokerboden.

470   1441 Nov. 18

In octava Martini
Item untfenc her Hildebrand[1] 15 1/2 mr., vor kalk upgebracht.
Item gegeven Lintorpe 5 1/2 mr. sine lieffrente.
Item her Detmer Keglere 16 mr. sine lieffrente.
Item her Eggerde 6 mr. van sunte Blasius altare to[a] sunte Nicolause.
Item deme kercheren vamme Hilgen Geste 4 mr. vamme Cruce to Luk
van sunte Nicolause.
Item vorloent in de weke vorleden 11 mr. unde 3 s.
Item vor negle unde vor hennepp 1 mr. unde 6 1/2 s.
Item[b] untfangen van seelgelde 30 1/2 mr. unde 3 or., hiir van gegeven
vor 1 nien ketel in de seelboeden 19 mr.
Item van Louenscheden untfangen 11 mr., hir van vor 1 nien bodem
van eme ketle in den seelboden 10 mr. Rig.
Item[c] vor 200 negle Corde 20 s.
Item 1/2 mr. vor 1/2 lisp. lichte.
Item Kerstin Bonden vor 2 vlisiien to vorende tor abteken 1/2 mr.
unde 6 s. vor 1 andere vor treppenvlisien.
Item vorloent in disse weken 9 mr. Rig.
Item[d] Mertine 5 mr., noch den anderen kalkoven intosettende, gedaen;
so hefft he dar van untfangen 11 mr.

a) *folgt gestr.* -me Hilgen Geste. b) *links am Rand* Zeell. c) *folgt gestr.* t. d) *links am
Rand* secundus kalkoven betalt.

1) *van dem Bokle, Rhr.*

471   1441 Dez. 2

In sabbato ante Barbare
Item vor negle 1 mr. unde 4 s. tome kalkovene.
Item vor 6 ekene tor bodelie 1 mr. her Jo[han] Smede.
Item 2 mr. deme wegere van den seelboden.
Item her Michele unde[a] her Vetteroke 4 1/2 mr. van sunte Nicolaus
    vromissen.
Item in de weke vorleden vorloent 4 mr.
Item in de weke vorloent[b] 6 mr. nu.
Item dren trumperen gegeven ilkeme 1 mr. Rig. to vordrinkende.
Item noch Tomas deme vorspraken 2 mr. to siner hure to hulpe.

a) *korr. aus* mr. b) *folgt gestr.* 5 1/2.

f. 79a
472   1441 Dez. 16

Sabbato ante Tome[a]
Item untfangen van den molenmesters 38 mr.
Item vorloent in 2 wekene 6 1/2 mr.
Item her Hermene van sunte Mateus capellen 6 mr. to sunte Nicolause.
Item her Ludeken 7 mr. van sunte Philippus et Jacobs altare tome
    Hilgen Geste.
Item her Appollonius 3 mr. van sunte Maties altare tome Hilgen Geste.
Item[b] Depenbeken 8 mr. gesant van Loden vicarie.

a) *Vorl.* Andree. b) *links am Rand* Marienma.

473   1441 Dez. 20

Sunthe Tomas avent.
Item untfangen 10 mr. van den brokeheren, disse sulven 10 mr.
    uppgesant deme husscumpthure sloierpennige.
Item[a] Godscalk Smede 10 mr. gesant uppe rekensscop.
Item 1 f. vor 1 breff tor Narwe to vorende[1].
Item[b] Henning Klensmede 5 mr. up rekenscop gedån.
Item Henninge noch 7 1/2 mr. gegeven, so isset nu slicht.
Item costede dat schot to schrivende 2 mr. 4 s. in beiden kersplen.

a) *links am Rand ein Hufeisen.* b) *ebd.* H. Klensmit.

1) *Inhalt des Briefes unbekannt; er stand vielleicht mit dem Tag zwischen dem DO und
Nowgorod 1442 Jan. 28 im Zusammenhang, vgl. Nr. 480.*

474   1441 Dez. 23

Sabbato ante Nativitatis Christi
Item Peter deme coppelmanne 2 mr. vor sin spec unde roggen.
Item[a] Allexius deme zedelere 2 mr. geleent van des rades wegene.
Item viven der stad denren ere natgelt, scroetloen, offergelt unde
     lowentgelt 7 1/2 mr. Rig. gegeven.
Item Cort Joerdens 6 mr. gegeven vor sin ungemak, dat he twe reise in
     Sweden hadde[b][1] gedaen van der stad wegene.
Item 2 mr. Copplmanne deme rechtfindere to[c] 1 Lubesch grawen
     rocke.
Item deme zulven 2 mr. vor 1 siden speckes unde 1 lisp. roggen em.
Item Gerd Groten 1 mr. vor talch up den marstall.
Item deme scrivere 2 Arnoldesgulden sin offergelt.
Item in de weke vorloent 7 mr. min 1 f.

a) *links am Rand* Stelter. b) *folgt ein Fleck, auf Rasur?* c) *übergeschr., darunter gestr.*
vor.

1) *vgl. Nr. 459.*

f.80

475   1442 Jan. 13

Sabbato ante festum Anthonii
untfenge wy van den schotheren 50 mr.[a]
Item her Peter Groninge 3 mr. gesant sine lieffrente.
Item her Gißen[1] gesant 15 mr. der seken renthe.
Item vor 200[b] lattennegle unde 2 linen 32 s.
Item vorloent in twe vorledene wekene 4 1/2 mr.
Item Steffen vor win, den de rad gedrunken hadde, 3 mr. 11 s.
Item deme scrivere 6 mr. sin quatertempergelt van Winachten.
Item 16 s. 2 boden to vorbeteringe van korte erer roclakene.
Item Corde 8 mr. vor 8 lisp. lichte upp dat rathus to Winachten.
Item in disse wekene vorloent 3 1/2 mr. Rig.
Item vor 2 Lubesch grawe laken to kledingen[c] 16 mr.

a) *beides in einer Z., darüber* 42. b) *folgt gestr.* deckenegle. c) *folgt gestr.* de.

1) *Richerdes, Rhr.*

476   1442 Jan. 20

In die Fabiani[a] et Sebastiani martirum
Item untfangen van den schotheren 200 mr. Rig.

Hiir van her Gisen[1] geven 43 mr. unde 19 s., de kostede dat lutke
  tegelhues in der copplen.
Item noch her Gizen gegeven 35 mr. vor 10 000 dakstens tor boedelie.
Item noch em 4 1/2 mr. vor 1500 murstens tome seigere inn des Hilgen
  Gestes kerken[b].
Item 8 mr. noch em vor en brun pert up den marstall.
Item 5 mr. noch em vor 3 [t.] bers mit deme holte, her Christerns sone[2]
  gesant.
Item noch 12 mr. vor 2 last haveren.
Item her Jacobe van der Molen unde her Lamberte [3] 52 mr. min 8 s.[c],
  der se noch tachter weren van erer schafferie, gegeven.
Item Cakkeroggen 4 mr. to siner hure to hulpe.
Item deme repslegere vor allirleie towe unde linen 4 1/2 mr. unde 4 s.
Item Culpsu 4 mr. vor sten to vorende tor boedelie.
Item[d] vor 1 anker to bergende 1 mr. Rig.
Item in de weke vorloent 4 1/2 mr. mit 4 1/2 dagen ut der anderen
  weken.

a) *Vorl.* Ffabiani. b) *ab* Gestes *rechts unter der Z., mit Einfz.* c) *mit* 8 s. *übergeschr., mit Einfz.* d) *links am Rand* Anker.

1) *Richerdes, Rhr.* 2) *Karl Cristiernsson, Untervogt zu Raseborg u. Wiborg, Sohn des Cristiern Niklesson, LivUB 9 S. 697 (Register).* 3) *von Bodeken? Vgl. Nr. 441.*

f.80a

477   1442 Jan. 27

  Sabbato [a] ante Purificacionis Marie
Item untfangen van den schotheren 100 mr. Rig.
Item gegeven Euert Pepersacke vifftich mr. vor 2 Tomassche laken tor
  denerkledinge.
Item Godeke Langen 5 mr. vor sin roclakene.
Item noch 17 s. de bote[b] to ozende.
Item[c] den munderiken 2 mr. de schuttenboete ut unde intobringende.
Item vorloent in de weke 10 f.
Item Tideman van Vnna 15 mr. vor 1 1/2 t. heringes, deme rade
  ummesant.
Item Michel Notiken 1 Arnoldesgulden vor 200 deckebrede tor bo-
  delie[d].

a) *links vor der Z.* 42. b) o *korr.* c) *davor noch einmal gleicher Text, Tinte verlaufen und deshalb gestr.* d) *ab* tor *rechts unter der Z., mit Einfz.*

478   1442 Feb. 17

Sabbato ante Invocavit
Item in 2 wekene vorloent, de vorleden siin, 7 1/2 mr. unde 6 s.
Item kostede de stoven vor der Susterporten de oven to makende deme
    mŭrmestere unde arbeidesluden unde vor ber 7 f. 5 s.
Item vor 8 vadem bernholtes 2 mr. up dat rathues.
Item in disse weke vorloent 4 mr. min 1 f.

479   1442 Mrz. 1

Des donrdages vor Oculi
Item untfangen 6 mr. rente van der Jacob Swederss[chen]rente.
Item disse 6 mr. Joachime deme scrivere sin quatertempergelt.
Item^a uppe dissen dage rekende wy mit Godscalke deme smede.
Item em gedaen uppe dissen dagh^b 14 mr. Rig. uppe rekenscop.
Item mit Godscalke gerekent van iserwerke tor boedelie, allerleie
    ringe, bolten, haken, tralien, to hope hundert mr. unde 35 mr.
Item^c vor hoffslach van disseme jare 21 mr. unde 1 f.
Item vor iserwerk tome vangentorne 18 mr.
Item noch vor allerleie ander iserwerk tor stad behoeff viftich mr. unde
    22 s.
Item van der vorscriven rekenscop is em noch gegeven 71 mr. min 5 s.

                            f. 81

Item des donrdages vor Letare[1] untfangen 150 mr. van den schot-
    heren^d.

a) *links am Rand ein Hufeisen, darin* Goek. b) *folgt gestr.* mr. Rig. c) *links am Rand
gestr.* umbetalt. d) *folgt in nächster Z.* Item.

1) *März 8.*

480   1442 Mrz. 10

Sabbato ante Letare
Item gegeven her Alberte 57 mr. unde 3 s. van der Narwesschen reise,
    do her Johan Sunnenschiin unde her Albert Rumoer der weren[1].
Item untfangen van den schotheren vifftich mr.
Item her Eppinchusen 10 mr. gesant van der beluchtinge tome Hilgen
    Geste sacramente.
Item em noch gesant 15 mr. molenpacht.

Item em noch gesant 7 1/2 mr. der seken rente to erer lavinge.

Item Cord Joerdens vor lichte up dat rathus 7 mr. to Vastellavende.

Item[a] deme steenvliere bi deme kalkovene 3 mr. upp rekenscop.

Item Saxenhiir 10 mr. uppe rekensscop van deme kalkholte uptovo-
rende.

Item 6 piperen 6 mr., 3 trumpers 9 f., noch 2 trumpers 1 mr., noch 1
lukenpipere 1/2 mr. gegeven.

Item in dre wekene vorloent 12 1/2 mr. unde 5 s.

Item 28[b] s. vor holt up de schriverie.

a) *links am Rand* stenvlier. b) *folgt gestr.* mr.

1) *Auf einem Tag in Narva 1442 Jan. 28 hatte der OM versucht, Streitigkeiten zwischen
dem DO und Nowgorod beizulegen, allerdings ohne Erfolg, AuR 1 Nr. 462 u. LivUB 9
Nr. 816, 818, 819.*

481   1442 Mrz. 17

Sabbato ante Judica

Item untfangen van den schotheren 250 mr. Rig.

Hiir van gegeven her Marquart Bretholte 89 mr. min 8 s., de kostede
de reise, do her Gise unde her Marquart Bretholt to Woldemer unde
to Riga weren[1].

Item[a] so kosteden de 4 drunke in dissen twen jaren upp deme rathuse,
twe[b] Winachten unde 2 Vastellavende, 242 mr. unde 1 f.; hiir upp
betalt den schafferen enhundert unde twintich mr. Rig.

Item untfangen 4 mr. min 1 f. kellerhure van Poitowe.

Item Ludeken Kermen 15 mr. vor iserwerk tor bodelie.

Item Corde 8 s. vor boren.

Item 16 or. her Johan Godlanden dechtnisse.

Item 6 1/2 mr. unde 1 1/2 s. vor 1 t. ters up den marstal, 4 schufflen, 2
arbeidesluden 5 dage, 50 lattennegle unde 8 1/2 elen Lubesch graw
unde vor 4 balken.

Item costede de gesterie, do de visitere[2] up deme rathus weren, 12 1/2
mr. 1 s.

f. 81a

Item deme voegede van der Narwe[3] gesant 1 t. bers, noch den visiteren
ut Prußen[2] gesant 2 t. bers mit deme holte, betalt 5 mr. unde 3 s.

Item vor 1 lisp. haveren 1/2 mr. Dideric Bodeker[4] gesant.

Item Gert Groten 3 mr. vor tŏme, sleden, linen, bernholt unde andere
ding.

Item Hanse deme kostere betalt vor 1 quarter jars 10 f., den seiger to stellende.

Item in de weke vorloent 6 1/2 mr. Rig.

a) *links am Rand* Schaffer. b) *übergeschr., ein Einfz.*

1) *Städtetag zu Wolmar 1442 Feb. 19–20, an dem aus Reval die Rhrr. Gise Richerdes und Marquart Bretholt teilnahmen. Der Tag diente der Vorbereitung des Hansetages von Stralsund und der Beilegung livländischer Streitigkeiten, AuR 1 Nr. 464 u. LivUB 9 Nr. 817.* 2) *Visitatoren des HM waren Nikolaus von Nikeritz, Spittler zu Elbing, und der Priesterbruder Nikolaus Konitz. Die Visitation der livländischen Ordenskonvente diente der Vorbereitung einer Ordensreform, AuR 1 Nr. 463, LivUB 9 Nr. 794 u. 846.* 3) *namentlich nicht bekannt.* 4) *Bodeker kam als Gesandter Danzigs nach Livland, um über den Tag von Kopenhagen und den Vertrag mit Holland zu berichten, LivUB 9 Nr. 765 u. 771.*

482   1442 Mrz. 29

Item in Bona quinta feria

Item untfangen des mandages na Palmen[1] van den schotheren hundert unde 18 mr.

Item hiir van gegeven vor 1 1/2 ãm Rinschs wiins unde 8 stoep 35 mr. 4 s. her Scheluent.

Item[a] noch her Johan Smede unde her Marquart Breetholte 40 mr. gegeven van erer schafferie wegene.

Item Tilen vor sinen roggen unde spek 2 mr.

Item Claus vamme Hagen vor 1 leddernsak in haltene soet 5 f. gegeven.

Item vor 1 troch up den marstall 1 f.

Item her Albert Rumoer van der Woldemersschen reiste int jar 41, de kostede 23 mr. unde 11 s[2].

Item vorloent in de weke vor Palmen 3 mr. unde 11 1/2 s.

Item untfangen van den molenmesters 200 mr., de worden geantwordet her Gizen[3] bi der stad kopplen.

Item noch van den molenmesters 12 Arnoldesgulden[b] unde 16 s., der was her Gert Grimmert tachter van der Woldemersschen reise[2], de worden em gegeven.

Item untangen van den molenmesters 51 1/2 mr. min 2 or., disse zulven 51 1/2 mr. minus 2 or. de worden gegeven her Godscalk Borstell vor Riinsschen win[c] to des rades behoff.

Item[d] Oleff Bekerwerter 6 mr. uppe rekensscop gegeven.

Item 1 steenbrekere upper stad kulen vor 1 hoep stens to brekende 3 f.

Item[e] den stenvlieren 1 mr. noch gedan.

Item[f] den stenbrekeren gegeven 1 f. to godespenninghen.

Item in disse weke vorloent 5 mr. Rig.

Item Jorden Halwatere unde Andreus den twen trumperen to erer wielsschottlen to hulpe, ilkeme ᵍ 1/2 mr.; summa 6 f. to hope.

a) *links am Rand* Schaffer. b) Arnoldes- *übergeschr., mit Einfz.* c) *Vorl.* wins, s *gestr.* d) *links am Rand* Bekerwerter. e) *ebd.* stenvlier. f) *ebd.* Stenbreker erst. g) *folgt gestr.* 5.

1) *März 26.* 2) *Gemeint ist hier offenbar nicht der Städtetag zu Wolmar 1441 Jan. 22, auf dem über die Sundfahrt, den Holländerhandel und den deutschen Kaufmann zu Nowgorod beratschlagt wurde, AuR 1 Nr. 458. Nach LivUB 9 Nr. 687 war Rumor nicht als Abgesandter dort, sondern der Rhr. Gert Grimmert.* 3) *Richerdes, Rhr.*

f.82

483 1442 Apr. 14

Sabbatoᵃ ante Misericordias domini

Item kostede de erste kalkoven to bernende 29 mr. Rig.

Item dar quemen to 2 lisp. roggen ut deme stenhuse.

Item Mertine 2 mr. unde 2 s. kalk to losschende.

Item 3 mr. vorbuwet in Berndes boden in den hokerboden.

Item des koninges herolde[1] gesant 1 t. bers unde 4 stope Romenie, 2 mr. 6 s. hir vor.

Item her Cort Stockere[2] gesant 1 t. bers, 1 punt haveren, stunt 9 f.

Item Hinrik Holsten 12 mr. gegeven vor iserwerk tor bodelie.

Item her Hermenne 3 mr. van sunte Maties altare tome Hilgen Geste vor 1/2 jar.

Item vor vitalie den mûrmesters tor boedelie 4 1/2 mr. min 2 s., dar is 1 t. vlesches mede.

Item 1 mr. den oven to makende in Bolemans stovene, deme mûrmestere.

Item vorloent in 2 wekene 18 1/2 mr. unde 3 f.

a) *rechts neben der Z. 42.*

1) *wohl ein Herold des dän. Kgs., der in der Frage der Übergabe Wiborgs durch Cristiern Niklesson an Karl Knutsson Bonde tätig war und auch in Reval weilte, LivUB 9 Nr. 851.* 2) *Rhr. zu Dorpat, Lemm S. 142; er reiste zum Hansetag nach Stralsund, LivUB 9 Nr. 864.*

484 1442 Apr. 21

Sabbato ante festum Georgii

Item untfangen 50 mr. van den moelheren, disse sulven 50 mr. antworde wy her Albert Rumore uppe de reise tome Sunde wart[1].

Item untfangen 1 mr. ut deme olden kalkovene vor kalk.

Item 4 1/2 mr. her Michele van der vromissen to sunte Nicolause unde
   her Vetteroke to hope.

Item der ebdisschen² 2 mr. gesant ere rente.

Item her Jacobe 5 mr. van des Sacramentes altare tome Hilgen Geste.

Item Lintorpe gegeven 5 1/2 mr. sine liiffrente.

Item Tomas deme vorspraken 4 mr. to siner hushure to hulpe.

Item Kackeroggen deme vorspraken 4 mr. to siner hushure to hulpe.

Item den van Vethe 1 t. bers, dat hoi tor stad to vorende, 1 mr.

Item vor 1 towe tor radklocken 20 s.

Item 8 s. vor trepsteen unde howesten 8 stucke.

Itemᵃ Mertine upp den ersten kalkovene gedan upp rekenscop 2 mr.

Item Nicles vor assen, bogen, wangen unde sulk ding tor wage 1 mr.
   unde 3 1/2 s.

Item Kerstin Bonden vor 4 hope steens to vorende van der Lemporten
   tor bodelie 4 mr.

Item in de weke vorloent 18 mr. Rig.

Item untfangen molenpacht vanᵇ Jacob van der overstenᶜ molen 70 mr.
   Rig.

Item hiir van gegeven Haneboele 40 mr. van des cumpthurs wegene.

Item kostede de gesterie, do her Cort Stocker³ des rades gast was, 6 mr.
   unde 1 f.

f.82a

Item her Vbbinchusen gesant 15 mr. des Hilgen Gestes molen rente.

a) *links am Rand* primus kalkoven. b) *folgt gestr.* h. c) *übergeschr., mit Einfz.*

1) *Rumor reiste als Gesandter Revals zum Hansetag nach Stralsund, u. zwar über
Lübeck, LivUB 9 Nr. 864.* 2) *von St. Michaelis.* 3) *vgl. Nr. 483.*

485   1442 Apr. 28

   Sabbato ante Cantate

Item gegeven her Ludeken van deme Cruce to Luk 4 mr. to sunte
   Nicolause.

Item her Vunken 6 mr. van sunte Margreten altare to sunte Nicolause.

Item her Gisen¹ der seken rente to sunte Johanse in de hant 5 mr.

Item Mertin Gropengeter 4 mr. sine rente.

Item untfangen van den lechlen in den winkelren van her Coste² van
   wine 52 mr. unde 11 s.

Item 6 mr. unde 6 s. vor 6 t. bers mit deme dregeloene den murluden
   tor bodelie.

Item Corde vor vitalie den mûrmesteren 2 mr. unde 13 s.

Item^a den stenbrekeren to rumegelde 2 mr. gedan in all.

Item 9 f. vor knarholt in der bodelie, to voderende de doeren, gegeven Baddenhusen 9 f.

Item em gegeven, de porten laten to rumende achter den susteren, 5 f.

Item Peter Vasolde 21 mr. vor 4 last haveren van^b Niclopes wegene.

Item Saxenhiir 5 mr. gegeven van Kalkholte upptovorende van overme jare.

Item Kerstin Boenden vor 1500 mûrtegels to vorende tome Hilgen Geste tome seigere van overme jare 3 mr. gegeven.

Item in de weke vorloent 21 mr. Rig.

Item Ludeken Kermen 10 mr. gegeven van iserwerke tor boedelie.

a) *links am Rand* stenbreker primum. b) *folgt gestr.* h.

1) *Richerdes, Rhr.* 2) *van Borstel, Rhr.*

486   1442 Mai 5

Sabbato ante Vocem jocunditatis

Item untfangen van her Godscalk Stolteuoete van kalke 20 mr. Rig. van overme jare ut deme kalkoven.

Item gegeven her Johan van Bremen notrofftigen vrunden to Darbte 7 mr.

Item 2 mr. vor ekene balken.

Item untfangen van Borloen 12 mr., de worden gegeven deme priore[1] unde der Hunninchusesschen van saligen Hunninchusen vicarie wegene.

Item 4 des stades denren 16 mr. ere loen.

Item Gert Groten 6 mr. vor^a sinen spec, roggen, stavelen, 2^b oven intobotende.

f.83

Item^c Didericus 6 mr. vor 1/2 jar den seiger to stellende.

Item 1 f. vor 1 lisp. olies tome seigere.

Item in de weke vorloent 17 mr. Rig.

a) *übergeschr., mit Einfz.* b) *übergeschr.* c) *über der Z.* 42.

1) *von St. Katharinen.*

487 1442 Mai 12

Sabbato infra octavas Asscensionis[a]

Item[b] Mertine 4 mr. gedan, den ersten kalkoven uttoschuvende.

Item vor beer unde vitalie tor bodelie den murmesters 6 f. unde 2 1/2 s.

Item 13 s. de sendeboden uppe de Wyk to schepe to vorende[1].

a) *Nr. 487 mit 486 in einem Zug, die Datumszeile rechts neben Z. 1 von 487.* b) *links am Rand* kalkoven primum.

1) *vgl. Nr. 484.*

488 1442 Mai 12

Sabbato infra octavas Asscensionis domini

Item den stenbrekeren uppe rekenscop 3 mr. gedan.

Item Ludeken van Kerme noch 5 mr. vor iserwerk tor bodelie; nu is he all betalt.

Item gelent van den munteheren 20 mr.

Item kosteden de schorstene to vegende in beiden kersplen 2 mr. 4 s.

Item den seken imme Hilgen Geste 7 1/2 mr. ere rente.

Item 13 mr. in de weke vorloent.

Item untfangen hundert mr. van den molenheren; desse hundert mr. worden gegeven Hans Brakell van her Albert Rumoers wegene, deme se Godscalk Smit hadde overgewiset upp den rad vor iserwerk unde arbeit in disseme jare; so is he nu all betalt.

489 1442 Mai 19

In vigilia Pentecosten

Item geleent van den munteheren 80 mr. Rig.

item Saxenhiir noch 5 mr. gegeven vor kalkolt uptovorende van overme jare[a].

Item 7 mr. min 6 s. vor bekere up dat rathues.

Item in de weke vorloent 12 mr. unde 1 f.

Item dat huseken in der boedelie uttovorende 1 mr. 3 s[b].

Item 2 mr. den murluden tor boedelie vor 2 t. bers.

Item den murluden tor kost 1 mr. 7 s.

Item vor 1 par rade 2 1/2 f.

Item Gert Groten vor 4 sadelkussene 60 s.

Item vor wullen ton soeden 15 s.

a) jare *rechts über der Z., mit Einfz.* b) *folgt gestr. in der nächsten Z.* Item Hinr. Krowele deme armborstere.

f.83a

490   1442 Mai 26

In vigilia Trinitatis

Item 1/2 mr. vor 1 spelt tor boedelie Hans Howenstene.

Item 1/2 mr. Haneboelen, den vulen graven upptorumende vor der Lutken Strantporten.

Item in de weke 9 1/2 mr. vorloent.

Item Hinrik Krowele deme armborstere 14 mr. gegeven vor 18 armborste nien to beterende unde to vorhalende; des slogen[a] em de kemerere aff 4 mr. van vorsetener rente, de Krowel vorseten hadde.

Item[b] Godscalk Smede 6 mr. uppe rekensscop gesant.

Item vor 80 sparen tor boedelie twie 80 s.

Item Kerstin Trumpere vor 2 hope stens unde 1 verndeel 9 mr. Rig.

Item[c] deme rademakere 5 mr. uppe rekensscop gedaen.

Item vor 2 t. bers mit deme holte 3 1/2 mr., des cumpthurs brodere van Velliin[1] gesant.

Item noch vor 2 vlassche wins en gesant 16 s.

a) *folgt gestr.* wy. b) *links am Rand ein Hufeisen, darin* primum. c) *ebd.* Rademaker.

1) *Tonnies Wesseler, Bruder des K von Fellin Peter W.?; Arbusow, Geschlechter S. 101.*

491   1442 Juni 2

Sabbato post festum Corporis Christi

Item vor 24 voder kalkstens ut der havene bi dem kalkoven to vorende 5 f. 3 s.

Item[a] den stenbrekeren 2 mr. uppe rekenscop gedan.

Item in de weke vorloent 9 1/2 mr.

Item vor 20 vlisien unde 15 trepsten tor bodelie[b] 22 s.

Item Hans Pipere vor[c] sin spec unde roggen 2 mr. Rig.

a) *links am Rand ein Kreuz.* b) *folgt gestr.* 10. c) *übergeschr.*

492   1442 Juni 7

In octava Corporis Christi

Item 14 mr. in de weke vorloent.

Item 13 s. vor balken tor boedelie.

Item 1 mr. dat prefåt uttovorende an deme rathus.

493 1442 Juni 16

Item sabbato post Vithi

Item untfangen 1 mr. kellerhure van Gobbine vor 2ᵃ vate.

Item untfangen 9 mr. kellerhure van Romenie van Summermanne.

Item untfangen 7 mr. kellerhure van Peter Templine vanᵇ Romenie.

f.84

Itemᶜ 1 f. gegeven vor 4 grote treppesteen tome Korten Domberge under de porten.

Item vor 100 unde 15 vlisien tor bodelie to vlisiende 5 f.

Item vor 90 vlisien tor bodelie 22 s.

Item den munderiken kalksteen an lant to vorende 31 s.

Item den munderiken vorᵈ 12 swine uppe Narieden to vorende.

Item vor 2 wekene vitalie tor boedelie 5 f. 5 s.

Item vor 2 1/2 lisp. unde 1 loep haveren 5 f. min 2 s.

Item in de weke vorloent 15 1/2 mr.

Item vor 4 t. bers tor boedelie den timmerluden 4 mr.

a) *korr. aus* 3. b) *korr aus* kan. c) *über der Z.* 42. d) *übergeschr., mit Einfz.*

494 1442 Juni 23

In vigilia beati Johannis baptiste.

Item 2 Arnoldusgulden vor 2ᵃ t. ters Cort Groten.

Item untfangen van kellerhure van 4 vaten Gobbins 2 mr. van Hinrik Herborden wegene.

Itemᵇ den stenbrekeren 3 mr. upp rekensscop.

Item vor 1000 mursten͛s to vorende tor bodelie 5 f. Philippus.

Itemᶜ noch Mertine 2 mr. up rekenscop, den kalkoven uttoschuvendeᵈ.

Item in de weke vorloent 14 mr.

Item untfangen van den moelheren 200 mr. Rig.; disse sulven 200 mr. Rig. worden vort gegeven her Godscalk Timmermanne van der kopplen wegene up rekenscop, der he tachter was van der kopplenᵉ.

a) *korr. aus* 3. b) *links am Rand ein Kreuz.* c) *ebd.* primus kalkoven. d) *Vorl.* uttoschuende. e) *links am Rand* kopple, *nächste Z. gestr.* Item.

495 1442 Juni 30

Sabbato post Petri et Pauli

Itemᵃ Hans Groten deme munderike 24 s. vor 12 swine uppe Narieden to vorende.

Item Michele deme schipheren vor kalkholt van Wuluessoe to vorende
5 mr.

Item vor 42 vlisiien 13 s. tor boedelie.

Item[b] untfangen 18 1/2 mr. min 2 s. van deme Narwesschen paelgelde[1].

Item vor 2 par rade 1 mr. unde 1 s.

Item untfangen van Cort Maken kellerhure van Gobbine 9 mr. min 1 f.

Item 7 f. vor 1 t. bers deme dekene van Ozel gesant[2].

Item 4 mr. 4 s.[c] vor 4 t. bers den timmerluden unde den mürluden tor
boedelie[d].

Item 2 gulden vor 2 t. ters tor stat behoeff.

Item in de weke vorloent 14 1/2 mr.

a) *links am Rand* Swine. b) *ebd.* Narwessches paelgelt. c) *folgt gestr.* den ti.

1) *vgl. Nr. 296, 341, 505, 527.* 2) *Walter Remlingrode, Dekan zu Ösel 1438–1443,
Arbusow, Geistlichkeit 2 S. 90.*

f.84a

496   1442 Juli 7

Sabbato[a] infra octavas Visitacionis Marie

Item[b] untfangen van der wage 100 mr. min 11 mr.

Item untfangen 12 mr. rente van her Hildebrande van deme Bokle.

Item untfangen 12 mr. van her Wenemerssen[1] rente up Johannis.

Item 20 s. vor krut unde andere resscop, do de heren den wiin
smakeden.

Item dre f. gegeven den timmerluden vor[c] ere kost, betalt Corde.

Item do men mit Peter rekende Steklinge 6 f. min 3 s. betalt.

Item vor[d] 1 lisp. haveren unde 1 vlassche wins her Hermen Lowen[2]
gesant 1 mr. min 3 s.

Item 1 mr. vor 1 t. bers den timmerluden tor boedelie, Corde.

Item in de weke vorloent 9 1/2 mr.

Item van deme priore[3] untfangen[e] 5 mr.

Item em wedder gegeven 18 mr. Woldemer Reuels rente.

Item Kerstin Boenden gegeven vor 10 000 dagtegels to der bodelie to
vorende 7 1/2 mr.

a) *über der Z. 42.* b) *links am Rand eine Waage.* c) *übergeschr.* d) *folgt gestr.* 1/2. e) *folgt
gestr.* 10.

1) *van der Beke, Rhr.* 2) *Bm. zu Narva, LivUB 9 S. 700 (Register) u. ebd. Nr. 882.*
3) *von St. Katharinen.*

497   1442 Juli 14

In profesto Divisionis apostolorum
Item 3 mr. her Peter Groninge sine liffrente.
Item Corde 1/2 mr. vor vitalie den mŭrluden tor boedelie.
Item 13 1/2 mr. in de weke vorloent.

498   1442 Juli 21

In profesto Marie Magdalene
Item[a] deme voegede van der Narwe[1] 6 mr. van der capellen vor deme
slote tor Narwe van 2 jaren.
Item[b] den stenbrekeren 10 f. uppe rekensscop.
Item in de weke vorloent 14 mr. Rig.

a) *links am Rand* Narwe. b) *ebd. ein Kreuz.*
1) *namentlich nicht bekannt.*

499   1442 Juli 28

In profesto beati Olaui regis et martiris.
In de weke vorleont 7 mr. Rig.
Item vor gevelvlisiien unde vor hoffvlisien tor boedelie 10 s. unde 2 s.
vor 38 vlisien.
Item[a] costede de hoislach 13 mr. unde 1 f.

f.85

Item kostede de spise unde vitalie, do de mester up deme rathuse to
gaste was[1], 12 mr. unde 11 s.
Item Corde vor vitalie tor boedelie van 2 weken 2 mr. 4 s.
Item den mŭrluden vor 2 t. bers tor boedelie 2 mr.

a) *links am Rand* hoislach.
1) *OM Heidenreich Vincke von Oberberch, vgl. LivUB 9 Nr. 890 u. unten Nr. 502, 507,
508, 513, 516, 522.*

500   1442 Aug. 4

Sabbato ante Laurentii
Item in de weke vorloent 12 mr. Rig.

501   1442 Aug. 11

Sabbato post Laurentii
Item in de weke vorloent 9 mr.
Item deme martketvoegede 1 f. to 1 par schoe.
Item 1/2 mr. vor 1 pipers rok to nejende.
Item[a] den stenbrekeren 6 f. uppe rekenscop.

a) *links am Rand ein Kreuz.*

502   1442 Aug. 18

Sabbato infra octavas Assumpcionis Marie
Item untfangen van her Schelwente 18 mr. van Hermen Tzoien wegene
rente.
Item Nicolaus deme abtekere vor 3 1/2 lisp. crudes unde 2 torsien, do
de mester hiir was[1], 5 mr. unde 1 f.
Item vor 2 t. bers uppe deme huße drunken, do de mester hiir was[1], 2
mr.
Item vor 2 t. bers den murluden tor boedelie 2 mr.
Item in de weke vorloent 9 mr.

1) *vgl. Nr. 499, 507, 508, 513, 516, 522.*

503   1442 Aug. 25

Sabbato post Bartholomei
Item Korde vor kost den arbeidesluden bi den soeden 3 f. 4 s.
Item Clause deme denre 3 mr. van deme hoislage to Vethe.
Item den luden van Vethe 1 mr. vor 1 t. bers van deme sulven hoislage.
Item in de weke vorloent 8 mr. Rig. 1 f.

504   1442 Sept. 1

Sabbato ante[a] Nativitatis Marie virginis
Item Cort Joerdens brachte upp van kellerhure van deme ringen wine
15 mr. Rig.
Item den timmerluden bi den soeden to makende 1 mr. vor 1 t. bers.

f.85a

Item[b] 2 mr. Mertine gedan noch up den kalkoven uttoschuvende.
Item[c] deme sedelmaker 4 mr. geleent[d] Oleff.

Item vor 100 negle, vor heden, vlesch, vische ton soeden 30 s. ton soden.

Item her Jo[han] Smede vor wullen 1 1/2 lispunt unde den mürluden unde den timmerluden ton soeden 2 mr. min 2 s.

Item^e den stenbrekeren upp rekenscop 2 mr. gedan.

Item in de weke vorloent 10 1/2 mr.

a) *übergeschr., darunter gestr.* post. b) *über der Z.* 42, *links am Rand* kalkoven. c) *links am Rand* sedelere. d) *folgt gestr.* Tomas. e) *links am Rand ein Kreuz.*

505　　　　　　　　　　　　　　　1442 Sept. 7

In profesto Nativitatis Marie

Item untfangen 100 unde 25 mr. Rig., 80 mr. van den mólheren unde de 45 mr. van deme Narwesschen palgelde.[1]

Item untfangen vor 2 hope stens unde 1 quartir 12 mr. unde 1 f.

Item Hans Schinne wedder gegeven 100 unde 25 mr. vor^a de troinissen, de em genomen weren[2].

Item 14 s. vor ovenstene gegeven tor stat behoff.

Item vor wullen ton soeden 1/2 mr.

Item her Jo[han] Smede 3 f. vor 3 iserne schufflen.

Item in de weke vorloent 9 1/2 mr.

a) *folgt ungestr.* vor.
1) *vgl. Nr.* 296, 495, 527. 2) *vgl. Nr.* 449.

506　　　　　　　　　　　　　　　1442 Sept. 15

In octava Marie nativitatis eius

Item vor 16 trepstene tome sode vorme Gildestovene 16 or.

Item in de weke vorloent 10 mr. Rig.

Item^a Godscalk Smede upp rekenscop gesant 7 mr.

Item untfangen van Jacobe tor oversten moelen 30 mr., de he schuldich was van der moelen.

Item noch untfangen van Jacobe tor oversten van disseme halven jare 60 mr. Rig.

a) *links am Rand ein Hufeisen.*

f. 86

507　　　　　　　　　　　　　　　1442 Sept. 22

In crastino Mathei

Item untfangen van den moelheren 80 mr.

Item untfangen van Berschampe 6 mr. kellerhure van Romenie.

Item gegeven den voerluden vor 41 hope stens tome ersten kalkoven to vorende hundert unde 44 mr.

Item vor hoepe tor boedelie to voerende 14 mr.

Item Peter Halffeische deme winmane gegeven vor 4 ame unde 5 stoepe wins, deme meistere gesant unde upp deme rathuse gedrunken, do de meister hiir was[1], 79 mr. min 1 f.; hiir affgerekent kellerhure vor 7 1/2 voder 22 1/2 mr.

Item geve wy Peter vorscriven vor win 14 mr. min 4 s.

Item in de weke vorloent [...].

Item vor 4 voer trepstens 20 s.

Item vor 50 tunstaken up den langen 1 f.

Item vor bende tome soede, vor 50 negle, vor 1 span, 1 schuffele 25 s.

Item her Hildebrande[2] 28 s. vor wullen tome soede bime Gildestoven.

Item in de weke vorloent 8 mr. unde 1 f.

1) vgl. Nr. 499, 502, 508, 513, 516, 522. 2) van dem Bokle.

508 1442 Sept. 29

In die Michaelis

Item untfangen van den moelheren 17 mr.

Item[a] den anderen kalkoven uttoschůvende 4 mr.; nu is dat all betalt, den kalkoven uttoschuvende, 12 mr. to hope.

Item 3 mr. vor 3[b] t. bers den můrluden tor boedelie.

Item 17 s., de Peter Kok utegeven hadde, do de mester hir was[1].

Item 15 mr. in de weke vorloent.

a) links am Rand primus (korr. aus secundus) kalkoven. b) folgt gestr. b.

1) vgl. Nr. 499, 502, 507, 513, 516, 522.

509 1442 Okt. 6

Des sonavendes vor Dionisii

Item untfangen van kellerhure van Dunker vor 4 bote Romenie 4 mr.

Item em 24 s. wedder gegeven vor 2 vlassche Romenie, dem Russchen boden[1] gesant.

Item den oven to makende in der scriverie 1/2 mr.

Item in de weke vorloent 9 mr.

1) Von russischen Boten, die wegen der deutschen Kaufleute in Nowgorod in Reval weilten, ist in einem Schreiben des OM an die Stadt von 1442 Juli 19 die Rede, LivUB 9 Nr. 890; vgl. auch ebd. Nr. 913 u. unten Nr. 513, 514.

510   1442 Okt. 13

Anno 42 in profesto Calixti
Item 2 mr. den stenbrekeren up rekensscop.
Item vor kalk to loeschende 4 Arnoldesgulden.
Item vor 1 par rade 17 s. Gert Groten.
Item vor 1 last haveren unde 1 loep 7 mr. unde 8 s.
Item untfangen van den molenmesters 33 mr.
Item Joachime 12 mr. sin quatertempergelt van 2 tiiden.
Item in de weke vorloent 9 mr. Rig.
Item 2 mr. vor 2 t. bers den mŭrluden tome soede.

511   1442 Okt. 20

In profesto Undecim milium virginum
Item 5 mr. gegeven den visscheren, de dyke reine to makende.
Item Hans Emeken gegeven vor bekere up dat hus 2 mr. Rig.
Item in den hokerboeden vorbuwet 9 r. unde 5 s.
Item Lintorpe 5 1/2 mr. sine liefrente gesant.
Item her Gisen^{a1} der seken rente van sunte Johanse 5 mr.
Item Kerstine Bonden vor 15 voeder stens to vorende bi den soet vor
    Halters husße 1 Arnoldesgulden.
Item noch Kerstine vor 13 voeder stens van deme berge bi den sulven
    soet^b, howesten, 2 mr.
Item vor 100 unde 10 stucke houstens to deme sulven soede 2 mr.
Item in de weke vorloent 8 mr.
Item den vorspraken 6 mr. to erer hŭr to hulpe.

a) *folgt gestr.* 2 mr. b) *folgt gestr.* 13, *ungestr.* f.
1) *Richerdes, Rhr.*

512   1442 Okt. 27

In vigilia Simonis et Jude
Item her Jacob Joeden 5 mr. van des Sacramentes altare tome Hilgen
    Geste.
Item her Ludeken 4 mr. van des Cruces altare to Luk to sunte
    Nicolause.
Item vor 2 ovene in den hokerboeden to makende deme murmestere
    unde deme arbeidesmanne de ganse weke 6 f. 6 s.

f. 87

Item^a in mester Johans huß den oven to makende 4 f. mit deme arbeidesmanne.

Item untfangen van Hermen Greuen kellerhure van Romenie 3 1/2 mr.

Item untfangen van Peter Heger van Romenie kellerhure 2 mr.

Item Didericus 6 mr., den seiger to stellende 1/2 jar.

Item in de weke vorloent 5 mr.

a) *über der Z.* 42.

513   1442 Nov. 3

In sabbato^a post Omnium sanctorum

Item vor mester Johans oven to makende in der lutken boden 3 f. in all.

Item untfangen 40 mr. van den molenmesters.

Item^b vor den haveren uptoschepende ut lidinge deme munderiken, den arbeidesluden 7 f. min 2 s.

Item her Eggerde 6 mr. van sunte Blasius altare to sunte Nicolause.

Item Kruselocken 3 mr. vor 1/2 jar van sunte Maties altare tome Hilgen Geste.

Item her Jacob unde her Engelbrechte 7 mr. van Schermbeken vicarie[1].

Item Hinrik Krowele 2 mr. gegeven sine rente.

Item her Timmermanne 2 mr. vor 2 lisp. min 4 markp. wullen tome sode vor Haltere.

Item vor 3 lisp. lichte up dat hus 3 mr.

Item 30 s. vor dregeloen van bere, deme meistere unde den gebedigeren gesant, do de meister hir was[2].

Item den Russchen boden gesant[3] an bere 2 t., de t. to 7 f.

Noch em gesant 2 lisp. haveren; noch en gesant 1 mr. an brode unde 1 voeder hoies, stunt 17 s.

Item^c den stenbrekeren 1 mr. gedaen.

Item vor 1 riis pappiirs 3 mr.

Item 6 mr. her Hermene van sunte Mateus capellen[4].

Item Mertine vor 20 leste kalkes to leschende 9 f. 2 s.

Item in de weke vorloent 4 mr.

a) S *korr. aus* I. b) *links am Rand* haver. c) *ebd. ein Kreuz u.* stenbreker.

1) *in St. Michaelis.* 2) *vgl. Nr.* 499, 502, 507, 508, 516, 522. 3) *vgl. Nr.* 509 *u.* 514. 4) *in St. Nikolai.*

f.87a

514 1442 Nov. 10

In^a profesto Martini

Item untfangen van Wagger^b 2 jar hure van Loren boeden 36 mr.

Item em wedder togekert^c 10 mr. Rig. van des schaden wegene, den zin bruder Kerstin nam ame solte, do men de bodelie buwede.

Item untfangen 20 mr. Rig. van den molenmesters.

Item 6 Arnoldesgulden vor 6 t. ters her Jo[han] Smede.

Item 3 f. unde 1 s. vor 2 schape, deme Russchen boden^1 gesant.

Item 16 s. vor 1 par rade.

Item vor 4 lisp. haveren min 2 lope^d 9 f. min 1 s.

Item noch vor 1 lisp. haveren 20 s.

Item vor 4 sleden 24 s.

Item 1 mr. vor 2 lisp. talges up den marstal.

Item vor^e de haken up deme rathuse to den ruggelaken unde de an de muren to lodende 1 mr. min 1 s.

Item her Vetterocke 4 1/2 mr. van sunte Nicolaus vromissen.

Item 7 mr. her Ludeken van sunte Simon Juden altare tome Hilgen Geste.

Item^f Niccles Knorren, deme nien rademakere, 3 mr. gelent.

Item^g Kerstin Bonden, den haveren uptovorende 10 leste, 2 mr. 8 s. gegeven.

Item in de weke 3 1/2 mr. vorloent unde 1 f.

Item vor 2 ovene in den hoekerboden makende 5 f.

Item 4 stades denren gegeven ere loen 16 mr. Rig.

Item^h den schipmans 30 s. vor haveren.

a) *links vor der Datierung* 42. b) a *korr. aus* g. c) *folgt gestr.* 9. d) mit 2 lope *übergeschr., mit Einfz.* e) *übergeschr.* f) *links am Rand* Rademaker gelent. g) *ebd.* haver. h) *ebd.* haver.

1) *vgl. Nr.* 509, 513.

515 1442 Nov. 24

In profesto beate Catherine virginis

Item Ludeke Reppler 5 mr. vor 1 stades bullen van Gotlande gebracht.

Item em noch 1/2 mr. vor des stades deners kost van Darbte^1.

Item 2 mr. den wegergesellen van der seelboeden wegene.

Item de schorstene kosteden to vegende in beiden kersplen 2 mr. 2 s.

Item 16 s. vor 2 spanne up her Costes[2] soede.

1) *vielleicht Klaus Brakel, der ein Schreiben von 1442 Aug. 22 aus Dorpat nach Reval brachte, in dem es um den durch die Holländer verursachten Schaden ging, LivUB 9 Nr. 896.* 2) *van Borstel, Rhr.*

516   1442 Dez. 18

Des dinxdages vor Thome apostoli

Item[a] brachte her Johan Smit upp ut deme kalkovene van disseme jare 200 mr. unde 6 1/2 mr., noch upbracht 10 f. 3 s. vor 23 1/2 t. kalkes.

Item her Duzeborge 3 mr. min 12 s. gegeven, der he noch tachter was van der reise, do he mit her Jo[han] Sunnenschine to Riga was[1].

f. 88

Item[b] vor 1 1/2 vadem kalkholtes gegeven 27 1/2 mr. Rig.

Item vor 1 1/2 t. heringes, deme rade ummesant, 11 mr.

Item vor 6 last haveren 5[c] lisp. min 1 lop up den marstall, de last 6 mr.; summa 38 mr. 15 s[d].

Item gekofft 45 balken tor stat behoeff, stan 10 mr. 15 s. unde 4 Lubessche.

Item vor 100 unde 52 delen tor stad behoeff 8 mr. min 5 1/2 s.

Item noch gekofft[e] bernholt tor stat behoeff 45 vadem, stan 9 mr. unde 1 f.

Item vor 200 lattennegel tor boedelie unde vor 100 lattennegel tor boedelie, dat hundert vor 14 s.

Item noch 2 1/2 s. vor negle tome soede.

Item vor 150 sparren 21 s.

Item 3 f. vor 200 deckebrede unde 2 or.

Item vorloent in 3[f] weken vorleden 7 mr. unde 5 1/2 s., dar worden de stalknechte 4 vulle wekene inne beloent.

Item vor 1 lisp. haveren 21 s.

Item vor 7 holtsleden 3 f. 2 1/2 s.

Item vor 4 par stelholtere 12 s.

Item van her Jacobe van der Molen 9 1/2 mr. untfangen kellerhure van wine.

Item Peter deme tegelslegere 2 mr. vor sinen roggen unde spek.

Item[g] untfangen van zeelgelde 39 mr. unde 1/2.

Item her Eppinchusen gesant bi Hoenen 7 1/2 mr. der seken rente imme Hilgen Geste.

Item em 15 mr. gesant des Hilgen Gestes molenpacht.

Item em noch gesant 10 mr. van der beluchtinge vorme sacramente tome Hilgen Geste.

Item[h] Godscalk Smede 6 mr. uppe rekenscop gedan.

Item so rekende wy mit Godscalk Smede uppe dissen dagh, so dat wy em geven vor allerleie iserwerk tor boedelie, ton soeden unde vor den hofslach[i] tor stat behoeff, mit deme, dat he untfangen hefft upp rekensscop, in all 73 mr. unde 10 s.

Item Godscalk Smede 10 mr. gegeven vor 2 jar kledinge.

Item gerekent mit Henning Klensmede, em gegeven 8 1/2 mr. 5 s.

Item untfangen upp dissen dach van den schotheren 350 mr. Rig.

Item 14 mr. den vormundern van sunte Oleve van 2 jaren van der vromissen to sunte Oleve.

f.88a

Item 8 mr. Frederic Depenbeken van Loden vicarie to Marienma[j].

Item costede de soet bi Hermen Hoenen to makende 6 mr.

Item vor 7 t. bers, do de mester hir was[2], mit deme holte, to hope 12 mr. 2 s. her Gert Grimmerden.

Item vor 3 flassche wins 3 f.

Item Haneboelen gesant 15 mr. de rente van des cumpthurs wegene.

Item 1 mr. unde 3 s. God[eke] Langen, dat kalkholt to wrakende.

Item 1 f. vor 1 bastert ton snicken.

Item 12 s. vor de boete to ozende.

Item vor sparren unde brede 12 s.

Item God[eke] Langen 5 1/2 mr. 4 s. vor sin roclakene.

Item Nicclis Korner 6 f. unde 3 s.[k] gegeven vor loper, assen unde bogen[l].

Item 10 s. vor stal ton punderen.

Item vor 4 Tomassche laken tor denre- unde piperkledinge 92 mr.

Item vor wiin, den de[m] rad imme Hinkepeven drank, 30 mr. min 7 s.

Item vor Schelwendes settewiin 3 1/2 mr. unde 2 s.

Item vor wiin, ummesant to sunte Mertine[3] deme rade, 12 mr. 7 s.

Item vor her Costes[4] settewin 4 mr.

Item vor her Gisen[5] settewin 4 mr.

Item vor 2 t. bers mit deme holte, do de mester hir was[2], vor 3 1/2 mr., deme kumpthur van Velliin[6] gesant.

Item vor 2 t. bers mit deme holte, deme voegede van Jerwen[7] gesant, 4 mr. unde 4 s.

Item den luden van Vethe 1 mr. vor 1 t. bers van deme hoy to vorende.
Item[n] her Jo[han] Smede unde her Marquart Bretholte noch 80 mr.
  gegeven van der schafferie van 2 jaren; nu sin de schafferie all betalt.
Item 12 s. vor iserwerk tor schuvekaren vorme kalkoven.

a) *links am Rand* kalkoven 42. b) *über der Z.* 42. c) *korr. aus* 4 1/2. d) 15 s. *rechts über
der Z., mit Einfz.* e) *Vorlage* gkofft. f) *übergeschr., darunter gestr.* 4? g) *links am Rand*
zeell. h) *ebd. ein Hufeisen.* i) *Vorl. hofflach.* j) *Vorl.* MarienMa. k) unde 3 s. *über der Z.,
mit Einfz.* l) *folgt gestr.* 6. m) *übergeschr.* n) *links am Rand* Schafferie.

1) *Landtag zu Riga 1439 Aug. 14, vgl. Nr. 413.* 2) *vgl. Nr. 499, 502, 507, 508 513, 522.*
3) *Nov. 11.* 4) *van Borstel, Rhr.* 5) *Richerdes, Rhr.* 6) *Peter Wesseler, K zu Fellin 1441–
1456, Arbusow, Geschlechter S. 101 u. 119.* 7) *Johann von Schaphusen, V zu Jerwen
1441/42–1450, ebd. S. 88 f. u. 121.*

517   1442 Dez. 20

In vigilia Thome apostoli
Item 10 mr. uppe dat slot gesant sloierpenninge.
Item 6 f. vor 1 vinster in der boeden 6 f., in lukten Gerken boeden.
Item Mertine vor 10 leste kalkes uttoschuvende 6 f. min 2 s.
Item Joachime 6 mr. sin quatertempergelt van Winachten.

f. 89

Item[a] deme rechtfindere 2 mr. sin spec unde roggen.
Item her Gisen[1] 10 mr. der seken rente to sunte Johanse.

a) *über der Z.* 42.

1) *Richerdes, Rhr.*

518   1442 Dez. 22

Sabbato ante Nativitatis Christi
Item Vincencius[a] Nasscharden 1 lichten gulden vor 3 balken tor brugge
  gekomen.
Item Henning Klensmede 12 s. vor 1 slot to beterende vor der Smede-
  porten[b] to beterende unde vor 1 lickpanne up dat rathues.
Item 16 mr. vor 2 grawe Lubssche laken to der vorspraken, boedele,
  rechtfindere, klockenludere, marketvogede unde anderer behoeff.
Item viff denren gegeven ere lowentgelt[c], scroetloen, offergelt viff
  Riinssche gulden.
Item deme scrivere 2 Arnoldesgulden to offergelde.
Item in disse weke vorloent 7 mr. mit welken arbeidesluden van den
  vorweken.

Item[d] 16 s. vor de glasevinstere imme kellere to beterende.
Item vor stro 11 1/2 s.

a) *Vorl.* Vincenus. b) *Vorl.* Smdeporten. c) *Vorl.* lowengelt. d) *folgt gestr.* 20.

519 1443 Jan. 19

In profesto Fabiani et Sebastiani
Item untfangen van den moelheren 30 mr.
Item dren piperen 6 mr. vor eren roggen unde spek.
Item Hans van Rechen 10 f. vor bli gegeven, dat quam ton loden up de wage.
Item Andreas Scherer 2 mr. unde 4 s., der dener want to scherende.
Item untfangen 1 mr. van 1 hennepspinner van den wervelen vor 1/2 jar.
Item gegeven deme hennepspinner 4 1/2 mr. vor towe upp den marstall.
Item vor hoi, vor loken unde sleden Gert Groten 3 mr.
Item Gert Groten unde sinen knechten in 4 weken vorleden vorlont 8[a] mr.
Item Hans Hoenen 1 Postulatus, sin natloen, lowentgelt etcetera.
Item Cort Jordens 7 mr. vor licht up dat rathus.
Item 1/2 mr. gegeven der stenbrekersschen van overme jare, der de man affstarff.
Item her Peter Groninge 3 mr. sine liffrente.
Item Pepersacke vor 60 stope Romenie, deme rade ummesant, 10 mr.
Item vor 2 lisp. haveren 1 mr.
Item[b] den stenbrekeren 2 mr. noch up rekenscop.
Item untfangen 12 mr. rente van Hinrik Templine.
Item den timmerluden 1/2 mr. 2 par scho.

a) *übergeschr., darunter gestr.* 5. b) *links am Rand ein Kreuz.*

f.89a

520 1443 Feb. 9

In octava Purificacionis Marie
Item gegeven vor ekene balken 10 s.
Item vor 1 troch 15 s. in den stoven to sunte Nicolause.
Item vorloent in de vorledenen wekene 4 mr. 2 s.

Item so rekende wy mit den stenbrekeren, den geve wy noch 9 mr. unde 1 f. boven dat se untfangen hebben; summa in all in disseme jare gebroken 35 hope steens; hiir vor hebben se in all untfangen 26 mr. unde 1 f.

Item en noch 3 f. to boren, bremen unde anderen dingen.

Item Hans Scrodere 10 f. vor 5 spellude kledinge to snidende.

Item Keglere 7 1/2 mr. vor 5 hope stens tor bodelie unde to deme kalkoven.

Item deme scholmestere gegeven 10 mr. to siner kost to hulpe.

Item em noch gegeven en roclakene, stunt 12 1/2 mr.

Item 2 boedelen, 2 timmerluden unde deme jungen koke, ilkeme 1 roclaken, stunden 10 mr.

Item in de weke vorloent 3 1/2 mr.

521 1443 Feb. 16

Sabbato ante Cathedram Petri

Item untfangen van den molenmesters vifftich mr.

Item[a] vor 4[b] hope steens to vliende bime kalkovene 28 s.

Item vor 6 holtene schufflen 3 s.

Item vor 40 spanne 30 s.

Item 7 s. vor 1 ekenen balken.

Item vor 5 iserne schufflen 7 f. min 3 s.

Item in de weke vorloent 11 mr. Rig.

a) *links am Rand* primum stenvlier. b) 4 *über der Z., mit Einfz.*

522 1443 Feb. 23

Sabbato ante Mathie

Item den munderiken 2 mr., de schuttenboete to vorwarende unde to ozende.

Item[a] den stenvlieren bi deme kalkovene 14 s. vor 2 hope.

Item 4 mr. Rig. gesant deme kercheren vamme Hilgen Geste unde her Eggerde, ilkeme 2 mr., de enen twe van des hogen altars wegen unde de anderen 2 van Unsir Leven Vrowen altare dar sulves, de her Cort Kegler dar to bescheden hevet.

f. 90

Item[b] 3 mr. vor sucker 3 lisp., do de mester hir was[1].

Item 6 mr. vor win up deme rathuse drunken 24 stope, up Winachten.
Item in de weke vorloent 7 mr.

a) *links am Rand* stenvlier. b) *über der Z.* 43.

1) *vgl. Nr. 499, 502, 507, 508, 513, 516.*

523   1443 Mrz. 2

Sabbato post Mathie apostoli
Item[a] untfangen van der wage 100 unde 49 mr. Rig.
Item costede des rades kost tome Hinkepeve 43 mr. unde 15 s.
Item vor 18 voeder hoies unde vor 20 sleden unde vor 4 voeder stroes,
to hope 10 mr. unde 2 or.
Item vor[b] 2500 unde 100 mûrtegels 8 mr. min 6 s.
Item vor 5000 dagtegels tor boedelie 17 1/2 mr.
Item noch vor 2 last haveren van oldinge, de men Pawele mit Nas-
scharde schuldich was, 15 mr.
Item 8 s. vor 1 ekenen balken.
Item vor 5 voeder hoiges 2 mr. 1 s. her Smede.
Item in de weke vorloent 3 1/2 mr. Rig.
Item[c] vor 3 hope stens to vliende bime kalkovene 21 s.

a) *links am Rand eine Waage, darunter* wage. b) *folgt ungestr.* vor. c) *links am Rand*
stenvlier.

524   1443 Mrz. 9

Sabbato ante Invocavit
Item den spelluden gegeven 6 mr. 13 s.
Item 16 or.[a] her Johan Gotlanden dechtnisse.
Item[b] den stenvlieren vor 6 hope to vliende 42 s.
Item noch vor 3 hope to vliende 21 s.
Item den meisters, der deve hues to reinegende, 1 mr.
Item vor 5 sleden 12 1/2 s.
Item in de weke vorloent 3 mr. min 2 s.

a) *davor gestr.* s. b) *links am Rand* stenvlier.

525   1443 Mrz. 16

Sabbato ante Reminiscere
Item vor 3 roclakene deme ludere unde 2 spelluden Lubesch graw[a]
6 1/2 mr.

Item vor 5 ekene holtere 1 mr. unde 1 s.

Item 11 s. vor 20 holtene schufflen.

Item 6 s. vor 1 hoep stens to vliende achterme Hilgen Geste.

Item 6 mr. Joachime sin quatertempergelt.

Item 6 mr. vor 6 lisp. lichte Cort Jordens upt hues.

f.90a

Item[b] 6 mr. vor 3 t. bers mit deme holte Haneboelen[c] betalt; dit wart gesant 2 deme voegede van Jerwen[1], 1 deme voegede van Wesenberg[2].

Item 7 mr. in de weke vorloent unde 1 f.

Item vor 4 1/2 last sandes to vorende tome kalkovene unde noch vor 3 1/2 last, to hope 6 f. gegeven.

a) r *übergeschr., darunter ein Buchst. korr.* b) *über der Z. 43.* c) *folgt gestr.* gesant.

1) *Johann von Schaphusen, vgl. Nr. 516.* 2) *Johann Vossunger, V zu Wesenberg 1420–1442 u. 1445–1446, oder schon Johann von Eyle (Ele), als V zu Wesenberg seit Juni 1443–1444 nachweisbar? Vgl. Arbusow, Geschlechter S. 56, 97 u. 128.*

526   1443 Mrz. 23

Sabbato ante Oculi

Item untfangen hundert mr. van den schotheren.

Item gegeven 11 f. vor 2 balken to deme bolwerke.

Item Hans Emeken vor bekere up dat hus unde to wegewart gekomen 11 mr. unde 14 s.

Item[a] den stenvlieren vor 6 hope[b] 42 s.

Item in de weke vorloent 5 1/2 mr. Rig.

a) *links am Rand* stenvlier. b) *folgt gestr.* 20.

527   1443 Mrz. 30

Sabbato ante Letare

Item untfangen 10 mr. van deme Narwesschen paelgelde[1].

Disse 10 mr. worden gegeven Godeken Langen van der Narwesschen schepe wegene van 6 jaren to vorwachtende.

Item[a] vor 6 hope stens to vliende 42 s.

Item in de weke vorloent 10 1/2 mr.

Item[b] Godscalk Smede 10 mr.[c] gesant up rekensscop.

a) *links am Rand* stenvliere. b) *ebd. ein Hufeisen.* c) *folgt gestr.* vork.

1) *vgl. Nr. 296, 495, 505.*

528   1443 Apr. 6

Sabbato ante Judica

Item untfangen van den schotheren hundert mr. Rig.

Item untfangen van den molemesters vertigh mr.

Item den oven to makende[a] in deme lutken stovene in all 5 f.

Item in de weke vorloent 11 mr. unde 3 f.

Item 1 f. vor schuvenkarenrade.

Item deme rademakere vor 21[b] par rade unde 1 wagen tor stad behoeff
      10 mr. gegeven to den 5 mr., de he vor untfangen hevet.

Item 31 hope steens to vorende tome kalkovene, 1 hop tome gerhues, 2
      tor boedelie, 1 tome broetscharnen, to hope den vorluden gegeven
      to vorende 70 mr. Rig. unde 1 mr. vor 1 t. bers.

Item[c] den stenvlieren vor 10 hope to vliende bi dem kalkoven 2 mr.

Item Cort Gripenberge vor 6 hope stens tor boedelie unde to deme
      kalkovene 9 mr. gegeven.

f. 91

Item[d] vor 33 ekene balken tor stat behoeff 7 1/2 mr. gegeven unde 4 s.

Item vor koelen 9 f. unde 1 schilling, do men de trummen upbrande.

Item vor 13 assen 10 s.

Item vor rade unde kuvene to bindende 11 s. up den marstall.

Item 7 f. 3 s. unde 1 art. vor 43 boeren.

Item 1 f. vor 1 balken ekenen.

Item 1 f. vor der Groten Strantporten to howende dat is.

Item Corde vor 45 schufflen 3 f., untfenc Gert Grote.

a) *übergeschr., darunter gestr.* beterende. b) *folgt gestr.* 13. c) *links am Rand* Stenvlier.
d) *über der Z.* 43.

529   1443 Apr. 19

In Bona sexta feria

Item in de wekenen vor Palmen vorloent 5 mr. unde 5 s.

Item dren piperen, ilkeme 1 mr. gegeven tor wielschottelen[a].

Item mester Ludeken noch 2 mr. gedan to den 10, de he vor untfangen
      hevet.

Item vor 14 vlaken 14 s.

Item vor 29 boeren 1 mr. unde 1 s.

Item vor 20 vlaken 20 s.

Item vor 16-elen delen unde vor balken, stucke 10 s., tome bolwerke.

Item 4 stades denren, ilkeme 3 mr. to eme rocfoedere.
Item in de weke vorloent 7 mr. Rig.
Item Coppellmane deme vorspraken 5 f. to siner husshŭre to
hulpe.
Item vor 16 kalkboren 31 s.

a) *Vorl.* wieschottelen.

530   1443 Apr. 27

Sabbato ante Quasimodogeniti infantes
Item in de weke vorloent 10 f. unde 6 s.

531   1443 Mai 4

Sabbato ante Misericordias domini
Item her Gisen[1] gesant 5 mr., den seken imme spittale to sunte Johanse
in de hande to delende.
Item Hans Joerdens unde Andreas, ilkeme 1 mr., den trumperen.
Item Tomas unde Kakkerogen den vorspraken, ilkeme 3[a] mr. tor
hushŭre.
Item deme Russchen geboden[2] gesant an brode, an bere 1 t., 1 verndeel
van 1 ossen unde vor 1 voeder hoyes, to hope 6 mr.
Item deme zulven boden noch gesant 1 voder hoies van deme marstalle
unde 1 lisp. haveren ut deme stenhues.
Item 7 mr. her Johan Duderstade gegeven van sunte Margreten altare
to sunte Oleve.
Item in de weke vorloent 8 mr. Rig.

a) *davor gestr. 5.*

1) *Richerdes, Rhr.* 2) *Auf dem Städtetag zu Pernau 1443 März 10, AuR 1 Nr. 466 u.
LivUB 9 Nr. 935, war die Abberufung der deutschen Kaufleute aus Nowgorod beschlos-
sen worden. Am 14. März reisten die Kaufleute ab, wie Dorpat Reval am 21. März
mitteilt. In diesem Schreiben wird eine russische Gesandtschaft als möglich angekündigt,
LivUB 9 Nr. 949.*

f.91a

532   1443 Mai 11

Sabbato ante Jubilate
Item deme priore[1] unde der Hunninchusesschen 12 mr. van Hunninc-
husen vicarie wegene gegeven.

Item her Gisen Richerdes vor 6000 tegels, 3000 dacstens unde 300 murstens to den broetscharen 19 mr. unde 1/2 mr.

Item her Eggerde 3 mr. van sunte Blasius altare[2] vor 1/2 jar.

Item her Ludeken Karwell 4 mr. vamme Cruce to Luk to sunte Nicolause.

Item her Vuncken 6 mr. van deme nien cruce to sunte Nicolause.

Item em noch 4 1/2 mr. vor 1/2 jar vor[a] vromisse to sunte Nicolause.

Item her Jacob Joeden viff mr. van des Sacramentes altare imme Hilgen Geste.

Item Lintorpe 5 1/2 mr. sine liiffrente gegeven.

Item der ebdisschen[3] 2 mr. ere rente sant.

Item[b] den stenbrekers 2 mr. to rumegelde.

Item vor 20 leste kalkes to lesschende 2 mr. unde 8 s.

Item[c] deme sadelere gegeven 3 mr.

Item so costede de Pernowessche reise, do her Gise to dage was mit her Timmermanne unde her Bretholte[4], 39 mr. unde 1 s.

Item in de weke vorloent 8 1/2 mr.

a) *übergeschr.* b) *links am Rand* stenbr. c) *ebd.* zedeler.

1) *von St. Katharinen.* 2) *in St. Nikolai.* 3) *von St. Michaelis.* 4) *vgl. Nr. 531 Anm. 2.*

533 1443 Mai 17

Item feria sexta ante Cantate

Item untfangen van Jacobe tor oversten molen 70 mr. molenpacht van der oversten moelen.

Item noch untfangen van em 10 mr. van older schult.

Item Haneboelen gegeven 40 mr. van Schaffenbergesschen wegene.

534 1443 Mai 18

Sabbato ante Cantate

Item Tilen deme pipere 1 mr. tor hushure to hulpe.

Item Coppell Peter 1 mr. gegeven jegen de schepe to rônde[1].

Item den kalk ut den vorhuse to schuvende vor 40 last 62 s.

Item Didericus vor 1/2 jar den seiger to stellende 6 mr.

Item her Eppinchusen[a] gesant 15 mr. molenpacht.

Item noch em gesant 7 1/2 mr. der seken rente.

Item Gert Groten vor[b] spec, stavelen, oven intobotende, roggen 6 mr.

Item Corde, Clause unde Gerken den denren, ilkeme 4 mr. ere loen.

Item in de weke vorloent 8 mr.

f. 92

Item^c Mertinn Gropengetere 4 mr. sine rente.

Item Erik Vormans wive 5 f. gegeven, den tegel to vorende tor bodelie.

Item 2 mr. vor^d vlisien unde treppsten to der remen van deme rathuse uttoledende.

Item vor de vorscriven vlisiien to vorende 3 1/2 mr.

Item vor kalk to losschende unde uttoschuvende Hanten unde Mertins wive 4 mr.

Item so kostede dat schorsten beseent in beiden kersplen 2 1/2 mr.

Item vor kost unde beer, de trummen to ledende ut deme rathus, 2 mr. unde 4 s.

Item 1 f. vor beslach up de schuvekaren vor den kalkoven.

Item 9 f. unde 1 s.^e vor de t. bers mit deme holte, des cumpthurs brudere van Velliin² gesant.

Item in de weke vorloent 15 mr.

a) *folgt gestr.* geg. b) *übergeschr.* c) *über der Z.* Anno 43. d) *davor ein Buchst. ausgelaufen.* e) *folgt gestr.* deme den.

1) *Offenbar wurde der Handelsverkehr nach Nowgorod überwacht, vgl. Nr. 536, 541 u. LivUB 9 Nr. 974.* 2) *Tonnies Wesseler? Bruder? des K zu Fellin Peter Wesseler, Arbusow, Geschlechter S. 101.*

535   1443 Juni 1

Sabbato post Asscensionis domini

Item Kerstin Boenden 5 f. vor stro upp den marstall.

Item den kalkoven uttoschuvende noch 2 mr. gegeven; nu sin se all betalt, to hope 12 mr.

Item 30 s. vor 1 voder hoies up den marstall.

Item^a den stenbrekeren 10 f. upp rekensscop gedan.

Item kostede de kost, do unse here de kumpthur¹, de voeget van Jerwen² unde van Wesenberge³ des rades geste were, vor krud, win, clareet unde andere ding, to hope 12 mr. min 1 f.

Item 10 mr. in de weke vorloent.

Item den mûrluden vor vesperkost, de trummen to ledende van deme rathuse, 20 s.

f. 92 a

Item^b hevet her Johan Duseborch 10 leste kalkes untfangen, de em de rad gegeven hevet.

Item^c sunte Oleves kerke is deme rade tachter 70 leste kalkes vor 50 gerekent.

Item brachte her Johan Smit up van kalke 69 1/2 mr.

Item noch sunte Oleves kerken 6 last gelosschen kalkes.

Item brachte her Johan Smit upp 26 mr. vor 26 leste kalkes.

Item upgebracht vor 9 1/2 t. kalkes 1 mr. 2 s.

Item untfangen 3 f. vor gelosschen kalk.

Item noch ut deme sulven kalkovene 5 1/2 mr. 2 s. upgebracht.

Item so quam to der stad behoeff 80 leste kalkes, do men den kalkoven voderde.

Item so quemen noch tor stad buwete 100 leste tor boedelie unde anderen buwete.

Item her Jo[han] Bremen notrofftigen vrunden 7 mr. gedån her Stolteuoet.

Item vor 15 delen to den ronnen 1 mr. unde 1 s.

Item her Johan Sunnenschiine⁴ 24 leste kalkes to der trummen behoeff.

a) *links am Rand* primum stenbr. b) *über der Z.* 43. c) *links am Rand* Sunte Oleues kerke kalk.

1) *Johann von Mengede gen Osthoff, K zu Reval 1442–1450, Arbusow, Geschlechter S. 77 u. 124.* 2) *Johann von Schaphusen, V zu Jerwen 1442–1450, ebd. S. 88 f. u. 121.* 3) *Johann von Eyle (Ele), V zu Wesenberg 1443–1444, ebd. S. 56 u. 128.* 4) *Rhr. 1430 (?), Bm. 1436–1445, Bunge, Ratslinie S. 134.*

536   1443 Juni 8

In vigilia Pentecoste

Item 5 f. vor 1 stoer to des rades behoeff.

Item Kanklowen 5 mr. min 1 f. vor de gadderen vor den gank to den vlesscharen.

Item uppe den marstall 5 lisp. roggen gedan utme stenhus to den perden.

Item^a Corde 3 lisp. roggen mede gedan tor Nu wart¹ utme stenhues.

Item Corde noch medegedan 6 mr. to tergelde tor Nu wart.

Item em noch medegedan^b 1 schipp.^c unde 1/2 lisp. soltes, stunt 10 f. 3 s.

Item^d den stenbrekeren 1 mr. up rekensscop gedan.

Item vor 30 vlisiien unde 5 trepstene tor trummen van deme rathuse to ledende 15 s.

Item noch vor vlisien unde trepstene to vorende, dat water ut deme rathuse to ledende to der ronnen 7 f. unde 3 s.

Item 20 s. vor 1 voeder hoies up den marstall, Gert Groten.

Item den mûrluden tor trummen unde tome kalkovene vor beer unde
vitalie disse weke 1 mr. min 2 s.

Item in de weke vorloent 10 1/2 mr.

a) *links am Rand* Cord in de Nû. b) *korr. aus* meged. c) *Vorl.* schilb. d) *links am Rand*
ein Kreuz.

1) *vgl. Nr. 534, 541.*

f.93

537   1443 Juni 15

In vigilia Trinitatis

Item 10 f. Hans Baddenhusen vor 1 voeder hoies.

Item 5 f. vor de brugge to beterende vor der Susterporten unde de
porten reine to makende laten.

Item Joachime sin quatertempergelt 6 mr.

Item 10 f. unde 3 s. vor tallich 2 1/2 lisp. min 5 markp., 4 tomlette, 10
gunten, 5 beer unde 1 doerslach, to hope[a] Gert Groten gegeven.

Item 5 mr. in de weke vorloent unde 2 f.

a) *folgt gestr.* 10 f.

538   1443 Juni 23

In vigilia Johannis baptiste

Item untfangen van den moelheren 80 mr.

Item Henneken Karmanne vor 50 1/2 vadem kalkholtes uptovorende
11 f. 1 s.

Item Hinrik Krowele 6 mr. unde[a] 13 s., den schuttenwal to makende.

Item Gert Groten 5 f. 3 s., de trummen uptobernende bi der Groten
Strantporten van den soeden.

Item[b] den stenbrekeren 2 mr. upp rekensscop gedaen.

Item kostede de reise, do her Gise, Halter, her Grimmert unde her
Haneboel an den meister weren[1], hundert unde 9 mr. min 8 s.

Item vor 3 t. bers unde vesperkost den mûrluden, de den kalkoven
voderden, 5 mr. min 6 s.

Item Godeke Langen 14 s., de snicken to wachtende unde to ôsende.

Item vor 14 winpotte, tin, bly, kannen nie to makende unde to
beterende mennigerleie 7 1/2 mr. min 1 s.

Item in de weke vorloent 17 mr. unde 1 f.

Item vor 83 1/2 vadem kalkholtes 17 1/2 mr. unde 7 s., her Jo[han]
Smede.

a) *folgt ein Buchst., gestr.* b) *links am Rand ein Kreuz.*
1) *Die Rhrr. Gise Richerdes, Bernt van Haltern, Gert Grimmert u. Johann Hanebol
reisten zu einem sonst unbekannten Tag nach Walk, vgl. AuR 1 Nr. 468; der Tag wird in
einem Schreiben Dorpats an Reval von 1443 Okt. 1 erwähnt, LivUB 9 Nr. 1007.
J. Hanebol war Rhr. 1442–1454, zeitweise auch Bm., Bunge, Ratslinie S. 100.*

539   1443 Juni 28

In vigilia Petri et Pauli apostolorum
Item 10 s. vor 1 ekenen balken tor stat behoeff.
Item vor kost den mŭrluden, de den kalkoven voderden, 3 f. 4 s.
Item den sulven mŭrluden 3 t. bers, stunden 15 f.
Item in de weke vorloent 18 mr.

f. 93a
540   1443 Juli 6

In octava Petri et Pauli apostolorum
Item untfangen van den molenmesters 24 mr.
Item untfangen van Hermen Tzoien 18 mr. der monnike[1] rente van
Woldemer Reuals wegene.
Item untfangen van Cort Maken unde van Euerde kellerhure van
Gobbinsschem wine 19 mr. unde 1 f.
Item untfangen 5 mr. van deme priore.
Item deme priore[1] wedder gegeven 18 mr. Woldemer Reuels rente.
Item her Peter Groninge 3 mr. sine liifrente.
Item[a] den stenbrekeren 6 f. uppe rekensscop.
Item untfangen 9 f. van Godeke Bodeker van Tornsscnem wine
kellerhure.
Item vor 33 vadem kalkholtes uptovorende 2 mr. min 4 s.
Item Gerken 1 mr. min 1 s. der murlude kost disse weke tome
kalkoven to mŭrende[b].
Item noch 15 f. vor 3 t. bers den sulven mŭrluden.
Item in de weke vorloent 22 mr. Rig.
Item deme hovetmanne van Raseborch[2] 2 t. bers gesant unde 2 vlassche
Riinsschen wins, stunt to hope 5 mr. unde 5 s.
Item dren voegeden gesant, deme van Jerwen[3], deme nien van Wesen-
berge[4] unde deme olden van Wesenberge[5], 6 1/2 mr. unde 1 1/2 s.

a) *links am Rand ein Kreuz.* b) *ab* to *rechts über der Z., mit Einfz.*

1) *von St. Katharinen.* 2) *namentlich nicht bekannt.* 3) *Johann von Schaphusen, vgl. Nr. 535.* 4) *Johann von Eyle, vgl. ebd.* 5) *wohl der Vorgänger Johanns von Eyle, Johann Vossunger, der noch einmal 1445–1447 V zu Wesenberg war, Arbusow, Geschlechter S. 97 u. 128.*

541   1443 Juli 13

In[a] die Margarete virginis

Item untfangen van den schotheren 50 mr. uppe dissen dach.

Item untfangen van kellerhure van Gobbine under her Bernde van Halteren 15 mr.[b]

Item untfangen kellerhure van Gobbine under Baddenhusen 6 mr., de het Claus Nieman.

Item van Boltinge under der Harmansschen 6 f.

Item[c] vor dat bot unde deme sturmanne unde den munderiken, de mit Corde ute weren[1], 6 mannen 13 mr. unde 7 s.

Item untfangen 12 mr. rente van her Hildebrande van deme Boekle.

Item vor 2 t. bers den mŭrluden, den kalkoven to voderende, 10 f.

Item vor vesperkost den sulven mŭrluden 1 mr. unde 7 1/2 s.

Item in de weke vorloent 18 mr. Rig.

Item[d] deme zedelere noch 3 mr.[e] geleent.

a) *folgt gestr.* vi. b) *folgt gestr.* 8. c) *links am Rand* Cord. d) *ebd.* Zedelere. e) *folgt gestr.* gedan uppe rekensscop.

1) *vgl. Nr. 534, 536.*

f.94

542   1443 Juli 20

Sabbato ante Marie Magdalene[a]

Item gegeven eme karmanne van deme gruse achter des Hilgen Gestes tŏrne uttovorende 1 mr.

Item[b] den kalkoven intosettende 3 mr. uppe rekensscop.

Item 7 munderiken 7 f. to Roegoe mit deme kumpane vamme sloth to varende umme den ha[ver][c].

Item in de weke vorloent 4 1/2 mr.

Item[d] den stenbrekeren 3 mr. uppe rekensscop.

a) *folgt* 43. b) *links am Rand* kalkoven primum. c) *ab* varende *rechts über der Z., mit Einfz.* d) *links am Rand* stenbreker.

543 1443 Aug. 2

In profesto Invencionis sancti Steffani

Item untfangen van den schotheren 200 mr.

Item her Jo[han] Smede 90 mr. gegeven vor 1000 sconswerx van Hinrik wegene uppe Straten.

Item untfangen van Beierstorpe 12 mr. kellerhure van Gobbinsschem wine.

Item untfangen van Pauel Ortmanne 7ᵃ mr. min 1 f.ᵇ van Poitowen kellerhure.

Item untfangenvan Hermen Sedelere 9 f. van wine van Nautis.

Item untfangen 1 mr. van Caspere van wine van Nautis.

Item untfangen van Simon Dobell 4 mr. vanᶜ kellerhure.

Item untfangen van Kleis Boltinge 6 f. kellerhure.

Item untfangen 6 f. van den vrouken van deme hoislage, noch 1/2 mr.

Item soᵈ is dar wedder van betalt 4 mr. Rig. vor Gobbinsschen wiin, deme rade ummegesant upp Pinxten.

Item den visscheren 23 s. vor vor visschent to des rades behoeff, do men Steklinge win satteᵉ.

Itemᶠ kostede de hoislach to slande 37 mr. unde 1 f.

Itemᵍ den kalkoven intosettende noch 3 mr. gedan up rekensscop.

Item 5 f. vor 1 t. bers den insetters van deme kalkoven.

Item vor 8 balken, vor 70 tunstaken, 2 grote delen, 4 iserne schufflen, item noch vor 31 sparren, vor 36 6-elen delen unde vor 100 6-elen delen, vor 44 brede unde andere kost, wiin to settende, to hope 12 1/2 mr. unde 3 s.

Item in 2 weken vorloent 4 mr. min 1 f.

a) *korr. aus* 8? b) min 1 f. *übergeschr.* c) *folgt gestr.* Poitowen. d) *korr. aus* unde. e) *ab* steklinge *rechts über der Z., mit Einfz.* f) *links am Rand* hoislach. g) *ebd.* kalkoven.

f.94a
544 1443 Aug. 17

Sabbato infra octavas Assumpcionis Marie

Item 11 f. vor 1 rump vlesschs, den Wiborgesschen hoveluden[1] gesantᵃ.

Item 2 mr. den stenbrekers uppe rekensscop gedan.

Item in de weke vorloent 6 mr. Rig.

Itemᵇ der monnike was uptovorende van sunte Berigitten 8 s.

a) *folgt in nächster Z.* Item. b) *links am Rand* Berigitten.

1) *Im Sommer waren wiederholt Boten des Wiborger Hpts. Karl Knutsson in Reval, u.a.*
wegen des Ausfuhrverbots von Getreide nach Nowgorod, wovon Finnland mit betroffen
wurde; vgl. LivUB 9 Nr. 971, 975, 985, 988, 992, 995, 997, 1002.

545   1443 Aug. 25

In crastino Bartholomei

Item[a] kostede de kalkoven to bernende 33 mr. unde 1 f.

Item vor 1/2 last bers unde 1/2 rint 13 mr. Rig. unde 12 f., her Kristerns
vrowen gesant[1], unde vor broet.

Item her Peter Erkesson[b] gesant[2] 2 t. bers mit deme holte 3 1/2 mr. 2 s.

Item[c] Clause deme denre 3 mr. vamme hoislage to Vethe unde den
luden van Vethe 1 mr. vor 1 t. bers vamme hoislage.

Item in de weke vorloent 5 mr. unde 1 f.

Item 1/2 mr.[d] Krawels bastoven oven to beterende.

a) *links am Rand* kalkoven. b) *folgt gestr.* 3. c) *links am Rand* hoy Vethe. d) *folgt ein*
Buchst. gestr.

1) *Margarete, Gattin des Wiborger Hpt. Cristiern Niklesson, begab sich nach ihres*
Mannes Tode nach Reval, LivUB 9 Nr. 851. 2) *Peter Erkesson (Erichsson), Bruder des*
Hpt. zu Ripen Erich Erichsson, kam nach Reval, um eine dort beim Rat deponierte Kiste
abzuholen, LivUB 9 Nr. 979.

546   1443 Aug. 31

In profesto Egidii

Item untfangen van den molenmesters vifftich mr. Rig.

Item vor 1/2 last bers den Wiborgesschen hoveluden gesant[1] mit deme
holte 9 mr. min 6 s.

Item 6 f. vor broet den sulven hoveluden gesant.

Item vor 19 voeder hoies to vorende 7 mr. unde 1 f.

Item[a] den kalk uttoschuvende 2 mr. upp rekensscop gedan.

Item 7 mr. unde 1 f. in de weke vorloent.

a) *links am Rand* kalkoven uttoschuvende primum.

1) *vgl. Nr. 544.*

547   1443 Sept. 7

In profesto beate virginis Nativitatis eius.

Item vor 1 t. bers 5 f. unde 5 f. vor vitalie den můrluden tor
broetscharen unde tor scriverie vesperkost.

Item lutken Gerken 15 s. up Rogoe vortert, do he dar was.

Item in de weke vorloent 11 mr. unde 1 f.

548   1443 Sept. 15

In octava Nativitatis Marie

Item untfangen van Clause, de Hinrik upp Straten win tappede, van
kellerhure 73 mr.; des behelt he binnen vor win, den de rad gedrun-
ken unde vorsant hadde, 49 mr. unde 1/2 mr.

Item noch wart em gegeven to stekewine 6 lichte gulden unde 1 mr. vor
vullewiin; des so untfenge wy van em an gelde 17 mr. 11 s.

Item 5 f. den timmerluden[a] vor 1 t. bers ton nien brotscharen 5 f.

Item[b] geleent den Narwesschen 1/2 t. bussencrudes, de weech, de t.
affgeslagen, 5 1/2 lisp. unde 3 markp.

Item[c] den kalk uttoschuvende 3 mr. en noch gedan unde 1 mr. vor 1 t.
bers.

Item Buzinge vor[d] zinen torne, den he vorsteit to beterende, 7 f. unde
3 s.

Item vor hering, deme rade ummesant, 11 mr. 5 s.

Item vor 1 stoer 6 f., deme rade gesant.

Item kostede kost de upp der scriverie, do de rad den win rekende mit
Clause[e], 1 mr. unde 10 s.

Item in de weke vorloent 8 mr. Rig.[f]

a) timmer- *korr.* b) *links am Rand* Narwe bussenkrūt. c) *ebd.* secundus kalkoven
uttoschuvende. d) *übergeschr.* e) *folgt gestr.* 9. f) *folgt in nächster Z. I.*

549   1443 Sept. 21

In die Matei apostoli

Item vor 1 t. bers den murluden to den nien broetscharen 5 f.

Item den sulven 1 f. vor vitalie.

Item 1/2 mr. vor delen, negle ton brotscharen.

Item 25 s. vor keserlink to ovenstene.

Item in de weke vorloent 11 mr. Rig.

550   1443 Sept. 28

Item in profesto Michaelis

Item so geve wy Jacobe 1/2 mr. vor 18 vadem kalkholtes uptovorende.

Item deme schrivere 6 mr. siin quatertempergelt.

Item in de weke vorloent 8 mr. unde 1 f.

Item[a] 12 s. deme glasewerter vor vinstere to beterende imme rathus.

Item 12 s. dat swert to vegende.

f.95a

Item[b] hevet her Johan Smit upgebracht ut disseme kalkovene hundert mr. unde 65 1/2 mr.

Item[c] den vormunderen van sunte Oleve 24 last kalkes gedan.

Item[d] her Johan Sunnenschine to den trummen in der Susterporten 20 leste kalkes gedan.

Item worden her Ghisen[1] 6 leste kalkes betalt, de em de stat was tachter; summa dat de kalkoven gedan hevet 200 unde 16 1/2 last kalkes.

Item vor 33 vadem kalkholtes 9 mr. unde 8 s. min 3 Lubessche.

Item vor 22 brede 6 f. unde 1 s.

Item vor 3 voeder oventsteens 10 1/2 s.

Item vor 45 sparren 7 1/2 f.

Item vor 100 lattennegelle 3 f. unde 3 s.

Item vor 47 vadem bernholtes 12 mr. gegeven.

Item vor 1000 dagstens tor scriverie 3 1/2 mr.

Item vor 26 balken 10 f. unde 7 1/2 s.

Item[e] deme kalkmanne noch[f] gegeven uttoschuvende 6 mr., dar mede is de oven betalt uttoschuvende.

Item Corde 6 mr. vor lichte uppe dat rathus tome Hinkepeve.

Item 1/2 mr. vor de glasevinstere tome rathuse to wasschende.

a) *folgt gestr.* 8. b) *über der Z.* 43, *links am Rand* primus kalkoven. c) *ebd.* tachter sunte Oleues kerke. d) *ebd.* trummen tachter, *mit Einfz.* e) *ebd.* kalkoven uttoschuvende. f) *folgt gestr.* uttogevende.

1) *Richerdes, Rbr.*

551   1443 Okt. 12

Sabbato ante festum Calixti

Item vor 25 vadem bernholtes tome rathuße 7 mr. min 1 f.

Item vor 10 1/2 vadem kalkholtes 3 mr. min 3 s.

Item vor 9 vadem kalkholtes 10 f.

Item vor 8 vadem kalkholtes 9 f.

Item vor 6 vadem kalkholtes 6 f. 6 s.

Item noch vor 3 vadem kalkholtes[a] 3 f. 4 s.

Item 1 f. deme manne to eneme par scho, de des mesters breff brachte[b][1].

f.96

Item 1 t. bers den timmerluden to den nien broetscharen 1 mr.
Item 2 piperoven^c to makende 1 mr., Wiborge gegeven.
Item^d den anderen kalkoven intosettende 4 mr. upp rekensscop.
Item 2 mr. den stenbrekeren upp rekensscop.
Item vor 9 markp. blies to den nien scharnen unde vor negle; item noch
    vor 300 negle tome huse bi der boedelie, to hope 6 f. unde 3 1/2 s.
Item deme marketvoegede 1 f. vor 1 par schoe.
Item in twe^e weken vorloent 11 mr.
Item costede des scharprichters oven to makende 1/2 mr. 5 s.

a) *folgt gestr.* 4. b) brachte *rechts unter der Z., mit Einfz.* c) *Vorl.* -overen. d) *links am*
Rand secundus kalkoven. e) *übergeschr., darunter gestr.* de.

1) *Er überbrachte ein Schreiben des OM vom 1. Okt. 1443, in dem dieser Kriegspläne
erläuterte und um Hilfe bat, LivUB 9 Nr. 1006.*

552   1443 Okt. 18

In die Luce ewangeliste
Item untfangen van Jacobe der oversten moelen pacht 70 mr. Rig.
Item^a gegeven Haneboelen 15 mr. van des kumpthurs wegene.

a) *folgt gestr.* un.

553   1443 Okt. 19

Sabbato post Luce ewangeliste
Item Hans Nippe 1 mr. gegeven, de quemen to den nien broetscharen.
Item 1 f. vor der Groten Strantporten reine to makende.
Item vor 100 unde 10 vlisien ton broetscharen 3 f. 4 s.
Item vor 2 ovene to makende Wiborge 1 mr.
Item 2 vorspraken, ilkeme 3 mr. to erer hushûre to hulpe.
Item 14 s. Gert Groten uppe der Roegoesschen reise[1] vortert.
Item untfangen van kellerhure 7 mr. vor 7 bote Rommenie van her
    Albert Rumore.
Item her Albert Rumore gegeven 12 mr. vor 8 hoepe stens, de quemen
    tor boedelie.
Item her Bernt van Halteren 16 mr. vor 1 pert tor stad behoeff.
Item her Jacob Joeden 7 mr. van Schermbeken[2] viccarie.
Item em noch 5 mr. van des Sacramentes altare tome Hilgen Geste.

Item her Hennige 3 1/2 mr. van sunte Simon et Juden altare tome
    Hilgen Geste.
Item 4 1/2 mr. vor de vromissen to sunte Nicolause 1/2 jar.
Item van sunte Mateus kapellen to sunte Nicolause 6 mr. her Peter.
Item[a] den anderen kalkoven intosettende 4 mr.
Item 10 mr. her Eppinchusen van der beluchtinge vorme sacramente
    tome Hilgen Geste[b].
Item in de weke vorloent 9 mr.

a) *links am Rand* secundus kalkoven.
1) *als Maßnahme gegen Freibeuter, vgl. LivUB 9 Nr. 1009.* 2) *in St. Michaelis.*

f.96a
554   1443 Okt. 26

    In anteprofesto Simonis et Jude
Item Lintorpe 5 1/2 mr. sine liifrente.
Item vor 35 gumten Tiden Bornsen 1 mr.
Item vor 1 spelt 1/2 mr. uppe de wage.
Item 1/2 mr.[a] des klockenstellers oven to makende.
Item kostede de oven in Boelemans stoven 2 mr. to makende.
Item 15 s. vor 150 negle to des scharprichters hus.
Item Kerstine Boenden to vorende vor 3000 dagstens tor schriverie to
    vorende 9 f.
Item vor 100 unde 10 hoffvlisien ton broetscharen to vorende 2 mr.
Item vor 4 sparren tor brugge 8 s.
Item deme kercheren her Ludeken 4 mr. vamme Cruce to Luk to sunte
    Nicolause[b].
Item em noch 2 mr. van Keglers rente.
Item noch 2 mr. to Unsir Leven Vrowen altare van Keglers rente.
Item noch 2 mr. den beiden vorspraken to erer hure vorbeteringe.
Item 8 mr. Loden vicarie to Mariemma her Johan Drosten gegeven.
Item deme klockenstellere Diderikus 6 mr. sin loen.
Item deme rechtfindere 5 f. min 3 s. to siner hůre.
Item in de weke vorloent 9 mr. unde 1/2.
Item deme kumpthure van Lehal[1] 1 t. bers gesant unde den tzoldene-
    ren ok 1 t. bers gesant mit dregeloene unde holte 13 f. unde 5 s.
Item 15 mr. de molenpacht van des Hilgen Gestes molen.
Item noch den seken 7 1/2 mr. ere rente.

a) *folgt gestr.* deme kloc. b) *ab* sunte *rechts über der Z., mit Einfz.*
1) *Heinrich von dem Vorste, K zu Leal 1438–1451, Arbusow, Geschlechter S. 59 u. 122.*

*Seine Anwesenheit in Reval gehört in den Zusammenhang von Verteidigungs-
maßnahmen gegen einen russischen Einfall, LivUB 9 Nr. 1014.*

555   1443 Nov. 2

Sabbato post Omnium sanctorum
Item untfangen van den molenmesters 100 unde 20 mr.
Item untfangen 2 mr. vor 2 last kalkes ut deme ersten kalkoven.
Item[a] kostede de andere kalkoven to bernende 26 mr. Rig.
Item[b] kostede to ungelde dat Wiborgessche solt upptovorende unde in
    den keller afftodregende unde[c] den munderiken in all vor 9 1/2 last
    3 mr. unde 12 s.
Item vor 2 ame wins, de de rad gedrunken hadde in deme Hinkepeve
    unde en dels vorsant, 37 mr.

f.97

Item 4 stades denren ere loen vor 1/2 jar, Gerken, Corde, Dideriken
    unde Clause, ilkeme 4 mr. Rig. gegeven.
Item Gerd Groten vor talch upp den marstall 1 mr Rig.
Item in de weke vorloent 6 mr. Rig.

a) *links am Rand* secundus kalkoven 43 to bernende. b) *ebd.* Wiborgessches solt.
c) *übergeschr.*

556   1443 Nov. 9

Sabbato ante festum Martini
Item 1/2 mr. vor des hodemekers oven to makende unde 6 s.
Item kostede dat schot to schrivende in beiden kersplen 3 mr. unde 3 s.
Item in de weke vorloent 4 1/2 mr. Rig.
Item vor 26 vadem kalkholtes 8 mr. min 7 s.
Item[a] den anderen kalkoven intosettende noch 3 mr., dar is it all mede
    betalt.
Item[b] int erste den anderen kalkoven uttoschuvende 3 mr. Rig.
Item 5 mr. vor 1 roclaken Tilen deme pipere gegeven.

a) *links am Rand* secundus kalkoven intosettende. b) *ebd.* secundus kalkoven uttoschu-
vende.

557   1443 Nov. 29

In vigilia Andree
Item untfangen 63 mr. van den molenmesters des sonnavendes vor
    Katherine[a][1].

Item Hinrik Krowele deme armborstere 2 mr. sine rente.

Item 1 f. vor 1 span in den lutken stoven.

Item her Albert Rumore 12 1/2 mr. gedan uppe de reiße to Redeken[2].

Item den win betalt, deme rade ummesant uppe Martini[3], 66 stope, betalt 13 mr. min 6 s.

Item der Kopmanschen gegeven 25 mr. Rig.[b] noch van der utredinge wegen der barsen vor deme brande[4].

Item er noch viff mr. gegeven stenhushûre van des sadelmakers wegen.

Item[c] gerekent mit den stenbrekeren, dat wy en geven er upgelt 6 1/2 mr., noch en 3 f. gegeven vor dumholt, boeren unde ander rescapp.

Item 6 mr. unde 13 s.[d] vor 46 leste kalkes to losschende tor stat behoeff.

Item[e] den anderen kalkoven uttoschuvende[f] 3 mr. upp rekensscop gedan.

Item her Gisen[5] 10 1/2 mr. vor 3000 dagtegels tor scriverie unde to den nien broetscharen.

f.97a

Item[g] her Gisen 5 mr. der seken rente van sunte Johanse.

Item gerekent mit Hinnige Klensmede, dat wy em geven vor menni-gerleie iserwerk 13 mr. unde 1 f.

Item 12 s. dat vangenhues reine to makende Jacobe.

Item den visscheren 1 mr. gegeven, de to Narjeden weren gerort na den likedelers[h][6].

Item vorloent in 3 wekene vorleden in all 4 1/2 mr.

a) *rechts unter der Z., mit Einfz.* b) *folgt gestr.* der. c) *folgt gestr.* d. d) s. *übergeschr., mit Einfz.* e) *links am Rand* secundus kalkoven uttoschuvende. f) *folgt gestr.* 6 mr. g) *über der Z.* 43. h) *rechts über der Z., mit Einfz.*

1) *Nov. 23.* 2) *vgl. Nr. 554. Rodeke war ein Hof des V. von Narva, LivUB 9 S. 684 (Register).* 3) *Nov. 11.* 4) *vgl. Nr. 553.* 5) *Richerdes, Rhr.* 6) *vgl. Nr. 553.*

---

558   **1443 Dez. 7**

In profesto Concepcionis Marie

Item[a] den vromissenpresters to sunte Oleue vor 1 1/2 jar 10 1/2 mr.

Item[b] Godscalk Smede 12[c] mr. 2 s.[d] gelent.

Item her Jacobe deme olden 6 mr. van sunte Maties altare tome Hilgen Geste[e].

Item Godeke Langen, de boete reine to holdende unde osende, 19 s.

Item Godeke Langen[f], dat kalkholt unde bernholt tho wrakende tor
stat behoeff, 7 f.

Item Godeke Langen 5 mr. unde 1 f. vor 1 roclaken.

Item in de weke vorloent 3 mr. Rig.

a) *links am Rand* vromisse sunte Oleues. b) *ebd. ein Hufeisen.* c) *korr. aus 22.* d) *2 s.*
übergeschr. e) Hilgen Geste *rechts über der Z., mit Einfz.* f) *folgt gestr.* lank.

559   1443 Dez. 14

Sabbato ante Thome

Item[a] untfangen van seelgelde 28 mr. 18 or.

Item 2 mr. deme wegere van deme[b] seele to wegende.

Item[c] untfangen van den molenmesters 40 mr. Rig.; disse 40 mr. wor-
den geantwordet her Bernde van Halteren to der reise behoeff uppe
de Rǔssen[1].

Item Corde vor 8 lisp. lichte up dat rathus 8 mr.

Item in de weke vorloent 10 f.

a) *links am Rand* zeel. b) *übergeschr.* c) *links am Rand* Reise.

1) *vgl. Nr. 554.*

560   1443 Dez. 20

In vigilia beati Thome apostoli

Item untfangen van den schotheren 250 mr.

Item 10 mr. gesant up dat slot sloierpenninge.

Item untfangen 20 mr. unde 12 s. van broekegelde.

f. 98

561   1443 Dez. 23

Des[a] mandages vor Nativitatis Christi

Item[b] gerekent mit Godscalk Smede, so dat wy em noch geven vor
allerleie iserwerk tor stat behoeff to deme, dat[c] he vor untfangen
hevet, 41[d] mr. Rig.

Item noch em 5 mr. gegeven vor sin roclaken.

Item Laurencio deme scholemestere 4 mr. vor 1 impuarius unde se-
quencionarius tor schole behoeff to sunte Oleve.

Item gerekent mit Woldeken deme repslegere, dat wy em[e] geven vor
allerleie towe tor stat behoeff 5 1/2 mr. 3 s.

Item van em untfangen 2 mr. van den werven.

Item Godscalk Smede[f] vor de werve to beterende 1/2 mr.

Item deme scrivere 6 mr. sin quatertempergelt.

Item 11 f. vor 1 riis pappiirs tor stat behoeff.

Item Peter Tegelslegere 2 mr. vor sinen spec unde roggen.

Item noch Peter deme tegelslegere vor sneden mŭrsten.

Item deme rechtfindere vor sinen spec unde roggén 2 mr.

Item 5 denren 5 Riinssche gulden, ere natgelt, scroetloen, lowentgelt, offergelt, tho hope in all.

Item[g] den stenvliers 11 s. upp rekensscop gedan.

Item kostede des abtekers prefaet uttovorende 3 mr. 12 s.

Item 14 s. vor 2 lisp. segelwasse.

Item deme scrivere to offergelde 2 Riinsche gulden.

Item in de weke vorloent 6 1/2 mr.

Item Laurencius deme scholemestere to offergelde 1 Postulatusgulden.

Item 2 mr. Cort Jordens vor sin ungemak, dat he tor Narwe was gerot[1].

Item gegeven den schafferen 200 mr. Rig. unde 25 mr. unde 10 1/2 s.[h] vor 3 schafferie, Winachten, Vastellavent unde Hinkepeven.

a) *vor der Z. 43.* b) *links am Rand ein Hufeisen.* c) *folgt gestr. w.* d) *korr. aus 42.*
e) *übergeschr., mit Einfz.* f) *Vorl.* Smde. g) *links am Rand* stenvlien. h) 25 mr. unde
10 1/2 s. *übergeschr., darunter gestr.* 8 mr. 4 s.

1) *vgl. Nr. 554.*

562   1444 Jan. 11

Sabbato post Epiphanie domini

Item untfangen van den schotheren 200 mr. Rig.

Item her Peter Groninge 3 mr. sine liifrente.

Item untfangen 12 mr. rente van Hinrik Templine.

Item vor der dener want 2 mr. to scherende.

Item[a] deme nien rademaker 2 mr. gelent.

f.98a

Item[b] deme sedelere aver 3 mr. gedaen.

Item so kostede it 9 f. tor kost, do men rekende mit Peter Steklinge.

Item her Gisen[1] 10 mr. gesant der seken rente to sunte Johanse.

Item[c] gerekent mit Peter Steklinge[d].

Item[e] deme kalkbernere noch 5 mr. gegeven uttoschuvende, so is he nu all betalt dar van.

Item gegeven Henneken 3 1/2 mr. vor dat hoi, dat he koft hadde tor
    stad behoeff[f].
Item kostede dit hoi to vorende 5 f. unde 2 s.
Item[g] deme stenvliere vor 10 hope stens gegeven 6 f. 1 s.
Item dren piperen 6 mr. gegeven vor spek unde roggen.
Item in de weke vorloent 8 mr. unde 1 f.

a) *links am Rand* Rademaker. b) *über der Z.* 43, *links am Rand* Zedelere. c) *links am
Rand* Wiin. d) *danach eine Z.* frei. e) *links am Rand* secundus kalkoven uttoschuvende.
f) *ab* stad *rechts über der Z., mit Einfz.* g) *links am Rand* stenvlierer.

1) *Richerdes, Rhr.*

563   1444 Jan. 18

Sabbato post Anthonii
Item gegeven vor 3 ame wins min 15 stope to des rades behoeff
    gekomen 55 mr. unde 15 s. to Winachten, to Vastellavende.
Item in de weke vorloent 4 mr. min 1 f.
Item 1 mr. vor 1 t. bers den luden van Vete, dat hoi to vorende.
Item vor 2 spanne 1/2 mr. to den soeden.
Item Saxenhiir gegeven vor 10 hoepe stens to vorende to deme
    kalkovene 18 1/2 mr.
Item Coppelpeter vor 2 hope stens to vorende[a] 3 1/2 mr. unde 3 s.
Item lutken Oleue vor 1 hoep 3 s. unde 7 f.
Item vor 40 vlisien to vorende 4 f. unde 4 s.
Item[b] vor 7 hope stens to vliende 3 s. unde 1 mr.

a) *folgt gestr.* 7 f. b) *links am Rand* stenvlier.

564   1444 Feb. 8

Sabbato post Purificacionis Marie
Item untfangen van den schotheren vifftich mr. Rig.
Item her Godscalk Timmerman gegeven 23 1/2 mr. unde 2 or., kostede
    de reiße an den meister to Reineuer, do her Sunnenschiin dar was[1].
Item viff mr. Rig. vor den langen dyk reine to makende.
Item 28 mr. her Haneboel vor 1 swart pert uppe den marstall.

f. 99

Item[a] 2 mr. den munderiken gegeven, de boete reine to makende unde[b]
to vorwarende.

Item viff mr. gegeven vor hoy uppe den marstall.

Item vor 1 luchten uppe den stall 12 s.

Item vor 29 gumten 3 f. unde 3 or.

Item vor stro 5 1/2 s. up den marstall.

Item vor 1 soemsleden 1 mr. gegeven.

Item in de weke vorloent vorleden 3 wekene lank 9 mr. Rig.

Item untfangen van den molenmesters hundert mr. Rig.

a) *über der Z. 44.* b) *übergeschr.*

1) *1443 Nov. 30 forderte der OM die Stadt auf, Abgesandte zu einem auf den 19. Dez. angesetzten Tag in Reinever in Jerwen zu senden, wo über die Rüstungen gegen die Russen Beschlüsse gefaßt werden sollten, LivUB 9 Nr. 1017.*

565   1444 Feb. 22

Ipso die Kathedra Petri

Itemª den stenvlieren bi deme kalkoven vor 5 hope stens to vliende 3 f.

Item vor 2 Lubesch grawe 15 mr. Rig. gegeven to kledinge den boden unde weken anderenᵇ.

Itemᶜ vor 2 halve Altessche unde 11 elen Altes to spellude behoeff 28 1/2 mr.ᵈ ere kledinge.

Item 2 mr. unde 3 s. vor 1 t. bers Hartich van Auevelde[1] gesant.

Item 2 mr. unde 3 s. vor 1 t. bers Karowen gesant, deme husvogede van Razeborgh[2].

Item vor 6 lispunt lichte Corde Jorden upt rathus 6 mr.

Item vorloent in 2 wekene vorleden 5 1/2 mr. Rig. unde 1 f.

a) *links am Rand* stenvlier. b) *rechts über der Z., mit Einfz.* c) *folgt gestr.* den pr. d) *folgt gestr.* unde 1 f.

1) *nicht identifiziert.* 2) *Paul Karo, Untervogt zu Raseborg, LivUB 9 S. 697 (Register).*

566   1444 Mrz. 1

Ipsa dominica Invocavit

Item dren piperen 3 mr. gegeven, Tilen 1 lichten gulden, 2 trumperen 6 f.

Item den olden trumpers 1 mr.

567   1444 Mrz. 7

Sabbato ante Reminiscere

Item Hans Hartwige 10 f. vor 5 spellude rocke to nejende.

Item Hans Satierwe gegeven 7 f. 3 s.[a] vor 1 hop stens to vorende tome kalkovene.

Item 7 s. vor 1 balken tor snicken behoeff.

Item Joachime 6 mr. sin quatertempergelt gegeven.

Item vorloent in 2 wekene 8 mr.

f. 99a

Item[b] 10 f. min 1 s. vor 1 t. bers her Volmer Knope[1] gesant unde em noch gesant 1 lisp. haveren ut deme stenhus unde 15 s. vor 1 voder hoies.

Item 28 s. unde 1 verken vor 12 sleden.

Item[c] twen munderiken 1 mr. gedan uppe de snicken to beterende, 7 mr. solen se hebben.

Item 24 s. vor 1 par rade gegeven.

Item in de weke vorloent 7 mr. Rig.

Item 16 or. her Johan Gotlanden begenenisse.

a) 3 s. *übergeschr., mit Einfz.* b) *über der Z.* Anno 44. c) *links am Rand* snicke primum.

1) *nicht identifiziert.*

568   1444 Mrz. 28

Sabbato ante Judica dominicam

Item[a] untfangen van der wage 100 unde 30 1/2 mr.

Item her Bernt van Haltern 50 mr. gedan to der reiße behoeff[1].

Item 9 lisp. haveren to wegewart gesant unde den vorluden uppe de reise medegedan ut deme stenhuse.

a) *links am Rand eine Waage.*

1) *Wegen des drohenden russischen Angriffs war Haltern nach Narva gereist, u. zwar im Jan. 1444, LivUB 10 Nr. 7.*

569   1444 Apr. 4

Sabbato ante Palmarum

Item 7 f. unde[a] 1 s. vor 12 leste kalkes to loesschende.

Item[b] den kalkoven intosettende 3 mr. uppe rekensscop gedån.

Item in 2 wekene vorloent 8 1/2 mr. Rig.

Item 12 s. vor 1 troch in den lutken stoven.

a) *übergeschr., darunter gestr.* min. b) *links am Rand* kalkoven intosettende primum.

570   1444 Apr. 10

In Bona sexta feria

Item 20 s. gegeven, de snicken ut deme ise to wegende unde dat is uttohowende.

Item noch den munderiken 7 Arnoldesgulden gegeven, de snicken to beterende, dar mede sin se all betalt.

Item[a] gerekent mit Oleff Bekerwertere, dat wy em gegeven 14 mr. unde 16 s., de to des rades behoeff gekomen weren dit jar.

Item 3 f. den meisters, dat scriverien prefaet upptorůmende.

Item in de weke vorloent 6 mr. Rig.

Item untfangen hundert mr. van den molenmesters.

a) *links am Rand* bekere.

571   1444 Apr. 24

Feria sexta ante Misericordia domini

Item untfangen 200 mr. van den schotheren.

Item deme manne van Tunderkullen 1 mr. gegeven, de den breff an den rad brachte van her Hartleue van der Reke[1].

Item noch untfangen des mandages na sunte Marcus dage[2] 200 mr.

f. 100

Item her Jacob van der Molen 6 f. gegeven, den soet vor siner doere[a] to deckende.

Item Lintorpe 5 1/2 mr. sine lieffrente.

Item vor wiin uppe Passchen deme rade gesant 3 mr. unde 7 1/2 s. vor 16 1/2 stoepp.

Item her Reinolde van sunte Simon et Juden altare tome Hilgen Geste 3 1/2 mr. gegeven.

Item 10 f. vor hoi uppe den marstall.

Item in de weke vorloent 6 mr. unde 1 f.

Item Hans Kackeroggen 4 mr. to siner hure to hulpe.

Item Tomas deme vorspraken 4 mr. to siner hure to hulpe.

Item[b] deme stenbrekere 1 mr. upp rekensscop gedan.

Item 2 mr. deme stenbrekere to rumegelde gegeven.

a) r *durchstr.* b) *links am Rand ein Kreuz.*

1) *Der Brief des Bm. von Narva, Hartlef van der Beke, ist nicht überliefert.* 2) *Apr. 27.*

572

Sabbato ante dominicam Jubilate

Item Laurentio deme schoelmestere 12 mr. gegeven to siner kost to hulpe.

Item vor 20 000 dactegels[a] gegeven to Krowels bastovene 70 mr. her Gisen[1].

Item vor 1 isernen bolten Clause to ener stoertekaren 10 s.

Item kosteden de schoerstene to vegende in beiden kersplen 3 mr. unde 4 s.

Item in de wekene vorloent 7 mr. Rig. unde 12 s.

Item untfangen van den moelenmesters 31 mr. Rig.

Item her Gisen[1] 5 mr. der seken rente to sunte Johanse gesant.

Item vor 1 slot vor der Lutken Strantporte nie maket 6 f.

a) dac- übergeschr., mit Einfz.

1) Richerdes, Rhr.

573

Sabbato ante dominicam Cantate

Item untfangen 3 mr. rente van Hinrik Krowele unde em wedder gegeven 2 mr. sine rente.

Item untfangen 6 mr. van her Hinrik Groninge rente van sime hus.

Item gegeven Joachime 6 mr. van des nien cruces wegene to sunte Nicolause.

Item untfangen van Hans Bucke kellerhure 10 1/2 mr.

Item untfangen van Hans Holthusen kellerhure 10 mr. unde 12 s.

Item 2 mr. den nunnen[1] ere rente gesant.

Item her Mertine 7 mr. van sunte Margreten altare to sunte Oleve.

Item Mertin Bussenschutten 4 mr. sine rente.

Item her Ludeken Karwell 4 mr. vamme Kruce to Luk to sunte Nicolause.

Item noch 5 mr. her Alue van des sacramentes missen tome Hilgen Geste.

Item deme priore[2] 12 mr. gesant van Hunninchusen vicarie.

Item her Nicolause 6 mr. van sunte Blasius altare to sunte Nicolause.

Item deme vromissenprestere to sunte Nicolause 4 1/2 mr.

f. 100a

Item[a] untfangen van Jacobe ut der oversten molen 70 mr. molenpacht.

Item[b] Hans, den kalkoven intosettende, noch 8 mr. gegeven; nu isset all betalt.

Item der seken rente tome Hilgen Geste 7 1/2 mr., Hoenen gegeven.

Item em noch gegeven 15 mr. van des Hilgen Geste molen pacht.

Item Petere 3 f. gegeven, de ruggelaken mit lowende to undersettende.

Item vor 10 bussensteene to howende 11 f.

Item in de weke vorloent 8 mr. min 1 f.

Item[c] den stenbrekeren 2 mr. uppe rekensscop gedan.

Item Rakeboesen 9 f. vor 1 groet portenslot.

a) *über der* Z. 44. b) *links am Rand* kalkoven intosettende secundum. c) *links am Rand ein Kreuz.*

1) *von St. Michaelis.* 2) *von St. Katharinen.*

574   1444 Mai 16

Sabbato ante Vocem jocunditatis

Item 12 s. vor 1 klenen stoer gegeven.

Item Jussen 1 ferding gegeven, do he tor Narwe solde lopen mit deme breve[1].

Item vor 21 stope wins, do de borgermeistere to Alpi weren[2], 7 s. vor ilken stop.

Item her Godscalk Timmermanne gesant 51 1/2 mr., de hadde de reiße kostet, do her Johan Sunnenschiin unde her Godscalk Timmerman tome Walke to dage weren[3].

Item noch kostede de reise to Wesenberge, do her Sunnenschiin, her Rumor unde her Timmerman dar weren[4], 30 1/2 mr. Rig. unde 1 1/2 s.

Item noch 6 mr. Rig. vor 1 pert.

Item her Haneboelen gesant 40 mr. sine rente[a].

Item veer des stades denren 16 mr. ere loen gegeven.

Item Gert Groten 6 mr. vor sine stavelen, spec, roggen unde oven intoboetende.

Item[b] Godscalke Smede geleent 24 mr. Rig.

Item Dideriko 6 mr. gegeven, 1/2 jar den seiger to stellende.

Item deme cumpthure van Vellin[5] 2 t. bers gesant, deme voegede van Jerwen[c6] 2 t. bers gesant unde deme cumpthure van Asschrade[7] 1 t. bers gesant, steit to hope in all 10 mr. unde 8 s.

Item 8 s. den munderiken vor steen upptovorende.

Item in de weke vorloent 9 mr. Rig.

a) *folgt in der nächsten Z. gestr.* Item viff den stades denren 20 mr. ere. b) *links am Rand ein Hufeisen.* c) *folgt gestr. to.*

1) *Jusse (Josse) wird schon 1440 als Briefbote Revals verwendet, vgl. Nr. 430. Der Brief ist nicht überliefert; er gehört vermutlich in den Zusammenhang der Abwehr der russischen Bedrohung, vgl. Nr. 568.* 2) *1444 Apr. 3–5 hatten in Alpi Verhandlungen zwischen dem OM und den Revaler Bürgermeistern stattgefunden, offenbar über die Lage nach dem abgebrochenen Feldzug der Russen, AuR 1 Nr. 480, LivUB 10 Nr. 31.* 3) *Auf dem Städtetag zu Walk 1444 Febr. 16–17 ging es vor allem um einen mit Nowgorod in Aussicht gestellten Frieden. Die Städte wollten ihre Haltung nicht von der des DO abhängig machen, AuR 1 Nr. 470, LivUB 10 Nr. 31.* 4) *Ordens- und Ständetag in Wesenberg 1444 März 1, auf dem ebenfalls über das Verhältnis zu Nowgorod verhandelt wurde, AuR 1 Nr. 479 u. LivUB 10 Nr. 15.* 5) *Peter Wesseler, K zu Fellin 1441–1456, Arbusow, Geschlechter S. 101 u. 119, vgl. LivUB 10 Nr. 55.* 6) *Johann von Schaphusen, V zu Jerwen 1442–1450, ebd. S. 88 f. u. 121.* 7) *Hermann von Sewinckhusen (?), K zu Ascheraden 1444–1445, ebd. S. 92 u. 117, vgl. LivUB 10 Nr. 55.*

575   **1444 Mai 23**

Sabbato in octava Asscensionis domini

Item Godeke Langen gegeven, de schuttenboete unde snicken to ozende, 29 s.

Item de schuttenboete totoverdigende 1 f. den arbeidesluden.

f. 101

Item Hans Groten deme munderiken 1/2 mr. vor^a 2 perde uppe Nargeden to bringende.

Item kostede de oven to makende in Krowels stovene 5 f. unde 3 s.

Item 2 mr. den stenbrekeren upp rekensscop gedan.

Item vor 8 stucke knarholtes ton snicken 32 s. Hanse van Rechen.

Item her Ghisen[1] 3 mr. gesant van her Jacobes wegene van sunte Mat[ies] altare.

Item 5 f. unde 5 s. vor 2 lisp. haveren up den marstall.

Item deme cumpthure van Dobbleen[2] 1 t. bers gesant unde 2 vlassche wins, stunden to hope 12 f.

Item her Gert Schrouen[3] 2 vlassche wiins gesant unde 1/2 lisp. haveren, stunt 6 f.

Item Koningisberge van der Narwe[4] 2 vlassche wiins unde 1/2 lisp. haveren gesant 6 f.

Item deme bussenstenhowere gedan 2 mr. uppe rekensscop.

Item in de weke vorloent 8 mr. Rig.

a) *übergeschr.*

1) *Richerdes, Rhr.* 2) *K zu Doblen namentlich nicht bekannt, vgl. LivUB 10 Nr. 32 u. S. 532 (Register).* 3) *Rhr. zu Dorpat, LivUB 10 Nr. 55.* 4) *Bürger aus Narva, vgl. LivUB 9 Nr. 972.*

576   1444 Mai 30

In[a] vigilia Pentecoste

Item den stenbrekeren 3 mr. uppe rekensscop gedan.

Item deme bussenstenhowere noch gegeven 2 mr. unde 8 s.; nu siin 29 stene al betalt.

Item vor hoy 3 f. 2 s. up den marstall.

Item vor 5 lisp. haveren 5 mr. uppe den marstall Gert Groten.

Item vor 1/2 last haveren 6 mr. her Johan Smede.

Item in de weke vorloent 7 mr. Rig.

Item Mertine deme goltsmede 1/2 mr. gegeven, de schowere verdich to makende.

a) *davor gestr.* Sabbato qui fuit.

577   1444 Juni 6

In profesto Trinitatis

Item 1 f. Bertolde vor[a] 3 vor knarholtes upptovorende.

Item in de weke vorloent 4 1/2 mr.

Item vor brede unde negle to den boeten 19 s. tor Narwe wart.

a) *folgt gestr.* 2.

578   1444 Juni 20

Sabbato ante Johannis baptiste

Item untfangen 4 mr. min 1 f. kellerhure van Poitowe under her Grimmerdes stenhus.

Item untfangen 3 mr. kellerhure van Engelken under Hartmanssen, beide van Poitowes[a].

Item Peter, de nu in der kopplen is, vor 1 grǎu roclaken 9 f.

Item untfangen 70 mr. van den molenmesters.

Item deme bussenstenhowere vor 4 grote stene 1 lichten gulden to howende.

Item[b] vor 4 lisp. haveren 3 mr. unde 7 1/2 s.

Item 1/2 mr. vor walnoete, do men wiin satte.

f. 101a

Item^c 25 s. vor hoy uppe den marstalle.

Item in de weke vorleden vorloent 5 f. unde 3 s.

Item^d deme stenbrekeren 3 mr. uppe rekensscop gedan.

Item 6 mr. Joachime sin quatertempergelt gegeven.

Item vor 2 perde^e van Nargeden to halende 1 mr. Hans Groten.

Item vor 2 lisp. haveren 2 mr. her Jo[han] Smede.

Item in de weke vorloent nu 7 mr. Rig.

a) *übergeschr., darunter gestr.* Gobbins. b) *folgt gestr.* 10. c) *über der Z.* 44. d) *links am Rand ein Kreuz.* e) *folgt gestr.* 2.

579   1444 Juni 27

Sabbato ante Visitacionis Marie

Item kostede Bremer de toerne to beterende mit neglen, deckebreden,
  sparren, timmerluden kost, ver arbeideslude, in all 10 f. unde 3 s.
  Hermen Grûsen.

Item Hermen Hoenen gegeven vor de Lutken Strantporten to beteren-
  de 8 mr. 14 s.

Item^a Godscalk Smede 10 mr. upp rekensscop gedan.

Item in de weke vorloent 4 mr. Rig., noch 3 f.

Item vor 9 balken up den buwhoff to vorende 21 s.

Item vor haveren Gert Groten 9 f. unde 6 s. gesant bi sime knechte.

a) *links am Rand ein Hufeisen.*

580   1444 Juli 4

Sabbato post Visitacionis Marie

Item her Peter Groninge 3 mr. sine liffrente.

Item in de weke vorloent 5 mr. Rig.

Item^a deme stenbrekere 2 mr. upp rekensscop gedan.

a) *links am Rand ein Kreuz.*

581   1444 Juli 11

Sabbato ante Margarete

Item Godeken Langen, de schuttenbote to vorwarende unde to seende,
  1 mr. Rig.

Item in de weke vorloent 9 mr. Rig.

Item Wilken Satiserwen 6 f. vor 26[a] vadem holtes uptovorende.
Item vor 1 lisp. haveren 26 s. uppe den marstall.

a) *übergeschr., darunter gestr.* 1.

582   1444 Juli 18

Sabbato ante Marie Magdalene
Item untfangen van den molenmesters 55 mr.
Item deme priore[1] gegeven 18 mr. Reuals rente.
Item wedder untfangen 5 mr. rente van deme priore.

f. 102

Item vorsant 15 t. bers deme cumpthur van Velliin[2], 2 t. van
  Asschraden[3], 1 t. den hovetluden ut Prußen[4], alle 1 last, kosten ilke
  t. 7 f. 1 s.; summa 26 1/2 mr. unde 6 s. mit deme holte.
Item 5 f. vor 1 t. bers den timmerluden.
Item[a] 2 mr. den stenbrekeren uppe rekensscop gedan.
Item Hans Groten vor 2 perde uppe Nargeden to bringende 1/2 mr.
Item 1/2 mr., de sulveren schalen to richtende unde reine to makende.
Item in de wekene vorloent 8 mr.

a) *links am Rand ein Kreuz.*

1) *von St. Katharinen.* 2) *vgl. Nr. 574 u. LivUB 10 Nr. 32.* 3) *ebd.* 4) *ebd.; die Anwesenheit preußischer Hauptleute gehört ebenfalls in den Zusammenhang des mit Nowgorod drohenden Krieges.*

583   1444 Aug. 2

Dominica post festum Abdon et Sennen
Item her Stolteuote 7 mr. gesant her Johan van Bremen nottrofftigen
  vrunden.
Item 2 lisp. roggen ut deme stenhuse gedan upp den hoislach.
Item kostede des stades hoislach 31 mr. unde 8 s.
Item untfangen van kellerhure van wine van Arnt Lengerbene 6 mr.
  Rig.
Item em wedder gegeven vor 200 negle 1/2 mr.
Item untfangen van Herßueldes schriverien[a] 5 mr. min 1 f. under der
  Knut[es]ghilde.
Item untfangen van Herman under her Grimmerdes stenhus 6 f.
Item 23 s. vor wullen tome troge tor drenke.
Item 5 f. vor 1 t. bers den timmerluden.

Item vor 45 vadem kalkholtes upptovorende 90 s., den vadem 2 s.
Item den karluden 1 t. bers vamme hoislage 5 f.
Item in de weke vorloent 5 mr. Rig. van 2 weken.
Item des mesters spelluden 2 lichte gulden gegeven.

a) *Vorl.* schriveien.

584   1444 Aug. 8

Sabbato ante Laurentii[a]
Item in 2 weken vorloent 3 mr. unde 1 f.
Item vor 3 porten reine to makende 3 f.
Item gegeven den visschers, de de waden togen, 1/2 mr.

a) -ii *auf Korrektur*.

585   1444 Aug. 14

In vigilia Asscumpcionis Marie
Item untfangen van den molenmesters 70 mr.
Item kostede de kalkoven to bernende 26 mr. min 1 f.

f. 102a

586   1444 Aug. 22

In[a] octava Assumpcionis Marie
Item Frederike van der Rope 30 mr. gegeven vor en schuttenboet.
Item[b] Hanse, den kalkoven uttoschuvende, 2 mr. gedan.
Item den vorluden gegeven vor 16 voder hoies van der stad marke[c] to
   vorende 4 1/2 mr., 1 Rig. unde 1/2 mr. Rig.
Item vor 3 kopperne blede van 9 markp. 6 f. in de soede langen de
   Monnikestraten.
Item Clause deme denre 3 mr. van deme Vetesschen hoislage, 3 mr.
   deme denre unde 1 mr. den Eesten[d].
Item lutken Gerken 1/2 mr., dat he na Aueuelde was gereden mit deme
   hovemanne van Holsten[1].
Item[e] den stenbrekers 3 mr. upp rekensscop gedan.
Item in de weke vorloent 8 mr. Rig.

a) *korr. aus* S. b) *links am Rand* dat erste kalkoven uttoschuvende. c) *korr. aus* markede.
d) *korr. aus* ersten. e) *links am Rand ein Kreuz*.

1) *Anlaß unbekannt, vgl. auch Nr. 565.*

587   1444 Aug. 29

In die Decollacionis sancti Johannis baptiste

Item[a] deme kalkmestere noch[b] 4 mr. upp rekensscop gedan[c] uttoschu-
vende.

Item 6 s. vor ene iserne schufflen tome kalkoven.

Item vor 3 vadem kalkholtes Wilken Satiserwen 5 f. min 3 s.

Item Niccles vor vlottalch uppe den marstall 13 or.

Item vor 6 lisp. haveren 4 lope unde 2 kulmet 13 f. 5 s.

Item vor 3 lisp. haveren 3 Arnoldesgulden.

Item vor 7 lope haveren 1 Arnoldesgulden unde 5 s.

Item vor 2 lisp. haveren 2 lichte gulden.

Item vor 2 lisp. haveren 6 f.

Item in de wekene vorloent 6 mr. Rig.

a) *links am Rand* 2 uttoschuvende. b) *übergeschr.* c) *folgt gestr.* de.

588   1444 Sept. 5

Sabbato ante Nativitatis Marie

Item 1/2 mr. Tomas deme munderike, dat ber to schepe to vorende, dat
den Pruschen heren gesant wart, do se van der Narwe quemen[1].

Item 19 s. vor 19 t. bers dregeloen uppe den hoislach.

Item Saxenhiiren 46 s. vor 23 vadem kalkholtes uptovorende.

Item in de weke vorloent 9 mr. unde 1 f.

1) *vgl. Nr. 582, 589.*

589   1444 Sept. 12

Sabbato ante festum Lamberti

Item untfangen van den molenmesters vifftich mr. Rig.

Item Meibreme vor 1 rump van eme rinde, dat den Pruschen heren
vamme Kolme gesant wart[1], 2 mr. unde 3 s.

1) *vgl. Nr. 582, 588.*

f. 103

590   1444 Sept. 19

Sabbato ante festum Matei apostoli

Item Woltero 4 mr. gegeven vor des abtekers unde sines wives kost, do
he hir erst quam.

Item[a] Godeken Langen 2 mr. uppe rekensscop gedan.

Item em 10 s. gegeven, de boete upptoozende.

Item untfangen 18 mr. van Hermen Tzoien rente van Woldemer
Reuals wegene.

Item 1 f., de gadderen to beterende vor deme winkelre.

Item vor 3 1/2 stoep wins to des rades behoeff 24 1/2 s. gegeven.

Item Hartwich Aueuelde[1] gesant 1 last bers, 2 vlassche wins, 1 mr. vor
broet unde vor dregeloen, in all 20 mr. Rig.

Item den Prusschen heren[2] 3 t. bers gesant mit deme holte 5 1/2 mr.
8[b] s.

Item vor 2 1/2 lisp. haveren 41 s. Gert Groten.

Item vor 2 lisp. haveren min 1 loepp 1 mr. min 3 s.

Item vor[c] haveren 1 1/2 lisp. her Duderstade[3] unde her Engelmsteden[4]
bracht.

Item gegeven 17 1/2 mr. unde 7 s. vor 10 t. bers, des[d] wart gesant 8 t.
den Prusschen twen partien[5] unde noch 2 t. den Ozelers gesant mit
deme holte.

Item her Johan Sunnenschine 3 mr. vor 2 hope stens.

Item kostede de reise 8 mr. unde 10 s., do de scriver Joachim an den
meister was gesant[e6].

Item[f] noch gegeven uttoschuvende 3 mr. unde 2 mr. vor 2 t. bers, so is
he al betalt.

Item vor 16 leste kalkes uttoschuvende unde to lesschende 2 mr.

Item in 2 weken vorloent 7 1/2 mr.

Item vor 1 hoep stens bi dat gerichte her Runoer 6 f.

Item 12 s. vor 1 lisp. cipollensades, der vrowen to Wesenberge[7] sant, de
Diderike dat pert gelent hadde.

Item eine t. bers[g] schipper Vrilinges kinderen gegeven, dat se dat schip
wedder inleden, stunt 6 f.[h]

Item 1/2 mr. in der havene vorvaren to 2 tiiden.

a) *links am Rand* Lange. b) *übergeschr., darunter gestr.* 2 1/2. c) *folgt gestr.* win unde *u.*
ungestr. vor. d) *übergeschr., darunter gestr.* dat. e) was gesant *rechts über der Z., mit*
Einfz. f) *links am Rand* 3 uttoschuvende. g) t. bers *übergeschr., darunter gestr.* mr.
h) 6 f. *rechts über der Z., mit Einfz.*

1) *nicht identifiziert, vgl. Nr. 565, 586.* 2) *vgl. Nr. 582, 588, 589.* 3) *Johann Duderstat,*
Rhr. zu Dorpat, Lemm S. 57. 4) *Johann Engelmestede (I.), Rhr. zu Dorpat, ebd. S. 61.*
5) *vgl. Anm. 2.* 6) *Der Zeitpunkt der Reise ist nicht zu ermitteln. Sie gehört jedenfalls in*
den Zusammenhang der Verhandlungen mit Nowgorod. 7) *namentlich nicht bekannt.*

591   **1444 Sept. 26**

Sabbato ante Michaelis

Item untfangen van den molenmesters 34 1/2 mr.

Ipso di Francissci

Item grues uttovorende unde den soet reiine to makende tome lutken
    stovene 3 f. gegeven.

Item vor 1 span in Boelemans stoven 8 s.

Item 10 s. vor negle in deme winkelre undertoschetende.

Item 5 f. vor 1 t. bers den timmerluden.

f. 103a

Item[a] vor 90 stucke ekens holtes to den soden 12 s.

Item[b] kostede de andere[c] kalkoven to bernende 26 mr. unde 1 f.

Item kostede de sulve kalkoven intosettende 9 mr. unde 2 t. bers 2 mr.
    Rig.

Item in 2 weken vorloent 12 mr. Rig.

Item kostede dat prefaet uttovorende in der boedelie 4 mr.

Item[d] so hevet her Johan Smit upgebracht in deme vorledenen jare van
    43 an gelde ummentwent sunte Mertins[1] dage hundert unde 67 mr.
    und 8 s. an gelde.

Item[e] to sunte Oleves kerken 76 last kalkes gelent unde 2 last.

Item her Johan Sunnenschiine ton trummen in der Susterstraten 8 leste
    kalkes.

Item tor stad behoeff gekomen 56 leste kalkes.

Item hiir van her Gisen Richerdes 9 leste betalt vor den sten, den he ut
    deme kalkoven dar vor untfangen hadde.

Item her Jo[han] Haneboele 2 last vor den sten, den he untfeng ut deme
    anderen kalkoven.

Item her Johan Duseborge 10 leste kalkes, de em de rad gaff.

Item noch her Jo[han] Duseborge 2 last kalkes vor sten, den[f] he ut
    deme anderen kalkoven untfangen hadde[g]; disse kalk quam van den
    56 lesten kalkes, de tor stad[h] behoeff weren uteschoven.

Item van disseme kalkoven to Wintere betalt[i] 24 mr. unde 11 s. vor
    haveren.

Item do sulves anno 43 vor 2 1/2 Tomas lakene to der denre behoeff,
    dat stucke 22 mr.; summa to gelde 55 mr.

Item gaff her Jo[han] Smit vor 2 Lubesch grawe 15 mr. Rig.

Item 24 s. dat want dat grawe to scherende.

Item vor 300 unde 24 linen 10 f. 6 s.

Item vor 13 schufflen 6 1/2 s.

Item 31 boeren unde 30 schufflen 5 f. 6 s. 1 verken.

Item 9 f. min enen s. vor 12 trummenholt.

Item vor 37 span 3 f. 1 art.

Item 1 Esten, de den breff van der Narwe brachte[2], 3 f.

Item eneme manne vor 2 dage, dat is bi den soden to howende, 5 s.

f. 104

Item vor 40[k] sparren van 20 elen 2 mr. min 4 s.

Item vor 30 16-elen balken 13 f. unde 3 s.

Item vor 15 sparren 16 s.

Item vor 3 voeder ovenstens 7 s.

Item vor 400 unde 40 6-elen delen 5 1/2 mr. min 3 s.

Item vor 91 twelf-elen delen[l] 5 mr. 2 s., dit is al utegeven int jar 43.

Int jar 44 vor 36 vadem bernholtes 7 mr. unde 1 s.

Item vor 37 sparren 40 s.

Item vor 9 balken 9 f.

Item vor 150 unde 12 latten 1 mr. unde 2 1/2 s.

Item vor 1/2 last ters 4 1/2 mr.

Item vor 22 vadem bernholtes 4 mr. unde 10 s.

Item vor 6 trummenholtere 4 1/2 f.

Item vor 4 trummenholtere 15 s.

Item vor 12 vadem bernholtes[m] 2 mr. unde 12 s.

Item vor 7 balken 20 s.

Item[n] so wart de kalkoven de erste gebrant in deme 44 jare ummentrent
  Laurentii[3], dar brachte her[o] Johan Smit van upp 100 unde 84 mr.
  Rig.

Item van [...] t. kalkes upgebracht 7 f. unde 1 s.

Item[p] hiir van sunte Oleves kerken geleent 37 mr. leste kalkes.

Item to den trummen in der Susterstraten 10 leste gedan.

Item noch 10 last tor stad behoeff.

Item in disseme jare gekofft 600 unde 95 vadem kalkholtes unde 11
  Estenssche voeder; hiir vor gegeven[q] twehundert und 23 mr. min 1 f.

a) *über der Z.* 44. b) *links am Rand* kalkoven secundus primum. c) *übergeschr., darunter
gestr.* erste. d) *links am Rand* kalkoven van 44. e) *ebd.* S Oleff kalk. f) *folgt gestr.* se.
g) *Vorl.* hadden. h) *folgt gestr.* he. i) *folgt gestr.* 10. k) *folgt gestr.* spanen. l) *folgt gestr.*
wi. m) *folgt gestr.* 10. n) *links am Rand* kalkoven 44. o) *folgt ungestr.* her. p) *links am
Rand* Sunte Oleff kerke. q) *folgt ein Buchst. gestr.*

1) *Nov. 11.* 2) *Die beiden im Jahr 1444 bis zum Datum des Eintrags überlieferten Briefe
aus Narwa an Reval wurden von Gobel Schulte bzw. Hans Konigesberge überbracht,
LivUB 10 Nr. 69 u. 87. Oder gehört auch diese Angabe in das Jahr 1443?* 3) *Aug. 10.*

593 1444 Okt. 10

Sabbato post Dionisii

Item untfangen 12 mr. rente van Hinrik Templine van sunte Johannis dage vorleden.

Item dat richteswert drie reine to makende 15 s.

Item Hans Berloe 5 f. gesant van vorlust van bere, dat de rat besproken hadde unde blef liggende[a].

Item vor twe spanne van eken holte 12 s.

Item 4 mr. unde 4 1/2 s. Gert Groten vor 9 punt haveren unde enen loep gegeven.

Item in de weke vorloent 11 mr. Rig.

Item Cort Joerdens vor 6 lisp. lichte up dat rathus 6 mr.

f. 104a

Item[b] untfangen des sonnavendes na Dionisii[1] van den molenmesters 31 mr.

a) *ab* unde *rechts über der Z., mit Einfz.* b) *über der Z.* 44.

1) *Okt. 10.*

594 1444 Okt. 17

In profesto Luce ewangeliste

Item Hans Lintorpe 5 1/2 mr. sine liiffrente, gegeven sinem wive.

Item Joachime sin quatertempergelt 6 mr. Rig., rente van der quatertemper vorleden.

Item ver denren, Clause, Korde, lutken Gerken unde Diderike, ilkeme 4 mr. ere loen van eneme halven jare.

Item Gert Groten ene mr. vor tallich uppe den marstall.

Item Gert Groten van her Jacob Joden wegen 7 mr. van Schernbeken vicarie ton susteren.

Item[a] Godscalk Smede 10 mr. gelent upp rekensscop.

Item 38 s. vor 5 stoepe wins, do her Jacob van der Molen an Hans Treiden was gesant van Parenbeken wegene[1].

Item vor viff punt haveren unde 2 lope Gert Groten 9 f. 3 s.

Item[b] den kalkoven uttoschuvende 4 mr. gedan, dat erste gelt up rekenscop.

Item Corde 5 f. unde 1 s. den mŭrluden to der bodelie imme hove, do men de prefate mŭrde.

Item vor vitalie den sulven mûrluden 22 s., Corde gegeven.

Item in de weke vorloent 14 mr. unde 1 f., do arbeide men in der boedelie imme hove.

Item kostede de oven in deme marstalle to makende mit ener nien vlisien to howende mit arbeidesluden 9 f. unde 1 s.

a) links am Rand ein Hufeisen. b) *ebd.* den anderen kalkoven uttoschuvende.

1) *Hans Parenbeke hatte 1444 Juni 8 aus Raseborg Reval ersucht, für ihn in einer Streitsache bei der livländischen Ritterschaft Geleit zu verschaffen, LivUB 10 Nr. 59. Hans Treiden war Ordensvasall in Harrien, ebd. S. 526 (Register).*

595   **1444 Okt. 24**

Sabbato ante Simonis et Jude

Item untfangen 70 mr. van Jacob tor oversten molen van der oversten molen wegen; hiir van Haneboelen gesant 40 mr. Rig.

Item her Peter 6 mr. van sunte Mateus kapellen to sunte Nicolause.

Item her Marco viff mr. van^a des Sacramentes altare tome Hilgen Geste.

Item her Drosten 8 mr. van Loden vicarie to Marienma^b.

Item deme vromissenprestere to sunte Nicolause 4 1/2 mr.

Item her Luden Karwell 4 mr. vamme Cruce to Luk to sunte Nicolause.

Item em noch 2 mr. van her Keglers wegen.

Item van her Reinoldes wegen em gegeven 3 1/2 mr. van sunte Gertruden altares wegene tome^c Hilgen Geste unde 2 mr. van her Keglers wegen.

Item Diderike 6 mr. vor 1/2 jar de klocken to stellende.

Item Hans Groten 1 mr. gegeven vor 2 perde van Nargeden to halende.

Item Godeke Langen vor der stat kalkholt unde berneholt to wrakende in all 6 mr. unde 1 f. mit den 2 mr., de wy em uppe rekensscop hadden gedan.

f. 105

Item Godeke Langen 8 s. gegeven vor de boete upptooesende.

Item Tomase deme vorspraken 4 mr. to siner hushure.

Item untfangen 12 mr.^d rente van her Hildebrandesse van sunte Johannis dage¹ vorleden.

Item her Eppinchusen 15 mr. gesant van des Hilgen Gestes moelen.

Item em noch gesant 7 1/2 mr. der seken rente imme Hilgen Geste.

Item her Johan Smede 1 mr. vor en boet tor stat behoeff.

Item 16 s. vor 1 lisp. haveren her Beuermanne[2] gesant.

Item her Peter Erikesson[3] 2 vlassche Romenie gesant, stunden 24 s.

Item em ene t. bers mit deme holte gesant, stunt 7 f. unde 5 1/2 s.

Item lutken Gerken 6 f. unde 4 ver verken vor 4 lisp. haveren.

Item vor 10 lisp. unde 4 lope haveren Corde unde Gert Groten viff mr. min 1 s.

Item vor 6 1/2 stoep wins, do her Halteren unde her Albert Rumoer to Aueuelde weren gesant in den Wuluessund[4], 1 mr. unde 9 1/2 s.

Item vor 6 stope, do her Halteren bi deme kumpane was[5], 1 mr. unde 6 s.

Item tor luchtinge vorme sacramente tome Hilgen Geste 10 mr.

Item her Gisen[6] 5 mr. der seken rente to sunte Johanse in de hande to delende.

Item vor den boedelienoven to makende 5 f. min 4 s.

Item[e] 1 ferding vor 7 terlinge lakene uppe dat rathus to slande, de van Hark[e] worden gebracht[f].

Item[g] den stenbrekeren 2 mr. uppe rekensscop gedan.

Item[h] 2 mr. Hanse gegeven, den kalkoven uttoschuvende, noch uppe rekensscop.

Item 30 s. vor 6 leste kalkes to loesschende Hanse gegeven deme kalkbernere.

Item 1/2 mr. vor vlisien unde trepsteen tor boedelie.

Item 6 f. unde 4 s. vor 1 t. bers unde vitalie tor boedelie den mŭrluden.

Item 1 mr. unde 7 s. dat it kostede, do de borgermesters den win rekenden uppe der scriverie mit Clause deme winmanne.

Item in disse wekene vorloent 18 1/2 mr. Rig.

a) *folgt gestr.* sunt. b) *Vorl.* MarienMa. c) *folgt gestr.* sunte Nicolause. d) mr. *übergeschr., mit Einfz.* e) *links am Rand* terlinge. f) worden gebracht *rechts über der Z., mit Einfz.* g) *links am Rand ein Kreuz.* h) *ebd.* kalkoven uttoschuvende secundum.
1) *Juni 24.* 2) *Johann Bevermann, Rhr. zu Dorpat, Lemm S. 43.* 3) *Ritter, Bruder des Hpt. zu Ripen, Erich Erichsson, LivUB 9 S. 702 (Register).* 4) *Anlaß unbekannt.* 5) *1444 Mai 26 hatte der OM dem Kumpan von Reval befohlen, unter Hinzuziehung des Revaler Rates den Handel nach Dorpat zu sperren; um die Weiterführung der Waren nach Nowgorod zu verhindern, LivUB 10 Nr. 53.* 6) *Richerdes, Rhr.*

596 1444 Okt. 31

In vigilia Omnium sanctorum

Item vor 3 stene tome prefate in der boedelie mit deme vorloene 10 s.

Item in de weke vorloent 13 mr. Rig.

Item Corde vor 7 lisp. haveren 3 1/2 mr. min 7 s.

Item vor 1 t. bers tor boedelie unde andere 1 mr. unde 11 s.

Item Corde Jordens vor 2 spanne to den soeden 12 s. gegeven.

Item em noch gegeven 22 s. vor 1 kulmet unde 1 loep up den marstall.

f. 105a

597 1444 Nov. 8

Anno 44 in octava Omnium sanctorum

Item untfangen van her Hinrik Schelwende vamme dorpe to Vethe van 2 jaren hundert unde achtundortigh^a mr.

Item Kerstin Boenden vor 100 unde 75 vadem kalkhes upptovorende; in all 10 mr. unde 7 s.

Item noch Kerstine vor 1 hop stens bi dat richte to vorende, vor 200 delen uptovorende, wagenschot unde keserling to vorende 3 mr.

Item Peter Hollanden 7 1/2 mr. gegeven vor 100 unde 35 vadem kalk-holtes to vorende.

Item em noch 1 mr. gegeven vor 6 voeder stens tor boedelie 1 mr.

Item vor 69 vadem kalkholtes^b Melpeven to vorende^c 4 mr. 6 s.

Item^d 7 mr. her Haneboelen gesant van der vromissen to sunte Oleve.

Item Henning deme smede vor assen, wangen, bogen, lopere 2 mr. 3 s.

Item Henninge Klensmede vor allirleie iserwerk 4 1/2 mr. gegeven.

Item vor 2 hope stens tor boedelie to vorende 6 mr.

Item noch gegeven vor 8 tome to vatende, vor helsinge to beterende 2 mr.

Item vor 1 bullenhut to gerende unde vor 15 tombette 1 mr. min 3 s.

Item kostede dat schot in beiden kersplen to schrivende 3 mr. unde 3 s.

Item vor 10 lope haveren 10 f. gegeven Diderike.

Item in de weke vorloent 11^e mr.

a) *folgt gestr.* 1. b) *übergeschr., mit Einfz.* c) *folgt gestr.* 5 *u. ein Buchst.* d) *links am Rand* vromisse. e) *folgt gestr.* f.

598 1444 Nov. 14

Sabbato ante festum Elizabeth

Item vor 1 slot vor den kellerschraet tor olden boedelie 1/2 mr. Hen-ninge.

Item Hans Schinne 6 1/2 mr. vor 1 t. heringes, deme rade ummesant.

Item Hans Howenstene vor 3 ovene in den hokerboden to makende 2 mr.

Item Bertolt Wasscheholte 5 1/2 mr. unde 2 s. gegeven vor 100 vadem kalkholtes uptovorende.

Item Corde 11 s. vor vitalie tor boedelie deme volke.

Item vor Tideken Bornsen oven to makende 33 f. lutken Oleue.

Item den munderiken 16 s., den bruggensten tor boedelie an lant to vorende.

Item[a] Corde gegeven 6 s., 4 reise in de havene to varende de voegede unde dat [. . .] est [. . .] recht, dat vat[b] mit den vossen uptohalende.

Item den win, den Kort uphalde, 8 s. den arbeidesluden.

Item den voerluden 6 s. vor dat sulve uptovorende.

Item den munderiken 3 s.

f. 106

Item[c] Diderike 7 s., dat honnich[d] upptovorende.

Item 4 verken in de havene to voerende.

Item 15 s. den herink upptovorende.

Item[c] vor 3 droge vate, 4 t. soltes unde 1 klenen packen wandes 7 s. upptovorende, lutken Gerken gegeven.

Item vor 12 last kalkes to loesschende 60 s.

Item enen f. Niccles Knorren vor 1 wagen to beterende, deme radema- kere.

Item noch gerekent mit Niccles Knorren, deme gegeven vor 13 par rade vor dat par 3 f., summa 10 mr. min 1 f., des geve wy em viff mr. min 1 f. to den viff mr., de em de raet tovoren hadde gelent, alse hir vor in deme boeke steit.

Item Gert Groten vor 1 wagen 4 mr. tor stat behoeff.

Item em noch gegeven 1/2 mr. vor 1 sten vor der bruggen.

Item em noch gegeven vor sines knechtes loen 6 mr., Klause, vor 1/2 jar kost.

Item in de weke vorloent 5 mr.

Item 1/2 mr. Gert Groten vor 4 dage kost vor den dener van Darbte, Euert[1].

Item Cort Joerdens 2 Rinssche vor 9 weken bi deme arbeide tor boedelie to stande.

a) *links am Rand* vosse vat, *mit Hinweisstrichen zu dieser und den folgenden drei Z.* b) dat vat *jeweils korr.* c) *über der Z. 44, links am Rand* honnich *mit Hinweisstrich zu dieser und den zwei folgenden Z.* d) *darüber noch ein Kürzungszeichen.* e) *links am Rand* 1 droges vat, 1 packen laken.

1) *Überbringer eines Dorpater Schreibens mit der Aufforderung, am 4. Okt. 1444 zu*
Verhandlungen mit dem OM über eine Handelssperre in Wenden zu erscheinen? Vgl.
LivUB 10 Nr. 88 u. 91.

599   1444 Nov. 21

Sabbato post Elisabeth

Item Michell Notiken vor 7 wagenvoeder hoies van overme jare 10 mr.
betalt, en quam in de kopplen, dat andere upp den marstall.

Item Hans Weldeken vor leideseele, romen, bintsele 4 1/2 mr. unde 5
s., des untfenge wy wedder van em 2 mr. vor de wervele.

Item in de weke vorloent 4 mr. 7ᵃ f.

a) *Vorl.* 6 1 f.

600   1444 Dez. 12

In profesto Lucie virginis

Item untfangen van zeelgelde in all 29 1/2 mr. Rig.

Item Hermen Hoenen 1 mr. unde 11 s. vor 1 ketell to lappende in den
seelboeden.

Item Hans Moesberge 2 mr. gegeven van der seelboeden wegen den
gesellen.

Iteme deme voegede van Jerwen¹ 2 t. bers gesant mit holte unde
dregeloene 3 1/2 mr. 2 s.

Item Gert Groten 1 mr. unde 6 1/2 s. vor sleden, loeken unde vemeren.

Item vor 7 1/2 lisp. haveren 3 1/2 mr. unde 5 1/2 s. Gert Groten.

Item em noch vor 14 voeder hoies mit deme bere den knechten 13 f. 13
s.

Item vor 1000 mûrtegels to Gerken Kamene unde to ovene to beteren-
de 3 mr.

Item vorloent in dren wekenen vorleden 11 1/2 mr. Rig.

f. 106a

Itemᵃ gerekent mit Jacob deme stenbrekere, deme geve wy noch 9 mr.
upp 36 hoepe stens to brekende dit jar to den 18 mr., de he vor
untfangen hevet uppe rekensscop, also dat in deme boke vor steit,
des untfenge wy wedder van em 9 f. vor hushûre van Nieborgers
huse.

Item vor boeren unde ander rescopp em 1 mr. gegeven.

a) *über der Z.* 44.

1) *Johann von Schaphusen, V zu Jerwen 1442–1450, Arbusow, Geschlechter S. 121. Der Aufenthalt in Reval wird durch ein Schreiben des OM an die Stadt von 1444 Dez. 2 bezeugt, LivUB 10 Nr. 105.*

601   1444 Dez. 19

Sabbato ante festum Thome apostoli

Item untfangen van den moelenmesters hundert mr.

Item kostede de reise to Woldemer, do her Gise, her Grimmert unde her Godscalk Borstell dar weren[1], 90 mr. min 14 s.

Item untfangen van den schoetheren 200 mr. Rig.

Item viff stadess denren ilkeme 3 mr. to erer nottrofft voderinge to hulpe.

Item Joachime 6 mr. sin quatertempergelt.

Item vor en riis troies pappirs 2 mr.

Item[a] Godscalk Smede 6 lichte gulden uppe rekenscop gesant.

Item in de weke vorloent viff mr. unde 1 f.

Item[b] gerekent mit Godscalk Smede, do geve wy em noch to deme, dat he untfangen hadde, so vorscriven is, 22 mr.[c] min 1 f.; summa in all untfangen vor allirleie iserwerk in disseme jare 72 mr. unde 1 f.

Item Godscalk Smede viff mr. vor en roclakene.

Item noch Godscalk 1 t. bers[d] vor 1 mr. betalt.

Item dren piperen 6 mr. eren spec unde roggen.

Item[e] de zedeler hefft 4 mr. betalt van den 10 mr., de he deme rade tachter is.

Item noch Godeke Langen 5 f. min 2 s. vor kalkholt to wrakende[f] 176 vadem.

a) *links am Rand ein Hufeisen.* b) *ebd.* Rekensscop. c) *folgt gestr.* unde. d) *folgt gestr.* 1. e) *links am Rand* Zedeler. f) *-de korr.*

1) *Städtetag zu Wolmar 1444 Juli 5–6, auf dem u.a. über die Handelssperre gegen Nowgorod verhandelt wurde, AuR 1 Nr. 482–487. Zu Gise erg. Richerdes, Rhr.*

602   1444 Dez. 24

Feria quinta post festum beati Thome apostoli

Item untfangen van den weddeheren 48 1/2 mr. Rig.

Item deme sedelere gegeven viff mr. Rig.

Item[a] was de andere kalkoven utebrant na sunte Michele[1] vorleden; hiir ut sunte Oleues kerken gelent 63 mr.

Item her Duseborge 10 last betalt, de men em schuldich was.

Item[b] Kulpsu 5 leste kalkes[c].

Item 24 leste kalkes uteschoven tor stat behoeff.

Item Repplere 3 leste kalkes gegeven tome buwerke vor der Smede-
porten.

f.107

Item[d] so is ut desseme kalkoven vorkofft 100 leste unde 2 leste; dit gelt
her Johan Smit upp dat rathus gebracht 100 mr. unde 2 mr.

Item betalt vor 400 unde 11 vadem kalkholtes 114 1/2 mr. unde 3 s.

Item untfangen 10 mr. van den schotheren, de worden uppe dat slot
gesant to sloierpennighen.

Item noch untfangen van den schotheren 295 1/2 mr. unde 3 s.

Item her Haneboelen gegeven[e], dat vortert was to Winachten, Hinke-
peven unde Vastellavende 227 mr. unde 11 s.

Item vortert, do de borgermeistere imme hove to Alpi weren bi
unserem heren, deme meistere[2], 22 mr. 10 art.

Item kostede de gesterie, do[f] de kumpthur van Velliin[3], Reual[4] und
Asschroede[5] uppme rathus weren, 7 1/2 s. unde 8 mr. Rig.

Item her Haneboele vor en rot pert[g] in de reiße 38 mr.

Item deme kercheren vamme Hilgen Geste 2 lisp. roggen ut deme
stenhuse dan.

Item vor 57 12-elen delen 3 mr. unde 7 s.

Item vor 20 elen balken 3 f.

Item vor 8 balken, ilk van 16 elen lank, 21 s. unde 1 verken.

Item noch vor 9 balken, ok van 16 elen, 4 1/2 f.

Item vor 23 sparren van 20 elen lank, 1 mr. unde 5 s. gegeven.

Item vor 2 Altessche laken unde 8 1/2 elen 25 1/2 mr. unde 1 f. to der
spellude kledinge.

Item vor twe Tomassche laken tor dener kledinge 43 1/2 mr. Rig.

Item vor 3 Lubesch grawe 24 mr. den marketvoeget, vorspraken,
rechtfindere, boedele, koppelmanne, in all de dar to hoeren.

Item 5 denren ere schrotloen, naetloen, lowentgelt, offergelt, in all 5
Riinssche gulden.

Item deme schrivere 2 Riinssche gulden to offergelde.

Item deme scholemestere enen lichten gulden offergelt.

---

a) *links am Rand* secundus kalkoven primum., *darunter* S. Oleues. b) *ebd.* Kulpsu kalk.
c) *folgt gestr.* geleent. d) *über der Z.* 44. e) *folgt gestr.* 145 mr. unde 11 s. f) *übergeschr.,*
mit Einfz. g) *korr. aus.* pers.

1) *Sept. 29.* 2) *vgl. Nr. 574.* 3) *Peter Wesseler, K zu Fellin 1441–1456, Arbusow, Geschlechter S. 101 u. 119.* 4) *Johann von Mengede gen. Osthoff, K zu Reval 1442–1450, ebd. S. 77 u. 124.* 5) *Hermann von Sewinckhusen (?), K zu Ascherade 1444–1445, ebd. S. 92 u. 117.*

603   1445 Jan. 9

Sabbato infra octavam Epiphanie domini
Item vor 5 spellude roecke to nejende 10 ferdinge schroetloen.
Item vor 1 t. bers, deme voegede van der Narwe[1] sant mit deme holte unde dregelone, 2 mr.
Item[a] 3 f. unde 1 s. vor[b] 2 vlassche wins em gesant.
Item em en lisp. haveren gesant ut deme stenhuse.

f. 107a

Item[c] 10 mr. her Ghisen[2] gesant der seken rente to sunte Johanse.
Item[d] 1 mr. vor 6 hope stens to vliende bi deme kalkovene.
Item her Peter Groninge 3 mr. sine liiffrente gegeven.
Item Koppellmanne 2 mr. vor sinen roggen unde spek gegeven.
Item in dren wekene vorleden vorloent 13 mr. Rig.
Item vor 6 lisp. lichte min 3 markp. 6 mr. min 3 s., Clause.
Item Gert Groten[e] 5 1/2 mr. unde 7 s. vor 11 lisp. unde 3 kulmet haveren.

a) *diese mit der vorigen in einer Z.* b) *folgt* vor. c) *über der Z.* Anno 45. d) *links am Rand* stenvlien dat erste. e) *folgt gestr.* 6 1/2 m.

1) *namentlich nicht bekannt.* 2) *Richerdes, Rhr.*

604   1445 Jan. 23

In crastino Vincentii
Item untfangen van den molenmesters des sonavendes na Vincentii[1] 40 mr. Rig.
Item[a] den senvlieren noch 2 mr. upp rekensscop gedaen.
Item her Grimmerde vor 1 t. bers, deme kumpthure van der Winda[2] gesant mit deme holte, 2 mr. min 2 s., Cort Jordens gedan.
Item vor 10 voeder hoies unde 1 voeder stroes 7 f. unde 3 s.
Item her Johan Smede vor 15 voeder hoges 15 f. upp den marstall.
Item in twe wekene vorloent 7 1/2 mr. 5 s.
Item Peter Koeke vor 1 rok to nejende unde en par ridehoesen, to hope 17 s.

a) *links am Rand verlaufen* stenvlierer secundum.

1) *Jan. 23.* 2) *K zu Windau namentlich nicht bekannt.*

605 1445 Jan. 30

Sabbato ante Purificacionis Marie
Item in de weke vorloent 3 1/2 mr. 4 s.
Item^a den stenvliers bime kalkovene 1 mr. 1 s. gegeven, noch 1 f.
Item^b Saxenhiir upp rekensscop gedan 12 lichte gulden uppe den sten
bi den kalkoven to vorende.

a) *links am Rand* stenvlier secundum. b) *ebd.* Saxenhir.

606 1445 Feb. 6

Sabbato in Carnisprivio
Item vorloent in disse wekene 7 f., noch vorloent in de wekene dar na 3
ferdinge.

607 1445 Feb. 20

Sabbato ante Reminiscere etcetera
Item in de weke vorloent 8 mr. in de weke.

f. 108

Item vor 1 oven to makende boven Wiggers boeden 16 s.
Item den stenvlieren 6 f. min 3 s. gedan vor vlient bime kalkovene.
Item 1 mr. dat prefaet upp deme marstalle uttovorende.
Item dren pipers ilkeme 1 mr. gegeven, 2 trumpers ilkeme 3 f., Tilen 1
lichten gulden, twen den olden ilkeme 1/2 mr.
Item 1 mr. unde 8 s. vor 4 vadem bernholtes.
Item Gert Groten 3 1/2 mr. unde 6 1/2 s. vor 9 1/2 vadem bernholtes.
Item vor 8 lisp. haveren up den marstal 5 mr. min 1 f., Gert Groten.
Item 6 mr. vor lichte uppe dat rathues to Vastellavende.
Item Oleff Bekerwertere vor bekere in disseme jare 15 mr. unde 11 s.
Item Hans Woeldeken vor leidesele, bintsele, roemen unde merlinge
uppe den marstall 3 mr. gegeven.
Item vor der dener kledinge unde des anderen volkes to scherende 9 f.
Item 1 mr. vor 1 t. bers den munderiken, de boete ut- unde intobrin-
gende.
Item Joachime 6 mr. gegeven sin quatertempergelt.

608   1445 Mrz. 6

Sabbato ante Letare

Item untfangen van den schotheren 300 mr. unde 3 1/2 mr. min 3 s.

Hiir van gegeven her Godscalke Timmermanne 200 mr. unde 6 f., der he noch van der koppellen wegene tachter was.

Item vorloent in de weke vor Oculi 3 mr. unde 3 s.

Item[a] noch Hanse 3 mr. gegeven, den kalkoven uttoschuvende.

Item 5 f. unde 3 s. vor 17 sleden up den marstall.

Item vor 5 vadem holtes 6 f. unde 1 s.

Item vor 25 gummeten 25 s.

Item vor 3 voeder hoies 1/2 mr.

Item vor 27 goese 3 mr. Clauken van Vethe gegeven, de in der sterffte worden gevŏrt[b].

Item Clause deme dener 1 mr. vor 1 t. bers den van Vethe, dat hoi to werende.

Item 15 1/2 mr. vor en boet, dat hir gekofft wart to somere.

Item[c] deme rademakere 4 mr. uppe rekensscop gedaen.

Item vor viff leste haveren 38 mr. unde 3 f. min 3 s.

Item in de wekene vorloent 5 1/2 mr. Rig.

Item 16 mr. min 1 f. Kerstin Boenden vor 9 hope stens to vorende bi den kalkoven.

a) *links am Rand* uttoschuvende tertium. b) gevŏrt *rechts über der Z., mit Einfz.* c) *links am Rand ein Rad.*

f. 108a

609   1445 Mrz. 13

Sabbato[a] ante dominicam Judica

Item untfangen van den schotheren hundert unde 40 mr. Rig.

Item noch untfangen 12 mr. rente van Hinrik Templine upp Winachten vorleden.

Item vor 8 hoepe tome kalkovene 10 mr. van Tid[eken] Boedekers kulen.

Item noch Saxenhiir gegeven to den 12 lichten gulden, de he vor untfangen hevet up steen to vorende bi den kalkoven, vor 11 hoepe stens tein lichte guldene unde 11 s.

Item Saxenhiir 2 lichte gulden gegeven vor 1000 mŭrtegels in den hoekerboden.

Item in de weke vorloent 4 1/2 mr. Rig.

Item her Gisen[1] gesant 55 mr. Rig. van wine, den de raet Claus
Kerckroden schuldich bleff, do se latest mit em rekenden.

Item em noch gesant 14 mr. min 7 s. vor 55 stoepe wins upp sunte
Mertine[2] ummegesant unde vor 16 stoepe wins, de de raet drank, do
fiolenwin gesat wart.

a) *über der Z. 45.*

1) *Richerdes, Rhr.* 2) *Nov. 11.*

610 1445 Mrz. 20

Sabbato ante Palmarum
Item in de weke vorloent 6 f. min 3 s.

611 1445 Mrz. 26

In Bona[a] sexta feria
Item vor 7 voeder hoies 1 mr. min 2 s.
Item 3 s. vor 1 voeder stroes.
Item vor 11 sleden 25 s.
Item 8 s. vor 2 voeder hoies.
Item 21 s. vor 1 lisp. haveren up den marstall.
Item 40 s. vor 40 assen.
Item 10 s. vor 1 vadem holtes.
Item vor sleden 21 s.
Item vor 2 lisp. haveren unde 1 loepp 5 f. unde 2 1/2 s.
Item vor 2 voeder hoies 1 f. gegeven.
Item noch 11 s. vor 2 voeder hoies.
Item vor 8 loepe haveren min 1 kulmet 3 f.

f. 109

Item[b] vor 41 elen Lubesch graw, 2 elen deme barschererknechte, Peter
Kunken deme koeke 11 elen, sime knechte 2 elen, deme kalkberner
8 elen, Peter Suddenpe 9 elen unde Nicclas deme jungen timmer-
manne 9 elen Lubesch graw; summa in all 11 mr. Rig.

Item vor 1 vadem kalkholtes 10 s. gegeven.
Item vor 18 grote sparren to Krowels stoven 6 mr. min 2 s.
Item vor 9 ekene holtere 17 1/2 s.
Item 12 s. van her Johan van Gotlanden dechtnisse tome Hilgen Geste.
Item in de wekene vorloent 7 1/2 mr. 3 s.

a) *folgt gestr.* quinta. b) *über der Z. 45.*

612   1445 Apr. 10

Sabbato ante Misericordia domini dominicam
Item dren piperen gegeven ilkeme 1 mr. tor veigelschottelen.
Item in de vorledene wekene vorloent 3 mr. unde 3 s.
Item Gert Groten, den oven intoboetende tome rathues, vor stavelen
    unde spek 6 mr. Rig.
Item deme mûrmestere 1 mr. gegeven, den oven in Boelemans stovene
    to makende.
Item der ebdisschen[1] 2 mr. gesant ere renthe.
Item untfangen 6 mr. rente van her Hinrik Groninge.
Item Joachime 6 mr. wedder gegeven vamme sunte Margreten altare to
    sunte Nicolause.
Item deme vromissenprestere to sunte Nicolause 4 1/2 mr. gegeven.
Item in disse weke vorloent viff mr. Rig.

1) *von St. Michaelis.*

613   1445 Apr. 16

Des vridages vor Jubilate
Item untfangen van Coerde van allerleie win, kellerhûre 37 1/2 mr.

614   1445 Apr. 17

Sabbato ante Jubilate
Item untfangen 12 mr. renthe van Berloen.
Item vor 1/2 last haveren 4 mr. min 1 f. Loeren Pawell.
Item Laurentio deme scolemestere 20 mr. gegeven to siner kost to
    hulpe.
Item Lintorpe gegeven 5 1/2 mr. sine renthe.
Item her Gisen[1] viff mr. gesant der seken rente to sunte Johanse.
Item her Sunnenschine 15 mr. gesant molenpacht den seken tome
    Hilgen Geste.
Item em noch gesant 7 1/2 mr. der seken rente imme Hilgen Geste.
Item 4 mr. deme kercheren vamme Hilgen Geste vamme Cruce to
    Luck.
Item[a] den kalk uttoschuvende 2 mr. Hanse; nu is he all betalt dar van.

f. 109a

Item[b] 6 mr. deme klockenstellere vor 1/2 jar.
Item em 6 s. vor olei tor klocken behoeff, to smerende dat werk.

Item[c] den stenbrekeren gegeven 2 mr. to rumegelde.

Item in de weke vorloent 5 1/2 mr. Rig.

a) *links am Rand* kalkoven uttoschuvende quartum. b) *über der Z.* 45. c) *links am Rand ein Kreuz.*

1) *Richerdes, Rhr.*

615 1445 Apr. 24

Sabbato[a] ante dominicam Cantate

Item[b] untfangen van der wage 100 mr. min 9 f.

Item Hildebrande 5 mr. vor 1/2 jar van des Sacramentes altare tome Hilgen Geste.

Item her Martine van sunte Margreten altare to sunte Oleve 7 mr.

Item Hinrik Krowele 4 mr. sine renthe deme armboorstere.

Item her Johan Carpentarii 3 1/2 mr. van sunte Gerdruden altare[c] tome Hilgen Geste.

Item[d] Godscalk Smede gesant 10 mr. upp rekensscop.

Item deme priore[1] 12 mr. gesant van Hunnichusen vicarie.

Item vor 2 lispunt winpotte[e] unde 12 markp. unde vor 1 lisp. poette ummetogetende, noch vor 5 1/2 markp. nies tinnes unde vor 12 markp. blies 11 mr. unde 1 f. Ludeken Kannengeter gegeven.

Item Bent Copperslegere vor 2 ketle 6 mr. unde 12 s.

Item 4 stades denren ere loen, ilkeme 4 mr. vor 1/2 jar.

Item vor 4 thoeme 24 s. uppe den marstall.

Item in de weke vorloent 5 mr. Rig.

a) *korr. aus* Sabbaton. b) *links am Rand eine Waage.* c) *übergeschr., mit Einfz.* d) *links am Rand ein Hufeisen.* e) win *übergeschr.*

1) *von St. Katharinen.*

616 1445 Mai 8

Sabbato post Asscensionis domini

Item untfangen van her Tonnies Hattorpp[1] 12 mr. rente.

Item untfangen 6 mr. van Hinrik Scherer.

Item 6 mr. her Nicolaus gegeven van sunte Blasius altare to sunte Nicolause.

Item 17 s. Hinrik Beckere vor 1 vliseleie over de rennen bi Lippen sode.

Item 1 mr. eneme manne, de den breff van der Pernowe[2] brachte.

Item in de weke vorleden vorloent 3 mr. unde 8 s.

Item Dideric Roden 25 mr. gegeven vor den haveren, den de rat hadde upvoren late[n] overme jare.

Item Hans Jordens unde Andreas ilkeme 1 mr. van der wigelsschot-telen.

f. 110

Item[a] Diderike deme denre 6 f. unde 4 s. vor de teringe der reiße to Darpte wart van deme[b] Hollandesschen schaden wegene[3].

Item[c] den kalkoven intosettende 5 mr. gedan upp rekensscop.

Item Tomas Vorspraken 4 mr. to siner hushure to hulpe.

Item de schorstene in beiden kersplen to beseende 3 mr. 3 s.[d]

Item[e] den stenbrekeren 2 mr. uppe rekensscop gedan.

Item in de weke vorloent 6 mr. unde 1 f.

a) *über der Z. 45.* b) *korr. aus der.* c) *links am Rand* kalkoven intosettende primum.
d) *Vorl.* mr. e) *links am Rand* stenbreker primum.

1) *Antonius (Tonnies) de Hattorp, Rhr. 1445–1459, Bunge, Ratslinie S. 101.* 2) *Am 22. Apr. 1445 hatte Pernau vor Rüstungen Kg. Erichs auf Gotland gewarnt und offenbar gleichzeitig ein Schreiben Brügges an Danzig übersandt, LivUB 10 Nr. 122, 132, 133.* 3) *Die Holländer hatten auf der Trade 22 Schiffe gekapert, was zu lebhaften Verhand-lungen unter den Hansestädten führte, LivUB 10 Nr. 117. Sie verpflichteten sich später zu Schadenersatz, LivUB 10 Nr. 515 u. ebd. Einl. S. XXXII. Vgl. die Einnahmen von dem Holländischen Geld unten Nr. 1007, 1042.*

617   1445 Mai 13

Des mitwekens na Asscensionis domini

Item untfangen van der oversten moelen van Jacobe 70 mr. Rig.

Hiir van her Johan Haneboelen 40 mr. gesant van des cumpthurs wegene.

618   1445 Mai 15

In vigilia Pentecoste

Item brachte her Johan Smit uppe ut deme anderen kalkoven vamme jare van 44 hundert unde 8 mr. min 6 s.

Item vor 26 vadem kalkholtes 6 1/2 mr. Rig. gegeven.

Item noch vor 11 vadem kalkholtes 11 f.

Item vor 700 unde 16 6-elen delen 6 1/2 mr. unde 5 s.

Item[a] Hanse 6 mr. noch gegeven, den kalkoven intosettende, dar mede is he nu betalt.

Item 4 mr. Hans Koppellmanne to siner husshure to hulpe.

Item Hinrik deme vorspraken 8 mr. gegeven van 1 jare to siner hushůre.

Item vor 1 stoer 6 1/2 f. gegeven.

Item[b] 1 mr. den stenbrekeren uppe rekensscop.

Item vor 3000 tunraden uppe den Lemdiik 9 f.

Item vor de tunstaken dar sulves to 300 unde 60 6 f.

Item noch den sulven tůn to makende 2 mr. unde 14 s.

Item vor 2 lisp. haveren unde 4 loepe 7 f. min 3 s.

Item her Johan van Bremen notrofftigen vrunden 7 mr., her Stolteuote sant.

Item her Appollonius gegeven 6 mr. van sunte Mat[ies] altare tome Hilgen Geste.

Item in de weke vorloent 6 mr. unde 1 f.

Item kostede de Narwessche dachfart to Vastellavende[1] 300 unde 11 1/2 mr. 5 1/2 s., do her Cost[2], her Gise[3], her Albert Rumor unde her Marquart Bretholt dar weren; hiir van untfangen 200 mr. van den munteheren unde 100 mr. van den kemereren.

a) *links am Rand* secundum intosettende den kalkoven. b) *ebd.* secundum stenbreker.

1) *1445 Jan. 31–Febr. 7 war in Narva zwischen Nowgorod und dem OM verhandelt worden, wobei die livländischen Städte als Vermittler auftraten. Ein Ergebnis kam nicht zustande,* AuR 1 Nr. 490. 2) *van Borstel.* 3) *Richerdes, beide Rhrr.*

f.110a

619   1445 Mai 29

Sabbato[a] post Corporis Christi

Item[b] kostede de erste kalkoven to bernende 23 mr. Rig.

Item in twe wekenen vorloent 8 mr. min 1 f.

Item[c] den stenbrekern 2 mr. uppe rekensscop.

Item 2 t. bers deme voegede van Jerwen[1] gesant, stunden 3 1/2 mr. 4 s. mit deme holte[d].

Item 1 t. bers deme kumpthure van Sweden[2] gesant 7 f. 2 s.

a) *vor der Z. 45.* b) *links am Rand* primus kalkoven to bernende. c) *ebd.* tertium stenbreker. d) *deme holte rechts über der Z., mit Einfz.*

1) *Johann von Schaphusen, vgl. Nr. 600.* 2) *vermutlich Goswin von Ascheberg, vgl. Birgitta Eimer: Gotland unter dem DO und die Komturei Schweden zu Årsta. Innsbruck 1966, S. 105.*

620   1445 Juni 12

Sabbato ante festum Viti martiris

Item[a] Godscalk Smede 12 mr. uppe rekensscop gesant.

Item 2 mr. unde 4 s. vor haveren uppe den marstall.

Item deme voegede van Wesenberge[1] unde deme voegede van der
Narwe[2], ilkeme ene t. bers gesant, stunden 14 f. 2 s.

Item deme schrivere Joachime 6 mr. sin quatertempergelt van Pinxten.

Item in twen wekenen vorloent 10 1/2 mr. Rig.

Item[b] Baltazare deme scrivere uppme sloete tor Narwe 9 mr. van 3
jaren renthe van[c] der kappellen wegene vorme slote tor Narwe.

a) *links am Rand ein Hufeisen.* b) *ebd.* Narwe. c) *folgt gestr.* s.

1) *Johann Vossunger, V zu Wesenberg 1445–1446, Arbusow, Geschlechter S. 97 u. 128.*
2) *namentlich nicht bekannt.*

621   1445 Juni 26

Sabbato post Nativitatis sancti Johannis baptiste

Item untfangen vor 24 ame oldes wiins Riinsch kellerhure 6 mr.

Item[a] den stenbrekeren 3 mr. uppe rekensscop.

Item 7 1/2 mr. in twen wekenen vorloent.

Item deme rittere van Wiborch, her Gregors[1], vor 2 t. bers 3 1/2 mr.
unde 4 s.

a) *links am Rand ein Kreuz.*

1) *identisch mit Gregor Carpellan, einem schwed. Vasallen? Vgl. Nr. 1078. Der Anlaß
für seinen Aufenthalt ist nicht bekannt.*

622   1445 Juli 3

Sabbato post Visitacionis Marie

Item gegeven deme priore[1] 18 mr. van Reuals renthe.

Item untfangen viff mr. wedder van deme priore van der schult[a] renthe.

Item vor haveren, gras, talch uppe den marstall 2 mr.

Item her Peter Groninge 3 mr. sine liiffrente.

Item in de wekene vorloent 6[b] mr. Rig.

a) *übergeschr., mit Einfz.* b) *folgt gestr.* s.

1) *von St. Katharinen.*

623   1445 Juli 10

Item sabbato ante Margarete
Item[a] dem kalkmanne uttoschuvende[b] 6 mr. gedan upp rekensscop.
Item in de weke vorloent 6 mr.

a) *links am Rand* primum kalkoven uttoschuvende. b) *folgt gestr.* I.

624   1445 Juli 17

Sabbato post Margarete
Item 1/2 mr. vor negle to des radeshuestorne to deckende.
Item in de weke vorloent 9 mr. unde 1 f.

625   1445 Juli 24

In vigilia Jacobi apostoli
Item[a] den stenbrekers 3 1/2 mr. upp rekensscop gegeven.
Item in de weke vorloent 5 mr. Rig. unde noch 3 f.

a) *links am Rand ein Kreuz.*

626   1445 Aug. 7

Sabbato ante Laurentii
Item untfangen van den vrowekens 4 1/2 mr.
Item 2 lisp. roggen ut deme stenhuse uppe den hoislach gedan.
Item den karluden ene t. bers van des hoislages wegen 1 mr.
Item kostede de hoislach 25 mr. unde 12 s. to disseme jare.
Item in twe wekenen vorloent 13 mr. unde 4 s.
Item[a] Clause deme denre 3 mr. vamme hoie to Vethe.
Item den luden 1 mr. vor 1 t. bers.

a) *links am Rand* hoi Vethe.

627   1445 Aug. 14

In vigilia Assumpcionis Marie
Item untfangen van den molenmesters 200 mr. Rig.
Item vor 2 iserne bussen mester Tilen van Darbte 50 mr. gegeven.
Item noch em vor 1 lisp. bussencrudes 3 1/2 mr. gegeven.

Item Clause deme winmanne vor 200 unde 90 stope[a] wins upp Winach-
ten, upp Vastellavent unde Passchen, up deme huse gedrunken unde
vorsant, 56 mr. unde 14 s.

Item 5 f. unde 5 s. vor 1 ossenhut to gerende up den marstall.

Item in de weke vorloent 7 mr. Rig.

a) *folgt gestr.* stens.

f.111a

628   1445 Aug. 22

In octava Assumpcionis Marie

Item[a] 5 mr. Hanse deme kalkbernere gegeven uttoschuvende, dar mede
betalt.

Item vor ber, botteren unde vitalie, vor vlessch unde vissche den
deickers upp den nien boeden 10 f. unde 4 s.

Item in de weke vorloent 9 mr. unde 1 f.

a) *links am Rand* secundus kalkoven uttoschuvende.

629   1445 Aug. 28

In profesto Decollacionis sancti Johannis baptiste

Item her Caspere deme kappellane des nien koninges[1] gesant 1 t. bers
unde 2 vlassche Romenie 9 f. unde 1 s.

Item her Hartleue van der Reeke[2] 2 vlassche Riinsches wins gesant,
stunden 28 s. unde 1/2 lisp. haveren em ut deme stenhus gesant.

Item in de weke 12 mr. vorloent.

1) *Kg. Christoph III. von Dänemark, Norwegen u. Schweden 1439 (1140)–1448. Er hatte
den DO gegen Nowgorod unterstützt, LivUB 10 Nr. 166. Der Kaplan diente offenbar als
Unterhändler.* 2) *Bm. zu Narva, LivUB 10 S. 524 (Register).*

630   1445 Sept. 4

Sabbato ante Nativitatis Marie

Item noch her Kaspere des koninges kappellane[1] 1 vlassche Riinssches
wins unde 1 vlassche Romenie gesant, stunden 26 s., Diderike
gedan.

Item[a] den stenbrekeren 3 mr. uppe rekensscop gedan.

Item deme Russchen boden Jesiff[2] 1 lisp. haveren ut deme stenhus
gesant.

Item deme sulven boeden 1 t. bers gesant, broet, 1 verndell van deme
rinde, 1 schaep, 2 vlassche Romenie[b], to hope 5 mr. 4 s.
Item in de weke vorloent 8 mr. unde 1 f.

a) *links am Rand* stenbreker *und ein Kreuz.* b) *korr.*
1) *vgl. Nr. 629.* 2) *Ein Schreiben ist nicht überliefert.*

631   1445 Sept. 11

Sabbato ante Exaltacionis sancte crucis
Item gegeven 19 Rinssche gulden deme beckere, de van Kollen gehalt
was.
Item noch 3 lichte gulden vor sine kost unde schiplage van Kampen
her.
Item noch vor sine kost vor[a] em betalt in der herberge 13 mr. min 1 f.,
dit untfenk altomale Claus Kerckrode den winman.
Item Hanse[b] deme kalkmanne 3 mr. gedan upp rekensscop, intosetten-
de den anderen kalkoven.
Item kostede, dat mit Clause Winmanne wart gerekent, de kost 6 f.
unde 2 s. in all.
Item in de weke vorloent viff mr.[c]

a) *übergeschr., mit Einfz.* b) *links am Rand* den anderen kalkoven intosettende primum.
c) *folgt in der nächsten Z.* I (*für* Item).

f.112

632   1445 Sept. 18

Sabbato post Lamberti[a]
Item noch 24 s. vor 2 vlassche Romenie, noch dem Russchen boeden[1]
gesant.
Item in de weke vorloent 8 mr. unde 1 f.
Item gerekent mit Henningh Klensmede van disseme jare tor stad
behoeff, dat wy em geven 18 mr. Rig.
Item[b] untfangen van her Jo[han] Smede ut deme ersten kalkoven
twehundert 23 mr. unde 4 s.
Item vor 4 t. bers, her Kristernss[on][2] gesant, 6 1/2 mr. Rig. gegeven.
Item her Jo[han] Sunnenschin untfenc 10 last kalkes tor trummen in
der Susterstraten.
Item[c] Kerstin Boende tachter viff last kalkes ut disseme ovene.
Item[d] sunte Oleves kerken geleent 60 leste kalkes, noch der sulven
kerken 11 leste geleent.

Item Lambert Metzentaken 5 last kalkes gedan, de men em tachter was.

Item Joachime 6 mr. sin quatertempergelt.

Item vor 22 vadem^c kalkholtes 4 1/2 mr. min 1 or.

Item vor 2 balken tor bruggen 8 s.

Item vor 31 vadem bernholtes 6 mr. unde 2 s.

Item vor 7 vadem kalkholtes 6 f. 3 s.

Item vor 27 vadem bernholtes 5 mr. unde 1 f.

Item vor 8 vadem kalkholtes viff f. unde 3 s.

Item vor 73 balken van 16 ellen lank unde 10 van 20 ellen lank, hiir vor
8 mr. unde 13 s.

Item vor 10 sparren 9 1/2 vadem lank 2 mr. unde 12 s.

Item noch vor 14 sparren 13 ferdinge unde vor 1 sparren 13 s.

Item vor 9 lange sparren unde vor 1 balken 2 1/2 mr. unde 4 s.

Item^f noch Hanse, den ersten kalkoven intosettende, 6 mr. gegeven
unde nach 2 mr. vor 2 t. bers; nu isset em all betalt to disser tiit.

Item^g kostede de andere kalkoven to bernende 20 1/2 mr. 7 s.

a) *rechts neben der Z.* 45. b) *links am Rand* de erste kalkoven. c) *ebd.* Kerstin Bonde.
d) *ebd.* S. Oleues kerke tachter. e) *folgt gestr.* ber. f) *links am Rand* den (*gestr. and.*)
ersten kalkoven intosettende. g) *ebd.* secundus kalkoven to bernende.

1) *vgl.* Nr. 630. 2) *nicht namentlich näher bekannt. Karl Cristiernsson, Untervogt zu
Wiborg, starb schon 1440, LivUB 10 Nr. 84 Anm. 2.*

633 1445 Sept. 25

Sabbato ante festum Michaelis

Item den vorluden vor 12 voeder hoies to halende van der stad marke
3 mr.

Item 24 s. vor 22 6-elen delen, de weren dicke, untfenc her Jo[han]
Smit.

Item 3 f. unde 1 s. vor 3 balken, untfenc her Jo[han] Smit.

Item noch vor 3 balken 33 s., untfenc her Marquart Bretholt.

Item in de weke vorloent 8 mr. Rig.

f.112a

634 1445 Okt. 2

Sabbato post festum Michaelis

Item untfangen hundert mr. van den molenmesters up dissen dach.

Item den timmerluden bi dat gerichte to buwende 5 f. vor 1 t. bers.

Item den voerluden 5 f. vor 1 t. bers bi dat gerichte to vorende.

Item vor 100 vlisien unde 50 treppstens tome richte 9 f. tome richte van der stad kulen.

Item vor 50 treppstens unde 18 vlisien 5 f. 6 s., de quemen to deme richte van Boedekers vlisien.

Item, do men dat gerichte[a] buwede, in de weke vorlont 33 mr. unde 1 f.

Item 2 lisp. 7 1/2 lop haveren unde 4 kulmet 6 f. unde 6 1/2. s

Item[b] Godscalk Smede 12 mr. geleent uppe rekensscop.

Item vor 2 vlassche Romenie unde 1 t. bers mit dem holte, des landmarsschalkes brudere[1] gesant, 9 f. 6 s.

a) *folgt gestr.* de. b) *links am Rand ein Hufeisen.*

1) *als Bruder des LM Heinrich von Notleben ist Albrecht von Otlef 1439 bezeugt, LivUB 9 Nr. 454 u. Arbusow, Geschlechter S. 79.*

635   1445 Okt. 9

Sabbato post Remigii[a]

Item vor 200 deckenegle 20 s. gegeven.

Item 3 f. howenstene vor den oven to makende imme Lemstovene.

Item vor 50 vlisien tome richte 23 s.

Item den vorluden vor vlisien unde treppesten to vorende tome richte 4 mr. min 1 f.

Item vor 3 hope stens to vorende tome richte 9 mr. den vorluden.

Item 3 f. vor 3 iserne schufflen her Jo[han] Smede.

Item vor 600 deckebrede 7 f. unde 7 s. her Jo[han] Smede.

Item kostede de vitalie unde beer bi deme richte to buwende 17 1/2 mr. unde 2 s.

Item in de weke vorloent 17 mr. Rig.

Item 14 s. vor 1 par rade Gert Groten.

Item[b] vor 40 leste[c] kalkes[d] to lesschende to des rades behoeff tor stad nutt 4 mr. unde 16 s.

Item vor 28 vellebolen tome richte 12 s.

a) *erg.* octavam. b) *links am Rand* kalk to lesschende, *korr. aus* uttoschuvende. c) *folgt gestr.* kalkoven. d) lesschende *übergeschr., darunter gestr.* uttoschuvende.

636   1445 Okt. 16

Sabbato ante Luce ewangeliste

Item vor 22[a] balken 20 elen lank 5 1/2 mr.

Item deme schoelmestere her Laurentio 10 mr. to siner kost to hulpe to
siner ersten missen.

f.113

Item[b] Joachime deme schrivere 15 mr. to eneme rocklaken.
Item her Gisen[1] 5 mr. der seken renthe to sunte Johanse in de hant.
Item in de weke vorloent 4 1/2 mr.
Item 7 1/2 mr. der seken renthe imme Hilgen Geste.
Item 15 mr. den sulven seken vor molenpacht.
Item tome Hilgen Geste 10 mr. tome ewigen lichte vorme sacramente.
Item untfangen 18 mr. van Hermen Tzoien van sunte Johans dage[2].
Item untfangen 12 mr. van Hinrik Templine up sunte Johans dagh.
Item van deme priore[3] 5 mr. wedder untfangen.

a) *folgt gestr.* elen. b) *über der Z.* 45.

1) *Richerdes, Rhr.* 2) *Juni 24.* 3) *von St. Katharinen.*

637   1445 Okt. 23

Sabbato ante Simonis et Jude
Item deme kercheren vamme Hilgen Geste 4 mr. vamme Cruce to Luk
to sunte Nicolause.
Item em noch 2 mr. van Keglers renthe van Keglers wegene.
Item deme kappellane tome Hilgen Geste 2 mr. van Keglers wegene.
Item her Jacob Joeden 7 mr. van Schermbeken vicarie ton susteren[1].
Item her Petere van sunte Mateus kapellen 6 mr. to sunte Nicolause.
Item vor 3 par rade 6 f. 3 s. Gert Groten.
Item vor 4 lope haveren 1 kulmet 13 s.
Item 8 markp. vlotsmers 6 s.
Item Lintorpe 5 1/2 mr. sine liffrente gesant.
Item[a] vor 20 leste kalkes to lesschende 2 mr. unde 8 s.
Item in de weke vorloent 8 mr.

a) *links am Rand* secundum to lesschende.

1) *von St. Michaelis.*

638   1445 Okt. 30

Sabbato ante Omnium sanctorum
Item untfangen van her Hildebrandesse van dem Boekel 12 mr. renthe.
Item untfangen van Jacob ut der oversten molen 70 mr. Rig.

Item her Johan Haneboelen gegeven 40 mr. van unseres heren des
    cumpthurs wegene.
Item Hermen Scroedere 3 f. gegeven, des můermans rok to makende.
Item^a 7 mr. her Haneboelle van sunte Oleves vromissen 1 jar.
Item her Jo[han] Drosten 8 mr. van der Loden vicarie to Marienma.
Item sunte Nicolaus vromissenprestere 4 1/2 mr. gegeven.
Item Hanse, den anderen kalkoven uttoschuvende, 9 mr. unde 2 mr.
    vor 2 t. bers.
Item 20 s. vor delen, negle tome bastovene bi der Lemporten.
Item dren vorspraken ilkeme 4 mr. to hushure to hulpe.
Item in de weke vorloent 6 mr.

f.113a

Item^b her Karpentarii 4 mr. van sunte Simon et Juden altare tome
    Hilgen Geste.
Item 2 mr. unde 2 s. Saxenhiir vor balken unde brede uptovorende.
Item em noch vor balken bi dat gerichte unde up den buwhoff to
    vorende 3 f.

a) *links am Rand* vromisse sunte Oleues. b) *über der Z.* 45tich.

639   1445 Nov. 6

Sabbato ante Martini
Item Baddenhusen vor sparren tor brugge, vor negle, deckebrede unde
    vor balken unde vor der Susterporten 3 jar lank reine to makende 6
    f. unde 5 s.
Item 1 mr. vor lichte up den marstall.
Item vor 1 lisp. haveren 2 1/2 f., Peter gegeven.
Item 5 mr. her Hildebrande van des Sacramentes altare tome Hilgen
    Geste.
Item kostede dat schot to scrivende in beiden kersplen 3 mr. 3 s.
Item in de weke vorloent 3 mr. Rig.

640   1445 Nov. 13

Ipso die beati Brixii^a
Item^b brachte her Johan Smit upp an gelde, dat ut deme anderen
    kalkovene, an gelde vor hundert unde 25 1/2 last kalk hundert
    27 mr. 7 s.

Item^c sunte Oleves kerken geleent hundert unde dortich leste kalkes.

Item is to des stades^d behoeff gekomen ut desseme kalkoven 70 leste, des quemen 20 last to deme gerichte.

Item Corde deme denie 4 leste kalkes gegeven ut diseme ovene.

Item deme klockenstellere 6 mr. vor 1/2 jar, de klocken to stellende.

Item der^e stades deneren veren 16 mr., ilkeme 4 mr., er loen 1/2 jar.

Item Clawese 4 mr. vor 4 lispunt lichte up dat rathus to Hinkepeve.

Item in de weke vorloent 3 1/2 mr. Rig. unde 1/2 mr.

Item lutken Oleue 7 f. vor 1 lukendoer unde to settende 7 f.

Item em noch gegeven vor den scriverienoven to beterende 1/2 mr.

Item untfangen van Corde 35 1/2 mr. van kellerhure van wine.

a) *korr.* b) *links am Rand* de andere kalkoven hefft gedaen. c) *ebd.* Sunte Oleues kerke. d) *übergeschr., darunter gestr.* Sades. e) *übergeschr., darunter gestr.* viff.

641   1445 Nov. 20

Sabbato post Elisabeth

Item vor 11 leste kalkes to lesschende 44 s.

Item Henninge Klensmede gegeven vor keden to beterende int richte unde vor 1 nie slot dar sulves unde vor 1 isern tor scriverie 7 f.

Item deme rademakere gegeven 10 1/2 mr. unde 7 s. vor nie^a rade, 11 par^b wagene unde karren to beterende to hope unde vor assen.

Item do men rekende mit Peter Steklinge up der scriverie, de kost stunt in all 7 f.

Item 4 1/2 mr. vor 7 lisp. haveren min 2 lope up den marstall.

f.114

Item^c Mertine Gropengetere vor 5 halven unde vor 5 stope wegen 1 1/2 lispunt, hir vor gegeven viff mr., dat kumpt dat markp. 6 s.

Item in de weke gegeven unde vorloent 4 mr. unde 1 f.

Item Gert Groten gegeven vor 1/2^d jar van des marstals wegene 4 mr., den rathuseoven intoboetende, stavelen unde spek.

Item^e gerekent mit den stenbrekers amme avende Andree[1], dat wy en noch geven to deme, dat se vor untfangen hebben, 4 mr. unde 1 f.; se hadden van disseme jare gebroken 25 hoepe stens.

Item en vor boeren, dumenholt unde andere dink 3 f.

Item Diderike vor 1 lisp. haveren unde 2 kulmet 22 s.

Item so kostede de reiße tor dachvart to Vasstellavende vorleden, do de mester den dach mit den Russen helt[2], 311 1/2 mr. unde 5 1/2 s.

a) *übergeschr., mit Einfz.* b) 11 par *übergeschr.*, c) *über der Z.* 45. d) *folgt gestr.* jar.
e) *links am Rand ein Kreuz.*

1) *Nov.* 29. 2) *Tag mit Nowgorod in Narva 1445 Jan. 31–Feb. 7, vgl. Nr. 618 u. AuR 1 Nr. 490.*

642   1445 Dez. 4

Sabbato qui fuit dies Barbare
Item vor howensten tor stad behoeff 1 mr. unde 3 s.
Item Andreas Kulpsu vor 8 hope stens 10 mr. Rig. gegeven.
Item vor 100 houstens unde 50 gevelvisien van der stenwerter kulen 9 f.
Item in twe vorledene wekene vorloent 5 mr. min 1 f.

643   1445 Dez. 11

Sabbato ante festum Lucie
Item vor 50 negle 10 s. tor planken vor der boedelie.
Item vor en legervinster in den marstall Oleue 10 f. unde 6 s.
Item gegeven vor 1 elen Altes to des murmans rocke 5 mr. Toelnere.
Item vor 20 hope stens van^a her Eppinchusen kulen 28 mr. unde 12 s.
Item vor 2 t. heringes deme rade ummesant 14 mr. unde 1/2.
Item Peter up deme marstalle vor 9 1/2 punt haveren 5 mr. unde 8 s.
Item em vor vemeren 4 s. gegeven.
Item noch [. . .]¹ s. vor 2 schrapen uppe den stall.
Item vor 11 1/2 lisp. unde 2 kulmet haveren 6 1/2 mr.
Item in de weke vorloent 7 mr. unde 1 f.
Item 5 mr. gegeven vor 700 keserlinge to luchtende in all.
Item in veer wekene vorloent 13 1/2 mr.

a) *übergeschr., darunter gestr.* up.

1) *die Zahl wurde vergessen.*

f.114a

644   1445 Dez. 20

In vigilia Thome apostoli
Item untfangen van seelgelde 27 mr.
Item wedder gegeven vor 1 ketel to lappende van de seelboeden
    Lovenscheden.
Item untfangen van den molenmesters 200 unde 10 mr.
Hiir van gegeven den scafferen van Winachten vorleden anno 45¹ vor
    de drunke up deme rathuse 66 mr. 2 1/2 s. her Hanebol.

Item vor de Vastellavendedrunke 69 mr. 20 s.

Item kostede de dachvart to Alpi an den meister, do her Cost unde her Gise dar weren[2], 20 mr. min 4 s.

Item gegeven her Haneboelen unde her Tonnies van der kost to Hinkepeven vorleden uppme rathus 47 mr. unde 6 1/2 s.

Item Hanse van Rechen van armborste to beterende up deme torne, de em bevolen is, 2 mr. Rig.

Item untfangen 80 mr. van broekegelde.

Item 10 mr. upp dat slot gesant sloierpenninge.

1) *gemeint ist Weihnachten 1444.* 2) *Verhandlungen zwischen Reval und dem OM in Alpi 1445 Jan. 17. Sie dienten der Vorbereitung des Tages von Narva mit den Russen Jan. 31–Feb. 7. Vgl. AuR 1 Nr. 489 u. 490. Teilnehmer waren Cost van Borstel und Gise Richerdes, beide Rhrr.*

645   1445 Dez. 24

In vigilia Nativitatis Christi

Item her Albert Rumoer 45 mr. gegeven vor 2 Tomassche laken tor denerkledinge[a].

Item her Gisen[1] 10 mr. gesant der seken rente to sunte Johanse.

Item deme wegere gegeven 2 mr. van deme seelgelde.

Item Corde 9 mr. gegeven vor 9 lisp. lichte up dat hus.

Item Joachime 6 mr. gegeven sin quatertempergelt.

Item[b] den stenvlieren 30 s. vor hope stens to vliende.

Item[c] gerekent mit Godscalk Smede van desseme jare, so dat wy em geven to deme, dat he vor untfangen hevet, 20 mr. min 10 s.

Item Godscalk Smede viff mr. gegeven vor sin roclaken.

Item Andreas Scherer, der dener, pipere unde des anderen volkes want to scherende, 9 f. 5 s.

Item vor 4 balken ton soeden 1 mr. min 4 s.

Item 5 denren ere scroetloen, naetloen, lowengelt, offergelt 5 Rinssche gulden.

Item deme scrivere sin offergelt 3 lichte gulden.

f.115

Item[d] in de weke vorloent vorleden unde in disse wekene to hope 9 1/2 mr.

a) kledinge *rechts über der Z., mit Einfz.* b) *links am Rand* stenvliere primum. c) *ebd. ein* Hufeisen *und* gerekent. d) *über der Z. korr.* Anno 46.

1) *Richerdes, Rhr.*

646   1446 Jan. 8

Sabbato post Ephiphanie domini
Item den visscheren[a] gegeven, de de waden imme dyke togen, 1 mr. 6 s.
Item vor 5 balken 40 s. tor stad behoeff ton soeden.
Item vor 10 gumten 14 s. unde 1 verken.
Item vor 30 howesten 11 s.
Item her Peter Groninge 3 mr. sine liiffrente.
Item Saxenhiir 10 mr.[b] gegeven vor sten bi sunte Nicolaus gevoert.
Item 3 f. min 1 s. des sadelmekers oven to makende.
Item in de weke vorloent 7 1/2 mr.

a) *bis hierher links neben dem Datum, dieses mit Haken abgesetzt.* b) *folgt gestr.* gevoert.

647   1446 Feb. 6

Ipso die beathe Dorothee virginis
Item Hans Hartwige deme schroedere 10 f. gegeven vor spellude
    kledere to nejende.
Item Hartwige van Seelen gegeven deme loepere 5 lichte gulden van
    breven, de he brachte[1], unde tor kost, dat he hiir gelegen hadde.
Item Casper deme rademakere 6 mr. vor 8 par rade.
Item[a] den stenvlieren to vliende 3 mr.[b] unde 6 s.
Item Bertolt Vormanne vor 8 hoepe stens to vorende, 3 bi den marstall
    unde 5 bi den kalkovene, 16 mr. Rig. van her Eppinchusen kulen.
Item vor 2 vlassche Romenie unde vor 1 t. bers, deme proveste van der
    Riige[2] gesant, 2 mr. unde 15 s.
Item Corde 1 mr. gegeven, de he vortert hadde tor Narwe[3] wart.
Item noch Corde 1/2 mr. dar van gegeven.
Item vor 450 unde 20 keserlinge up den graven to vorende 9 mr. 12 s.

a) *links am Rand* stenvlier secundum b) *folgt gestr.* 6 s.

1) *Ein Revaler Läufer dieses Namens ist nicht bekannt, wohl aber ein Diener Lübecks,
LivUB 10 S. 587 (Register). Allerdings sind keine Briefe Lübecks in diesen Wochen
überliefert.* 2) *Dietrich Nagel, Propst zu Riga 1442–1468 (?), Arbusow, Geistlichkeit 2
S. 74.* 3) *im Zusammenhang mit dem Tag von Narva 1446, vor März 12, auf dem wieder
einmal mit Nowgorod über einen Frieden verhandelt wurde? Vgl. Nr. 652 u. AuR 1
Nr. 506.*

648   1446 Feb. 12

Sabbato ante festum Valentini
Item[a] den stenvlieren 1 mr. gedan noch uppe rekenscop.

Item Saxenhiir noch 16 mr. gegeven vor sten to vorende bi sunte
Nicolaus, bi den kalkoven unde bi den dyk.

f.115a

Item^b deme bastovere vor 100 keserlinge to vorende 2 mr. bi den dyk.

Item viff mr. Hans Bucke vor 1 par beslagener rade.

Item dren piperen 6 mr. vor eren spec unde roggen.

Item untfangen 2 mr. van den wervelen van Woeldeken.

Item gegeven vor towe, leidesele, romen, bintsele, merlinge uppe den
marstall 7 1/2 mr. Rig.

Item in de weke vorloent 7 mr. Rig.

Item 3 f. vor 1 roennen.

Item vor stenboeren 5 s., vor 6.

Item vor kopproek unde allun to des perdes behoff 3 s.

Item vor 8 holtsleden 24 s.

Item vor 1 roenne 3 f.

Item vor 48 balken ton soeden 10 1/2 mr. unde 6 s.

Item 10 f. vor Lubesch grau 9 elen eme manne ut der kopplen.

Item vor haveren up den marstall 1 mr. 2 or.

Item 10 s. unde en verken vor holt up den marstall.

Item vor balken to den trummen unde ton soeden 3 mr. unde 4 s.

Item noch vor 18 holtere ton trummen unde ton soeden 4 mr. gegeven.

Item vor 1 lisp. haveren unde 4 kulmet 3 f. 2 or.

Item vor 2 ronnen unde 2 balken 1 mr. min 4 s.

Item 8 s. vor 4 voeder holtes upp de scriverie.

Item vor 16 trummenhoeltere 3 1/2 mr. unde 2 s.

Item vor 6 trummenholtere 5 f. unde 3 s.

Item vor 3 trummenholtere 24 s.

a) *links am Rand* stenvlier tertium. b) *über der Z.* 46.

649   1446 Feb. 20

Dominica^a ante Kathedram Petri

Item^b vor 28 span 21 s. tor stat behoeff.

Item^c Godscalk Smede 10 mr. gedan uppe rekensscop.

Item vor berneholt 3 f. min 3 s. up den marstall.

Item vor vemeren 6 s. unde 5 1/2 s. vor holt.

Item vor 3 lisp. haveren 9 f. up den marstall.

Item noch vor 1 lisp. haveren 3 f. min 2 s.

Item vor 2 t. bers mit deme holte unde vor 2 vlassche Romanie, deme
   heren van Plawe gesant[1], 4 1/2 mr. unde 5 s.
Item in de weke vorloent 3 1/2 mr. Rig.

a) *davor gestr.* Sabb. b) *links am Rand* primum. c) *ebd. ein Hufeisen.*

1) *Heinrich Reuss von Plauen, K zu Elbing u. Oberster Spittler, ist nicht in Livland
gewesen. Um wen es sich handelt, ist nicht bekannt.*

f.116

650   1446 Mrz. 6

   Dominica Invocavit
Item dren piperen[a] ilkeme 1 mr. gegeven.
Item 2 trumperen ilkeme 3 f. gegeven.
Item 2 den olden spelluden ilkeme 1/2 mr.

a) *übergeschr., darunter gestr.* trumperen.

651   1446 Mrz. 9

   Des mitwekens na Invocavit
Item untfangen van den schotheren hundert mr. Rig.

652   1446 Mrz. 12

   Sabbato ante Reminiscere
Item deme nien aersten tein mr. gesant.
Item[a] untfangen van der wage hundert 39 mr. min 2 s.
Item kostede de Narwessche dachfart[b] hundert 69 mr. 1 s., do her
   Kost, her Giße unde her Marquart dar weren[1].
ıtem Joachime dem scrivere 6 mr. sin quatertempergelt.
Item vor 18 assen upp den marstall 10 s.
Item vorloent in twe wekene vorleden 6 1/2 mr.
Item vor 1 roenne 3 f. min 2 s.
Item Tilen sten to vliende bi den toerne 1 mr.
Item 13 s. vor 12 stenboeren.
Item vor 6 stenboeren 4 s.
Item 10 s. vor 2 ekene hoeltere.
Item Tilen unde sinen kumpanen vor steen to vliende bi den toerne
   upp deme dyke 1 mr. min 2 s.
Item Albert Greuenstene 21 mr. vor 2 halve Altessche[c] bi lutken Gerde
   sant.

Noch vor 10 elen vamme Altesschen Toelnere 5 1/2 mr. 2 s., all tor spellude kledinge.

Item 12 s. deme manne, de de ronnen vorwart jegen Tideken Boedeker dor de mǔren[d].

Item Tideke Boedeker 3 mr. vor 2 hoepe stens.

Item[c] den stenvlieren 5 f. unde [...].

Item Andreas Segelreden 9 mr. min 1 f. gegeven vor 7 hoepe stens van der stenwerter kulen tor stad behoeff.

Item Gert Groten 7 mr. vor tallichlichte upp dat rathus to Vastella-vende.

Item den munderiken 1 mr. gegeven in der havene totoseende.

Item Saxenhiir noch 6 mr. vor 3 hoepe stens to vorende bi den kalkoven.

a) *links am Rand eine Waage.* b) *übergeschr., mit Einfz.* c) *über der Z. ein Kreuz.* d) *ab* dor *rechts unter der Z., mit Einfz.* e) *links am Rand* stenvliere all betalt.

1) *1446, vor März 12, vgl. Nr. 647 u. LivUB 10 Nr. 184. Die Genannten sind Cost van Borstel, Gise Richerdes und Marquart Bretholt.*

f.116a

653   1446 Mrz. 12

Sabbato ante Reminiscere[a]

Item noch Saxenhiir vor 14 hoepe stens to vorende bi den dyk vor der[b] Leemporten 24 1/2 mr.

Item em noch vor 1 hoep stens gegeven to vorende bi de seelboeden 11 f.

Item Bertholt Vormanne vor 5 hoepe stens bi den graven to vorende 9 mr. min 1 f.

Item em noch 4 mr. gegeven vor 2 hope stens bi den kalkoven to vorende.

Item Kerstin Boenden vor 4 hoepe stens bi den graven to vorende 7 mr.

Item in disse weke vorloent 9 mr. unde 1 f.

Item vor sleden, vor haveren, vor seeltuge, vor bernholt uppe den marstall, in all 13 f. Peter gegeven.

a) *rechts daneben* 46. b) *der* korr.

654   1446 Mrz. 18

Des Vridages vor Oculi

Item untfangen van den schotheren negenhundert mr. Rig.

655   1446 Mrz. 19

Sabbato ante dominicam Oculi

Item her Tideman Nasscharde 6 mr. Rig. vor 8 lisp. haveren.

Item Sathilwernen vor 2 hope stens to vorende bi den graven 3 1/2 mr.
vor de Lemport[a].

Item Loeren Pawel 4 mr. vor 1/2 last haveren uppe den marstall.

Item Oleue 13 1/2 mr. min 1 s. vor bekere to des rades behoff.

Item Peter uppe den marstall 6 f. vor haveren.

Item 11 s. vor stenboeren gegeven Peter.

Item 22 1/2 s. her Johan Smede vor 45[b] schufflen.

Item 12 s. her Johan Gotlanden dechtnisse.

Item kostede de oven imme stovene vor der Susterporten nie to
makende 6 f.

Item den luden van Vethe 1 mr. vor 1 t. bers vamme hoie.

Item 6 mr. in de weke vorloent min 1 f.

a) de Lemport *rechts über der Z., mit Einfz.* b) *folgt gestr.* s.

656   1446 Mrz. 26

Sabbato ante Letare

Item vor dat prefaet van deme marstalle uttovorende 2 mr.

Item Hans Bremen vor de Schotporten unde den Lemportentoerne
verdich to makende 3 1/2 mr. unde 3 s.

Item Saxenhiir to vorende 1 hoepp stens bi den kalkoven 2 mr.

f.117

Item[a] Peter vor 1 lisp. haveren, twe sleden, vor 2 vadem holtes, vor
kalkboeren, noch 2 loepe haveren unde vor andere ding 9 f. 3 s.

Item noch 1/2 mr. vor 4 hoepe stens to vliende.

Item vor 23 vlaken 1/2 mr. Jacob.

Item in de weke vorloent[b] 7 mr.

Item 15 f. vor haveren her Jo[han] Smede, 5 lisp. unde 2 loepe unde 1
kulmet.

Item Slyter 4 1/2 mr. vor haveren.

a) *über der Z.* 46. b) *folgt gestr.* 15 f.

657 1446 Apr. 2

Sabbato ante dominicam Judica
Item 10 s. vor troch in Boelemans stovene.
Item vor 15 1/2 lisp. haveren up den marstall 11 1/2 mr. unde 4 1/2 s.
Item in de weke vorloent 6 1/2 mr.

658 1446 Apr. 9

In vigilia Palmarum
Item vor 6 elen blaw Mestenssches ingesprenget, de ele 21 s., unde 6
elen van 1 witten Peperssches, de ele vor 1/2 mr., lutken Gerde
gegeven van der Narwesschen soemerreise mit den Nougarderen[1];
dit gelt wart gesant her Coste[2] vor dat want.
Item[a] den stenbrekeren 1 mr. gegeven to rûmegelde unde 1 f.
Item vor den kalkoven de munde to beterende 1 t. bers vor 1 mr.
Item in de weke vorloent 13 mr. Rig.

a) *links am Rand* stenbreker.

1) *bekannt sind nur die Tage mit Nowgorod in Narva 1445 Jan. 31–Febr. 7, vgl. Nr. 641,
und 1446, vor März 12, vgl. Nr. 647.* 2) *van Borstel.*

659 1446 Apr. 15

In Bona sexta feria
Item dren piperen ilkeme 1 mr. tor wielschotllen to hulpe.
Item[a] den luden, de den ersten kalkoven insetten, 4 mr. uppe re-
kensscop.
Item twen trumpers ilkeme 1 mr. to der wielschoettlen.
Item 4 deners ilkeme 1 f. tor wielschottlen.
Item in de weke vorloent 11 mr. min 1 f.

a) *links am Rand* primus kalkoven intosettende primum.

660 1446 Apr. 23

Sabbato ante Quasimodogeniti infantes
Item in de weke vorloent 8 mr. Rig.
Item vor 1 t. bers den mûrluden bi den selboeden 1 mr.

661   1446 Apr. 30

Sabbato ante Misericordia domini, quod fuit vigilia Philippi et
Jacobi
Item untfangen van den moelenmesters hundert mr.

f.117a

Item[a] den ersten kalkoven intosettende den luden noch gegeven 7 mr.,
   dar mede is dat erste insettent all betalt.
Item Mertin Gropengeter 4 mr. sine renthe.
Item Mertine noch vor de loede up der wage to beterende 2 mr.
Item deme priore[1] 12 mr. gesant van Huninchusen viccarie bi Emeken.
Item der ebdisschen[2] 2 mr. ere rente gesant.
Item[b] vor 1 anker uptovisschende uppe der wiik, dar it gevunden wart,
   3 mr. Rig. Krunuotes unde Hans Sweders kinderen.
Item[c] den stenbrekeren 6 f. upp rekensscop gegeven.
Item in de weke vorloent 11 mr. Rig.

a) *über der Z. 46, links am Rand* secundus kalkoven intosettende secundum. b) *links am
Rand* Ankere. c) *ebd.* stenbreker primum *und Kreuz.*

1) *von St. Katharinen.* 2) *von St. Michaelis.*

662   1446 Mai 4

Feria quarta ante Jubilate
Item kostede de erste kalkoven to bernende 26 1/2 mr. 3 s. 1 verken;
   noch kostede de sulve kalkoven dar to to bernende 2 mr. unde 12 s.

663   1446 Mai 7

Sabbato ante Jubilate
Item her Mertine 7 mr. gegeven van sunte Margreten altare to sunte
   Oleve.
Item deme klockenstellere 6 mr. sin loen, de klocken to stellende.
Item untfangen 12 mr. van her Tonnies Hattorpe[a] rente.
Item vor 1500 mürstens em gegeven 4 1/2 mr.
Item her Appollonius 6 mr. van sunte Mat[ies] tome Hilgen Geste.
Item Joachime 6 mr. van sunte Margreten altare to sunte Nicolause.
Item her Hildebrande 4 1/2 mr. van[b] der vromissen to sunte Nicolause.
Item em noch 5 mr. van des Sacramentes altare tome Hilgen Geste.
Item her Ludeken Karwell 4 mr. vamme Cruce to Luck[1].

Item Lintorpe 5 1/2 mr. sine liiffrente gesant bi sime jungen.
Item den timmerluden 1 t. bers, do se de trummen borden.
Item her Johan Karpentarii^c van sunte Simon et Juden altare² 3 1/2 mr.
Item in de weke vorloent 7 mr. Rig.

a) *folgt gestr.* 10. b) *folgt gestr.* sunte. c) *folgt gestr.* 6 mr.

1) *in St. Nikolai.* 2) *im Heilig-Geist-Hospital.*

664 1446 Mai 14

Sabbato ante dominicam Cantate

Item Hans Vingere gegeven 7 f. vor dat swarte pert to arstediende.
Item Jacob Schůrmanne 15 mr. des Hilgen Gestes moelenpacht.
Item em noch 7 1/2 mr. der^a seken renthe tome Hilgen Geste.
Item Hinrik Kroewele 4 mr. sine renthe.

f. 118

Item^b her Nicolaus Jungen 6 mr. van suntte Blasius altare to sunte Nicolause.
Item Koppellmanne deme vorspraken 4 mr. to siner hure to hulpe.
Item 1/2 mr. den visscheren in deme dyk to tende boven der Lemporten.
Item^c vor 20 leste kalkes to loesschende^d 2 mr. unde 8 s.
Item 1 mr. vor henge unde 1 sloet in des scharprichters hus.
Item vor dre punt haveren, smer, wagenbende up de rade, gumten unde ander tuch uppe den marstall 13 f. 4 s.
Item vor 34 stenboeren 34 s.
Item^e den stenbrekeren 2 mr. upp rekensscop gedan.
Item in de weke vorloent 10 mr. Rig.

a) *folgt gestr.* hilgen. b) *über der Z.* 46. c) *links am Rand* primum loesschende. d) *folgt gestr. ein Buchst.* e) *links am Rand* stenbreker secundum.

665 1446 Mai 21

Sabbato ante Vocem jocunditatis

Item untfangen van Jacob tor oversten moelen 70 mr. moelenpacht.
Item her Haneboele 40 mr. gegeven van des cumpthurs wegene.
Item 1/2 mr. vor 1 gevunden anker in der havene den Sweden^a.
Item^b untfangen 10 mr. van der wage min 8 verken.
Item Tomas deme vorspraken 4 mr. to siner hushure to hůlpe.

Item 1 mr. den timmerluden vor 1 t. bers bi den dyk.

Item vor tunråden in den dyk 24 s. Mei[. . .]k[. . .] gegeven.

Item^c Godscalk Smede 10 mr. gesant upp rekensscop.

Item de schorstene in beiden kersplen to beseende 11 f. 3 s.

Item in de weke vorloent 20 mr. unde^d 1 f., dat was, do men den dyk
reine makede boven der Lemporten.

a) *rechts daneben ein Anker.* b) *links am Rand eine Waage.* c) *ebd. ein Hufeisen.* d) *folgt
gestr. d.*

666 1446 Mai 28

Sabbato post Asscensionis domini

Item Wittenborge deme vorspraken 4 mr. to siner hushure to hulpe.

Item Hans Kallen dre lichte gulden gesant vor des arsten husshure.

Item den timmerluden 1 t. bers bi den dyk, stunt 1 mr.

Item vor 3 1/2 lisp. unde 1 kulmet haveren upp den marstall 9 f. unde
2 verken.

Item vor 2 mr. unde 8 s. vor 20 leste kalkes to loesschende.

Item^a den ersten kalkoven uttoschuvende 4 mr. upp rekensscop
gegeven.

Item 9 f. unde 4 s. vor 1 t. bers unde vor vitalie bi den dyk boven der
Lemporten reine to makende.

Item Keglere 6 mr. Rig. vor 4 hoepe stens tome dyke boven der
Lemporten.

Item em noch 9 mr. gegeven vor den torne Hellemanne to sperende, to
deckende, to terende, all uppe dat nie.

f. 118a

Item^b 6 f. vor 1 timmerbil up den marstall.

Item den denren Corde, Gerde, Gereken unde Diderike, ilkeme 4 mr.
ere lon 1/2 jar.

Item 20 mr. in de weke vorloent.

a) *links am Rand* primum uttoschuvende. b) *über der Z.* 46.

667 1446 Juni 4

In vigilia Pentecosten

Item^a her Stolteuote 7 mr. gesant to^b her Johans Bremens notrofftigen
vrunden^1.

Item 1 mr. unde 1 s. vor 1 t. bers den timmerluden bi den dyk.

Item[c] den stenbrekers noch 3 mr. uppe rekensscop gedan.

Item in de weke vorloent 30 mr. Rig. min 1 f.

Item vor 1 t. bers, broet, droege vissche unde vitalie bi den dyk 11 f.

a) *links am Rand* Bremen. b) *übergeschr., mit Einfz.* c) *links am Rand* stenbreker tertium.

1) *in Dorpat.*

668   1446 Juni 11

   In vigilia Trinitatis

Item untfangen van den molenmesters 88 mr.

Item[a] hir van her Johan Duseborge 50 mr. gedan uppe de Swedessche reiße[1].

Item vor vitalie bi den dyk 24 s. lutken Gerken deme arbeidesvolke.

Item deme proveste van Oezel[2] gesant 1 t. bers, stunt 7 f. unde 1 s., unde 2 vlassche Romanie, stunt 24 s.

Item her Hartleue van der Reeke[3] 1 t. bers gesant, stunt 7 f. 1 s., unde noch en lisp. haveren em ut deme stenhuse gesant.

Item in de weke vorloent 16 mr. Rig. unde 1 f.

a) *links am Rand* Duseborgh.

1) *Er reiste in Begleitung Kg. Christophs von Dänemark zu einer Zusammenkunft mit Kg. Erich von Pommern im Aug. nach Gotland, wo ein Ausgleich zwischen den beiden Konkurrenten um den Thron herbeigeführt wurde, LivUB 10 Nr. 264 (Bericht des Pfundmeisters von Danzig an den HM). 2) namentlich nicht bekannt. 3) Bm. zu Narva, vgl. Nr. 629.*

669   1446 Juni 18

   Sabbato post festum Viti martiris

Item 10 s. vor 50 delen, negle Niccles deme timmermanne.

Item her Gisen[1] gesant viff mr. der seken rente to sunte Johanse.

Item 1 mr. vor 1 t. bers den timmerluden bi den graven boven der Lemporten.

Item vor 8 loepe haveren unde 1 kulmet unde talch up den marstall 1 mr. 2 s.

Item vor 4 t. bers unde vor andere vitalie uppe den diik boven der Lemporten deme volke 6 1/2 mr. unde 1 s., lutken Gerken untfangen.

Item Gert Groten 2 lichte gulden vor 1 t. bers deme voegede van der Soneborch[2] gesant.

Item deme lantvoegede van Ouerpaell³ unde des koningis kappellane⁴, ilkeme 1 t. bers gesant, stunt 4 lichte gulden, untfenk³ lutken Gerken.

Item⁶ 4 lichte gulden unde 2 s. vor 2 t. bers deme voegede van Jerwen⁵ gesant, untfenk Cort Jordens.

Item vor sparren bi dat gerichte overme jare unde nu bi den dyk bi der Lemporten, der was 400; hir vor twe lichte gulden gegeven Matis mit Halteren.

Item in de weke vorloent 35 mr. Rig.

a) *folgt gestr.* Cort Jordens. b) *folgt ungestr.* Item.

1) *Richerdes, Rhr.* 2) *Hermann von Sewinckhusen, V zu Soneburg 1446–1450, Arbusow, Geschlechter S. 92 u. 127.* 3) *namentlich nicht bekannt.* 4) *vgl. Nr. 629. Der Kaplan hat offenbar für Kg. Christoph von Dänemark geworben. Vgl. auch Nr. 668 u. die folgende Anm. 5.* 5) *Johann von Schaphusen, V zu Jerwen 1442–1450, Arbusow, Geschlechter S. 88 f. u. 121. Der V zu Soneburg u. der V zu Jerwen waren an der Zusammenkunft der Könige Christoph von Dänemark und Erich von Pommern beteiligt. Vgl. Nr. 668 u. LivUB 10 Nr. 264.*

f. 119

670   1446 Juni 25

Sabbato³ post festum Nativitatis sancti Johannis baptiste

Item⁶ untfangen van her Johan Smede, dat he upgebracht hevet ut deme ersten kalkoven, hundert unde 59 mr. Rig., noch 20 mr Rig. sabbato post Jacobi¹ upgebracht⁶.

Itemᵈ Hans Winmanne gegeven 200 mr. Rig. van des huses wegene, dat de raet van emᵉ gekofft hevet.

Item untfangen van der Grimmerdesschen vor 3 trummen 7 f. unde 3 s.

Item den oven in Boelemans stovene deme murmester to makende 3 f.

Item Peter vor 2 1/2 lisp. haveren unde 1 kulmet 6 f. min 1 fereken.

Item kostede de vitalie unde dat beer bi den dyk in disser wekene in all 11 mr. 5 s. unde 1 verken.

Item vor 100 negle tor stellinge bi deme toerne 10 s.

Item her Karll Knutesson² gesant 4 t. bers, 12 stoepe Romenie unde vor 1 mr. broet, stunt in all 10 mr. Rig.

Item Joachime 6 mr. sin quatertempergelt van Pinxten.

Item vor 60 leste kalkes to loesschende 6 1/2 mr. unde 6 s., Tile untfangen.

Itemᶠ den stenbrekeren twe mr. upp rekensscop gedan.

Item in de weke vorloent 37 mr. Rig., do men den dyk beterede.

Item[g] untfangen van Peter Steklinge van kellerhure van dren jaren
25 mr. unde dar sloech ane aff 3 stope wins unde de glasevinstere to
beterende vor deme winkelre.

a) *über der Z. 46.* b) *links am Rand* primus kalkoven. c) *ab* noch *späterer Nachtrag.*
d) *links am Rand* Winman primum. e) *darüber gestr.* S. f) *links am Rand ein Kreuz.*
g) *ebd.* Steklinge kellerhure.

1) *Juli 30. Der letzte Satz ist nachgetragen, daher das herausfallende Datum.* 2) *Karl
Knutsson Bonde, Hpt. zu Wiborg, vgl. LivUB 10 Nr. 202.*

671   1446 Juli 2

   Sabbato qui fuit dies Visitacionis Marie
Item[a] Winmanne noch 70 mr. gegeven van des huses wegene, dat de
   raet van em gekofft heft[b].
Item deme priore[1] gesant bi Emeken 18 mr. van Woldemer Reuels
   wegene[c].
Item viff mr. wedder untfangen van deme priore van renthe.
Item vor 4 t. bers unde andere vitalie bi deme dyke 7 mr. min 7 s.
Item in de weke vorloent 29 mr. unde 1 f.
Item den timmerluden 1 t. bers, stunt 5 f., bi den dyk.

a) *links am Rand* Winman secundum. b) *verschrieben.* c) wegene *rechts über der Z., mit
Einfz.*

1) *von St. Katharinen.*

672   1446 Juli 9

   In octava Visitacionis Marie.
Item vor 64 delen 12 elen lank 3 mr. unde 2 artich.
Item vor 50 kalkboeren 3 mr. unde 2 art.
Item vor 12 balken van 20 elen 3 mr. unde 12 s.
Item vor 3 balken 18 elen lank 1/2 mr.
Item vor 11 balken 16 elen lank 2 mr. unde 6s.

                              f.119a

Item[a] 87 balken 12 elen lank, hir vor 6 mr. min 6 s.
Item vor 48 balken 4 mr. unde 1 s.
Item vor 31 vadem bernholtes, vor den vadem 7 s., summa 6 mr. 2 s.
Item vor 7 stenboeren 5 s. min 1 verken.
Item vor 33 vadem bernholtes 6 1/2 mr.
Item vor 23 balken van 18 elen 5 1/2 mr. 8 s.

Item vor 350 vadem kalkholtes min 1/2 vadem 69 mr. min 4 s.

Item her Gisen[1] 16 mr. gesant vor 1 quartir van 1 Ipersschen van Hans Winmans huse wegene.

Item vor viff t. bers unde allirleie vitalie deme volke bi deme dyke boven der Lemporten 10 mr. min 1 f.

Item vor 56 stoepe Torensschen wins, deme rade ummegesant up Pinxten, 6 mr. unde 8 s.

Item vor viff lisp. haveren 4 mr. min 3 s. up den marstall.

Item vor 70 treppestene tome toerne bi den dyk 1 mr. 4 s.

Item in de wekene vorloent 37 mr. Rig.

a) *über der Z. 46.*

1) *Richerdes, Rhr.*

673   1446 Juli 23

Sabbato ante festum Jacobi

Item Goedeke Langen vor 300 unde 15 vadem kalkholtes to wrakende 9 f.

Item[a] vor 40 leste kalkes to loesschende[b] unde 4 leste 4 1/2 mr. 6 s.

Item untfangen 12 mr. renthe van Hinrik Templine uppe sunte Johans dach[1].

Item lutken Gerken 10 1/2 mr. vor ber unde vitalie bi den dyk.

Item in de weke vorlont 40 mr. Riig.

Item vor hundert unde 35 1/2 vadem kalkholtes 7 1/2 mr. 1 s.

Item vor 4 lisp. haveren 3 mr. unde 12 s. Peter up den marstall.

Item vor 70 treppestens 5 f.

a) *links am Rand* to lesschende. b) to loesschende. *übergeschr., darunter gestr.* uttoschuvende.

1) *Juni 24.*

674   1446 Juli 23

Sabbato ante Jacobi apostoli

Item Peter upp deme marstalle vor 4 lisp. haveren 3 mr. 12 s.

Item[a] vor[b] de vitalie bi den dyk 8 1/2 mr. unde 6 s.

Item vor 90 treppstene tome toerne 6 f. 6 s.

Item vor 350 vlisien unde 50 treppstens 4 1/2 mr. Rig.

Item in de weke vorloent 23 1/2 mr. Rig.

Item Saxenhiir vor 15 voer treppstens to vorende 2 mr.

a) *folgt gestr.* vor vitalie. b) *folgt gestr.* 1.

675   1446 Juli 30

Sabbato post festum Jacobi

Item gegeven Peter Wilkens knechte vor de gehowene doere boven
  deme schůtte vor der Lemporten van legerstene 7 f. min 2 s.
Item untfangen van den boeden 4 mr. min 1 f. van den vrowken vamme
  hoislage.
Item 5 f. den karluden vor 1 t. bers van des hoislages wegene.
Item 3 1/2 mr. unde 2 s. Corde vor vitalie bi den dyk boven der[a]
  Lemporten.
Item vor 1 vlisie unde 30 treppstens bi den dyk 24 s.
Item in de weke vorloent 14 mr. Rig.
Item kostede de hoislach 23 mr. Rig. up der stad markete.
Item ut deme stenhuse 1 1/2 lisp. roggen gedan up den hoislach.

a) *korr. aus* deme.

676   1446 Aug. 6

Sabbato ante festum Laurentii

Item her Laurentius deme scholemestere 10 mr. gegeven to siner kost
  to hulpe.
Item[a] Mertine den kalkoven uttoschuvende 7 mr. gegeven; nu isset all
  betalt.
Item 3 f. unde 1 s. gegeven vor 14 vadem kalkholtes uptovorende.
Item vor 4 lisp. haveren 3 mr. unde 12 s.
Item Corde[b] vor vitalie bi den dyk bi der Lemporten 3 mr. min 3 s.
Item vor 4 nie tunnen up den hoislach 3 f. 1 s.
Item[c] den stenbrekeren 3 mr. upp rekensscop gedan.
Item in de weke vorloent 18 mr.
Item[d] Diderike viff f. min 2 s., de he to Darpte wart vorterde, do he des
  mesteres breve dar brachte[1].

a) *links am Rand* primus uttoschuvende. b) *folgt gestr.* 9 f. unde 6 s. c) *links am Rand ein
Kreuz.* d) *davor gestr.* Item in de weke.

1) *Anlaß unbekannt.*

677

Sabbato ante Assumpcionis Marie virginis

Item untfangen van den molenmesters hundert mr. Rig.

Item Corde vor 3 t. bers unde vitalie de weke over bi der nien perdedrenke vor der Lemporten 5 mr. min 2 1/2 s.

Item in de weke vorloent 14 mr. Rig.

Item lutken Gerken unde Diderike gegeven 9 lichte gulden gegeven[a] vor bitostande[b] unde totoseende bi deme dyke boven der Lemporten, de ene 7 1/2 wekene, de andere 12 wekene.

a) übergeschr., mit Einfz. b) korr. aus totostande.

f.120a

678

Sabbato[a] ante festum Bartholomei

Item untfangen 12 mr. rente van her Hildebrandessche van deme Boekle, de se schuldich was uppe sunte Johans dach[1] vorleden.

Item vor 4 lope unde 2 kulmet haveren 22 s. up den marstall.

Item vor 3 t. bers unde andere vitalie bi de nien drenke vor der Lemporten den mûrluden unde timmerluden 5 mr. unde 9 1/2 s.

Item vor 200 vlisien des stades stenbrekeren 9 f. gegeven, de quemen uppe de mûren decken bi den graven.

Item in de weke vorloent 14 1/2 mr. Rig.

Item[b] kostede de andere kalkoven intosettende 11 mr. Rig.

Item lutken Gerken 3 mr. vamme hoye to Vethe to slande.

a) links daneben 46. b) links am Rand secundus kalkoven intosettende.

1) Juni 24.

679

Sabbato post Bartolomei

Item kostede de Woldemerssche reise to wintere vorleden, do her Sunnenschiin, her Stolteuoet unde her Grepenberch dar weren[1], 125 mr. unde 5 s.

Item[a] Winmanne noch vifftich mr. gegeven van sines huses wegene.

Item Baltazare deme scrivere van der Narwe 3 mr. gegeven van der rente vorme sloete tor Narwe[b] tor kappellen.

Item vor 6 lisp. haveren 4 lope unde 1 kulmet 4 mr. unde 4 1/2 s. Peter up den marstall[c].

Item vor 40 hoiharken 24 s.

Item vor leidesele, seelstrenge, bintzele unde romen 3 mr. unde 14 s.

Item vor 2 t. ters 2 mr. 1 s. tor nien boerninge.

Item vor 1 t. bers, vor pech, hennepp, heeden, broet[d] unde vor andere vitalie bi de boerninge 10 f. unde 6 s.

Item 24 s. vor 2 vlassche Rommanie, des koninges kappellane[2] gesant.

Item in de weke vorloent 10 mr. Ring.

a) *links am Rand* Winmanne. b) *ebd.* Narwe. c) *ab* up *rechts über der Z., mit Einfz.* d) *davor ein Buchst. hochgestellt.*

1) *Städtetag zu Wolmar, 1445 Dez. 12–17, auf dem u. a. über einen Frieden mit Nowgorod beraten wurde, AuR 1 Nr. 494–505, LivUB 10 Nr. 184.* 2) *vgl. Nr. 629 u. 669.*

680   1446 Sept. 3

Sabbato[a] ante Nativitatis Marie

Item vor 50 vlisien to meister Johans huses hove 1/2 mr.

Item Petere 20 s. vor 1 lisp. haveren uppe den marstall.

Item vor 300 negle, droege vissche, hennepp, heeden, broet[b] unde andere vitalie bi der nien boerninge 9 f. 4 s.

Item vor dat vidimus vor de confirmacien, den steden van deme koninge van Dennemarken besegelt[1], 4 Riinssche unde 1/2 mr. Rig.

Item in de weke vorloent 12 mr. unde 1 f.

a) *korr.* b) *korr. aus* vroet.

1) *Bestätigung aller hansischen Privilegien durch Kg. Christoph von Dänemark 1445 Sept. 25, LivUB 10 Nr. 172.*

f.121

681   1446 Sept. 10

Sabbato[a] ante festum Exaltacionis sancte crucis

Item untfangen van den moelenmeisters hundert mr. Rig.

Hiir van gegeven Clause deme winmanne 13 mr. Rig. unde 12 s., affgeslagen de kellerhure vor 7 1/2 voeder wins, summa to gelde 22 1/2 mr.

Item vorloent in twe wekene 10 mr. Rig.

Item do de borgermeisters rekenden mit den winluden up der scriverie, Peter unde Claus, dat kostede 11 f. 6 s. min 1 verken.

Item vor 8 lisp. haveren unde 1 loepp 4 1/2 mr. unde 6 s. up den marstall.

a) *links davor* Anno 46.

682 1446 Sept. 24

Sabbato post Mauritii

Item 5 f. vor 1 t. bers den timmerluden bi der ronnen vor Stolteuotes garden.

Item kostede de oven tome rathuse unde de oven tor boedelie to makende 7 f.

Item[a] den stenbrekers 3 mr. upp rekensscop gedan.

Item to Peter Kokes hove 30 vlisien unde 15 balken, vlisien tor schuttekameren, 1 f. gegeven.

Item vor vitalie bi de ronnen den arbeidesluden 12 s. vor Stolteuotes garden.

Item vor bruggesten[b] bi den drenke 12 s. vor der Lemporten.

Item vorloent in disse wekene 6 mr. unde 12 s.

a) *links am Rand ein Kreuz.* b) *korr. aus* -stan.

683 1446 Okt. 1

Sabbato post festum Michaelis

Item 13 f. vor 5 1/2 lisp. haveren unde 1 loepp[a] up den marstall.

Item vor wagensmer up den marstall 12 s.

Item untfangen 18 mr. van Hermen Tzoien wegene van her Gisen[1] van sunte Johans dage[2] vorleden[b].

Item[c] Godscalk Smede 11 mr. uppe rekensscop gedan.

Item 7 f. unde 2 s. vor 1 t. bers, gesant deme lantvoegede van Ouerpaell[3].

Item Joachime 6 mr. sin quatertempergelt.

Item[d] kostede de andere kalkoven to bernende 28 1/2 mr. unde 7 s.

Item in de weke vorloent 16 mr. Rig.

Item den van[e] Vethe vor 1 t. bers, dat hoy to slande, 1 t. bers 1 mr.

a) *folgt gestr.* h. b) *rechts über der Z., mit Einfz.* c) *links am Rand ein Hufeisen.* d) *ebd.* secundus kalkoven to bernende. e) *übergeschr.*

1) *Richerdes, Rhr.* 2) *Juni 24.* 3) *namentlich nicht bekannt.*

684 1446 Okt. 10

Feria secunda post Dionisii

Item untfangen van deme dorpe to Vethe 30 1/2 mr. min 1 s.

Item in disser wekene vorloent 2 mr. unde 15 s.

f.121a

685 1446 Okt. 15

Anno 46 do bleven kemerer her Johan Smit unde her Marquart Bretholt.

Sabbato post Calixti

Item Hans Groten gegeven 9 f. vor 9 last bruggestens to halende bi de nien[a] perdedrenke vor der Lemporten.

Item Cordesschen gegeven vor 3 lispunt licht upt rathus tome Hinke-peven 3 mr. Rig. bi Diderike gesant.

Item twen timmerluden ilkeme en par schoe, to hoepe 1/2 mr.

Item[b] 1 nie t., den kalk mede to metende, stunt 1 f., in den kalkoven.

Item in de weke 5 1/2 mr. unde 4 s. vorloent.

a) *folgt gestr.* d. b) *folgt gestr.* den ti.

686 1446 Okt. 22

In profesto Seuerini episcopi

Item 3 f. unde 4 s. vor 1 post unde soetruden achter der Russchen kerken bi den soet dar to settende.

Item 12[a] mr. vor 2 t. heringes, deme rade ummegesant.

Item vor 2 lisp. haveren unde 1 loep up den marstall 1 mr. unde 8 s.

Item vor 2 tunne ters 6 f. min 4 s.

Item deme kercheren tome Hilgen Geste 4 mr. vamme Cruce to Luk to sunte Nicolause[b].

Item Jacob Schůrmanne der seken rente tome Hilgen Geste 15 mr. moelenpacht.

Item en noch 7 1/2 mr. rente gesant bi deme sulven Schůrmanne.

Item noch 10 mr. em gegeven van des sacramentes kersen tome Hilgen Geste.

Item her Gerdelagen 6 mr. van sunte Mateus kappellen to sunte Nicolause.

Item Lintorpe gegeven 5 1/2 mr. sine liiffrente.

Item de oven to makende uppe der abteken unde uppe der wage, kosteden 7 f.[c]

Item Diderikus, de klocken to stellende 1/2 jar, 6 mr.

Item her Johan Timmermanne 3 1/2 mr. van sunte Gerdruden altare tome Hilgen Geste[d].

Item Gert Groeten 4 mr. sin loen to eme halven jare.

Item her Hildebrande 6 viff^e mr. van des Sacramentes altare tome
Hilgen Geste.

Item em noch 4 1/2 mr. van der vromissen to sunte Nicolause.

Item Corde, Gerken unde Diderike, den denren, ilkeme 4 mr. sin loen
vor 1/2 jar ere loen.

Item vor 1 spelt to eme ovene in den hoekerboeden 1/2 mr.

Item in de weke vorloent 6 mr. Rig.

f.122

Item^f untfangen 70 mr. van Jacob tor oversten moelen moelenpacht.

Item hir van wedder gegeven her Haneboelen 40 mr. sine rente van der
vrowen wegene.

Item her Haneboelen 7 mr. van der vromissen to sunte Oleve.

Item Maties Valkenborge deme klensmede 8 mr. uppe rekensscop
gedan.

Item^g 1 mr. vor 1 lispunt lichte uppe den marstall.

Item Kroewele gegeven 2 mr. sine renthe.

Item dren vorspraken ilkeme 4 mr. to hushure to hulpe.

Item 12 s. deme, de de roenne vorwart bi Bremen toerne.

Item her Gisen^1 5 mr. gesant den seken to sunte Johanse in de hande to
delende.

Item her Jacob Joeden 7 mr. van Schermbeken vicarie to den susteren^2.

Item Loeden vicarie to Marima 8 mr. Rig., untfangen Joachim.

Item in de weke vorloent 3 mr. unde 1 f.

a) *folgt gestr.* vor. b) sunte Nicolause *rechts über der Z., mit Einfz.* c) *folgt gestr.* to.
d) Geste *rechts über der Z., mit Einfz.* e) *korr.* f) *über der Z.* 46 Anno. g) *links am Rand*
punder.

1) *Richerdes, Rhr.* 2) *von St. Michaelis.*

687   1446 Nov. 12

In profesto Brixii

Item vor 7 sleden 21 s.

Item vorloent in de weke vorleden 7 f. 8 s.

Item vor 1 t. bers mit deme holte 7 f., deme vicario^1 gesant.

Item vor 4 lisp. haveren 10 f. unde 4 s.

Item 6 s. vor 17 par vemeren.

Item 3 mr. unde 2 s. stunt dat schot to scrivende in beiden kersplen.

Item in disse weke vorloent 4 mr. min 1 f.

Item^a 4 mr. min 4 s. vor 35 leste kalkes to lesschende.
Item^b kostede de andere kalkoven uttoschuvende 11 mr. Rig.

a) *links am Rand* lesschende. b) *ebd.* uttoschuvende secundus kalkoven.

1) *nicht identifiziert; möglicherweise handelt es sich um den Provinzial der Dominikaner, der auch sonst erwähnt wird, vgl. Nr. 766, 1115.*

688   **1446 Nov. 26**

Sabbato ante festum Andree
Item^a untfangen 28 mr. van seelgelde in disseme jare.
Item gegeven 14 s. vor de ovene to makende under den ketlen.
Item Gert Groten 6 1/2 mr. unde 10 1/2 s. vor haveren overme jare up den marstalle.
Item Petere vor 7 lisp. haveren min 1 leopp 4 1/2 mr. unde 3 s.
Item deme voegede van Jerwen[1] 2 t. bers gesant unde. deme voegede van Wesenberge[2] 1 t. bers gesant, stunt to hope mit deme holte 5 1/2 mr. min 4 s.
Item 6 s. vor 1 troch in den lutken bastoven.
Item vor 5 leste kalkes to lesschende 20^b s.

f.122a

Item^c Claus Hagen 1 f. gegeven, 1 huet to gerende up den marstall.
Item gerekent mit den stenbrekers, so geve wy en noch 23 f. to den 14 1/2 mr., de se untfangen hebben. Also ziin se betalt vor 27 hoepe van disseme jare gebroken.
Item vor 8 voeder hoies to varende, ilk voeder 10 s.
Item 6 f. uppe dre pantgropen van der herde wegene.
Item 40 s. vor 40 bekere up dat rathus.
Item in de weke vorloent 7 1/2 mr. unde 1 f.
Item 1/2 mr. Michels oven to beterende in den hoekerboeden.
Item vor de koepperne panne under dat^d hantfat 6 mr. 1 f.
Item vor 1 ketell to lappende in deme bastoven 1 f. 6 s.

a) *links am Rand* Seell. b) *folgt gestr.* f. c) *über der Z.* 46. d) *korr. aus* den.

1) *Johann von Schaphusen, vgl. Nr. 669.* 2) *Johann Vossunger, V zu Wesenberg 1445–1446, Arbusow, Geschlechter S. 97 u. 128.*

689   1446 Dez. 3

In profesto beate Barbare

Item Hans Musberge 2 mr. den wegerknechten van deme sele to
wegende.

Item vor dre par rade Assmoes 9 f. uppe den marstalle.

Item vor 3 lisp. haveren unde 1 kulmet unde 1 voeder stroes 9 f. Peter
up den marstall^a.

Item 8 s. vor 1 span up den soet bi der Russchen kerken.

Item vor 7 hoepe stens to vliende 35 s. bi den kalkoven.

Item in de weke vorloent 3 1/2 mr. Rig.

a) *ab* up *rechts über der Z., mit Einfz.*

690   1446 Dez. 17

Sabbato ante festum Thome apostoli

Item untfangen van kellerhure^a van wine van Ossenbrinke 6 mr. van
Roemenie.

Item van Vroeliken vamme Hede 12 mr. van Romanie.

Item van Hans Hilken 6 mr. van Poitowe.

Item van Hans Holthusen viff mr. unde 2 mr. van sime gesellen van
Romenie unde Poitowe.

Item under Schaepfoetessche vor 3 vate Gobbin 6 f.

Item under Ludeken van deme Werder vor 3 vate Gobbins 3 f.

Item 3 mr. van Rotger^b Pawelssche van Gobbine.

Item van Gobbine 4 mr. under deme Gildestovene.

Item 3 mr. under Ludeken van dem Werder van Gobbine.

Item noch 2 mr. van Gobbine under deme sulven.

Item untfangen van her Jacobe van der Moelen van Romanie 7 lichte
gulden^c.

Item Corde hiir van 3 Riinsche gulden gegeven vor sin ungemak.

f.123

Item^d vor 14 lisp. haveren min 4 loepe up den marstalle 9 mr. Rig.

Item^e Winmanne noch vifftich mr. gegeven van sines huses wegene;
unde dar is he nu all van betalt.

Item^f mit^g Godscalk Smede gerekent uppe dissen dach, so dat wy em
geven vor allerleie iserwerk van disseme jare tor stat behoff to deme,
dat he untfangen hevet, alse vorscriven steit, 21 mr. unde 12 s.

Item em noch gegeven van hoffslage[h] 16 mr. min 11 s. van disseme jare.

Item Godscalk Smede viff mr. vor 1 roclaken.

Item vorloent in de vorledene wekene 7 f. 6 s.

Item Peter up den marstall vor 5 lisp. haveren 4 mr. min 1 f.

Item Pauese 15 s.[i] gegeven vor arbeidesloen in deme huse, dar Peter Kok wont[k].

Item in de weke vorloent 5 mr. Rig.

a) *Vorl.* kerllerhure. b) *korr.* c) *rechts unter der Z., mit Einfz.* d) *über der Z. 46.* e) *links am Rand* Winmanne. f) *ebd. ein Hufeisen.* g) *übergeschr., mit Einfz.* h) *folgt gestr.* 11. i) *folgt gestr.* 1. k) *rechts über der Z., mit Einfz.*

691   1446 Dez. 20

In vigilia beati Thome apostoli

Item untfangen van den schotheren 350 unde 10 mr. Rig.

Item upp dat slot gesant 10 mr. sloierpenninge.

Item kostede de[a] reise to Wittenstene, do her Gise unde her Pepersak dar weren[1], 19 1/2 mr. Rig. unde 1 s.

Item noch kostede de reise to Wittenstene, do her Sunnenschiin, her Gise unde her Pepersak dar weren, 28 1/2 mr. Rig.

Item gegeven den schafferen 86 mr. unde 1 s. van der kost to Winachten[b].

Item kostede de[c] cost, do unse here de kumpthur ut Sweden was gekomen unde upme huse to gaste was[2], 8 1/2 mr. unde[d] 6 s.

Item noch van der cost to Vastellavende upme huse 80 mr.

Item kostede de kost tome Hinkepeve upme rathus 60 1/2 mr. unde 5 s.

Item vor 8 sulveren[e] leple[f] umme to makende[g] unde vor 1 nien sulveren lepell, dar quemen 5 loet sulvers to, hiir vor gegeven Hermen Vegle viiff mr. Rig.

Item Godeke Langen vor 74 vadem kalkholtes unde 12 vadem bernho!-tes to wrakende 21 1/2 s.

Item Joachime gegeven zin quatertempergelt 6 mr.

Item untfangen 31 mr. van broekegelde.

Item untfangen van Wiggere 12 mr. vorsetene rente van der boeden.

Item noch gegeven her Sunnenschine 27 mr. van deme runne in der Susterstraten, dat der stat tohoert, vor dat water ut der stat to ledende.

f.123a

Item[h] her Duseborge noch gegeven 14 mr. min 3 s., noch Gert Groten 9 lichte guldene, de mit em was in Sweden mit unserme heren deme kumpthur[3].

a) *folgt* de. b) *rechts über der Z., mit Einfz., gestr.* win to Vastellavende; *nächste Z. gestr.* Item en noch gegeven van den drunken to Vastellavende 80 mr. c) *folgt* de. d) *folgt gestr.* 10 s. e) *links am Rand nachgetr., mit Einfz.* f) *folgt gestr.* unde 1 sulveren. g) *Vorl.* mamakende. h) *über der Z.* 46tich.

1) *Zeitpunkt und Anlaß unbekannt; zu Gise erg. Richerdes.* 2) *vgl. Nr. 668.* 3) *vgl. ebd.*

---

692   1446 Dez. 24

In vigilia Nativitatis Christi
Item der Kulpsusschen vor 25 hoepe stens tome kalkoven 31 mr. unde 1 f.[a]
Item 19 s. vor 7 leste kalkes uttoschuvende, den oven to deckende.
Item 6 f. unde 4 s. vor haveren unde gumten up den marstall.
Item 12 s. vor 2 hoepe stens to vliende.
Item vor 5 lakene to scherende 2 mr.
Item 4 denren, ilkeme enen Riinsschen gulden offergelt, lowentgelt[b], natloen.
Item deme scolemestere 1 lichten gulden offergelt.
Item Corde 7 mr. vor 7 lispunt lichte up dat hus.
Item deme scrivere 3 Rinssche gulden to offergelde.
Item in de weke vorloent 7 mr. Rig.

a) 1 f. *rechts unter der Z., mit Einfz.* b) *folgt gestr.* nal.

---

693   1447 Jan. 7

In crastino Epiphanie domini
Item vor 2 halve blawe unde grön[a] Engelssche tor piperkledinge 38 mr.
Item vor 2 grawe lakene Toelnere 17 mr.
Item deme loepere Andreas 2 lichte gulden gegeven.
Item her Marquarde vor 2 Tomassche lakene to der denre kledinge 45 mr. Rig.
Item[b] wart ut disseme kalkovene 300 unde 14 leste kalkes; hiir van untfenc sunte Oleves kerke[c] vifftich last, de blifft se tachter.
Item Joachime 30 leste kalkes gedan vor den kelk, den em de råt offerde.

Item tor stad behoeff uteschoven 54 leste kalkes.

Item vor hundert unde 80 leste brachte her Johan Smit dat gelt upp.

Item gegeven vor 76 1/2 vadem kalkholtes, vor 13 vadem bernholtes, noch vor 150 delen min 1 unde vor 20 balken, hiir is to samende vor gegeven 34 mr.

Item vor 1 t. ters 3 f. gegeven.

Item vorloent in twe wekene viff mr. unde 1 f.

Item Goedeke Langen gegeven viff mr. sin roclaken.

Item[d] vor 18 hoepe stens to vliende 10 f. bi den kalkoven.

Item her Johan Smede 15 mr. gegeven vor 2 grawe lakene.

a) unde grŏn *übergeschr., mit Einfz.* b) *links am Rand* secundus kalkoven. c) *ebd.* Sunte Oleff kalk. d) *ebd.* stenvlieren.

f.124

694   1447 Jan. 28

[Des sonnavendes vor Purificacionis Marie]

Item[a] des sonnavendes vor Purificacionis Marie untfangen van den schotheren 200 mr.

Item Hartwige deme loepere 4 lichte gulden gegeven.

Item des meisters spelluden gegeven 4 lichte gulden.

Item in de weke vorloent vor sunte Antonies dage[1] 2 mr. 15 s.

Item vor 11 voeder hoies up den marstall 4 mr. min 8 s.

Item vor 40 spanne 3 f. unde 8 Lubessche.

Item Henningh Klensmede gegeven vor allerleie iserwerk tor stad behoeff 4 1/2 mr. unde 3 s., do wy mit en rekenden.

Item 10 f. unde 7 s. vor 19 hoepe stens bime kalkoven uptovliende.

Item vor 1 span in Kroewels stoven 10[b] s.

Item dren piperen 6 mr. vor eren roggen unde spek.

Item Diderike deme denre 7 f. min 2 s. gegeven, do he nareet tome Walke to dage[2].

Item Petere up den marstall vor haveren, vor 4 loepe unde 2 kulmett[c] 1/2 mr. unde 3 s.

Item vor 9 holtsleden 3 f.

Item vor 2 lisp. haveren 6 f.

Item vor 3 voeder hoies 1 mr.

Item vor 7 loepe haveren 3 1/2 f.

Item vor 10 gummeten 1 f.

Item her Johan Smede vor 5 1/2 lisp. haveren up den marstall 4 mr. 5 s. 1 verken.

Item Jacob Tegelmestere 2 mr. vor sin spek unde roggen.
Item Gert Groten vor twe hovewande gegeven 10 mr.^d
Item in twe^c weke vorloent vorleden 9 mr. Rig.

a) *über der* Z. Anno 47. b) *folgt gestr.* mr. c) *folgt gestr.* 1 f. d) *folgt gestr.* gegeven.
e) *übergeschr., darunter gestr.* de.

1) *Jan. 17; gemeint ist die Woche vom 8.–14. Jan.* 2) *Landtag zu Walk, 1447 Jan. 6; hier wurde vermutlich über das Verhältnis zu Nowgorod verhandelt, AuR 1 Nr. 510.*

695   1447 Feb. 4

Sabbato post Purificacionis Marie

Item vor kalkboeren, vor stenboeren, 1 trummen holt, to hoepe 6 f. unde 6 1/2 s.

Item Hans Hartwige deme scroedere 10 f. vor 5 spellude^a kledere to nejelone.

Item 15 f. gegeven vor 3 hoepe stens tor stat behoeff van der stenwerter kulen.

Item den munderikes 1 mr. gegeven vor 1 t., de havene to vorwach-tende.

Item Saxenhiir vor 200 min 2 1/2 vadem kalkholtes uptovorende 11 mr. min 1 s.

Item 10 s. vor 2 voeder vlisien bi de dorenkasten to vorende.

Item vor 14 hoepe stens tor stad behoeff van hern Eppinchusen kulen 17 1/2 mr.

Item 6 1/2 mr. vor 9 par rade upp den marstall.

Item her Ghisen¹ 10 mr. gesant der seken rente to sunte Johanse up Winachten.

f.124a

Item^b vor 11 lisp. haveren 9 mr. 6 s. up den marstall.
Item 6 f. vor [...] punt haveren up den marstall.
Item vor 1 kuve hoies 3 mr. 6 s.
Item 1 mr. vor 1 t. bers den van Vethe van hoie to vorende.
Item in de weke vorloent 5 mr. Rig.

a) *folgt eine gestr. Kürzung.* b) *über der* Z. 47.

1) *Richerdes, Rhr.*

696 1447 Feb. 11

Sabbato ante Valentini

Item deme klockenludere vor sinen rok betalt 2 mr.

Item vor 13 schuffelen 6 f.

Item Corde 6 mr. unde 1 f. vor 6^a lisp. lichte unde 5 markp. vor de lichte uppe dat rathus nu to Vastellavende to komende.

Item noch vor 1 hoep stens van her Eppinchusen kulen 5 f. tome kalkoven.

Item 4 des stades denren, ilkeme 2 Riinssche gulden to eneme rockvoedere gegeven, dar se den raet umme beden hebben.

Item in de weke vorloent 4 mr. unde 1 f.

a) *übergeschr., mit Einfz.*

697 1447 Feb. 25

Sabbato ante dominicam Invocavit

Item gegeven vor 12 balken tome bolwerke 12 1/2 mr. unde den luden 3 s. to bere.

Item vor 3 lisp. haveren unde 2 loepe 11 f. unde 1 s.

Item vor 1 mast 3 1/2 f. gegeven tor stad behoeff.

Item vor 10 stenboeren unde vor 10 kalkboren 25 s.

Item 8 s. vor 20 schuffelen.

Item den^a stenvlieren vor 29 hoepe stens to vliende bi deme kalkovene 4 mr. unde 1 s.

Item Petere uppe deme marstalle 2 mr. unde 5 s. vor hoy.

Item vorloent in twen wekenen 8 mr. min 6 s.

Item dren piperen, ilkeme 1 mr., 2 trumperen unde deme harpeniste 9 f., Steffene 1/2 mr. unde dem goeklere 2 lichte guldene.

a) *Vorl.* sten.

698 1447 Mrz. 4

Sabbato ante Reminiscere

Item untfangen vifftich mr. van den moelheren.

Item Dideric vamme Loe 3 mr. rente gegeven van Winmans huse.

Item 1 mr. unde 2 verken vor 1/2 lisp. haveren, 16 sleden, 1 voeder stroes, 2 assen Petere up den marstall gegeven.

f.125

Item[a] Oleff Bekerwertere tein mr. unde 16 s. vor 3 grote hundert unde
30 bekere[b].

Item untfangen van Kerstin Boenden 10 mr. vor 10 leste kalkes.

Item em gegeven vor 1 grote vlisien bi Lippen soet 2 mr. to vorende.

Item vor 3 voeder hoies to vorende 1 mr. van der stat marke.

Item 30 s. vor 10 voeder kalkes bi dat gerichte to vorende.

Item vor 2 voeder tůnruden to vorende bi den Lemdyk 12 s.

Item vor 20 voeder vlisien bi den Kariendiik to vorende, vor ilk voeder
5 s.

Item 1 mr. 3 s. vor 13 balken up den buwhoff to vorende.

Item vor 4 wagen voeder vlisien vor der Lemporten 20 s.

Item vor 5 hoepe stens to vliende bi deme kalkovene 25 s.

Item in de wekene 9 mr. vorloent.

a) *über der Z., 47.* b) bekere. *rechts über der Z., mit Einfz.*

699   1447 Mrz. 6

Feria secunda post Reminiscere
Item untfangen van den schotheren vertich mr. Rig.

700   1447 Mrz. 11

Sabbato ante Oculi

Item gegeven vor 43 balken to den bolwerken 36 mr. unde 14 s.

Item vor 5 vadem kalkholtes her Smede 6 f. gegeven unde 1 s.

Item vor 58 schufflen gegeven 24 s. unde 1 verken.

Item Joachime deme scrivere 6 mr. sin quatertempergelt.

Item vor 3 schiven 12 s.

Item in de weke vorloent 13 mr. unde 1 f.

Item 16 s. vor 11 sleden.

Item vor 3 loepe haveren 19 1/2 s.

Item vor 8 stucke to wagen, schemelen unde 6 harken 1 f.

Item[a] untfangen van der wage hundert unde[b] 24 mr.

Item vor 3 leste haveren her Pepersacke 30 mr. Rig.[c]

a) *links am Rand eine Waage.* b) *folgt gestr.* 33. c) *folgt in nächster Z.* I.

701   1447 Mrz. 18

Sabbato ante Letare

Item 12 s. her Johan Gotlanden dechtnisse tome Hilgen Geste.

Item 5 f. vor 1 t. bers den timmerluden bi de bolwerke to beterende.

Item in de weke verloent 11 mr. unde 1 f.

Item untfangen vor gelosschen kalk 1 mr. 4 s. unde 2 verken.

Item her Smede vor 5 vůrne balken 26 s. gegeven.

Item noch em vor 3 ekene balken 15 s. unde 2 verken.

Item 22 s. min 1 verken vor 4 ekene balken Peter up den marstall.

f.125a

702   1447 Mrz. 24

In vigilia Annunciacionis Marie

Item vor 24 assen 17 s. Peter up den marstall.

Item in de weke vorloent 10 mr. min 1 f.

Item vor 3 ekene balken 1/2 mr. her Smede.

Item 5 s. vor 15 s. tor stad behoeff.

703   1447 Apr. 1

Sabbato ante Palmarum

Item untfangen van den moelenmesters 150 mr. Rig.

Item kostede de reise tor Pernowe, do her[a] Johan Sunnenschiin unde
   her Velthusen dar weren nu to wintere[1], 48 1/2 mr. unde 6 s.

Item kostede de reise to Woldemer to wintere, do her Gise unde her
   Pepersak dar weren an den meister[2], 61 mr. Rig.

Item[b] untfangen vifftich mr., de Hinrik Weger deme rade schuldich
   was; hiir van Hans Steuene twintich mr. gelent.

Item noch van disseme gelde Musberge 6 mr. gegeven.

Item[c] Godscalk Smede 12 mr. uppe rekensscop gedan.

Item 5 f. unde 1 s. vor 1 t. bers den timmerluden bi dat bolwerkent.

Item in de weke vorloent 9 mr. unde 1 f.

Item Woeldeken deme repslegere vor[d] 4 stucke leidesele unde 22 par
   bintsele, 32 par romen unde vor 2 windentowe uppe[e] der scriverie ,
   en van 17 vademen lank, dat andere van 10 vademen, to hope 5 1/2
   mr. unde 5 s.

Item van em wedder untfangen 2 mr. vor de werve.

Item 10 s. vor 30 schufflen her Johan Smede.

Item[f] Hanse den ersten kalkoven intosettende 11 mr. gegeven.

a) *folgt gestr.* ges. b) *links am Rand* wage; *darunter* Steuene gelent. c) *ebd. ein Hufeisen.*
d) *übergeschr.* e) *links am Rand* Reep. f) *ebd.* primus kalkoven.

1) *Städtetag zu Pernau um die Wende 1446/47. Ein Rezeß ist nicht überliefert, AuR 1*
Nr. 508. Johann Velthusen, Rhr. 1442–1467, Bunge, Ratslinie S. 137. 2) *Ordenskapitel zu*
Wolmar, 1447 Jan. 1–3. Auch hier kein Rezeß überliefert, AuR 1 Nr. 509. Zu Gise erg.
Richerdes.

704 1447 Apr. 7

In Bona sexta feria
Item[a] mester Ludeken deme timmermanne 2 mr. geleent van des rades
wegene.
Item[b] 7 f. den stenbrekeren to rumegelde.
Item 4 denren, ilkeme 1 f. tor wielsschoetlen.
Item 3 piperen, ilkeme 1 mr. tor wielsschottlen.
Item 2 trumperen, ilkeme 1 mr. tor wielsschoettlen.
Item in de wekene vorloent 7 1/2 mr. vorloent.
Item 5 f. den munderiken vor 1 t. bers dar vor, dat se to deme bolwerke
hulpen, den steen inwinden.

a) *links am Rand* tachter mester Ludeke. b) *ebd.* růmegelt stenbreker.

f.126

705 1447 Apr. 22

Sabbato ante Misericordia domini
Item[a] untfangen 8 mr. van Hanncken Sweder vor 1 anker, dat upp der
wiik gevisschet was.
Item vor 2 1/2 last kalkes upgebracht 2 1/2 mr. 10 s. her Smit.
Item her Gisen[1] 6 mr. gesant rente van Winmans huse.
Item em noch viff mr. gesant der seken rente to sunte Johanse in de
hant to delende.
Item 5 f. unde 1 s. den timmerluden vor 1 t. bers.
Item vor 6 markp. wullen 12 s.
Item vorloent in 2 wekene 13 mr. Rig.
Item vor 1 swarten bullen her Johan Smede 3 1/2 mr. gegeven.

a) *links am Rand* Anker.
1) *Richerdes, Rhr.*

Sabbato ante dominicam Jubilate

Item untfangen 70 mr. van Jacob tor oversten moelen, der moelen pacht.

Item untfangen 12 mr.ᵃ rente van der Berloessche.

Item gesant 40 mr. upp dat slot van der oversten molen wegene.

Itemᵇ kostede de erste kalkoven to bernende 28 mr. min 1 f.

Item her Nicolaus Jungen 6 mr. van sunte Blasius altare to sunte Nicolause.

Item 2 mr. der ebdissen rente[1].

Item Joachime 6 mr. vamme nien cruce to sunte Nicolause.

Item her App[o]llonius 6 mr. van sunte Matias tome Hilgen Geste.

Item her Hildebrande viff mr. van des Sacramentes altare imme Hilgen Geste.

Item noch her Hildebrande 4 1/2 mr. van der vromissen to sunte Nicolause.

Item her Johan Smede 10 s. vor 1 groten runden balken.

Item den visscheren 3 f. gegeven imme nien dyke to teende.

Item Jons Ekendorpe 10 mr. unde 1 f. vor 1 last haveren.

Item 4 mr. 16 s. vor 5 lisp. haveren unde 2 loepe.

Item Corde, Gerde, lu[t]ken Gerken unde Diderike den denren, ilkeme 4 mr. ere loen.

Item in de wekene vorloent 6 mr. Rig.

a) mr. *übergeschr.* b) *links am Rand* primus kalkoven to bernende.

1) *von St. Michaelis.*

Dominica qua cantatur Cantate

Item vor smer uppe deme marstalle 15 s. Petere.

Item noch em 5 s. vor 1 karenbuk.

Item her Carpentarii 3 1/2 mr. van sunte Philippus et Jacobs altare tome Hilgen Geste.

Item her Ludeken Karwell 4 mr. vamme Cruce to Lucke to sunte Nicolause.

Item Henninge vor 3 gebussede schiven tome bolwerke mit den bolten, 1 schrape, 1 nige slot mit 3 sloetlen up de wage unde vor 1 iserne krampe to den soeden 6 f. unde 7 s.

Item her Mertine unde her Laurentius 7 mr. van sunte Margreten altare
to sunte Oleve to eme jare.

f.126a

Item^a Diderikus gegeven 6 mr., den seiger to stellende vor 1/2 jar.

Item en 5 s. vor 1 markp. olies tome seigere to smerende.

Item^b den stenbrekeren upp rekensscop gedan 3 mr.

Item Lintorpe 5 1/2 mr. sine rente, bi Gert Groten gesant.

Item deme priore[1] bi Hans Emeken gesant 12 mr., her Huninchusen
rente.

Item brachte her Johan Smit upp 2 mr. 7 s. vor gelosschenen kalk.

Item her Gerd Schroeuen 1 t. bers. gesant[2], stunt mit deme holte 7 f.

Item en noch 1 lisp. haveren van deme marstalle gesant.

Item in de weke vorloent^c 8 mr. unde 1 f.

a) *über der Z. 47.* b) *links am Rand* primum *und ein Kreuz.* c) *folgt gestr.* 6 mr. min 1 f.

1) *von St. Katharinen.* 2) *Rhr. zu Dorpat, LivUB 10 S. 525 (Register). Er reiste zusammen mit dem Revaler Rhrn. Johann Duseborg zum Hansetag nach Lübeck, ebd. Nr. 337.*

708   1447 Mai 13

Sabbato ante Vocem jocunditatis

Item gegeven Jacob Schůrmanne 15 mr. der seken moelenpacht imme
Hilgen Geste.

Item em noch 7 1/2 mr. gegeven der seken rente imme Hilgen Geste.

Item vor losschen kalk^a untfangen van her Jo[han] Smede 3^b mr. unde 4
s.

Item vor 18 leste bruggestens to vorende Tomas deme munderike bi de
perdedrenke vor dem Lemporten unde in de Karieporten 4 mr.

Item 14 s. vor 1 vlassche Romenie her Gerte Scrouen[1] gesant.

Item kosteden de schoerstene in beiden kersplen to beseende 3 mr.

Item in de weke vorloent 8 1/2 mr.

Item Hinrik Krowele 3 mr. gegeven sine rente.

a) *folgt ungestr.* kalk. b) *korr. aus* 4.

1) *vgl. Nr. 707.*

709   1447 Mai 20

Sabbato infra octavam Asscensionis domini

Item den karluden vor 200 unde 5 vadem kalkholtes uptovorende 6 mr.
min 6 s.

Item vor de marstals doere to howende unde to settende 3 mr.

Item Vincencius Nasscharde 3 mr. van Winmans huse, der Tafelgilde rente.

Item Tomas unde Kopellmanne den vorspraken, ilkeme 2 mr. to erer hushure.

Item in de weke vorloent 6 mr. vorloent.

Item[a] 3 mr. Baltazare deme scrivere van[b] der capellen vor deme sloete tor Narwe.

a) *links am Rand* Narwe. b) *folgt gestr.* sunte.

710 1447 Mai 27

In vigilia Pentecoste

Item[a] untfangen van den moelenmesters 65 Riinssche gulden, disse zulven 65 Riinschen guldene woerden gegeven Hermen Muddepenninge van der doemre wegene van Gotlande vor 13 jar vorsetener rente van der Goten hove wegene to Nougarden[1].

Item[b] noch untfangen van den moelenmesters vifftich mr. Rig., disse 50 mr. worden geantwordet her Johan Duseborge uppe de Lubessche dachfart[2].

Item her Johan Smit upgebracht vor gelosschene kalk 3 1/2 mr. unde 4 s.

Item in de weke tein mr. vorloent.

Item her Johan Duseborge twe schippunt wasses unde 2 markp. mede gedan tor Lubesschen dachfart[2], de stunden hundert unde 28 unde 13 s.

a) *links am Rand* Der Goeten höff to Gotlande. b) *ebd.* her Duseborgh van Lubeke.

1) *vgl. Nr. 96 u. LivUB 10 Nr. 319; Mai 27 quittiert Muddepenning den Betrag, ebd. Nr. 341.* 2) *Hansetag zu Lübeck, 1447 Mai 18, LivUB 10 Nr. 337, HR II, 3 Nr. 283–307.*

f.127

711 1447 Juni 3

In profesto Trinitatis

Item Jacob Schûrmanne 2 mr. rente den seken tome Hilgen Geste van Winmans huse.

Item her Duseborge vor 9 hoepe stens to[a] deme kalkovene van Hassen kulen 11 mr. unde 1 f., nu to herveste vorleden.

Item Hanse vor 20 leste kalkes to lesschende 2 mr. unde 8 s.

Item[b] vor 1 slot vor den marstall unde vor 1 sloet to beterende vor der Lemporten, to hoepe 3 f.

Item vor en riis troies pappiirs 10 f. unde vor en halff riis lumbers pappirs 6 f.

Item in de weke vorloent viff mr. Rig.

a) *übergeschr., darunter gestr.* bi. b) *folgt gestr.* 1.

712 1447 Juni 10

Sabbato post Corporis Christi

Item kostede dat schuttenboet to beterende 7 mr. unde 4 s.

Item Arnt Karmanne vor 80 vadem kalkholtes min 1 vadem 4 mr. gegeven unde 16 s.

Item in de weke vorloent 8 mr. min 1 f.

Item untfangen van den moelenmesters[a] hundert unde 40 mr.

a) *folgt gestr.* 1.

713 1447 Juni 17

Sabbato post Viti

Item untfangen van den schotheren 200 mr.

Item vor honnich 14 mr. unde 1 f., dat her Duseborch nam tor Lubesschen dachfart[1].

Item Gert Groeten 10 lichte gulden, de em de rad gaff, do he mit her Duseborge nach Lub[icke] zolde tein[a1].

Item untfangen 12 mr.[b] rente van her Tonnies Hattorppe van Passchen.

Item noch vor 1 schuttenboet to beterende 3 mr. 2 timmerluden.

Item vor 1200 negele Hinrik Holsten tome schuttenboete 3 1/2 mr. Rig.

Item 6 mr. Joachime sin quatertempergelt van Pinxten.

Item vor 2 knarholte, vor eken inneholt, hannep, heeden unde dat schuttenboet reine to makende 1 mr. Goedeken Langen gegeven.

Item[c] Goedeken Langen 1 mr. gelent uppe dat kalkholt to wrakende.

Item in de weke vorloent 9 1/2 Rig.

Item her[d] Karll Knutesson[2] gesant 3 t. bers, stunden 5 mr. 12 s. mit deme holte.

Item er noch dre vlassche Riinsches wins, stunden 6 f. unde 7 s.

Item Henning Klensmede vor henge, krampen unde anworpe 24 s. int herschipp.

a) zolde tein *rechts über der Z., mit Einfz.* b) mr. *übergeschr.* c) *links am Rand* Godeke Lange. d) *folgt gestr.* Crister.

1) *vgl. Nr. 710.* 2) *Karl Knutsson, Hpt. zu Wiborg, LivUB 10 S. 520 (Register), 1448–1457, 1464–1465 u. 1467–1470 Kg. von Schweden; die folgende Z. bezieht sich auf eine Frau, offenbar auf dessen Gattin Katharina Karlsdotter. Vgl. Gustav Elgenstierna: Den introducerde Svenska adelns ättartavlor. Bd. 1, Stockholm 1925 S. 513. Vgl. auch Nr. 716.*

714   1447 Juni 23

Item in vigilia Johannis baptiste
Item[a] den stenbrekeren 10 f. uppe rekensscop gedan.
Item in de weke vorloent 5 mr. unde 2 f.
Item vor 7 schok noete 11 s., do men win satte unde upper scriverie.

a) *links am Rand ein Kreuz.*

715   1447 Juli 1

Sabbato[a] ante Visitacionis Marie, profestum fuit eiusdem
Item untfangen 18 mr. van Hermen Tzoien Woldemer Reuels rente.
Item untfangen van den schoetheren vifftich mr. Rig., de worden lutken Gerde gedan tor Narwesschen waterreise[1], dar van worden vortert 22 mr.

———— f.127a ————

Item[b] 7 s. vor 1 gestickeden remen to der ratklocken.
Item gegeven up der wage vor benken unde andere resscopp, dat Hinrik dar laten hadde, 8 mr., dat untfenk sine hussvrowe.
Item den monniken[2] gesant 18 mr. Woldemer Reuels rente.
Item van deme priore[2] 5 mr. wedder untfangen.
Item vor 1 terketell, vor merlinge, de boete to oesende Goedeke Langen[c] 3 f.
Item den Pruschen heren[3] 4 hoevetluden gesant 1 last bers, stunt 18 mr. Rig., Cort Joerdens dat gelt untfenk.
Item den visscheren unde den, de dat elent vengen, 6 f.
Item 6 mr. unde 1 f. in de weke.

a) *folgt gestr.* ante. b) *über der Z.* 37. c) *folgt ein Buchst. gestr.*

1) *Zeitpunkt und Anlaß der Reise nicht bekannt.* 2) *von St. Katharinen.* 3) *An einem Kriegszug des DO gegen Nowgorod nahmen preußische Hilfstruppen teil, die über Reval kamen, LivUB 10 Einl. S. XXIV und ebd. Nr. 369 u. 370.*

716 1447 Juli 8

Sabbato post Visitacionis Marie

Item gesant deme Pruschen heren, de hiir ridende quam[1], 2 vlassche Riinssches wins, stunt 1 mr., unde 1 t. bers, stunt 7 f.

Item her Karles vrowen[2] 2 vlassche wins gesant, stunden 1 mr., do se van Rige quam.

Item vor 2 par stegerepe 16 s. den knechten tor Narwe wart[3].

Item den zulven knechten 1 mr. tor teringe gedan.

Item[a] Hanse, den ersten kalkoven uttoschuvende, 5 mr. gedan up rekensscop.

Item vor 200 unde 9 vadem kalkholtes upptovorende 11 1/2 mr. unde 4 s.

Item in de weke vorloent 6 mr. Rig.

Item Jacob Schůrmanne vor 8 knarholte 32 s. tome schuttenboete.

a) *links am Rand* primum uttoschuvende.

1) *vgl. Nr. 715.* 2) *Gattin des Karl Knutsson, vgl. Nr. 713.* 3) *vgl. Nr. 715.*

717 1447 Juli 15

In die Visitacionis apostolorum

Item vor 1 1/2 lisp. haveren up den marstall 5 f. Peter gegeven.

Item[a] deme wechtere uppe Stoeltinge 1/2 mr. uppe rekensscop gedan.

Item vor 1 iserne helde tor Narwe wart den knechten mede gedan[1], hir vor Kolberge 5 f. gegeven.

Item vor 4 nie kussene under wersedele up den marstall 2 mr.

Item noch vor 1 vorsadel up den marstall 1 mr. her Jo[han] Smede gegeven.

Idem untfangen van Templine 12 mr. vamme huse bime Sternsoede.

Item[b] Godscalk Smede 12 mr. uppe rekensscop gesant bi Corde.

Item in de weke vorloent 11 mr. Rig.

Item untfangen 40 s. van Joachime vor 20 leste kalkes loschegelt.

Item deme kalkmanne[c] 40 s. loeschegelt wedder gegeven.

a) *links am Rand* wechter primum. b) *ebd. ein Hufeisen.* c) *korr.*

1) *vgl. Nr. 715 u. 716.*

f.128

718 1447 Juli 22

In[a] die Marie Magdalene

Item untfangen van Joachime 40 s. van 10 lesten kalkes to loessche-gelde.

Item den karluden vor 72 vadem kalkholtes uptovorende 4 mr.

Item deme marstalknechte 1 mr. tor Narwe wart mit den breven an Bitterboezen[1].

Item untfangen vor 9 1/2 last gelosschen kalk[b] mit deme loeschegelde 10 1/2 mr. 2 s. van her Marquart Bretholte.

Item noch untfangen 32 1/2 mr. vor 32 1/2 last kalkes ut deme ovene, de wile dat her Jo[han] Smit to Rige was.

Item gaff de raed den monniken[2] ene last kalkes.

Item gegeven vor hundert unde 88 1/2 vadem kalkholtes 38 mr. 15 s.

Item vor 200 6-elen delen 10 f. 6 s.

Item vor 5 vickeden viff f.

Item in de weke vorloent viff mr. 12 s.

Item deme tornewechtere up Stoeltinge 1 f. vor 1000 stromlinge.

a) *korr. aus* S. b) *folgt gestr.* unde.

1) *Zeitpunkt und Anlaß nicht bekannt.* 2) *von St. Katharinen.*

719 1447 Aug. 5

Item sabbato ante Laurentii

Item untfangen 60 mr. van den moelenmesters.

Item her Stolteuoete 7 mr. gesant van her Jo[han] Bremen nottrofftigen vrunden wegen, de untfenk her Johan Smit.

Item so hebbe wy noch utegeven to her Duseborges dachfart behoff to Lub[icke][1] vor 17 elen raet Niekerkes 10 mr. min 3 s. her Jo[han] Sunnenschine.

Item to der zulven reise vor 13 t. bers mit deme holte unde allen ungelde int schipp her Duseborgesschen gegeven 23 mr. 5 s.

Item untfangen 40 s. vor loeschegelt van Joachime vor 10 leste kalkes.

Item den visscheren 1/2 mr., de in den Wuluessunt gesant weren.

Item vor wullen to der perdedrenke 35 markp. 6 f. unde 4 1/2 s.

Item den timmerluden viff f. vor 1 t. bers.

Item deme kalkmanne gegeven 40 s. to lesschegelde vor 10 leste.

Item vor 2 leste bruggestens 14 s. gegeven[a].

Idem deme wechtere upme toerne Stoltinge[b] 1/2 mr. gegeven.

Item in twe[c] weke vorloent 10 1/2 mr. Rig. unde 1 f.

Item kostede to hoislach to slande 19 1/2 mr. unde 5 s.

Item 1[d] lisp. roggen ut deme stenhuse up den hoislach gedan.

Item deme manne upme torne vor de vorledene wekene 1/2 mr.

Item den karluden 5 f.[e] vor 1 t. bers. vamme hoislage.

f.128a

Item^f den stenbrekeren 3 mr. uppe rekensscop gedan.

Item^g Cord Joerdens 3 mr. vamme hoislage to Vethe.

Item den Eesten to Vethe 1 mr. vor 1 t. bers. vamme hoie to slande.

a) *folgt in der nächsten Z. gestr.* Item vorloent in twe wekene. b) *folgt gestr.* 10.
c) *übergeschr., darunter gestr.* de. d) *folgt gestr.* t. (*für* tunne). e) 5 f. *übergeschr., darunter gestr.* 1 mr. f) *über der Z.* 47, *links am Rand ein Kreuz.* g) *links am Rand* Vete hoi..

1) *vgl. Nr. 710.*

720   1447 Aug. 12

In profesto Ipoliti

Item 6 f. Arnt Lubken gegeven vor 1 roenne twusschen em unde deme marstalle.

Item^a deme wechtere upp Stoeltinge 19 s.

Item 10 s. vor 50 delennegle tor drenke Nicclas unde 4 1/2 s. vor wullen.

Item to der mr., de wy Goedeke Langen lenden up dat wrakent, dar geve wy em noch to 3 mr. unde 10 1/2 s. vamme holte to wrakende vor 600 unde 17 vadem kalkholtes.

Item 8 mr. in de weke vorloent.

a) *folgt gestr.* S.

721   1447 Aug. 19

Sabbato post Assumpcionis Marie

Item deme wechtere uppme torne Stoeltinge 1/2 mr. gegeven.

Item in de weke 6 mr. vorloent.

722   1447 Aug. 26

Sabbato post Bartholomei

Item Colberge vor 2 loese to beterende vor den porten 24 s.

Item deme wechtere uppe Stoeltinge 1/2 mr. gegeven.

Item in de weke vorloent 6 mr. Rig.

723   1447 Sept. 2

Sabbato post Egidii

Item untfangen van den moelenmesters 50 mr. Rig.

Item[a] untfangen van der waghe hundert unde negen mr. Rig.

Item vor 38 markp. wullen ton soeden 7 f. 6 s.

Item vor 13 bende ton soeden 13 s.

Item den mŭrluden vor deme kalkovene vor ber, vissche unde redik 1 mr. gegeven, de mŭnde to beterende.

Item[b] noch Hanse gegeven 6 mr., den ersten kalkoven uttoschuvende, dat untfenk Tile sin swager; nu sin se dar van al betalt.

Item in de weke vorloent 10 1/2 mr. Rig.

Item 6 f. 7 s. vor 3 lisp. haveren min 1 kulmet.

Item 11 mr. min 1 f. vor 1/2 last bers mit deme holte unde anderen ungelde, her Magnus Grene gesant[1], untfenk Cort Joerdens.

Item em noch 8 vlassche Riinsches wins gesant , stunden 4 mr.

a) *links am Rand eine Waage.* b) *ebd.* secundum uttoschuvende den 1 kalkoven.

1) *Magnus Green, Hpt. zu Åbo, LivUB 10 S. 518 (Register).*

f.129

724　　　　　　　　　　　　　　　　　　　　1447 Sept. 9

Sabbato post Nativitatis Marie[a]

Item[b] gegeven Hanse deme kalkmanne 11 mr., den anderen kalkoven intosettende.

Item Petere up den marstall vor 3 lisp. haveren unde 5 kulmet 7 f. unde 5 s.

Item em noch vor 7 loepe haveren 3 f. min 4 verken.

Item up der schriverie vortert 3 f. unde 7 s., do Clawes sinen win rekende mit den borgermesteren unde kemereren.

Item 5 1/2 mr. in de weke gegeven unde vorloent.

a) *rechts neben der Z. 47.* b) *links am Rand* secundus kalkoven.

725　　　　　　　　　　　　　　　　　　　　1447 Sept. 24

Dominica ante Michaelis

Item[a] kostede de anderen kalkoven to bernende 21 1/2 mr. 6 s. unde 2 Lub[essche].

Item Joachime deme scrivere 6 mr. sin quatertempergelt gegeven.

Item vor 5 1/2 lisp. haveren min 1 kulmet 3 mr. unde 3 1/2 s. Peter gegeven.

Item vor 1 lispunt wagensmers 15 s.

Item koestede de oven to makende upp den marstall 23 s.

Item in twen[b] wekenen vorloent 12 mr. Rig. min 8 s.
Item 2 lichte gulden deme manne mit der merkatten gegeven.

a) *links am Rand* secundus kalkoven. b) *übergeschr., mit Einfz.*

726 1447 Sept. 30

Sabbato post Michaelis
Item Zegeboede Swane 11 f. vor 1 bullen gegeven.
Item 17 s. vor 2 t., dar dat bussencrůt inne dan wart.
Item koestede Krowels bastoveneoven to makende 5 f.
Item vor 4 lisp. haveren min 1 loepp 2 mr. unde 5 s.
Item Petere 1 mr. to lichten uppe den marstall.
Item deme marketvoegede 1 par schoe 1 f. gegeven.
Item den timmerluden bi der perdedrenke 5 f. vor 1 t. bers.
Item in de weke vorloent 4 mr. unde 1/2

727 1447 Okt. 7

Sabbato ante Dionisii
Item untfangen vamme doerpe to Vethe 150 mr. 38 mr. 16 s.
Hiir van gegeven Clause demme winmanne vor 4 1/2 ame wins unde 17
    stoepe hundert 41 mr. unde 10 1/2 s.
Item den Pruschen heren ene last bers gesant, do se van der Narwe
    weren gekomen[1], stunden mit deme holte unde allen ungelde 18 mr.
    min 4 s. Kôrden[a].
Item Kloeckenere 3 t. bers gesant, stunden in all 5 mr. 1 f.
Item vor 2 t. bers, deme voegede van Jerwen[2] gesant mit deme holte,,in
    all 3 1/2 mr. gegeven lutken Gerken.
Item noch untfangen 2 1/2 mr. van lutken Gerken vamme dorpe to
    Vethe, de worden gegeven vor 1 moelensteen in de moelen to Vethe.

f.129a

Item[b] in de weke vorloent 6 1/2 mr. Rig.
Item[c] den stenbrekeren 10 f. gedan uppe rekensscop.

a) 4 s. Kôrden *rechts unter der Z., mit Einfz.* b) *über der Z.* Anno 47. c) *links am Rand ein Kreuz.*

1) *Sie befanden sich auf der Rückkehr vom Feldzug gegen Nowgorod, vgl. Nr. 715 u. LivUB 10 Nr. 395.* 2) *Johann von Schaphusen, V zu Jerwen 1442–1450, Arbusow, Geschlechter S. 88 f. u. 121.*

728 1447 Okt. 14

Sabbato ante Galli

Item untfangen van der oversten moelen van Jacobe 70 mr. molen-
pacht.

Item hiir van gesant 40 mr. uppe dat slot van der oversten moelen
wegene.

Item 20 s. vor 100 delennegle in Winmans huse.

Item vor 5 1/2 lisp. haveren min 2 kulmet 3 mr. unde 6 1/2 s.

Item^a vor leidesele, romen, bintsele unde strenge to vőrselen 4 mr.
unde 11 s.

Item Coerde 4 mr. vor lichte tome Hinkenpeven upt rathus.

Item her Hildebrande 5 mr. van des sacramentes missen tome Hilgen
Geste.

Item em 4 1/2 mr. van der vromissen to sunte Nicolause.

Item vor 100 leste kalkes^b to lesschende 11 mr. 4 s.

Item 9 mr. Rig. in de weke vorloent.

a) *links am Rand* Reepp. b) *folgt gestr.* uttoschuvende unde.

729 1447 Okt. 21

Ipso^a die 11000 virginum

Item her Ludeken Karwelle 4 mr. vamme Kruce to Luk to sunte
Nicolause.

Item her Ludeken Karwelle 2 mr. her Cort Keglers renthe.

Item tome Hilgen Geste to Unsir Vrowen altare 2 mr. rente, ok van her
Keglers wegene.

Item^b her Johan Smit brachte upp van^c disseme jare van kalkgelde ut
deme ersten kalkoven 250 mr. 7 mr. unde 6 s.

Item hiir van wedder utegeven vor 400 unde 48 vadem kalkholtes
hundert mr. min 24 s.

Item her Karpentarii 3 1/2 mr. van sunte Philippus et Jacobs altare
tome Hilgen Geste.

Item vor 7 t. ters 3 1/2 mr.

Item vor 15 balken van 20 elen lank 4 mr.

Item vor 32 delen 7 f. min 3 s.

Item vor 32 vadem bernholtes 7 mr.^d gegeven.

Item vor 22 delen 6 f. unde 2 s.

Item vor 1 groethundert delen unde 13 delen 8 mr.

Item vor 30 balken van 20 elen 7 1/2 mr.

Item vor 36 balken van 16 elen 10 ferding.
Item vor 33 16-elen balken 3 mr. min 1 f.
Item vor 27 sparren von 20 elen 5 f. 2 s.
Item vor 100 latten 24 s.

f.130

Item vor 3 ronten hoies uppe den marstall 7 mr. min 8 s.
Item Lintorpe 5 1/2 mr. sine liiffrente, untfenk sin wiiff.
Item 26 s. unde 1 verken vor 1 lisp. haveren 2 lepe unde 2 kulmet.
Item dren denren, Corde, lutken Gerken unde Diderike, ilkeme 4 mr.
  ere loen van eme halven jare.
Item in de weke vorloent 15 f., in de weke vorloent unde noch 6 f. den
  timmerluden.

a) *davor gestr.* Sabbato ante. b) *links am Rand* primus kalkoven. c) *übergeschr., darunter
gestr.* uth. d) *darüber ein Kreuz.*

730 1447 Okt. 28

Ipso die Simonis et Jude
Item Jacob Schůrmanne 15 mr. van des Hilgen Gestes moelen.
Item em 7 1/2 mr. der seken rente[1] gegeven.
Item em noch tein mr. van deme lichte vor deme sacramente[a2].
Item vor 2 lisp. min 1 loep haveren 1 mr. unde 2 1/2 s. Petere up den
  marstall.
Item van her Jo[han] Smede untfangen hundert unde 5 mr. unde 11 s.
  vor kalk.
Item vor 9 vadem kalkholtes 2 mr. unde 3 s. her Jo[han] Smede.
Item vor 7 vadem bernholtes 1 mr. unde 1 s. her Jo[han] Smede.
Item vor 25 vadem bernholtes[b] 3 1/2 mr. unde 1 s.
Item in de weke vorloent 6 mr.

a) *folgt in der nächsten Z. gestr.* Item 3 f. unde 4 1/2. b) *folgt gestr.* 5 mr. unde 1 s.
1) *im Heilig-Geist-Hospital.* 2) *ebd.*

731 1447 Nov. 4.

Sabbato post Omnium sanctorum worden kemerere her Bretholt
  unde her Cort Gripenberch[1]
Item gegeven Andreas deme karmanne 6 mr. min 1 f. vor 2 hope hoies.
Item Diderike 6 mr., den seiger to stellende vor 1/2 jar.

Item vor 1 lisp. haveren unde 4 loepe 34 s.

Item Jacob Schurmanne 6 mr. min 8 s. vor 26 elen witt Schottes, quam to her Duseborges reiße to Lubeke[2].

Item untfangen van her Godscalk Borstell 6 mr. rente vamme Narwesschen palgelde.

Item untfangen van Joachime deme scrivere 6 mr. rente, ok van deme sulven palgelde[a], unde noch 1 mr., de he van deme sulven gelde bi sik hadde.

Tho dissen 13 mr. geve wy Roetger Wiblekenwerden 6 1/2 mr. to Koningesberge behoff. Summa dat se van dissen jare stan hebben to scotende 19 1/2 mr. Rig.

Item in de weke vorloent 3 1/2 mr.

a) *rechts unter der Z., mit Einfz.*

1) *Rhr 1443–1458, Bunge, Ratslinie S. 98.* 2) *vgl. Nr. 710.*

f.130a

732   1447 Nov. 18

Sabbato in vigilia Elisabeth

Item Baddenhusen van 2 jaren vor der Susterporten reine to makende unde enwech to vorende 6 f. 3 s.

Item 12 s. de ronne reine to holdende jegen Tideke Boedeker.

Item[a] den stenbrekeren noch 1 mr. gedan.

Item so rekende wy mit den stenbrekeren unde geven en to deme, dat se untfangen hebben, upp 28 hôpe 7 mr. Rig.

Item voer boeren unde dunnenholt uppe de stenkulen 24 s.

Item 12 1/2 mr. vor 1 1/2 t. heringe, deme rade ummegesant.

Item 2 mr. vor hoy gegeven upp den marstall.

Item 8 mr. her Johan Recken gegeven van Loden vicarie to Mariema.

Item her Knehaken 7 mr. van Schermbeken vicarie ton susteren[1].

Item her Arnt Gerdelage 6 mr. van sunte Mateus capellen to sunte Nicolause.

Item kostede dat schot to schrivende in beiden kersplen 11 f.

Item in[b] twen wekenen vorloent 8 mr. unde 1 f.

a) *links am Rand ein Kreuz.* b) *folgt gestr. de.*

1) *von St. Michaelis.*

733   1447 Dez. 2

Sabbato post Adree

Item[a] untfangen van seelgelde 40 mr. 7 s. min 1 art.

Item Reinolt tor Oesten vor 1 ketell to lappende 2 mr. min 3 s.

Item Vincencius Nasscharde van Winmans huse 3 mr. gesant, dat hoert tor Taffelgilde.

Item den wegeren 2 mr. van den seelboeden.

Item vor 1 last haveren 9 mr. van Loeren Pawell up den marstalle.

Item vor 3 grawe lakene Lubesch[b] 22 1/2 mr. den boeden, den spelluden, den vorspraken, deme ludere.

Item 6 f. vor 2 par rade up den marstalle.

Item vor 6[c] voeder hoies 6 f. unde 7 s.

Item vor 10 gummeten 10 s.

Item vor 1 lisp. haveren und 1 lop 25 s.

Item vor 5 sleden[d] 16 s.

Item vor 26 par vemeren 8 s.

Item 1 f. vor 4 par selhoeltere.

Item vor stro unde vor bast 6 s.

f.131

Item Tomas unde Bernde den vorspraken, ilkeme 3 mr. tor hushure to hulpe.

Item in twen[e] wekenen vorloent 5 1/2 mr. Rig. unde 1 f.

Item Petere up den marstalle noch 5 mr. gegeven van 2 jaren van deme marstalle to den 3 mr., de voer in deme boeke stan.

Item vor 2 Tomassche lakene 45 mr. den denren to kledingen.

Item vor 2 halve Altessche 22 mr.

a) *links am Rand* zeell. b) *übergeschr., mit Einfz.* c) *korr. aus* 7. d) *folgt gestr.* 5.
e) *übergeschr., darunter gestr.* de.

734   1447 Dez. 9

Sabbato post festum Nicolai

Item costede dat prefaet van Tideken Kremers huse uttovorende 10 f.

Item den spelluden 9 f. gedan to teergelde, do se to deme meistere worden gesant to Wesenberge[1].

Item vor 1 graw laken den piperen to ridehoiken unde ridehoesen 7 1/2 mr.

Item vor 2 lisp. haveren 4 loepe unde 1 kulmet 7 f. min 2 verken.

Item Jacobe deme tegelslegere 2 mr. vor[a] sin spec unde roggen.

Item vor 4 vlassche Tornesschen mustes, do de raet den Riinschen wiin satte, de uth Prusßen gekomen was, 16 s.

Item in de weke vorloent 11 f.

a) *übergeschr., mit Einfz.*

1) *während des Feldzuges gegen Nowgorod im Juli 1447, vgl. LivUB 10 Nr. 399. Auch Reval hatte dazu Truppen entsandt. Vgl. dazu unten Nr. 735, 738–742.*

735   **1447 Dez. 16**

Sabbato ante festum Thome apostoli

Item her Johan Smit brachte upp 2 mr. unde 6 s. van heringe, de overgeloepen was van der Narwesschen reiße[1].

Item Loeren Pawelle 10 mr. vor 1 last haveren up den marstall.

Item vor 2 Tomassche, 2 Altessche unde 4 Lubesch grawe to scherende 10 f. Hinrik Scherer.

Item[a] gerekent mit Godscalk Smede upp dessen dagh, dat wy em geven vor allerleie iserwerk tor stad behoeff to den 24[b] mr., de he vor untfangen hevet in disseme jare, so geve wy em 44 mr.

Item em noch gegeven vor hoff[s]lach to disseme jare nie unde alt, in all 17 mr. unde 10 s.

Item her Gisessche[2] 6 mr. gegeven van des Pausers wegene van Lassen Kurs[neworter][3], dar de raet tovoren uppe hadde viff mr. van vorsetener rente.

Item in de weke vorloent 4 mr. unde 1 f.

a) *links am Rand ein Hufeisen.* b) *übergeschr., darunter gestr. 12.*

1) *vgl. Nr. 734.* 2) *Richerdes, Rhr.* 3) *Lasse Kursneworter wurde 1425 Bürger, vgl. Das Revaler Bürgerbuch 1409–1624, hrsg. von Otto Greiffenhagen. Reval 1932, S. 8 (Publikationen aus dem Revaler Stadtarchiv Nr. 6).*

f.131a

736   **1447 Dez. 20**

In vigilia Thome apostoli

Item uppe dat slot gesant 10 mr. an s. sloierpenninghe.

737   **1447 Dez. 23**

Sabbato post festum Thome apostoli

Item her Bretholte[a] gegeven 10 mr. der seken rente to sunte Johanse.

Item vor 1 emmer uppe den marstall 1 f. gegeven.

Item vor 2 schipp. unde 7 lisp. bussencrudes Hinrik Wittenborge gegeven to makende 10 1/2 mr. unde 8 s.

Item 3 denren[b] ere offergelt, naetloen, schroetloen unde lowentgelt, to hoepe ilkeme 1 Riinschen gulden.

Item Joachime 6 mr. gegeven[c] ziin quatertempergelt.

Item deme schoelemestere 1 lichten gulden to offergelde.

Item Maties Seigermakere 7 mr. unde 1 f. vor 2 nie pundere to[d] makende unde 2 oelde to beterende.

Item 8 mr. Corde vor 8 lisp. lichte uppe dat rathus.

Item Joachime to offergelde 2 Riinssche gulden.

Item 6 mr. unde 1 f. in de weke vorloent.

a) *folgt gestr.* na.   b) *folgt ungestr.* denren.   c) *folgt ein Buchst. gestr.*   d) *folgt gestr.* beterende.

---

738   1448 Jan. 11

Des donrdages na Epiphanie domini

Item untfangen[a] van lutken Gerde 28 mr., de em overlepen to somere van der Narwesschen waterreiße[1].

Item untfangen van den schotheren 200 mr. Rig.

Hiir van geantwordet her Jacob van der Moelen, do he in de reiße solde, hundert mr. tor Narwe wart tor hervart[1].

Item her Gerd Schalen geantwordet vifftich mr. tor dachfart behoeff an den meister, do her Albert Rumor dar toech[1], unde 3 f. min 1 s., so isset betalt.

a) *darüber ein Tintenfleck.*

1) *vgl. Nr. 734, 735, 739–742.*

---

739   1448 Jan. 13

Sabbato ante Anthonii

Item untfangen van den moelenmesters vifftich mr. Rig.

Disse zulven vifftich mr. Rig. anworde wy[a] her Jacob van der Moelen ok tor Narwesschen reiße behoeff tor hervart[1].

Item gegeven 37 mr. vor 1 pert, dat Frederic Depenbeke mede nam in de reiße tor Narwe tor hervart[1].

f.132

Item[b] untfangen van den Schotheren hundert Riinsche gulden, maken
to gelde 150 mr. 8 mr. 12 s.; disse hundert[c] Riinschen guldene
geantwordet Mertin Koppellowen van Hinrik upp Straten wegene,
des winmans.

Item Gerde Schroedere 2 mr. vor lutken Gerken unde Diderike der
denre schroetloen gegeven van der reiße kledere wegene[1].

Item in dre wekenen vorloent 7 mr.

Item vor der pipere ridehoiken unde hosen to nejende 1 mr., do se an
unsen heren den meister[d] tōgen[1].

a) *folgt gestr.* de. b) *über der Z. 48, links am Rand ein Kreuz, links oben in der Blattecke
mit Hinweisstrich zum Kreuz* Hinrik upp Straten de winman. c) *folgt gestr.* mr. geant-
wordet. d) *beide Wörter auf Tintenflecken.*

1) *vgl. Nr. 734, 738, 740–742.*

740　　　　　　　　　　　　　　　　　1448 Jan. 27

　　Sabbato ante Purificacionis Marie

Item vor 1 troech in Boelmans stovene 1 f. gegeven.

Item 9 mr. vor 12 par rade up den marstall.

Item vor 2 spanne in den sulven stoven 16 s.

Item den munderiken 1 mr. vor 1 t. bers, de havene to vorwarende.

Item kostede de reise, do her Albert Rumoer unde her Pepersak an
unsen heren den meister weren to Wesenberge[1], 25 mr. unde 17 s.

Item 7 f. vor 2 grote rōnnen unde 4 s. to den vlesscharnen.

Item vor 60 linen 25 s. gegeven.

Item Diderike 1 mr. unde 3 s. gegeven, de he vortert hadde, do he to
deme meistere was gesant[a][1].

Item in twen wekenen vorloent 7 mr. unde 11 s.

a) was gesant *rechts über der Z., mit Einfz.*

1) *vgl. Nr. 734, 738, 739, 741, 742.*

741　　　　　　　　　　　　　　　　　1448 Febr. 3

　　Sabbato post Purificacionis Marie

Item vor 1 par stavelen to des marstals knechtes Peters behoeff 5 f. in
de reiße gegeven[1] Hans Krußen deme schomakere.

Item vor 15 sleden gegeven 5 f. Peter upp den marstall.

Item vor 3 t. bers mit deme holte, de to Walkell[2] worden gesant tor
soeldenere behoeff, do se uttoegen[1], 3 1/2 mr. unde 3 s.

Item vor[a] 9 elen vamme Lubeschen graw 11 f. deme jungen timmer-
manne.
Item in de wekene vorloent 4 mr.

f.132a

Item[b] Hartwige deme loepere viff lichte gulden gegeven.
Item twen trumperen gegeven 6 f. unde deme olden 1/2 mr.
Item vor 1 roenne to den vlesscharnen[c] 1 mr. unde 2 s.
Item vor viff voeder hoies uppe den marstall 5 f. unde 5 s.
Item 12 s. vor 1 troech in der vrowen stovene boven sunte Nicolause.
Item 32 s. vor 4 voeder hoies.
Item vor 4 voeder hoies to voerende van der stad marke 1 mr.
Item Petere upp den marstall 5 f. unde 3 s. vor 2 lisp. haveren.
Item viff mr. vor 5 lispunt lichte to Vastellavende up dat rathus.
Item in twen wekenen vorloent 9 mr. Rig.
Item vor 7 hoepe stens to vliende 35 s.
Item vor der twier trumper kledinge schroetloen 1 mr. gegeven.
Item Joachime 6 mr. sin quatertempergelt.

a) *folgt ein Buchst. gestr.* b) *über der Z.* 48. c) *folgt gestr.* 5 f.
1) *vgl. Nr. 734, 735, 738, 739, 740, 742.* 2) *Walküle in Harrien/Estland.*

742   1448 Mrz. 2

   Item[a] sabbato vor Letare
Item untfangen hundert mr. van den moelenmesters.
Item hiir van gegeven her Jo[han] Haneboelen 20 mr., de her[b] Jacob
   van der Moelen hadde vortert in der reiße[1].
Item Saxenhiir 6 mr. gegeven vor 4 hope stens to vorende bi den
   kalkoven.
Item Loeren Pawele 5 1/2 mr. vor 1/2 last haveren up den marstall.
Item Hans Karwelle 11 mr. vor 1 last haveren gegeven.
Item 20 s. vor 8 holtsleden up den marstall.
Item vor 15 assen 10 s. gegeven.
Item vor 3 vadem holtes under dat rathus 3 f. 1 s. gegeven.
Item Oleue vor bekere up dat hus 13 mr. unde 6 s.
Item 3 1/2 mr. unde 3 s. vor hoy up den marstall.
Item in twen wekenen vorloent 7 mr. Rig.

a) *folgt gestr.* untf. b) *folgt gestr.* 9.
1) *vgl. Nr. 734, 735, 738–741.*

743 1448 Mrz. 9

Sabbato ante dominicam Judica

Item den spelluden dren piperen, ilkeme 2 mr. vor eren roggen unde
spek.

Item vor 7 hoepe stens to vliende bimen kalkovene 1 mr. unde 4 s.

Item vor berneholt 34 s. up dat hus unde scriverie.

Item vor 6 holtsleden 14ᵃ s.

Item den Eesten van Vethe 1 mr. vor 1 t. bers, dat hoi to vorende.

Item 16 mr. gegeven Joachime vor 1 pert uppe den marstall.

Item in de weke vorloent 4 mr. unde 1 f.

a) *folgt gestr.* mr.

f.133

744 1448 Mrz, 16

In vigilia Palmarum

Item 1 mr. vor 1 t. bers den timmerluden bi datᵃ bolwerk to beterende.

Item vor haveren upp den marstall 2 lisp. unde 1 kulmet 6 f. min 2 or.

Item vor 5 voeder hoies uppe den marstall 1mr. 2 s. unde 1 verken.

Item vor 1 par spanne ton soeden 12 s., untfenk Kort Jordens.

Item 4 mr. boeden, ilkeme 1/2 lisp. roggen gedan ut deme stenhues.

Item dren vorspraken, ilkeme 1/2 lisp. roggen utme stenhues.

Item deme olden Peter Koeke 1/2 lisp. roggen.

Item 10 mr. in de weke vorloent.

a) *folgt gestr.* wo.

745 1448 Mr. 22

Inᵃ Bona sexta feria

Item Kackeroggen deme vorspraken 1/2 lisp. roggen utme stenhus
gedan.

Item dren piperen, ilkeme 1 mr. tor wielsschoettlen to hulpe.

Item 2 trumperen, ilkeme 1 mr. tor wielsschoetlen.

Item 4 vorspraken, ilkeme 1/2 mr. tor wielsschoetlen.

Item vor 1 troech in den lutken bastoven 7 s.

Item 16 or. gesant deme kercheren tome Hilgen Geste, her Johan
Godlanden begencnisse.

Item den timmerluden 1 t. bers bi dat bolwerk 1 mr. unde 1 s.

Item Jacob Stoiken 1 lichten gulden vor 1 schilt.

Item vor teer uppe den marstall 10 s. gegeven Petere.
Item vor 13 markp. smers uppe den marstall 1 f.
Item 4 denren, ilkeme^b 1 f. tor wielsschoetlen.
Item in de weke vorloent 9 mr. Rig.

a) *davor gestr.* Sa. b) *folgt ungestr.* ilkeme.

746   1448 Apr. 6

Sabbato ante Misericordias domini
Item untfangen 70 mr. molenpacht van Jacob tor oversten moelen.
Item Jacob Schŭrmanne gegeven 15 mr. van des Hilgen Geste moelen
de pacht.
Item em noch 7 1/2 mr. der sulven seken renthe.
Item em noch 2 mr. rente van Winmans huße.
Item 40 mr. upp dat slot gesant van der oversten moelen wegene.
Item den seken to sunte Johanse 5 mr. in de hande to delende.
Item den sulven zeeken 6 mr. renthe van Winmans huse.
Item vor 2 nie pundere gegeven 6 Riinsche gulden, Mat[ias] Seiger-
meker.
Item vor 12 assen to beterende 1 mr.
Item der ebdisschen[1] twe mr. gesant ere rente.
Item 10 s. vor 2 hoepe stens to vliende bi deme marstalle.
Item in 2^a wekenen vorloent 2 mr. unde 1 f.

a) *übergeschr., darunter gestr.* de.
1) *von St. Michaelis.*

f.133a

747   1448 Apr. 13

Sabbato^a ante Jubilate
Item Joachime 6 mr. gegeven van sunte Margreten altars wegene to
sunte Nicolause.
Item untfangen 6 mr. rente van her Hinrik Grŏninge.
Item gegeven Hanse deme kalkmanne vor den anderen oven uttoschu-
vende van deme vorledenen jare 11 mr. Rig.
Item Diderike 6 mr. Rig vor 1/2 jar den seiger to stellende.
Item vor 1 isernen bolten unde 1 poelleiden tome seigere 8 s.
Item her Hildebrande 5 mr. van des Sacramentes altare tome Hilgen
Geste.
Item em noch gegeven 4 1/2 mr. van der vromissen to sunte Nicolause.

Item her Cort Gripenberge 7 mr. van sunte Oleves vromissen vor 1 jar.
Item Lintorpe gegeven 5 1/2 mr. sine liiffrente.
Item her Ludeken Karwell 4 mr. vamme Kruce to Luk to sunte Nicolause.
Item in de weke vorloent 5 1/2 mr.
Item Corde, lutken Gerken, Diderike, ilkeme 4 mr. des stades denren vor 1/2 jar er loen.
Item Hinrike deme denre 4[b] mr. gegeven vor sine tiit des denstes.

a) *über der Z. 48.* b) *übergeschr., darunter gestr.* 1 1/2 2.

748 1448 Apr. 20

Sabbato ante Cantate
Item deme priore[1] 12 mr. gesant van Huninchusen vicarie bi Emeken.
Item her Karpentarii 3 1/2 mr. gegeven van sunte Gerdruden altare tome[a] Hilgen Geste.
Item vor 3 piperroecke dat schroetloen 6 f.
Item[b] Godscalk Smede 10 mr. gesant uppe rekensscop.
Item her Nicolaus Jungen gegeven 6 mr. van sunte Blasius altare to sunte Nicolause.
Item 7 f. vor 1 howenen piler under den schorsten in den marstall.
Item 7 f. den stenbrekeren to rûmegelde up der stat kulen.
Item in de weke vorloent 6 mr. Rig.

a) *Vorl.* tosme *mit Kürzel.* b) *links am Rand ein Hufeisen.*

1) *von St. Katharinen.*

749 1448 Apr. 27

Sabbato ante Vocem jocundidatis
Item dren vorspraken, ilkeme 3 mr. to erer hushure to hulpe.
Item vor 2 ovene to makende 7 f. imme lutken stovene unde in Bolemans stovene.
Item untfangen 6 mr. rente van Hinrik Krowele van 1 jare.
Item em wedder gegeven 4 mr. sine rente van 1 jare.
Item in de weke vorloent 9 mr. unde 1 f.
Item vor den ersten oven intosettende 11 mr.[a].
Item 1/2 mr. gegeven den arbeidesluden in Bolemans stovene.

f.134

Item[b] her Laurencio deme scholemestere 7 mr. van sunte Margreten
altare to sunte Oleve.

Item Albert Loeren 3 mr. van der Taffelgilde wegene van Winmans
huse.

Item de schorstene in beiden kersplen to besende 3 mr. min 2 s.

Item in de weke vorloent 7 1/2 mr. Rig.

Item vor 1 hoep stens to voerende 3 mr. jegen Hanse van Rechen des
stades muren under to beterende.

a) *folgt gestr.* unde 1 f. b) *über der Z.* 48.

---

750   1448 Mai 11

Sabbato in vigilia Pentecosten

Item 15 s. vor 1 lispunt wagensmers Peter uppe den marstalle.

Item Diderike 9 f. unde[a] 5 1/2 s. vor 1 t. bers unde vitalie den mûrluden
unde deme arbeidesvolke in de vorledenen wekenen, do men des
stades mûren under unde bovene beterde bi der Strantporten.

Item vor beer unde vitalie den sulven murluden unde arbeidesluden
uppe deme zulven werke bi der mûren 7 f. unde 2 1/2 s. van disser
weke, Diderike gegeven.

Item in de weke vorloent 16 mr. Rig. min 6 s.

Item kostede de erste kalkoven to bernende 25 mr. min 6 s.

Item 3 1/2 mr. unde 6 s. vor 2 t. bers, deme voegede van Jerwen[1]
gesant.

Item[b] den stenbrekers 3 mr. Rig. uppe rekensscop gedan.

a) *folgt gestr.* 5 1. b) *links am Rand ein Kreuz und* primum.

1) *Johann von Schaphusen, vgl. Nr. 727.*

---

751   1448 Mai 18

Sabbato in vigilia Trinitatis

Item untfangen 12 mr. rente van Hornes Heise her Hattorp[1] unde
Palmdaghe.

Item untfangen vifftich mr. van den moelenmesters.

Item vor 1 lisp. haveren uppe den marstall 1 mr.

Item vor 150 vlisien uppe der stad mûren bi der Strantporten 2 mr.

Item her Appollonius 6 mr. van sunte Maties altare tome Hilgen Geste.

Item Joachime 6 mr. sin quatertempergelt.

Item in de weke vorloent 8 mr. unde 1 f.

Item der Saxenhiirschen 3 mr. vor 1 hoep stens to vorende bi den marstall.

1) *Antonius (Tönnies) de Hattorp, Rhr. 1445–1459, Bunge, Ratslinie S. 101.*

752   1148 Mai 25

Sabbato post festum Corporis Cristi

Item Kerstin Boenden vor 3 vlisien to werende jegen Loeren hus unde den arbeideslûden 9 f. over den roenesteen.

Item vor de zulve vlisien uppe der kulen 3 f.

Item vor 77 1/2 vadem kalkholtes uptovorende 4 mr. unde 11 s.

Item 6 f. unde 1 s. vor 1 t. bers unde andere vitalie den mûrmesters, des stades muren to beterende bi der Groten Strantporten.

f.134a

Item^a vor 2 t. bers deme kumpthure van Velliin[1] gesant mit deme holte unde dregeloene 3 1/2 mr. unde 3 s.

Item her Hartleff van der Reeke[2] 1 t. bers gesant, stunt mit deme holte unde dregeloene 7 f. unde 2 s.

Item em noch 1 lisp. haveren gesant, stunt 1 mr.

Item in de weke vorloent 11 mr. min 1 f.

Item Coppellmanne unde Kackeroggen den vorspraken to erer husshure, ilkeme 2 mr. gegeven.

Item Tomase deme vorspraken to siner husshure 2 mr. unde em noch 3 mr. to wegewart to hulpe.

a) *über der Z. 48.*

1) *Peter Wesseler, K zu Fellin 1441–1456, Arbusow, Geschlechter S. 101 u. 119. 2) Bm. zu Narva, LivUB 10 S. 524 (Register).*

753   1448 Juni 1

Sabbato post octavam Corporis Christi

Item vor 20 leste kalkes to loesschende 2 mr. 8 s.

Item Wilken Saxenhiiren knecht 3 mr. Rig. vor 1 hoepp stens to vorende bi den marstall.

Item vor 2 t. bers den mûr[me]steren unde andere vitalie uppe den marstall 5 mr. unde 1 s.

Item in de weke vorloent 12 mr. Rig.

754 1448 Juni 8

Sabbato ante festum Viti martiris

Item untfangen van den schotheren 50 mr. Rig., des vridages vor Viti[1] noch 100 mr. untfangen.

Item 3 mr. deme schrivere van der Narwe Baltazare van der capellen wegene vorme sloete tor Narwe.

Item Loeren Pawelle 11 mr. vor 1 last haveren uppe den marstall.

Item in de weke vorloent 13 mr. unde 1 f., do me den marstall buwede.

Item vor beer, vitalie unde andere resscopp den murmesters unde den arbeidsluden, do men den marstall buwede, 4 mr. min 4 s.

Item vor 6 balken van 20 elen 6 f., noch vor 5 balken 16 elen 30 s. tome nien veehagen, Vincencius Nasscharde gegeven.

1) *Juni 14.*

755 1448 Juni 15

Ipso die Viti martiris

Item lutken Gerken 11 mr. unde 10 s. vor den win, de to Pinxten ummesant wart deme rade.

Item vor 2 stoere[a] viff f.

Item Corde vor beer, vitalie unde andere resscopp tome marstalle 5 mr. Rig.

Item mester Jacobe 1/2 mr. 1 prefaet uppe deme marstalle vor vorlesende.

f.135

Item in de weke vorloent 20 mr. min 1 f.

Item[b] den stenbrekeren 3 mr. upp rekensscop gedan.

Item her Johan Bremen nottrofftigen vrunden 7 mr., her Johan Bremen rente to Darbte, de untfenk[c] Vriithorst.

a) *folgt gestr.* 3 f. b) *links am Rand ein Kreuz.* c) *folgt gestr.* vr.

756 1448 Juni 22

Sabbato ante festum Nativitatis sancti Johannis baptiste

Item vor 1 lisp. haveren 1 mr., her Johan Beuermanne[1] gesant, do he hiir was.

Item em noch 4 vlassche wins gesant, stunden 1 mr. unde 12 s.

Item vor de kostᵃ, ene de raed upme huse to gaste hadde, 2 mr.

Item vor 2 helden upp den marstall 10 f., Kolberge gegeven.

Item vor 2 lisp. wagensmers 30 s. up den marstall, Peter gegeven.

Item vor vitalieᵇ, 2 t. bers dŭnnebeer, droege visscheᶜ den mŭrmesteren unde den arbeidesluden uppe den marstall 5 1/2 mr. unde 2 1/2 s.

Item vor 10 leste kalkes to lesschende unde uttoschuvende 1 mr. unde 4 s.

Item vor hundert unde 9 vadem kalkholtes uptovoerende 6 mr. unde 2 s.

Item in de weke vorloent 24 mr. unde 1 f.

a) *folgt gestr.*d. b) *folgt gestr.* beer. c) *folgt gestr.* 6.

1) *Rhr zu Dorpat, Lemm S. 43.*

---

757   1448 Juni 28

In vigilia apostolorum Petri et Pauli

Item untfangen van den schotheren 300 unde 80 mr. Rig.

Item her Albert[1] sant 9 f.ᵃ vor 1 lisp. roggen up den marstalle.

Item em noch gesant 8 mr. min 1 f., den drek uptowerpende unde wechtovorendeᵇ vor der Smedeporten.

Item gegeven den schafferen, her Cort Gripenberge unde her Gert Schalen, van der kost, drunkenᶜ to Winachten uppme rathus, 81 mr. 2 s.

Item en noch gegeven van den drunken to Vastellavende up deme rathus 94 mr. 11 s.

Item en noch gegeven vor de kost tome Hinkepeven uppme rathusᵈ 58 mr. 1 f.

Item kostede de gesterie, do her Gert Schroeue upme huse was[2], 8mr. min 1 s.

Item kostede de gesterie, do her Johan Duseborch von Lubeke quam[3], 5 mr. min 1 s.

Item Corde gegeven 4 1/2 mr. vor beer unde vitalie uppe den marstall bi dat buwe ok.

Item in de weke vorloent 14 mr.Rig.

a) *folgt gestr.* quam. b) wech- *übergeschr., darunter gestr.* ut-. c) *übergeschr.* d) *folgt gestr.* in.

1) *Rumor, Rhr.* 2) *vgl. Nr. 707.* 3) *vgl. Nr. 710.*

f.135a

758   1448 Juli 6

Sabbato post Visitacionis Marie

Item 2 mr. 8 s. vor 20 leste kalkes to loesschende.

Item den munderiken 3 f. unde 2 s. vor de boelen dat bolwerk to
teende.

Item Roleff Egesing vor de paele to stoetende tor Narwe 12 mr. 4ᵃ s.

Item den timmerluden vor 1 t. bers 5 f., do se de vlesscharnen
deckeden.

Item vor 100 vlisien, hovesten unde treppsten upp den marstall to
voerende 2 mr. van deme berge.

Item vor sparren uppe den marstall to vorende 1 f.

Item Loeren Pawele vor 1/2 last haveren 5 1/2 mr.

Item Corde vor vitalie upp den marstall 3 1/2 mr. unde 2 s.

Item in de weke vorloent 18 mr. min 4 s.

a) *korr. aus 2.*

759   1448 Juli 13

Ipso die Margarete

Item 33 s. vor 14 balken up den marstal to vorende.

Item 8 mr. untfangen van Lobberlonten vor 2 perde van deme marstal-
le em vorkofft.

Item 4 1/2 mr. unde 2 s. vor 82 vadem kalkholtes uptovorende.

Item 2 mr. min 3 s. vor 9 voeder howestens to vorende van der kulen
uppe den marstall.

Item Corde vor vitalie upp den marstall 6 mr. unde 4 s. den murluden
unde arbeidesluden.

Item in de wekene vorloent 21 mr. Rig.

760   1448 Juli 20

Sabbato ante Marie Magdalene

Item 22 s. vor 3 vlisien vor Duseborges hus over de roennen.

Item de sulven van deme berge to vorende 3 f.

Item vor 100 balken vlisien 13 s.

Item 30 s. vor 5 voer treppstene upp den marstall van deme berge to
vorende.

Item 5 f. unde 3 s. vor 8 voer howestens to voerende.

Item 5 f. vor 1 t. bers den timmerluden.

Item Corde vor vitalie disse wekene uppe den marstall deme voelke 7 mr. unde 5 s.

Item in de weke vorloent 21 mr.

f.136

761   1448 Juli 27

Sabbato ante Olaui

Item vor 300 vlisien uppe den marstall 1 mr.

Item 24 s. vor 4 voer howestens to vorende up den marstall.

Item gegeven 6 f. vor 6 vickeden.

Item 3 1/2 mr. unde 6 s., 2 reiße uttovorende na den seeroeveren[a][1], den visscheren unde Peter Groten gegeven.

Item vor 3 nie tunnen tome hoislage 24 s.

Item 5 f. vor 80 trepstene uppe den marstall.

Item de weke vorloent 12 mr. min 1 f.

a) *Vorl.* seeroevoren.

1) *wohl Auslieger Erichs von Pommern, bis 1439 dän. Kg., die erhebliche Schwierigkeiten machten, vgl. LivUB 10 Nr. 405, 407, 426.*

762   1448 Aug. 3

Sabbato ante Laurentii

Item Arnde deme voermanne gegeven 4 mr., den sten to vorende to deme marstalle, de dar lach vor der Smedeporten unde vor der Karienporten.

Item 12 s. vor treppsten to vorende uppe den marstell van der kulen.

Item vor 2 voer trepstens Hollanden uppe den marstall 12 s.

Item den timmerluden 10 f. vor 2 t. bers bi deme snickenhus.

Item vor 300 vlisien uppe den marstall Melpeuen 2 mr. to vorende.

Item vor 5 voeder sparren unde balken to vorende 15 s. bi dat snickenhus.

Item vor allerleie howesten uppe den marstall 2 mr.

Item 3 mr. vor 1 hoep stens to vorende bi den marstall.

Item 12 s. vor trepsten to vorende bi den marstall.

Item[a] den stenbrekeren 3 mr. uppe rekensscop gedan.

Item in de weke vorloent 18 1/2 mr..

Item Corde vor vitalie 5 mr. 6 s. unde 1 verken in disser weke.

Item untfangen 18 mr. van Tzoien Woldemer Reuals rente to mon-
niken[1].

Item untfangen 12 mr. van der Boekelsschen huse rente.

Item Woeldeken deme reepslegere vor allerleie thoewe, van leideselen,
romen, seelstrengen 9 mr. min 6 s. gegeven.

Item van em wedder untfangen 2 mr. vor der stad wervele.

Item 6 1/2 f. vor 650 deckenegle tome snickenhues.

Item deme priore[1] gesant 18 mr. Woeldemer Reuels renthe.

Item van em wedder untfangen 5 mr. Rig.

Item den murluden unde den arbeidesluden to vitalie disse wekene 4
mr. min 4 s.

a) *links am Rand ein Kreuz.*

1) *von St. Katharinen.*

f.136a

763   1448 Aug. 9

In[a] vigilia Laurentii

Item 13 s. vor howestens tor lukendore unde andere stene tome
marstalle.

Item vor 2 voeder trepstens to vorende 12 s. tome marstalle.

Item disse wekene vor vitalie Corde uppe den marstall den timmerlu-
den unde arbeidesluden 5 mr. 6 s. unde 1 veerken.

Item in de wekene vorloent 19 mr. unde 1 f.

Item vor 1 verndeel botteren, 3 vadem holtes, 1 lisp. roggen, all to
deme marstalle, 4 1/2 mr. Rig.

Item[b] kostede des stades hoislach 36 1/2 mr. to slande unde 14 s.

Item 2 lisp. roggen ut deme stenhus gedan tome hoislage.

Item untfangen van de losen vrowen 3 mr.

Item untfangen hundert mr. van den moelenmesters.

a) *davor ungestr.* Sabbato. b) *links am Rand* hoislach.

764   1448 Aug. 17

Sabbato post Assumpcionis Marie

Item in de wekene vorloent 20 mr. min 1 f.

Item vor 3 t. bers unde vor vitalie disse wekene uppe den marstall
vorloent den[a] murluden unde arbeidesluden.

Item 1 mr. vor 1 t. bers den luden to Vethe van deme hoie.

Item 4 mr. vor 36 leste kalkes to loesschende to[b] dem marstalle.

a) *folgt gestr.* ti. b) *übergeschr., darunter gestr.* upp.

765   1448 Aug. 23

In vigilia Bartholomei

Item vor 50 treppestens unde 15 vlisien to deme marstalle 5 f.

Item Arnde deme vormanne vor 1 hoep stens unde 2 voeder treppe-
stens to voerende uppe den marstall 3 mr. unde 12 s.

Item 1 mr. gegeven vor 1 prefaet uttobringende[a] uppe deme marstalle.

Item untfangen 45 mr. van den moelenmesters; disse zulven 45 mr.
woerden Hinrik Hauerlande wedder gegeven vor 1 1/2 last Alebor-
ges heringe, de em genommen weren.

Item to deme marstalle vor 150 deckenegle unde 50 delennegle 24 s.

Item vor 2 t. bers unde andere vitalie up den marstall 4 1/2 mr.

Item in de wekene vorloent 15 mr. min 1 f.

a) *Vorl.* -brangende.

f.137

766   1448 Aug. 31

Sabbato in profesto Egidii

Item untfangen van Claus Kerchroeden deme winmanne hundert
Riinssche guldene, de Mertin Koppellowe untfangen hadde[a] van
Hinrik upper Straten wegene, also voer in deme boeke gescriven
steit, de de raet utgaff.

Item 24 s. vor 34 gevell vlisien uppe den marstalle.

Item 15 s. vor 20 semsen uppe den marstall.

Item vor olde wagene to beterende her Cost unde her Alberte tor
Narwe wart[1] 1 mr. unde 3 s.

Item 5 f. vor 1 t. bers den timmerluden upp den marstalle.

Item der Kulpsutesschen vor 1 hoep stens vor vorende uppe den
marstall 3 mr.

Item Corde vor 2 t. bers unde ander vitalie den timmerluden unde
deme volke uppe deme marstalle 7 1/2 mr. unde 5 s.

Item deme mestere[2] 1/2 last bers gesant, stunt mit deme holte 10 mr.
12 s.

Item deme cumpthur van Velliin[3], deme voegede van Jerwen[4] unde
deme provinciale van Dennemarken[5], ilkeme 2 t. bers gesant, de 6 t.
stan mit deme holte 10 mr. unde 12 s.

Item deme cumpthure van Sweden[6], deme kumpthur van Lehall[7],
deme olden voegede van Wesenberge[8] unde deme nien voegede to
Wesenberghe[9], deme voegede van der Narwe[10], deme proveste van

Darbte[11], deme proveste van Oezell[12] unde deme kumpthur vamme Talkouene[13], ilkeme 1 t. bers gesant, disse 8 t. bers mit deme holte[b] stunden 14 mr. min 8 s.

Item 5 f. vor dit vorsande beer to dregeloene, Corde gegeven.

Item vor 9 t. gudes bers unde 1 t. 5 f.-ber, de gedrunken worden upp deme rathuse, do de mester dar uppe was[14], mit deme dregeloene 15 mr. min 3 s.

Item deme olden Nasscharde vor 1/2 last haveren 6 mr. gesant.

Item vorloent in de wekene 22 mr. unde 1 f.

Item vor 10 leste kalkes to loesschende to deme marstalle 1 mr. 4 s.

a) *korr. aus* hadden. b) -te *übergeschr., darunter gestr.* de.

1) *Cost van Borstel u. Albert Rumor, Rhrr., nahmen u. a. als Revaler Gesandte am Abschluß des Friedens mit Nowgorod, 1448 Juli 25, in Narva und auf der Narowa teil, AuR 1 Nr. 512, LivUB 10 Nr. 470.* 2) *der OM Heidenreich Vincke von Overberch und die im folgenden Text genannten Beamten waren Teilnehmer eines gemeinen Tages in Reval 1448, nach Juli 25, vor Aug. 31, vgl. AuR 1 Nr. 513. Hier wurde Johann Kreul als Bischof von Ösel allgemein anerkannt.* 3) *Peter Wesseler, vgl. Nr. 752.* 4) *Johann Schaphusen, vgl. Nr. 727.* 5) *Hiermit wird der Dominikanerprovinzial von Dänemark gemeint sein, zu dessen Sprengel Reval gehörte, vgl. Nr. 1115. Sein Name ist nicht bekannt.* 6) *Goswin von Ascheberg, K von Schweden zu Arsta, vor 1446–1450, Arbusow, Geschlechter S. 48 u. 130; Birgitta Eimer: Gotland unter dem DO und die Komturei Schweden zu Årsta. Innsbruck 1966, S. 105.* 7) *Heinrich von dem Vorste, K zu Leal 1438–1451, Arbusow, Geschlechter S. 59 u. 122.* 8) *Johann Vossunger, V zu Wesenberg 1420–1442 u. 1445–1446, ebd. S. 97 u. 128.* 9) *Elert von dem Bussche, V ebd. 1447–1457, ebd. S. 53 u. 128.* 10) *Goddert von Plettenberg, V zu Narva 1447–1449, ebd. S. 83 u. 123.* 11) *Johann Mekes (?), Arbusow, Geistlichkeit 3 S. 100.* 12) *namentlich nicht bekannt.* 13) *Heinrich van den Eisern, K zu Talkhof 1448, Arbusow, Geschlechter S. 69 u. 127; LivUB 10 S. 532 (Register).* 14) *im Zusammenhang mit dem Tag zu Reval, vgl. Anm. 2.*

767 1448 Sept. 7

In profesto Nativitatis Marie

Item 15 s. vor 18 trepstene tome marstalle.

Item vor 2 ovenvlisien 16 s.

Item Hans Kocken vor allerleie howerk up den marstal, vinstere, luken, doeren 18 1/2 mr.

Item in de weke vorloent 17 1/2 mr.

f. 137a

Item[a] do men den wiin rekende mit Clause uppe der scriverie vortert 2 mr. unde 2 verken.

Item 15 s. Peter vor smeer uppe den marstall.

Item vor 6 vademe bernholtes 6 f.

Item von 1 1/2 lisp. haveren 1 mr. unde 4 s.

Item vor 2 t. bers unde allerleie vitalie uppe den marstall 4 mr. min 1 s.

a) *über der Z.* Anno 48.

768 1448 Sept. 13

In[a] profesto Exaltacionis sancte crucis

Item lutken Gerken 1/2 mr. vor 1 t., dar de pile inne weren in der reiße[1].

Item kostede de oven to deme rathuse to makende mit den arbeidesluden in all 6 f.

Item vor 1/2 last haveren unde 1 loepp 13 f. unde 5 s.

Item vor 2 t. bers unde andere vitalie uppe den marstall to buwende den mŭrluden, den timmerluden unde anderen arbeidesluden 4 1/2 mr. min 2 or.

Item[b] den stenbrekers 3 mr. uppe rekensscop gedan.

Item vor 10 leste kalkes to loesschende upp den marstall 1 mr. unde 4 s.

Item in de weke vorloent 14 mr. Rig.

Item[c] Godscalk Smede 10 mr. uppe rekensscop gedan.

a) *davor gestr.* Sabbato. b) *links am Rand ein Kreuz.* c) *ebd. ein Hufeisen.*

1) *gemeint ist offenbar der Zug gegen Nowgorod im Juli 1447. Vgl. Nr. 734.*

769 1448 Sept. 20

In[a] vigilia Mathei apostoli

Item vor 13 lisp. unde 4 loepe haveren upp den marstall 7 mr. 12 s. Petere.

Item vor 2 vlisien to voerende uppe den nien marstall[b], uppe den oven unde vor 1 voeder treppstens 1/2 mr. unde 7 s.

Item vor Diderikes oven to makende 23 s.

Item vor 2 t. bers unde andere vitalie upp den marstall den murluden unde den timmerluden 4 1/2 mr. min 2 s.

Item vor 1 verschen stoer, deme rade ummesant, 7 f. 3 s.

Item in de weke vorloent 15 mr.

Item vor 1 mr. vor talch to lichten uppe den marstall Petere.

a) *davor gestr.* S fe. b) *folgt gestr.* unde.